Judy Hall: Liebe – Schicksal oder Geschenk des Himmels

Judy Hall

LIEBE
Schicksal oder Geschenk des Himmels

Gibt es Dualseelen wirklich?

Aus dem Englischen von Astrid Ogbeiwi

Aquamarin Verlag

Titel der amerikanischen Originalausgabe: The Soulmate Myth

The Flying Horse Publications, an Imprint of The Wessex Astrologer Ltd.,
Bournemouth, England

Deutsche Ausgabe:
1. Auflage 2011

Voglherd 1 • D-85567 Grafing
www.aquamarin-verlag.de

Übersetzung aus dem Englischen: Astrid Ogbeiwi

Umschlaggestaltung: Annette Wagner unter Verwendung von:
happiness © Oleg Kozlov #6519054 / Fotolia.com

Druck: Bercker • Kevelaer

ISBN 978-3-89427-581-2

Inhalt

Danksagungen

Ich möchte allen meinen Freunden und Klienten danken, die für dieses Buch ihre persönliche Geschichte zur Verfügung gestellt haben. Ihr wisst selbst, wer ihr seid, deshalb brauche ich hier niemanden namentlich zu nennen. Die Geschichten über die Zwillingsflammen erscheinen unter dem richtigen Namen der Betroffenen; dafür danke ich ihnen. (Bei den Berichten über Erfahrungen mit Seelenpartnern wurden die meisten Namen geändert, sowohl um die Privatsphäre der Betroffenen zu schützen als auch aus Gründen, die verständlich werden, wenn Sie die Geschichten lesen.) Celia Gunn und Anthony Thorley verdienen besondere Anerkennung und ein Dankeschön aus tiefstem Herzen für all das, was ich durch sie lernen durfte. Außerdem möchte ich Zaidee Grofton dafür danken, dass er so ein wunderbarer Katalysator ist. Margaret Cahill von The Wessex Astrologer ist eine ganz besondere Seelengefährtin und verdient ewige Dankbarkeit, doch aus Gründen, die sie bestimmt sehr gut verstehen wird, entbiete ich ihr stattdessen ein riesengroßes Dankeschön!

Näheres über Judy Halls Workshops und Lesungen erfahren Sie unter www.judyhall.co.uk (nur auf Englisch).

Einführung

Du begegnest jemandem und bist dir sicher, dass ihr bereits in einem früheren Leben Liebende wart. Nach zwei Wochen mit ihr oder ihm merkst du, dass ihr 2000 Jahre lang keinen Kontakt hattet.

AL CLEATHAN[1]

Sie lernen sich kennen. Glocken erklingen und die Welt versinkt in Rosarot. Sie umwerben einander wie Turteltauben, und ein paar Wochen lang, vielleicht auch Monate oder sogar Jahre, ist alles wunderbar. Sie sind zusammen mit dem oder der „Einen". Mit dem Menschen, der Sie glücklich macht und Sie vervollständigt. Mit dem Menschen, den Sie fraglos und rückhaltlos lieben. Mit dem Menschen, den Sie Ihr ganzes Leben lang gesucht haben, für den Sie geschaffen wurden. Aber dann fängt es an: Es melden sich kleine nagende Zweifel, die Sie einstweilen beiseite schieben, oder es geschieht ein abscheulicher, schwerer Betrug, den Sie nicht ignorieren können. Ist das wirklich der/die Eine? Kann Ihre andere Hälfte wirklich der Auslöser solchen Schmerzes sein, Ihre Seele so sehr wundscheuern?

Ist er oder sie wunderbar, großartig, das Beste, was Ihnen je passiert ist, Ihre andere Hälfte – oder der größte Irrtum aller Zeiten? Die Erfüllung aller Träume oder Ihr schlimmster Alptraum? Diese Frage trifft den Kern des „Dualseelenpartner-Dilemmas". Viele Menschen haben auch Jahre nach der Begegnung mit einem Seelenpartner immer noch darunter zu leiden, und andere sehnen sich danach, was hätte sein können, wenn …

Seelenpartner sind zugleich unumstößliche Tatsache und eine

1 Quelle unbekannt. Dieses Zitat hat mir ein Freund geschickt, und ich würde mich über nähere Angaben freuen.

der größten Illusionen aller Zeiten. Sie sind ein „kühnes Wunder", das, wie Tagore sagt, die Zeit überwindet:

> Wir beide bauen eine Brücke über alle Zeit
> Zwischen zwei Wesen, jedes dem andern unbekannt.
> Dies kühne Wunder liegt im Herzen der Dinge.[2]

Seelenpartner können unser Leben wahrhaft verwandeln, uns dabei aber so sehr blankscheuern, dass wir aus offenen Wunden bluten. Wenn Menschen so erwartungsvoll ihren Seelenpartner suchen und sich nach der einzigen großen Liebe sehnen, dann ahnen sie nicht, worauf sie sich damit möglicherweise einlassen oder welcher Herzschmerz auf die Begegnung mit einem Seelenpartner folgen kann.

Diese wundersamen Wesen schneien in unser Leben, führen Lust und Verlangen im Schlepptau, lassen unsere niederen Chakras hell auflodern und vertreiben alles daraus, was abgenutzt und überholt ist. Sie stochern und stechen in uns herum, wecken uns auf, treiben uns aus einer lähmenden Beziehung oder bringen uns dazu, so zu leben, wie es unsere Seele sich vorgenommen hat – oder eben gerade nicht, wie es oft der Fall ist, wenn die anfängliche Anziehung missverstanden wird. Manchmal schenken sie uns die ewige Liebe, doch ebenso häufig entschwinden sie wieder aus unserem Leben, sobald sie ihre Aufgabe erfüllt haben. In jedem Fall aber hinterlassen sie uns ein Geschenk. Wir müssen es nur erkennen.

Die Geschichten in diesem Buch wurden ausgewählt, weil sie so oder ähnlich uns allen passieren könnten. Vielleicht erkennen Sie sich darin wieder oder glauben, jemand anderen wiederzuerkennen. Doch die Personen spielen keine Rolle, denn was hier erzählt wird, ist die ewige und, wie es gelegentlich scheint, unausweichliche Geschichte vom Seelenpartner in ihrer ganzen wunderbaren Vielfalt. Einige Fallgeschichten habe ich bereits in einem früheren Buch verwendet, verwende sie hier aber ungeniert noch einmal, weil sie so allgemeingültig sind. Außerdem habe ich mir für dieses

---

2 Tagore, Rabindranath, *One day in spring*, Aus der Sammlung *Later Poems*, aus dem Bengalischen ins Englische übersetzt von Aurobindo Bose, Minerva Press 1976.

Buch vorgenommen, die Frage nach dem Warum zu beantworten und das Geschenk hinter der jeweiligen Erfahrung zu benennen.

In knapper Form sagt Thomas Hardys Gedicht alles über Seelenpartner. Es geht darin zwar nicht ausdrücklich um diese die Zeit überdauernden Partnerschaften, aber es betont die Fragen, die sich daraus ergeben:

> Ja nun, am Ende bin ich wieder eigetreten in diesen deinen alten Ort.
> (Ist es wirklich eine Überraschung, wieder von mir zu hören?)
> Durch die Jahre, die verstummten Lebensbilder folgte ich deiner Fährte.
> (Warum denn eigentlich, wenn ich dich doch nie vergessen habe?)
> Was also, für unsere Vergangenheit, ist jetzt dein Wort?
> (Willst du mir nicht die Gunst erweisen – von dem zu sprechen, was uns trennte?)
> Prüfend im Blick durch den dunklen Raum, in dem ich dich entbehrte?
> (Denn das ist wahr – ich habe nie verwunden, dass ich dich verlor.)

Es gibt viele Worte, mit denen man diese Wesen beschreiben könnte, bei denen wir uns so wohl fühlen, als hätten wir unser ganzes Leben – oder viele Leben – auf sie gewartet. Manchmal kommt es wohl tatsächlich auf die Formulierung an. Was ich als Zwillingsflamme bezeichne, das ist für jemand anderen ein Seelenpartner oder eine Dualseele. Der Seelenfreund des einen kann der Seelengefährte oder Seelenpartner des anderen sein. Alle diese Begriffe sind gebräuchlich. Was genau ist denn nun nach landläufiger Definition ein Seelenpartner?

Thomas Moore versteht unter einem Seelenpartner jemanden, mit dem wir „innig verbunden" sind, was allerdings eher durch „göttliche Gnade" als durch absichtsvolles Handeln unsererseits entsteht.[3] Leslie Bach (die Ehefrau des Schriftstellers Richard Bach) beschreibt einen Seelenpartner als jemanden, „dessen Schlösser zu unseren Schlüsseln und dessen Schlüssel zu unseren

---

3 Moore, Thomas, *Der Seele Flügel geben. Das Geheimnis von Liebe und Freundschaft*, DroemerKnaur 1995.

Schlössern passen. Wenn wir uns sicher genug fühlen, die Schlösser zu öffnen, kommt unser wahrstes Ich zum Vorschein, und wir können ehrlich und völlig wir selbst sein. Dann kann der Partner uns um unserer selbst willen lieben und nicht um der Person willen, die wir zu sein vorgeben. Der eine Partner lässt die besten Seiten des anderen zur Entfaltung kommen. … Ein Seelengefährte ist ein Mensch, der unsere innersten Sehnsüchte mit uns teilt und in dieselbe Richtung strebt wie wir."[4] Brian Weiss sagt, ein Seelenpartner sei jemand, der die Zeit überwindet, um bei uns zu sein, jemand, den wir instinktiv aus dem Herzen heraus erkennen, mit dem wir „bis in alle Ewigkeit verbunden"[5] sind. Auch in Romanen tauchen immer wieder Seelenpartner auf:

> „… weil er mehr mein Ich ist, als ich es selber bin. Woraus auch unsere Seelen geschaffen sein mögen, seine und meine Seele gleichen sich völlig. … Nelly, ich bin Heathcliff! Er ist immer, immer in meinen Gedanken, in meinem ganzen Sein; nicht als ein Freudgefühl, ebensowenig wie ich mir selbst eine Freude bin, aber als mein eigenstes Wesen."[6]

Dieses Buch erklärt, warum wir so verzweifelt einen Seelenpartner suchen und warum das für manche Menschen ganz und gar nicht so glückselig endet, wie sie erwarten. Es zeigt, warum es besser sein kann, die Begegnung mit einem Seelenpartner vorläufig ganz zu meiden und wie man sein Herz zurückholt, wenn man es bei einem falschen Seelenpartner gelassen hat. Es hilft Ihnen außerdem, sich ein ausreichend realistisches Bild davon zu machen, wie Ihr „Seelen-Partner" sein könnte, so dass Sie einen echten Herzensgefährten oder eine echte Herzensgefährtin anziehen können – die ich mittlerweile als *Zwillingsflammen* bezeichne. Andererseits hilft es Ihnen auch zu verstehen, warum Ihr Seelenpartner eine unschätzbar wertvolle Hilfe für Ihren karmischen Lernprozess sein kann, und es zeigt, warum es „falsche Beziehungen" und „missver-

---

4 Bach, Richard, *Brücke über die Zeit*, Ullstein 2000.
5 Weiss, Brian, *Die Liebe kennt keine Zeit*, Ullstein 2007.
6 Brontë, Emily, *Sturmhöhe*, aus dem Englischen von Gisela Etzel, Anaconda 2009.

standende Bindungen" nicht gibt, weil nämlich jede Erfahrung ein Geschenk birgt.

Ihr Seelenpartner oder Ihre Seelenpartnerin ist in den seltensten Fällen jemand völlig Neues. Fast immer sind Sie einander bereits in einer anderen Existenz begegnet, also entweder in einem früheren Leben auf der Erde oder in einer anderen Dimension. Sie brauchen übrigens die Idee der Reinkarnation nicht zu akzeptieren, um glauben zu können, dass Ihre Seele vor Ihrer irdischen Geburt bereits in einer anderen Dimension existiert hat. Ein Seelenpartner kann auch aus einer früheren Phase Ihrer jetzigen Inkarnation stammen; es kann zum Beispiel jemand sein, den Sie in Ihrer Jugend kennengelernt und seither nie mehr vergessen haben. Oft fangen die wahren Probleme erst dann an, wenn sich die Variable Sex unter die Seelenpartner-Gleichung mischt. Wie wir sehen werden, kann das daran liegen, dass der Zweck der Begegnung mit diesem bestimmten Seelenpartner im jetzigen Leben kein sexueller ist. Wie wir ebenfalls sehen werden, haben wir alle mehr als einen Seelenpartner.

Meine Definition lautet: Ein Seelenpartner ist ein
„Seelengefährte, der uns hilft zu wachsen".

Es ist der Mensch, der unsere Seele mit einem spirituellen Kratzschwamm blankscheuert, um die Krusten karmischer und emotionaler Muster zu entfernen, die verhindern, dass wir zu unserem vollen Potenzial heranreifen. Der Begriff „spiritueller Kratzschwamm" stammt von der Autorin Sue Minns, die selbst verheerende Erfahrungen mit einem Seelengefährten gemacht hat, aus denen sie allerdings stärker und klüger hervorging. Über Ihre Erkenntnisse spricht sie in einem Buch.[7] Sie sagt, aus ihrer Sicht seien Begegnungen mit Seelenpartnern unvermeidlich. „Der Trick besteht darin, mit dem Teufel zu tanzen und zu wissen, wann man den Partner, die Musik oder etwas anderes wechseln muss."

Das folgende Gedicht von Jane Lyle versinnbildlicht dieses Wundscheuern der Seele wunderschön. Es ist aus der Erfahrung mit einem Seelenpartner heraus entstanden, die für Jane von den

---

7 Minns, Sue, *Soulmate: Understanding the True Gifts of Intense Encounters*, Hodder & Stoughton, 2004.

Parzen, jenen drei Schwestern, die die Fäden des menschlichen Schicksals spinnen, herbeigeführt worden war:

Und die drei Schwestern spannen
An der Welt fernem Rand
Ungefragt kam die Liebe
Unsre Zukunft begann

Zeit umwand uns in Kreisen
Um uns Schatten nachtschwarz
Und das Netz wurde dunkler
Tief umwoben mit Schlaf

Du erbat‘st meine Seele
Denn dir fehlte dies Gut
Und ich gab sie dir gerne
Fleisch, Knochen und Blut

Und die drei Schwestern spannen
Im tiefschwarzen Nichts
Flüsternde Schatten
Verfluchten das Licht

Träumt‘ ich auch von Erlösung
In Sonne und Schnee
Hatt‘ deinen Apfel gegessen
Schlief in Kummer und Weh

Bis dann dein Betrügen
Messerscharf mich verletzt
Doch das Kleid meiner Seele
Hielt am Leben sich fest
An der Welt fernem Rande
Die drei Schwestern spinnen
Und der Preis meiner Freiheit
Ist das Wissen um Sünde

Das Wundscheuern der Seele

Wie sehr manche Erfahrungen mit einem Seelenpartner die Seele wundscheuern und doch zugleich auch wachsen lassen können, zeigt die folgende Geschichte einer Seelenfreundin:

Die Begegnung mit meinem Seelenpartner hat mein Leben verändert, mich überrascht, in meine Kraft gebracht und im höchsten Maße verwirrt.

Ich war fünfundvierzig, als ich Charles kennenlernte. Er rief mich an und fragte, ob ich nicht einem bestimmten Netzwerk beitreten wollte.

Wir hatten sofort einen guten Draht zueinander. Er klang witzig, interessant, unbeschwert und hatte Sinn für Humor. Ich stellte ihn mir sehr groß und ein wenig verwegen vor, ein überlegener Antiheld und vielleicht ein prima Flirt.

In Fleisch und Blut war er kleiner, dicker, glatzköpfiger, sehr direkt und fast bis zur Unhöflichkeit herausfordernd. Er war quicklebendig und irgendwie auch gefährlich, aber beeindruckend. Körperlich fühlte ich mich allerdings überhaupt nicht zu ihm hingezogen.

Ein paar Wochen später luden seine Schwester und er meinen Mann und mich zum Abendessen ein. Da kamen wir besser miteinander zurecht. Er plauderte unbeschwert mit meinem Mann, und beim Essen unterhielten wir uns über das Schreiben sowie verschiedene laufende Projekte.

Plötzlich sah er mich über eine Schale Himbeeren hinweg ungeheuer intensiv an – mit einem Blick wie ein Laserstrahl, der mich erschreckte. Das war ganz und gar kein süßlich-romantischer Moment. Es war ein messerscharfes Erkennen. Ein Gefühl völligen Ausgeliefertseins. Er schaute mir direkt in die Seele. Es war beglückend, aber das Gefühl, nichts mehr verbergen zu können, war auch äußerst befremdlich, denn ich spielte ja stets die Rolle der erfolgreichen Geschäftsfrau, wunderbaren Gattin und liebenden Mutter, die ein scheinbar perfektes Leben führte.

Eine Woche später hatte ich einen sehr seltsamen Traum. Darin ging ich in Irland einen Weg zu einem uralten Cottage entlang. Ich klopfte an die Tür. Es öffnete eine unglaublich liebevolle, überschwängliche, warmherzige, vollbusige Frau. Im Haus hinter ihr waren eine Menge Leute, und es herrschte emsiges Treiben. Sie erkannte mich sofort und verkündete allen:

„Charles' Braut ist da."

Wie betäubt erkannte ich, dass die Vorbereitungen für eine Hochzeitsfeier im Gange waren. Musik spielte. Köstliches Essen wurde zubereitet, Tische wurden mit Girlanden und Blumen geschmückt – es war einfach hinreißend. Doch ich stand unter der Tür und sagte:

„Es tut mir furchtbar leid, aber da muss wohl ein schrecklicher Fehler passiert sein, denn wissen Sie, ich bin bereits verheiratet."

Kaum hatte ich das gesagt, verkehrte sich alles in dem Traum ins Gegenteil. Die Musik klang mit verschliffenen Tönen aus, Verachtung legte sich über das Gesicht der Frau, Löffel fielen zu Boden, und Unheil lag in der Luft. Hoffnungen zerschlugen sich, und ich hatte das Gefühl, ich hatte alle im Stich gelassen.

Beim Aufwachen lachte ich darüber, wie seltsam das alles war. Es war einfach völlig verrückt. Ich machte mir nichts aus diesem Mann, geschweige denn dass ich irgendwelche romantischen Fantasien hatte.

Aber danach war es, als wäre ich seelisch entführt worden. Irgendetwas stimmte mit mir nicht. Ich musste immerzu an ihn denken. Das Gesicht, die Stimme, der lebhafte, heftige Orakeltraum. Ich fühlte mich wie unter einem Bann. Ich wollte ihm sagen: „Okay, jetzt mach dem Spuk ein Ende. Der Witz war wirklich gut. Aber jetzt gib mir mein altes Leben wieder." Doch wie sagt man so etwas jemandem, den man gar nicht richtig kennt? Außerdem war mir überhaupt nicht danach, mit ihm darüber zu reden.

Es war wie in einem Traum und so verwirrend, dass ich dem unbedingt auf den Grund gehen wollte. Ich fing an, ihn häufig zu besuchen – auf eine Tasse Kaffee oder Tee. Dabei lernten wir uns sehr gut kennen. Wir waren einander sympathisch und verstanden uns prima. Wir erzählten einander von unserer Kindheit usw. Ich war schon als Kind hellsichtig. Ich hatte Fantasiefreunde; ich sah unsichtbare Leute in unserem Haus. Ich wusste, wenn jemand krank war oder sterben würde. Als ich sechs Jahre alt war, sah ich einen Engel. Ich stellte Medizin aus Pflanzen her. Ich hatte sehr oft Ausschläge, Fieber und Bauchschmerzen. Für ihn war das nichts Unheimliches oder Ungewöhnliches. Er war nicht nur mitfühlend und klug, sondern auch Respekt einflößend, umfassend gebildet und fantastisch gefestigt. Nichts konnte ihn schockieren.

Ich hatte eine einsame, unkonventionelle Kindheit. Als Erwachsene wurde ich zwar Heilerin, sprach aber sonst nicht weiter über diese Dinge. Ich begrub sie unter vielen Schichten und sprach kaum darüber, denn ich wollte ein richtig stabiles, normales und glückliches Leben führen.

Gerne würde ich sagen, dass sich mit Charles alles zutiefst vertraut angefühlt hat, aber eigentlich stimmt das gar nicht. Ich glaube nicht, dass ich in einem früheren Leben schon einmal mit ihm zusammen war, trotz des Traumes. Aber immer, wenn ich bei ihm bin, entsteht ein Gefühl tiefer Liebe, und wir schwingen uns auf etwas zutiefst Seelenvolles ein. Er selbst ist zwar sehr kontrolliert und recht schüchtern, empfindet aber ebenfalls eine starke Verbundenheit zu mir.

Vier Monate nachdem ich ihn kennengelernt hatte, wurde ich zum Medium. Auf einmal redeten massenhaft Geister mit mir – und der Wichtigste behauptete, er bzw. sie sei Charles verstorbene Mutter. Dann „sah" und „wusste" ich Dinge; ich wurde extrem sensitiv. Beinahe über Nacht wurde ich hellsichtig, hellfühlend und channelte einige sehr hochstehende Wesen. Ich befand mich in einem sehr ekstatischen erhöhten Bewusstseinszustand und war kurz vor dem Durchdrehen. Wasserkessel explodierten, Glühbirnen brannten durch, das Auto ging kaputt … um mich herum versank alles im Chaos.

In akuter Sorge um meine geistige Gesundheit sah ich mich nach Hilfe um. Ich brauchte jemanden, der mir sagen konnte, was das alles zu bedeuten hatte. Zum Glück machte ein Schamane (der in dieser Zeit ebenfalls auftauchte) eine „Reise" mit mir und gab mir eine sehr intensive Initiation. Er sagte, alles, was geschehen sei, habe so sein müssen; alle medialen Gaben dienten der Arbeit, die ich von nun an tun würde, und ich sei nun endlich in meine Kraft gekommen. Er weissagte, von nun an würde mein Leben nie mehr so werden wie bisher, und ich würde meine gut bezahlte Arbeit zugunsten meiner wahren Berufung aufgeben. Diese bestünde darin, die Menschen auf der tiefsten gemeinschaftlichen Ebene mit ihren Ahnen zu verbinden … was ich bereits in vielen früheren Leben getan habe. Ich hatte keine rechte Vorstellung, was das mit sich bringen würde. Er wies mich darauf hin, dass mein Leben und das praktisch aller Menschen in meiner Umgebung komplett auf den Kopf gestellt würde. Es würde ein holpriger Ritt – was stark untertrieben war!

Charles gab mir die innere Kraft dafür. Er führte mich. Er war der Fels in der Brandung. Er war nicht nur ein kluger Zuhörer, sondern er bestärkte und bestätigte mich, drückte alle meine Knöpfe, spiegelte mich, legte meine Schatten bloß, deckte auf, was ich verborgen hatte, und brachte mich dazu, mein gesamtes Denken und Handeln zu hinterfragen.

Das war ganz und gar nicht angenehm. Es war wie unter Zwang, schwierig und meine Nerven lagen blank. Es gab nichts, wohin oder worauf ich mich hätte zurückziehen können. Aber ich vertraute ihm und spürte, dass alles, was geschah, genau so sein musste. Währenddessen channelte ich extrem komplexe Informationen, die wiederum ihm halfen. Einmal wurde mir während eines Channelings klipp und klar gesagt, er sei vertraglich verpflichtet, mir dabei zu helfen, dass ich in meine Kraft komme. Umgekehrt habe ich die Pflicht, ihm komplette, totale und bedingungslose Liebe zu zeigen, sehr viele ungelöste „Überhänge“ aus früheren Leben zu klären und auch seinen dunklen Schatten den Spiegel vorzuhalten.

Obwohl wir uns sehr nahestehen, ist er seinem Empfinden nach nicht allzu sehr an meiner Geschichte beteiligt … und eher ein Symptom als die Ursache all dessen, was mit mir passiert.

Ein Jahr später reiste ich mit meinem Mann nach Irland. An einer sehr, sehr abgelegenen Landstraße, viele Kilometer vom nächsten Ort entfernt, entdeckte ich das Häuschen aus meinem Traum. Es sah genau so aus, wie ich es gesehen hatte, nur dass daneben ein Haufen Schrottautos aufstapelt war. Ich hatte nicht den geringsten Zweifel, dass hier die Hochzeitsfeier vorbereitet worden war. Wir hielten an, ich ging auf der Straße hin und her und prägte mir alles gut ein. Als ich wieder zu Hause war und es Charles erzählte, sagte er, er habe in genau jenem Dörfchen und womöglich sogar in eben diesem Haus als Kind seine Ferien verbracht!

Heute, drei Jahre später, ist es genau so gekommen, wie der Schamane gesagt hat – mein Leben hat sich vollkommen verändert. Ich habe meinen Beruf aufgegeben und ein neues Projekt begonnen. Zum Teil fußt es auf meinem neuen Verständnis der Dynamik des Todes und dessen, was danach kommt. Ich lehre die Menschen, gut zu sterben und bilde andere zu Seelenheilern aus. Außerdem lehre ich über Tod und Spiritualität. All das wurde erst durch die mediale Revolution möglich, die in mir stattgefunden hat.

Charles ist immer noch ein Katalysator, ein profunder Gestaltwandler, der tief in meiner Psyche herumstochert, ein Initiator und Mentor. Ich glaube nicht, dass diese Begegnung und dieses Geschehen Zufall waren. Ich weiß, dass es zwischen uns eine tiefe karmische Verbindung gibt. Ob das, was uns verbindet, einfach seinen Lauf nimmt oder nicht, werde ich nie erfahren. Aber aus alledem, was ich gelernt und wie ich mich entwickelt habe, weiß ich, dass ich vertrauen und mich dem ergeben muss.

Doch all die Freude, Kreativität, Erkenntnis und tiefe Liebe, die diese Beziehung mir geschenkt hat, hatten ihren Preis. Dass ich tiefere innerer Wahrheiten über bestimmte Aspekte meiner selbst so unbarmherzig lernen und erleben durfte, war eine schmerzliche und erniedrigende Erfahrung. Sie brach meist mitten in der Nacht über mich herein und die Folgen für meine anderen engen Beziehungen waren schwer. Ich wurde neu geboren, doch der Prozess zerriss mir manchmal auch das Herz.

Die Begegnung mit meinem Seelenpartner hat meine Erinnerung daran geweckt, wer und was ich bin. Ich hoffe nur, ich habe auch einen Bruchteil davon für ihn getan.

Seelenpartner können also wunderbar und schrecklich zugleich sein, und wenn unsere Seele geschrubbt wird, kann das auch seine positiven Seiten haben, wie wir aus dieser Geschichte ersehen können. Sein wahres Selbst zu finden, ist ein großartiges Geschenk. Aber es gibt auch Zeiten, in denen wir erkennen müssen, dass das

Mindesthaltbarkeitsdatum des Seelenpartner-Vertrages abgelaufen ist und wir weiterziehen dürfen. Auch mit diesen Beziehungen wollen wir uns befassen.

In diesem Buch gibt es außerdem Übungen und Visualisierungen, die meinen Klientinnen und Klienten geholfen haben, sich von dem verzweifelten Bedürfnis nach einem Seelenpartner zu lösen und einen wahren Seelengefährten zu finden. Nur zu gerne würde ich sagen, dass sie bei allen den erhofften Erfolg gebracht haben, aber wenn ich ehrlich bin, muss ich zugeben, dass ich bis heute meinen wahren Seelengefährten noch nicht gefunden habe, auch wenn ich mehrere intensive Erfahrungen mit Seelenpartnern machen konnte. Doch als romantische Schützin mit der Venus, dem Planeten der Liebe, im Beziehungszeichen Waage, glaube ich fest, dass ich noch Zeit habe und zweifle nicht daran, dass es so etwas wie eine Zwillingsflamme tatsächlich gibt – und auch Sie die Ihre finden können. Die Absicht habe ich nun in Gang gesetzt, und ich warte, aber deshalb steht mein Leben nicht still, und ich brauche auch keinen Partner, um mich als vollständiger Mensch zu fühlen. Ich glaube, dass die Chancen, dass meine Dualseele sich materialisiert, wesentlich besser stehen, wenn ich nicht verzweifelt nach Liebe suche. Deshalb übe ich mich in der Kunst, mich selbst zu lieben und mich voll und ganz auf die Beziehung zu meiner Seele einzulassen.

Wär rosengleich die Liebe,
und ich wär wie ein Blatt,
vereint wär unser Leben,
in Sonnenschein und Regen,
ob kahl, ob blüh'nd die Triebe
ob grün, ob grau und matt.

Algernon Swinburne

Meine Klientinnen und Klienten kommen aus vielen verschiedenen Ländern und allen Gesellschaftsschichten. In diesem Buch finden Sie ihre Geschichten ebenso wie die historischer Gestalten und höchstwahrscheinlich auch Ihre eigene. Die Idee von Dualseelen ist universell und allgegenwärtig. Die Begegnung mit der Zwillingsflamme, meinem Begriff für das, was die Leute meiner Meinung nach eigentlich suchen, ist selten, könnte aber häufiger werden, wenn genügend Menschen dieses Buch lesen.

Ich bin mir bewusst, dass ich in gewisser Hinsicht vielleicht eine etwas verzerrte Sicht des Seelenpartners habe, und zwar sowohl aufgrund meiner eigenen Erfahrungen als auch aufgrund der meiner Klientinnen und Klienten. Über sechzig Prozent meiner karmischen Beratungen[8] betreffen Seelenpartner, und die wenigsten Verbindungen sind durchweg glücklich, obwohl sie vielleicht einmal so begonnen haben. Hunderte meiner Klientinnen und Klienten fragen: „Wenn ich doch meinen Seelenpartner gefunden habe, warum musste ich dann durch die Hölle gehen?“ Sehr häufig höre ich: „Ich habe meinen Seelenpartner gefunden, aber er (oder sie – das passiert Männern wie Frauen) will nichts von mir wissen.“ Wie wir sehen werden, muss ein Kontakt zwischen Seelenpartnern in einem Leben nicht unbedingt ins nächste übernommen werden. Vielleicht ist es dieses Mal im Lebensskript der Seele gar nicht vorgesehen. (Ihr Lebensskript ist der Inkarnationszweck, den Sie für sich festlegen, bevor Sie wieder inkarnieren. Er ist in Ihrem Geburtshoroskop verzeichnet. Die Astrologie ist eine ausgesprochen nützliche Methode, um sowohl Lebensskripte als auch Seelenverträge, die Sie mit anderen Menschen geschlossen haben, nachzuzeichnen. Ihr Liebesskript hält fest, was Sie von der Liebe erwarten, und ist in derselben Art und Weise verzeichnet.)

Wie wir außerdem sehen werden, sind Sie Ihrem Seelenpartner womöglich zu einem anderen Zweck begegnet, als Sie glauben. Die Lösung des Rätsels um den Seelenpartner ist normalerweise in einem anderen Leben oder aber in unseren Plänen zu finden, wie wir dieses Mal wachsen wollen. Ein Seelenpartner kann jemand sein, mit dem wir auf der Seelenebene zutiefst verbunden sind und der uns so sehr liebt, dass er uns hilft, eine schwierige Lektion zu lernen. Aber ebenso gut kann es jemand sein, zu dem wir uns unentrinnbar hingezogen fühlen, weil wir früher schon einmal mit-

8 Siehe www.judyhall.co.uk. Alle Fälle wurden mit dem Einverständnis der Betroffenen veröffentlicht.

einander verbunden waren und nun noch Unerledigtes zwischen uns steht – sowie natürlich Karma.

Sehr oft hat der Seelenpartner, den wir in einem früheren Leben kannten, sich verändert und sich eine völlig andere Persönlichkeit zugelegt. Dann beklagen wir uns, dass er nicht mehr derselbe ist. Natürlich nicht. Wir müssen alle wachsen und uns weiterentwickeln, und Veränderung ist ein wesentlicher Teil dieses Vorgangs. Das ist Sinn und Zweck der Reinkarnation. Wir reinkarnieren, um tief sitzende Muster zu verändern, um das Gegenteil dessen zu erleben, was wir bereits waren, um Wiedergutmachung für Vergangenes zu leisten oder um neue Lebensweisen kennenzulernen, andere Seiten unserer selbst weiterzuentwickeln, um Vergebung als Daseinsform und Grundhaltung zu erlangen, um unsere Seele weiterzuentwickeln. Deshalb kann es sein, dass jemand, der in einem früheren Leben unser Seelenpartner war, jetzt nicht mehr der oder die Richtige für uns ist. Womöglich sind diese Menschen jetzt aus einem anderen Grund wieder in unser Leben getreten. Wenn wir uns sofort auf der „Welle der Lust" treiben lassen, die so oft mit dem Erkennen eines Seelenpartners einhergeht, dann landen wir womöglich mit jemandem im Bett, mit dem wir eigentlich auf ganz andere Art und Weise zusammenarbeiten wollten, mit dem wir eine gemeinsame Mission oder ein spirituelles Ziel haben. Der Umstand, dass wir mit ihm oder ihr im Bett waren, muss dem nicht entgegenstehen, könnte es aber, wenn einer von beiden bereits einen anderen Partner hat. Da wir alle zu bestimmten Seelengruppen gehören, kann es sehr wohl sein, dass wir jetzt in einer neuen und andersartigen Beziehung zu einem früheren Seelenpartner stehen. Er oder sie könnte unser Kind, ein Eltern- oder sogar Großelternteil sein. Die Beziehung kann nicht mehr so sein, wie sie einst war, auch wenn die alten Gefühle noch da sind.

Die Vergangenheit neu ordnen

Jenes unbändige, außergewöhnliche Phänomen – die menschliche Vorstellungskraft – kann alles verwandeln ... Wir werden flügellos geboren und fliegen doch schneller als ein Adler. Wir loten die Tiefen des Meeres aus und haben doch keine Kiemen ... Es liegt im Wesen der menschlichen Natur, unsere Natur zu verändern.[9]

Viele Übungen in diesem Buch nutzen die Technik des Visualisierens. Visualisierungen sind ein ausgezeichnetes Hilfsmittel, um uns selbst zu transformieren, uns von der Vergangenheit zu lösen sowie die wahre Natur der Liebe und die Grundlagen der Beziehung zum Seelenpartner kennenzulernen. Mithilfe von Visualisierungen können Ereignisse neu geordnet und Lebensskripte oder Seelenverträge geändert werden. Es kann die Vorbehaltsklausel „solange wie angemessen" hinzugefügt oder positiv eingegriffen werden. Außerdem können Sie durch Visualisieren Ihre Zwillingsflamme anziehen. Lassen Sie sich aber nicht abschrecken, falls Ihnen das Visualisieren schwerfällt. Sie werden sehen, es gibt Alternativen.

Die Visualisierung ist ein starkes Mittel zur Programmierung Ihrer unterbewussten Energien. Sie wird im entspannten Zustand vollzogen, der zu einem „veränderten Bewusstseinsmodus" führt. Eine Übung kann auswendig gelernt, auf Tonträger aufgezeichnet oder von einer Helferin oder einem Helfer laut vorgelesen werden, vielleicht mit einer geeigneten Hintergrundmusik, wobei jedem Schritt genügend Zeit eingeräumt werden sollte. Wenn jemand mit Ihnen arbeitet, hat das den Vorteil, dass die Person sich an Ihr Tempo und Ihren Rhythmus anpassen kann und Sie keine Bedenken zu haben brauchen, Sie könnten einen Schritt vergessen.

Manche Menschen sehen beim Visualisieren ausgesprochen klare Bilder, andere sehen nur verschwommen und wieder andere so gut wie gar nichts. Wenn Sie Ihren Blick innerlich auf den Punkt

---

9 Viederman, Milton, *Passionate Attachments.* (aus einer Sammlung überwiegend psychoanalytischer Essays anlässlich einer interdisziplinären wissenschaftlichen Tagung über die Natur der Liebe, Anm. d. Ü.)

etwas oberhalb der Mitte zwischen Ihren Augenbrauen richten, so fördert das die Entstehung von Bildern. Manche Menschen stellen auch fest, dass sie sich einen Bildschirm vorstellen müssen, entweder in ihrem Inneren oder vor ihnen. Wenn Sie kein visueller Mensch sind, dann versuchen Sie es einmal mit einer „Inszenierung". Empfinden Sie dabei jeden Schritt des Prozesses nach. Sie können ihn richtiggehend nachspielen, indem Sie sich im Zimmer bewegen und sogar entsprechende „Requisiten" benutzen, damit das passende Gefühl entsteht. Zu allen Visualisierungen in diesem Buch gibt es auch Vorschläge für die „nicht visuelle" Arbeit.

Sie brauchen einen Ort, an dem Sie sich wohl fühlen und etwa eine halbe Stunde lang nicht gestört werden. Sie können auf einem Stuhl sitzen oder auf dem Bett liegen. Wenn Sie sich jedoch hinlegen, dann achten Sie darauf, dass Sie in einem Zustand wacher Entspannung bleiben und nicht in den Schlaf sinken. Entfernen Sie alle äußeren Ablenkungen und schaffen Sie eine ruhige, friedliche Atmosphäre. Blumen oder Duftöle können die passende Atmosphäre schaffen, Edelsteine das Entstehen von Bildern fördern. Apophyllit-Pyramiden oder gelber Labradorit auf dem dritten Auge eignen sich ausgezeichnet dazu. Machen Sie vor jeder Visualisierungs-Übung aus diesem Buch immer eine vollständige Vorbereitung.

Vorbereitung auf die Visualisierung

Setzen Sie sich auf einen Stuhl, stellen Sie die Füße flach auf den Boden und legen Sie die Hände locker auf die Oberschenkel. Wenn Sie bequem sitzen, schließen Sie die Augen. Atmen Sie zehn Mal langsam und tief durch. Lassen Sie bei jedem Ausatmen alle Spannungen los, die Sie verspüren, und nehmen Sie bei jedem Einatmen ein Gefühl der Ruhe und Entspannung in sich auf. Lassen Sie bewusst alle Alltagssorgen und -pläne los, und werden Sie ganz ruhig.

Atmen Sie nun sanft und in einem gleichmäßigen Rhythmus. Lassen Sie zu, dass Ihre Augenlider schwer werden und sanft auf Ihren Augen ruhen. Lassen Sie dann mit jedem Atemzug Wellen der Entspannung durch Ihren Körper strömen. Gehen Sie mit Ihrer Auf-

merksamkeit tief nach innen und lassen Sie zu, dass die Außenwelt Ihnen einfach entgleitet.

Halten Sie Ihre Augen weiterhin geschlossen und richten Sie Ihren Blick innerlich auf den Punkt etwas oberhalb der Mitte zwischen Ihren Augenbrauen. Lassen Sie zu, dass Ihr inneres Auge sich öffnet.

Abschluss

Der Abschluss nach dem Visualisieren ist ganz genauso wichtig, denn sonst bleiben Sie auf der feinstofflichen Ebene offen, so dass Fremdes in Sie eindringen oder Energie abfließen kann. Schließen Sie deshalb jede Visualisierung folgendermaßen ab:

Wenn Sie die Visualisierung beenden möchten, dann umgeben Sie sich mit einer schützenden Lichtblase, die Sie vollständig umschließt und auch bis unter Ihre Füße reicht. Spüren Sie, dass Sie in diesem Raum geheilt und ganz sind. Kehren Sie dann mit Ihrer Aufmerksamkeit langsam in Ihr Zimmer zurück und öffnen Sie die Augen. Spüren Sie Ihre Füße auf dem Boden und Ihre Verbindung zur Erde. Diese erfolgt über eine Art erdende Nabelschnur, die bis tief in die Erde hineinreicht und Sie sicher in dieser Inkarnation festhält. Stehen Sie auf, tun Sie etwas Praktisches oder trinken Sie etwas Warmes, um sich zu erden.

1
Das Seelenpartner-Rätsel

Ich weiß, dass einst im fernen Leben
Mein wehes Herz sich arg verzehrt.
Unerfüllt wird es begehren
Die Dame, die ich jetzt verschmäht,
Und zittern, weil ein anderer hat
Verschmähte Lieb, die sie mir bot.

John Masefield

Erfahrungen mit Seelenpartnern sind wesentlich breiter gefächert als gemeinhin angenommen wird. In den letzten fünfunddreißig Jahren haben meine Klienten und ich sie in vielen Facetten erkundet. In diesem Buch greife ich auf Fallgeschichten zurück, die allesamt wahr sind, bei denen aber in den meisten Fällen die Namen und kleinere Details verändert wurden, um die Privatsphäre der Beteiligten zu schützen. Meine Klientinnen und Klienten haben alle ausdrücklich der Veröffentlichung zugestimmt und ihre Alias-Namen selbst gewählt. Ich habe diese Fallgeschichten deshalb aufgenommen, weil die darin geschilderten Erfahrungen in meiner Praxis immer wieder vorkommen, sei es bei Rückführungen oder Berichten aus dem Alltagsleben. Im Grunde haben wir alle schon einmal eine solche Geschichte erlebt. Sie gehören zur Reise unserer Seele. Letztendlich begegnen wir in Beziehungen uns selbst in einem anderen Menschen. Sie sind der Spiegel unseres Wesens. Denn:

> Wie wir uns in einer Partnerschaft begegnen, sagt uns, wer wir sind und nicht, wem wir aus dem Weg gehen sollten.[10]

10 Bridges, Tom, *Composite, Relationship, and Coalescent Charts: An Introduction*, Artikel in *The Mountain Astrologer*, Oktober 1995, S. 22.

Die Seelenpartner-Erfahrung

„Zwei Seelen und ein Gedanke,
Zwei Herzen und ein Schlag!“

FRIEDRICH HALM[11]

Auf die Frage, was sie unter einem Selenpartner verstehen, antworten die meisten Menschen „der Mensch, der mich vervollständigt“ oder „meine andere Hälfte“. Sie sind fest davon überzeugt, dass es für sie nur einen Seelenpartner gibt, der, wenn er denn in ihr Leben tritt, ihnen alles gibt, was sie sich je gewünscht haben. „Und wenn sie nicht gestorben sind, dann sind sie noch heute glücklich miteinander …“ Wer an Reinkarnation glaubt, für den ist der Seelenpartner jemand, mit dem er oder sie Leben um Leben verbracht hat, und das ganz bestimmt als Liebespaar. Aber wie wir sehen werden, verläuft die Begegnung durchaus nicht immer ganz so „glückselig“.

Bei Seelenpartnern geht es nicht um entweder/oder. Sie können wunderbar *und* schrecklich sein, womöglich sogar beides gleichzeitig. Die Begegnung mit ihnen kann voller Glückseligkeit beginnen und in Trauma und Schmerz enden. Gelegentlich geschieht auch das Umgekehrte. Manchmal erlebt das Paar einen traumatischen Beginn und findet dann gemeinsam inneren Frieden. Es kann sein, dass eine Hälfte des „Paares“ die andere zuerst erkennt und dann alles tut, um ihr auch zu dieser Erkenntnis zu verhelfen, wobei sie vielleicht bereits dabei lernen muss, dass wir einem anderen nichts abnehmen können. Recht häufig muss der eine dem anderen helfen, destruktive Erfahrungen zu überstehen. Es kann sein, dass wir auf einen unechten Seelenpartner stoßen oder auf einen, von dem wir uns zu befreien suchen. Sehr oft jedoch sind wir in einem sich wiederholenden Verhaltensmuster gefangen und ans karmische Hamsterrad gekettet. Wir lassen uns auf die Beziehung ein, weil wir sie schon immer hatten – wieder und wieder und wieder. Die Situation erscheint uns angenehm, weil sie ver-

11 „Mein Herz, ich will dich fragen“ von Friedrich Halm (eigentlich Eligius Franz-Josef Freiherr von Münch-Bellinghausen) aus *Textsammlung klassischer Liebesgedichte* auf www.poesie-liebesgedichte.de, Anm. d. Ü.

traut ist, obwohl sie unsere Seele in Ketten legt. Es kommt jedoch der Zeitpunkt, an dem wir das Muster ändern und das Bekannte verlassen müssen. Ebenso gibt es Zeiten, in denen wir die Rollen tauschen. Der Verfolger wird zum Opfer, das Opfer zum Verfolger, Leben um Leben um Leben. Vergeltung und Wiedergutmachung können sich endlos wiederholen. Auch hier müssen wir das Muster verlassen und uns aus dem alten Zyklus befreien.

Aus den verschiedenen Erfahrungen ergeben sich beträchtliche Indizien dafür, dass wir nicht nur einen Seelenpartner haben. Das kann ganz schön verwirrend sein – vorsichtig ausgedrückt. Wir haben mehrere Seelenpartner, mit denen wir bereits in unterschiedlichster Beziehung standen. Rückführungen in frühere Leben zeigen, dass wir innerhalb lose verbundener Seelengruppen oder Seelenfamilien viele verschiedene Rollen einnehmen. Wenn wir uns wiederbegegnen, kann uns jedes Mitglied unserer Gruppe oder Familie wie ein Seelenpartner oder aber wie unser ärgster Feind vorkommen. Die Beziehung kann auch mit vertauschten Rollen fortgesetzt werden oder der bzw. die Geliebte in anderer Verkleidung wiederkehren:

Da sprach's durch das Kind, das nun in ihren Armen lag,
und sie hörte die geliebte, so vertraute Stimme erneut:
„Ich bin's – verrat es nicht!"

VICTOR HUGO[12]

Die Büchse der Pandora öffnen

Wenn man diese Büchse der Pandora öffnet, weiß man nie, welche Trojanischen Pferde da herausspringen.

ERNEST BEVIN[13]

Zwischen Seelenpartnern gibt es eine Form der Beziehung, die ungeheuer stark ist und sich jahrhundertelang von Leben zu Leben fortsetzt. Wenngleich sie sich, von außen betrachtet, als sehr

12 Deutsche Übersetzung entnommen aus Weiss, Brian L., *Die Liebe kennt keine Zeit*, Econ & List 1999, Übersetzung Oliver Deutsch.

13 Britischer Außenminister von 1945 bis 1950, eigentlich zur Vorstellung von einem europäischen Parlament; Anm. d. Ü.

verletzend und ganz und gar nicht partnerschaftlich für die Seele ausnimmt, so wirkt sie doch zutiefst lebensverändernd, wie die folgende Geschichte zeigt. Als ich Jane um einen Beitrag bat, schrieb sie zunächst ein sehr theoretisches Traktat darüber, was sie über Seelenpartner gelernt hatte. Aber bevor ich auch nur einen Satz daraus abschreiben konnte, war es komplett verschwunden. Daher bat ich sie, mir alles noch einmal mündlich und mit eigenen Worten zu schildern, und tippte ihren Bericht direkt in meinen Computer. Danach tauchte ihr erster Bericht – der in großen roten Lettern geschrieben war – in meinem Drucker wieder auf. Irgendwie war er unter das Papier geraten, auf dem ich ihre Geschichte ausdruckte. Nun überdeckte also der Erfahrungsbericht das ihm zugrundeliegende theoretische Traktat, was sich als höchst symbolisch erweisen sollte. Den Überresten ihres theoretischen Berichts konnte ich noch entnehmen, dass sie ihren Seelenpartner als Spiegel ihrer eigenen Seele betrachtete und das, was sie darin erkannte, zugleich liebte und hasste:

> Der Zauber, die Schönheit, die Zärtlichkeit und die Größe des wilden Tieres, aber auch die Wut, die Gewalt und die Eifersucht – das alles schlummerte unter der Oberfläche und wartete darauf, dass mein Seelenpartner meine Büchse der Pandora öffnete. Die Affäre – wenn es denn eine war – zog sich über einen Zeitraum von sechs bis sieben Jahren hin. In dieser Zeit konnte ich mich, ausgelöst durch sein Kommen und Gehen, jedem einzelnen meiner bisher verdrängten oder ignorierten Themen und Aspekte stellen.

Doch ich will Jane ihre Geschichte mit eigenen Worten erzählen lassen:

> Ich begegnete Jean-Marc im Juli '97. Ich sah ihn zum ersten Mal an Bord eines anderen Bootes, und vierundzwanzig Stunden später hatte er sich mit einer Freundin verschworen, mich zum Mittagessen einzuladen. Von da an war es intensiv – zum Verrücktwerden intensiv. Es war, als würde ich von einem erbarmungslosen Orkan mitgerissen. Ich lebte wie auf Messers Schneide und brachte es doch

nicht fertig, davon herunterzusteigen. Es war, als wollte ich in einem fort diesen Menschen berühren und ein Teil von ihm sein – und ihm ging es ganz genauso. Nicht nur in sexueller Hinsicht, auch psychisch. Wir mussten uns nicht einmal mit den Händen berühren; wir brauchten einander nur anzuschauen, und sofort entstand dieses intensive Gefühl. Er empfand es ganz genauso. Ich hatte das Gefühl, wir standen jeder beim anderen tief in der Schuld und hatten gemeinsam karmische Lektionen zu lernen. Uns trennte eine Sprachbarriere, und schon aus rein praktischen Gründen konnten wir ja nicht die ganze Zeit im Bett bleiben. Dennoch spielte sich die Beziehung im wahrsten Sinne des Wortes unter Deck auf meinem Boot ab, unterhalb der Wasserlinie, was sich als zutiefst symbolisch erweisen sollte. Er war sechzehn Jahre jünger als ich, was mir etwas ausmachte, ihm aber nicht. Ich hatte das Gefühl, ich sei mit einem viel jüngeren Menschen zusammen und müsse ihm zugleich auch Mutter und Vater sein.

Die Beziehung war sehr plutonisch und katalytisch. Sie förderte mit Macht Dinge zutage, die ich noch nie angeschaut hatte. Ich musste mich mit emotionalen Themen beschäftigen, denn ich machte mir in puncto Gefühle immer etwas vor, und er brachte mein wie tief im Fruchtwasser verborgenes Mond-Selbst an den Tag. Was äonenlang und während vieler Leben im Geheimen geschlummert hatte, explodierte nun geradezu.

Schon in den ersten paar Wochen sprachen wir über eine Reise nach Peru in meinem Boot. Plötzlich stand mir das Bild zweier kleiner Kinder vor Augen: Ein Mädchen und ein Junge von etwa zweieinhalb Jahren. Ich sah, wie sie gekleidet waren, und da ich damals noch keinerlei Ahnung von früheren Leben oder Ähnlichem hatte, konnte ich mir keinen Reim darauf machen.

Das nächste bedeutungsvolle Ereignis in unserer Beziehung trat wahrscheinlich ein, als Leute auf dem Boot waren und ich ihnen gegenüber größtes Misstrauen hegte. Ich entwickelte die absonderlichsten Gefühle. Als ein Mann in den Maschinenraum hinunterging, hatte ich den Eindruck, es könne in der Zukunft einmal so weit kommen, dass ich mit Jean-Marc und anderen Leuten auf dem Boot segelte und über Bord geworfen würde, weil die mich auf dem Boot los sein wollten. Zwei schwule Freunde von mir glaubten ernstlich, ich sei paranoid. Deshalb habe ich alles, was in meinem Kopf vor sich ging, in allen Einzelheiten aufgeschrieben, einschließlich meiner starken Wut- und Angstgefühle. Ich hatte immer noch keine Ahnung, warum ich mir das alles vor meinem inneren Auge so ausmalte.

Die Beziehung endete, weil sie mir geistig, emotional und körperlich zu sehr schadete und mich innerlich zerriss. Seltsamerweise aber hielt dieses Gefühl des innerlichen Zerreißens noch fünf Jahre lang an, Tag für Tag, vierundzwanzig Stunden. Ich wurde es einfach nicht los; es war wie ein hoch empfindliches Gespür, denn ich merkte es immer, wenn er in der Nähe war. Sogar noch Jahre später zog sich mir der Magen zusammen, als er nach einem über einjährigen Segeltörn aus der Karibik wieder ins Land kam. Ständig stand mir das Wort „grotesk" vor Augen. Ich wollte unbedingt verstehen, warum dieser Mann mir gleichsam einen Spiegel nicht nur vor das Gesicht, sondern auch vor die Seele gehalten hatte. Zwischen uns war zu viel Ähnlichkeit, zu viel Konflikt, zu viel Liebe. In Gesellschaft dieses Mannes waren alle Gedanken und Gefühle intensiver. Allmählich fragte ich mich, warum das so war.

Ich interessiere mich seit jeher für Astrologie und habe mir auch öfter das Horoskop deuten lassen, daher beschaffte ich mir nun also Bücher, einen Computer und ein Astrologie-Programm für Anfänger. Ich las Einstein, Mythologie, Kosmologie, Platon, Blake, Kepler und so weiter und brachte alles miteinander in Zusammenhang, wie die Teile eines riesigen Puzzles. Ich begab mich in meinen eigenen Hades und identifizierte mich mit dem Weltenganzen. In dieser Zeit lernte ich auch eine Rückführungstherapeutin kennen. Wenn man erst einmal eine Tür zu dieser anderen Seite des Wissenwollens aufgestoßen hat, dann öffnen sich einem Hunderte weitere. In der Traumdeutung und allem, was mit Symbolik, Numerologie, Rückführung, Karma, Psychologie und so weiter zu tun hat, fand ich Antworten auf meine Fragen sowie ungeheure Erkenntnisse. Es war, als würde ich durch einen riesigen Trichter in die Vergangenheit gesaugt und danach wieder herausgeschleudert, nachdem ich die Weisheit der Alten, die ebenso Teil von mir sind, in mich aufgenommen hatte.

In der Zwischenzeit hatte ich gelernt, mich selbst bis an den Punkt zurückzuführen, an dem ich mich an etwas erinnern konnte, ohne in eine regressive Trance zu fallen. Dabei kam heraus, an welchen Stellen sich Jean-Marc in alle meine früheren Leben fügte und woher ein Großteil meiner Gefühle und Ängste für und um ihn - und mich - kam. Er war Katalysator und Spiegelbild, aber es ging auch darum, wo er im Bezugssystem meines Selbst zu verorten war und wofür er stand. Wenn Materie, Zeit und Raum eins sind, dann war er das Spiegelbild eines Teils meiner Seele, eine Myriade eben jener Facetten meiner selbst, die ich auch in mir erkannte.

In dem Leben in Peru war er mein Zwillingsbruder gewesen, und wir hatten uns sehr nahegestanden. Unser Stamm zog weiter, denn die Frauen fielen einer bestimmten Krankheit zum Opfer und starben schnell. Der Häuptling des Stammes erkannte, dass es uns als Volk nicht mehr lange geben würde, wenn wir blieben, wo wir waren. Deshalb zogen wir in nordöstlicher Richtung aus der Bergregion in ein tiefer gelegenes Gebiet. Ich konnte mich nur noch daran erinnern, dass ich irgendwo unterwegs meinen Zwillingsbruder verloren hatte und deshalb zutiefst erschüttert war.

Meine Angst um Jean-Marc zeigte sich auch in einer anderen Rückführung. Es war irgendwann im 17. Jahrhundert. Wir lagen auf einem Viermaster durch eine Flaute bekalmt auf See, und ein Großteil der Mannschaft war an Deck. Ein junger Mann versuchte eine Meuterei anzuzetteln. Der Kapitän stellte sich als mein verstorbener Mann Ian heraus (auch in diesem Leben war Ian Segler gewesen), und der Meuterer war Jean-Marc. Während seines Streits mit Ian wies er einen Mann aus seinem bunt zusammengewürfelten Haufen an, den Kapitän mit einem altmodischen Gewehr zu erschießen. Ich protestierte: „Du kannst doch nicht einfach den Kapitän des Schiffes erschießen." Ich war damals ein 15-jähriger Schiffsjunge. Er ließ mich über die Reling werfen, wo ich prompt ertrank. Daher kamen also meine Angst und meine „Paranoia"in Bordeaux, als die Leute an Bord meines Bootes waren.

Ein weiteres Leben stieg in mir auf, als ich Jean-Marc meinen beiden schwulen Freunden vorstellte und einer ihn außergewöhnlich scharf ablehnte. Er hasste ihn schon, als er ihn zum ersten Mal sah.

Dieses Leben spielte im mittelalterlichen England. Ich war ein Mann von etwa fünfunddreißig Jahren, im Kettenhemd, groß, schlank und mit Schnurrbart. Ich war der Hüter der Schlüssel zum Verließ eines Schlosses. Oft stand ich vor einer Tür auf halber Treppe und unterhielt mich. Ich sprach mit dem Mann darüber, was im Schloss und auf den Ländereien vor sich ging. Er war ein gebildeter Mann, der aufgrund seines Glaubens und weil seine Schriften nicht mit der Auffassung des Königs übereinstimmten, in Ketten gelegt worden war. Als ich eines Tages wieder einmal mit ihm sprach, ertönte von oben an der Treppe ein Ruf, dieser Mann sei zu seiner Exekution heraufzuführen. Der Mann am oberen Ende der Treppe war Jean-Marc, und der Mann in der Gefängniszelle war mein schwuler Freund.

In einem anderen Leben, das sich mir eher wie in einem Tagtraum zeigte, war ich ein 18-jähriges farbiges Eingeborenenmädchen auf einer Insel. Die anderen mieden mich, weil ich seltsame Kräfte besaß und Dinge sehen konnte, die andere in Angst und Schrecken versetzten. Es war Nachmittag; ich wohnte recht dicht am Meeresstrand. Alle Männer waren ins Landesinnere auf die Jagd gegangen, da kam ein Seemann in einem Ruderboot heran. Er war ungepflegt, mit struppigem Bartwuchs, schmutzig, verlaust und stank. Er versuchte immer wieder, mit den Frauen zu sprechen, aber sie beachteten ihn nicht. Recht schnell erkannte er, dass kein einziger Mann da war und vergewaltigte zwei oder drei der Frauen. Als er mit der letzten fertig war, kam er auf mich zu und sagte: „Zu dir komme ich noch!" Das war ein typischer Charakterzug von Jean-Marc in seinem jetzigen Leben. Er hatte zahllose Frauen gehabt, und meiner Meinung nach zog er immer noch vergewaltigend und plündernd durchs Land und ging über Leichen.

Ich brauchte sechs Jahre, bis ich alles verstanden hatte. Es war buchstäblich so, als würde meine Seele zerstört, und als hätte ich mich dann selbst wieder so weit zusammenzusetzen, dass ich damit umgehen konnte – zumal er permanent wie aus heiterem Himmel wieder auftauchte. Ständig gab es unheimliche Vorkommnisse: Ein Jahr nachdem er weg war stieg ich eines Tages an Deck – und da stand er am Kai und beobachtete mich.

Durch meine Rückführungen in frühere Leben und die Beschäftigung mit der Astrologie konnte ich in den Spiegel schauen und mich darin erkennen. In gleicher Weise kann ich andere Menschen ansehen und mich auch in ihnen erkennen. Dadurch kann ich jetzt viel besser verstehen, wie wir alle unterhalb der flüchtigen Bewusstseinsebene miteinander interagieren, was vielleicht nicht jeder in seiner ganzen Tragweite begreift.

Ich weiß, dass Jean-Marc und ich noch nicht am Ende sind. Es gibt immer noch Dinge in mir, denen ich mich durch ihn stellen muss. Vielleicht ist ein Kapitel abgeschlossen, aber noch nicht das ganze Buch. Das kommt vielleicht in diesem oder aber in einem künftigen Leben. Es ist noch nicht vorbei, aber ich bin nun damit einverstanden und kann damit umgehen. Vielleicht wendet sich das Blatt ja auch. Ich habe jetzt so vieles aufgearbeitet, dass ich nun praktisch mit allem fertig werden kann, was kommt, ohne dass mir angst und bange wird oder sich mir der Magen umdreht – und noch dazu wesentlich liebevoller. Weil ich so viel durchgemacht habe, kann ich besser nachempfinden, was andere durchmachen. Auf einer anderen Ebene hilft mir das auch im Umgang mit den Menschen, die mir begegnen, denn ich habe nun ein sehr feines Gespür für all das entwickelt, was tief in ihnen steckt und was sie am liebsten verbergen wollen. Jetzt bin ich ein Spiegel ihrer Seelen. Was man nicht selbst erlebt hat, kann man nicht wissen, und da ich es selbst erlebt habe, weiß ich es. Das fühlt sich gut und sicher an, und ich habe in dieser Hinsicht keinerlei Ängste mehr. Meine Erfahrung mit Jean-Marc hat mich auf den Weg geführt, meine Geschichte so weit zurückzuverfolgen, wie ich nur konnte, damit ich erkenne, warum ich hier heute so bin, wie ich bin. Es war ein ungeheuer langer Lernprozess.

Wie wir noch sehen werden, können so einfache Dinge wie Marcs Worte „Zu dir komme ich noch“ Menschen in mehreren Leben erneut zusammenführen. Aber Janes Geschichte veranschaulicht auch, wie Rückführungen in oder spontane Erinnerungen an frühere Leben die Geschichte unserer Seele offenbaren können. Es kommt dabei gar nicht darauf an, ob die Leben, die sie gesehen hat, tatsächlich und nachprüfbar so stattgefunden haben. Diese Erinnerungen greifen vielmehr auf, wie die Mitglieder einer Seelengruppe miteinander umgehen und erklären heute bestehende Antipathien und Anziehungen. Ihren ersten schriftlichen Bericht schloss Jane mit den Worten:

> Abschließend kann ich zum Thema Seelenpartner nur mit den Worten Krishnamurtis sagen: „Die Wahrheit ist ein pfadloses Land, und kein Dogma, kein Glaube und keine Religion kann uns dorthin führen." Und ich kann hinzufügen, dass unser wahrer Seelenpartner uns dorthin führen kann. Allein oder gemeinsam gelangen wir so zu jener unfassbarsten aller Unfassbarkeiten, der LIEBE – denn sehen wir nicht eigentlich sie, verkleidet als unser Seelenpartner?

Als wir später über Liebe und Beziehungen sprachen, fiel Jane wieder ein, dass sie in der Zeit, in der sie mit Jean-Marc zusammen war, Gedichte geschrieben hatte. Unter anderem waren ihr spontan die folgenden Worte gekommen:

> Amour:
> Ce que n'a pas de limite
> Ni de frontiers
> Mais c'est infinite dans son grace.
>
> Das heißt übersetzt:
> Liebe:
> Die keine Grenzen kennt
> Noch Schranken
> Sondern unendlich ist in ihrer Gnade.

Damit fasste sie den Zustand in Worte, zu dem die Erfahrung mit ihrem Seelenpartner sie geführt hatte und in dem sie alles und jedes annehmen konnte, denn:

> Alles, was man tut und zu sein erstrebt, gilt diesem Zustand der Gnade und also der Liebe. Er ist ein grenzenloser Raum. Was auch geschehen sein mag, es ändert nichts an dem, was man empfindet,

und es spielt auch keine Rolle, was jemand anderer sagt oder denkt. Ich bin dahin angekommen, wo ich nichts mehr suche und jeden akzeptieren kann, wie er ist, mit all seinen Schwächen. Das lässt sich nur sehr schwer erklären, wenn man es nicht selbst erlebt. Auf einer sehr tiefen Ebene hat mich genau dies während der Erfahrung mit Marc getragen, vom Anfang bis zum Ende – wenn denn die Reise mit diesem Seelenpartner überhaupt schon zu Ende ist, denn es könnte sehr wohl sein, dass sie in einem künftigen Leben weitergeht. Und es trägt mich auch in dem Zustand, in dem ich heute bin. Es gibt nichts, wohin ich noch gehen müsste. So ist es. Ich bin. Es ist wie ein Vulkanausbruch, der alles zerstört, aber Raum für eine enorme Weiterentwicklung öffnet. Daran habe ich viele Leben lang gearbeitet, das weiß ich. Ich kann die Schönheit in allem erkennen und sie mir zu eigen machen. Es darf Negativität geben und jedes Gefühl, das man nur haben kann, in allen seinen Facetten. Der Rest meiner Lebensreise besteht nun darin, anderen zu helfen, ebenfalls in diesen Raum zu gelangen. Wenn ich ein Horoskop sehe, dann ist es, als könnte ich in die Haut meines Gegenübers schlüpfen und sehen, wo der betreffende Mensch steht. Das macht sehr bescheiden. Solche Erfahrungen dringen durch alles hindurch und kommen direkt zum Kern dessen, was ein anderer Mensch durchmacht. Dabei ist es ganz gleich, ob man einem König, einem Propheten, einem Obdachlosen oder einem Landstreicher gegenübersteht. Jede Begegnung auf dieser emotionalen Ebene erfüllt einen mit derselben Demut, weil alle Menschen versuchen, diesen Zustand der Gnade zu erreichen. Das klingt schrecklich fromm, aber das ist es gar nicht, es ist lediglich die einzige Möglichkeit, dieses Feingefühl zu erklären, das ich mit mir herumtrage. Die Begegnung zweier Seelenpartner – und das muss durchaus keine körperliche, sexuelle Begegnung sein – ist für mich wie die Kollision zweier Seelen, ein Katalysator für die Weiterentwicklung des Geistes, damit er jenen göttlichen Zustand erreicht.

Warum also sollte man einem Seelenpartner aus dem Weg gehen?

Liebe fordert jedes Gramm unserer Kraft.

EDNA O'BRIEN[14]

Vielleicht fragen Sie sich immer noch, warum Sie Ihrem Seelenpartner aus dem Weg gehen sollten. Ist er oder sie doch mit Sicherheit Ihre vollkommene Liebe, Ihre „andere Hälfte", jemand, mit dem Sie auf ewig glücklich sein werden, die oder der Ihr Leben vollständig macht. Sollten Sie einen solchen Menschen in Ihrem Leben nicht freudig willkommen heißen? Wenn Sie dieses Buch erst zu Ende gelesen haben, denken Sie vielleicht anders darüber – oder womöglich tun Sie das bereits jetzt. Wie wir sehen werden, gibt es diesen Jemand tatsächlich, aber er muss nicht unbedingt Ihre Dualseele sein. Ich verwende lieber den neuen Begriff *Zwillingsflamme*; denn ich finde, wir müssen unterscheiden zwischen denjenigen, die unsere Seele wundscheuern (Dualseelen) und denjenigen, die ihr wunderbar wohl tun (Zwillingsflammen).

Die meisten Beziehungen wurden nicht im jetzigen Leben geplant und vorbereitet. Sie können, müssen aber nicht im Zwischenzustand vor der Inkarnation verabredet worden sein. Möglicherweise gibt es auch noch Unerledigtes aus der Vergangenheit. Aus Rückführungen in den Zustand zwischen zwei Leben wissen wir, dass einige Seelen ihre Inkarnationen sehr sorgfältig planen, wohingegen andere von Kräften, die sie nicht selbst in der Hand haben, in Beziehungen hineingezogen werden. Diese Kräfte können einen einzelnen, aber auch zwei oder mehrere Menschen betreffen. Dazu gehören persönliche Erwartungen, tiefsitzende eigene oder ererbte Muster, eine Affinität zu bestimmten Situationen, übereinstimmende Sehnsüchte oder gleiches Verlangen sowie das ständige Wiederholen einer bestimmten Form des Umgangs miteinander.

Während positive Kontakte mit dem Seelenpartner immer ein Geschenk und daher erwünscht sind, begegnen wir doch sehr

14 In der Sendung *Desert Island Discs*, BBC Radio 4, 13. Januar 2007.

häufig einem falschen Seelenpartner, der Chaos und Verwüstung mit sich bringt. Es mag sein, dass dies durchaus in der Absicht unserer Seele liegt und ein Katalysator für unser Wachstum ist. Ebenso gut kann es aber sein, dass wir einfach in einem sich wiederholenden Muster feststecken. Wenn wir uns aus diesem Muster lösen, erhalten wir die Gelegenheit, die Rolle, die wir darin gespielt haben, neu zu bewerten. Machen wir einfach blind immer so weiter wie in unserer Vergangenheit oder bietet sich an dieser Stelle die Möglichkeit, voranzukommen und uns weiterzuentwickeln?

Wenn Sie sofort der sexuellen Lust verfallen, diese aber für wahre Liebe halten; wenn Sie denken „Oh nein, jetzt geht das schon wieder los" oder wenn Sie nicht verstehen können, warum Ihr Seelenpartner nichts mit Ihnen zu tun haben will, dann könnte es besser sein, wenn Sie lernen, Beziehungen zu Seelenpartnern einstweilen aus dem Weg zu gehen. Wenn Sie sich aus dem Muster lösen, tief durchatmen und sich fragen: „Ist das wirklich Liebe oder werden da wieder nur bestimmte Knöpfe bei mir gedrückt?", dann können Sie, statt Hals über Kopf in die nächste Katastrophe zu stolpern, Erkenntnisse darüber gewinnen, warum Sie diesen Menschen angezogen haben. Sie können die Muster und Bedürfnisse hinter Ihrem verzweifelten emotionalen Verlangen nach Ihrer „anderen Hälfte" erkennen. Und mit der Zeit können Sie diese andere Hälfte in sich selbst entdecken. Wenn Sie dann als ganzer Mensch in eine Beziehung hineingehen, kommt etwas völlig anderes dabei heraus. Sobald Ihre Suche nicht mehr von Bedürftigkeit getrieben ist, haben Sie beste Chancen, die wahre Liebe zu finden.

Die andere Hälfte

Platons „Erklärung" für die Existenz von Seelenpartnern (mit der wir uns später noch eingehender befassen werden) ist vielleicht die bekannteste Quelle für die Entstehung dieses Phänomens. Die Vorstellung von der „anderen Hälfte" ist allerdings bereits wesentlich älter. Wir werden sie in späteren Kapiteln sowohl aus mythischer als auch aus esoterischer Sicht beleuchten. Wenn wir jedoch John Lennons Geschichte betrachten, dann stoßen wir auf Platons Auffassung. Viele fragen sich, was John Lennon in die unkonventionelle und symbiotische Beziehung zu Yoko Ono gezogen und darin gehalten hat. Die Astrologin Pauline Stone (die mit Lennons Vater verheiratet war) äußerte ihre Vermutungen aus psychologischer Sicht:

> Vielleicht spürte John, dass Yoko die perfekte Verkörperung seiner Anima war; vielleicht hoffte er, durch sie auf eine Weise vollständig zu werden, die in seinen früheren Beziehungen zu Frauen nicht möglich gewesen war.[15]

John selbst drückte es anders aus:

> Bevor Yoko und ich einander begegneten, waren wir halbe Menschen. Wissen Sie, es gibt einen alten Mythos, wonach ein Mensch die eine Hälfte ist und die andere Hälfte sich ganz woanders befindet, im Himmel oder anderswo, wie ein Spiegelbild. Wir beide waren zwei Hälften, und jetzt sind wir ganz.[16]

John bezieht sich hier auf Platons Erklärung für die Entstehung von Dualseelen, die uns später noch begegnen wird. John glaubte, Yoko und er seien die Reinkarnation von Napoleon und Josephine und anderen berühmten Liebenden. Er soll sogar einen altägyptischen Mumiensarg samt Inhalt erworben haben, weil er glaubte, die Mumie sei Yoko in einer früheren Inkarnation. In seinen Augen waren die beiden die zwei Hälften einer Seele, auf ewig miteinander verbunden. Wie wir noch sehen werden, war John Lennon zugleich auch jemand, der diesen Glauben in anderen weckte.

Viele Menschen sprechen von dem Gefühl, dass ihr Seelenpartner über die Jahrhunderte hinweg nach ihnen sucht. Ganz besonders gut gelingt es den Dichtern, die vergangene Liebe heraufzubeschwören:

Und du warst mein zuvor.
Wie lang ist's her? Ich weiß es nicht:
Doch als die Schwalbe flog empor

15 Stone, Pauline, Partnerschaft, *Astrologie und Karma*, Astrodata 1992.
16 So wurde es mir von einem persönlichen Freund von John Lennon übermittelt.

Bewegtest Du Dein Gesicht
Ein Schleier fiel – ich wusst es von zuvor.

Dante Gabriel Rossetti[17]

Auch andere Menschen spüren das. In seinem Buch *Brücke über die Zeit* fragt Richard Bach: „Hatten Sie schon einmal das Gefühl, dass Ihnen jemand fehlt, dem Sie noch nie begegnet sind?"[18] und erzählt dann, wie er seine bereits Jahre vor ihrer ersten Begegnung zutiefst ersehnte Seelenpartnerin kennenlernt und schließlich heiratet.

Der Psychiater und Rückführungstherapeut Brian L. Weiss beschreibt in *Die Liebe kennt keine Zeit*, wie zwei seiner Patienten in ihrer Vergangenheit nach ihrem unbekannten Seelenpartner suchen, nur um ihn dann im jeweils anderen zu finden:

> Ihre Leben, sowohl die gegenwärtigen als auch die vergangenen, entfalteten sich hier vor mir in meiner Praxis getrennt und unabhängig voneinander. Sie waren einander nie begegnet. Sie entstammten unterschiedlichen Ländern und Kulturen. ... Dabei hatten sie einander über viele frühere Leben hinweg geliebt und wieder verloren.

Als sie schließlich in seinem Wartezimmer kurz aufeinandertreffen, schauen sie einander nach – aber das ist alles. Kein plötzliches Erkennen. Doch das Schicksal nimmt seinen Lauf. Später begegnen die beiden einander erneut und verlieben sich in einem Flugzeug hoch über Amerika in einander.

Zahllose Menschen wissen schon beim ersten flüchtigen Anblick des anderen, dass ihre Begegnung vom Schicksal vorherbestimmt ist. Ihre Blicke treffen sich sogar in einem überfüllten Raum, und es ist um sie geschehen. Wie Shakespeare in *Wie es euch gefällt* schon sagt:

> Denn Euer Bruder und meine Schwester trafen sich nicht so bald, so sahen sie; sahen nicht so bald, so liebten sie; liebten nicht so bald,

---

17 Zitiert aus Brian L. Weiss, *Die Liebe kennt keine Zeit*, Econ & List 1999, Übersetzung Oliver Deutsch.
18 Nur auf dem Rücktitel des amerikanischen Originals.

> so seufzten sie; seufzten nicht so bald, so fragten sie einander nach der Ursache; wussten nicht so bald die Ursache, so suchten sie das Hilfsmittel; und vermittelst dieser Stufen haben sie eine Treppe zum Ehestande gebaut, die sie unaufhaltsam hinaufsteigen, oder unenthaltsam vor dem Ehestande sein werden.[19]

Andere haben sorgfältigst nach ihrer wahren Liebe gesucht. Viele fanden dabei, was Brian Weiss als „unendliche Freude und Glück" mit „deiner großen Liebe" beschreibt, „die dich nach vielen Jahrhunderten wiedergefunden hat, um … dich daran zu erinnern, dass ihr immer zusammen sein werdet, bis ans Ende der Zeit."

Das kann zwar durchaus so passieren, und es mag sein, dass Sie tatsächlich genau *den* Menschen finden, bei dem Sie sich zutiefst geliebt und erfüllt fühlen. Aber über dreißig Jahre der Erforschung karmischer Beziehungen lehren mich, dass es nicht immer so einfach ist – und wo es das ist, ist der Begriff „Zwillingsflamme" angebrachter. Ich habe in meiner Praxis Paare erlebt, die – in Einzelsitzungen und bei gemeinsamen Terminen – Leben um Leben erinnerten, in dem sie zusammen waren. Alle Einzelheiten stimmten überein. Die Interaktion zwischen ihnen war klar. Aber dies waren meist Paare, die mich wegen Beziehungsschwierigkeiten aufsuchten. Seelenpartner können sich im Laufe jener Zeitspanne, die man die Ewigkeit nennt, auseinanderleben. Selbst wenn sie sich begegnen, kommen sie dann nicht unbedingt wieder zusammen. Der eine erkennt den anderen vielleicht, wird aber abgewiesen. Karma ist ein Zyklus aus Aktion und Reaktion. Was heute geht, kommt morgen wieder. Unumstößlich. Aber Karma ist auch dynamisch. Wir können Neues in Gang bringen und müssen womöglich die Liebe in Myriaden unterschiedlichster Facetten kennenlernen.

Wir alle haben Lektionen, auf die unsere Seelenpartner sich als eine gemeinsame Erfahrung bereitwillig mit uns einlassen. Die Begegnung mit einem Seelenpartner kann tatsächlich eine enorme Inspiration sein und das Leben vollkommen verändern – selbst dann, wenn der Seelenpartner nicht körperlich anwesend ist.

---

19 Shakespare, William, *Wie es Euch gefällt* V, 2, Tempel Studienausgabe 1968 (Übersetzung Schlegel/Tieck).

Der Zusammenstoß zweier Seelen

Der Dichter Dante wurde von einer Seelenpartnerin inspiriert. Die göttliche Beatrice – kurz erspäht, angebetet, doch nie die Seine. Er begegnete ihr, als er neun Jahre alt war, und obwohl sie nicht mit ihm sprach, verliebte er sich auf den ersten Blick in sie und hielt sie für einen Engel. Als sie einander zum zweiten Mal begegneten, war er achtzehn Jahre alt. Sie grüßte ihn, und er wähnte sich im Paradies:

> … da begab es sich, … daß die Wundersame mir erschien, schneeweiß gekleidet … . Und als sie durch die Gasse schritt, wandte sie den Blick nach jener Seite, auf der ich ganz befangen stand, und in ihrer unaussprechlichen Huld – die ihr heute im Himmel vergolten wird – grüßte sie mich so sittsam, dass ich die äußersten Grenzen der Seligkeit zu schauen meinte. Die Stunde, da ihr wonnesamer Gruß mich beglückte, war genau die neunte jenes Tages; …
>
> Wenn sie mir irgendwo begegnete, so hätte ich, dieweil ich ihren wundersamen Gruß erhoffte, keinem Menschen mehr Feind bleiben mögen; vielmehr erfasste mich eine Glut der Liebe, welche mich jedem, der mich beleidigt haben mochte, verzeihen ließ. Und würde mich jemand etwas gefragt haben, so hätte ich ihm darauf mit demutvollem Antlitz nichts anderes zu erwidern gewusst als: „Liebe." Wenn sie sich alsdann zum Gruße anschickte, vernichtete der Geist der Liebe alle Geister der Sinne, drängte nur die schwachen Geister des Augenlichts hinaus und sprach zu ihnen: „Gehet hin und ehret eure Herrin!", und alsdann verblieb er an ihrer Stelle. Wer daher die Liebe hätte kennenlernen wollen, der hätte sie am Zittern meiner Augen wahrnehmen können. Und wenn die holdseligste Frau mich grüßte, so wirkte die Liebe nicht dahin, die fast unerträgliche Seligkeit abzuschwächen, sondern sie ward durch das Übermaß der Wonne so groß, dass mein Leib, der ganz im Bann der Liebe stand, sich oftmals nur noch wie etwas Schweres und Lebloses bewegte. So ist es offenbar, dass in ihrem Gruß meine Seligkeit beschlossen war, die oft das Maß meiner Kräfte überstieg und sie erschöpfte.[20]

20 Dante Alighieri, *Das neue Leben* (3 und 11), Aus dem Italienischen übersetzt von Hannelise Hinderberger, Manesse 1987.

Wie so viele Seelenpartner, konnte auch Dante sich sein ganzes Leben lang genau an die Einzelheiten und den Zeitpunkt ihrer Begegnung erinnern. In der darauffolgenden Nacht hatte er einen intensiven Traum. Dieser war für ihn die Inspiration zu *La Vita Nova*, das er allerdings erst spät im Leben schrieb. Dante war untröstlich, als Beatrice im Alter von nur vierundzwanzig Jahren starb. Doch als Erinnerung und Muse begleitete sie ihn ein Leben lang. Seine idealisierte Liebe zu ihr war die Inspiration zu seinem Werk und seiner zutiefst spirituellen Philosophie der göttlichen Liebe. Das war ihr Dualseelen-Geschenk an ihn, und es mag sehr wohl sein, dass sie heute als Zwillingsflammen vereint sind – oder aber weiterziehen zu neuen, getrennten Beziehungen.

Wie bei Dante und Beatrice ist vielleicht auch bei uns dieses jetzige Leben nicht der Zeitpunkt, zu dem wir wieder zusammen sein sollen. Wenn dem so ist, müssen wir vielleicht den Kontakt abbrechen und uns Neuem zuwenden. Womöglich bekommen wir „die Liebe von ihrer negativen Seite" zu spüren und ernten, was wir gesät haben. Doch wir sehnen uns immer noch nach unserem Seelenpartner. Oder wir weisen einen Seelenpartner aus den unterschiedlichsten Gründen ab.

Möglicherweise ist unser „Seelenpartner" auch ein „seelischer Vampir", der sich schon seit Jahrhunderten von unserer Energie ernährt und das auch weiterhin tun wird, wenn wir es zulassen. Das ist eine negative Symbiose, ein parasitäres Auslaugen. So ein finsteres Schauermärchen ist vielleicht nicht unbedingt das Erste, was uns in den Sinn kommt, wenn wir an Dualseelen denken, doch in Bram Strokers Film *Dracula* liebte Dracula seine Frau mehr als sein Leben. Sie waren Seelenpartner. Man trug ihr falsche Gerüchte über sein Ableben zu, und sie stürzte sich in den Burggraben.

Als die Kunde ihn erreichte, gelobte Dracula, den Tod zu bezwingen und so lange zu leben, bis er wieder mit ihr vereint sein könnte. Durch reine Willenskraft wurde er zum Vampir, der sich vom Blut anderer Lebewesen ernährte und ihnen das Leben raubte, um das eigene zu erhalten. Auf diese Weise nahm er Rache an Gott und den Menschen, weil sie zugelassen hatten, dass so etwas hatte geschehen können. Zugleich erhielt er so seine Seele am Leben, bis er wieder mit ihr vereint sein konnte.

Als sie wieder reinkarniert, zieht Dracula nach England, um in ihrer Nähe zu sein. Er versucht, sie in seine Welt zu locken. Fasziniert von ihrer alten Liebe, die sie auf der Seelenebene erkennt, aber hin und her gerissen zwischen ihm und ihrer neuen Liebe, kann nur Draculas Tod sie retten. Wenn sie leben will, muss sie an seiner Befreiung von dieser Welt mitwirken. Aber das ist eine schmerzliche Entscheidung. Kein Wunder, das Draculas Geschichte auch nach all den Jahren noch so beliebt und Mal um Mal neu bearbeitet worden ist. Sie verkörpert eine tiefe seelische Wahrheit: Die Untoten können die Lebenden ganz genauso ausnutzen wie die Lebenden selbst. Der Kontakt mit einem alten Seelenpartner kann das Leben aus einem Menschen heraussaugen. Umgekehrt kann aber auch ein uraltes Verlangen nach Rache jemanden oder etwas am Leben erhalten. Eines Tages müssen vielleicht auch wir um unseres Seelenheils willen die Vergangenheit loslassen.

Die Suche nach der Dualseele oder die Erinnerung an eine Verbindung aus einem früheren Leben kann normale Beziehungen zerstören. Die Suche nach Vollkommenheit ist eine einsame Straße ohne Liebe. Wer sein ganzes Leben lang nach seinem Seelenpartner sucht und dabei andere Beziehungen ablehnt, der sollte vielleicht daran denken, dass Platon in seiner Erklärung der Zwillingsseelen sagt, dass ein Wesen in zwei geteilt wird und die beiden fortan umherwandern und einander suchen werden. Er sagt nicht, dass die beiden auf jeden Fall wieder vereint werden, sondern nur, dass etwas sie Leben um Leben dazu treibt, einander zu suchen. Sind sie dann tatsächlich wieder vereint, so werden wir noch sehen, gehen sie womöglich an ihrer Untätigkeit zugrunde.

Liebe deine Feinde

Die Kunst ist, den Hass ausdrücken
und dann zur Liebe zurückkehren zu können.

NANCY FRIDAY

Wie wir gesehen haben, gibt es Dualseelen in vielerlei Größe und Gestalt, je nachdem, was wir lernen müssen, um zu wachsen. Nicht immer ist die Begegnung mit unserem Seelenpartner ein angenehmes Erlebnis, und sie muss sich auch nicht unbedingt innerhalb einer Liebesbeziehung abspielen. Seelisches Wachstum kann tatsächlich sehr harte Lektionen mit sich bringen, und unser Seelenpartner ist vielleicht genau der Mensch, mit dem wir die Hölle durchmachen – nicht als Strafe, sondern als Lernprozess. Eine Klientin drückte es so aus: „Unser Seelenpartner ist hier, um uns die schwierigste Lektion zu erteilen."

Ich sehe es lieber so: Unser Seelenpartner hilft uns, eine schwierige Lektion zu lernen, damit sie uns nicht erteilt werden muss. Und ich möchte dem hinzufügen: Unser Seelenpartner ist ein Mensch, der uns auf der Seelenebene so sehr liebt, dass er uns durch schmerzhafte Situationen führt – und in schwerer Zeit bei uns ist.

Mehrere Seelenpartner, die ich kenne, haben ihre „andere Hälfte" gerade noch rechtzeitig gefunden, um sie bis zum Ende einer tödlichen Krankheit zu begleiten oder von ihr in dieser Situation begleitet zu werden. Aus Rückführungen in das „Planungsstadium" vor der Inkarnation wissen wir, dass solche Lektionen oft, aber nicht immer, bewusst gesucht werden. Außerdem wissen wir, dass andere Mitglieder unserer Seelengruppe bereit sind, sie mit uns gemeinsam zu erleben – wir alle haben viele solche Seelenpartner. Doch sobald wir in die Inkarnation eintreten, vergessen wir das meist alles. Allerdings ist ebenso offensichtlich, dass Außenstehende unwissentlich in das Theaterstück unserer Seele hineingezogen werden können und dann ihre Rolle entsprechend spielen. In diesen Fällen wirken sie zwar womöglich wie ein Seelenpartner, aber das gegenseitige Erkennen ist ein Irrtum und vorschnell. Einen falschen Seelenpartner zu finden, kann in etwa so sein, als wenn Sie die Endorphin-Rezeptoren in Ihrem Gehirn mit Schokolade, Valium oder Heroin füttern. Eine Zeit lang „passt" es gut, und der Körper lässt sich täuschen, aber allmählich wird klar, dass die Substanz bzw. der falsche Seelenpartner süchtig macht und Sie umbringt, statt Sie lebendiger zu machen und Ihr Bewusstsein zu erweitern.

Auch unsere Erwartungen spielen eine Rolle. Wir ziehen das an, was wir erwarten, und es fühlt sich gut an, auch wenn es höllisch schmerzt. Da Angst, Hass, Wut und alter Groll starke Magnete sind, führen sie uns wieder zusammen, damit wir Unerledigtes aus früheren Leben abschließen können. Ein einziger Seelenpartner kann nie alle diese Bedürfnisse erfüllen. Außerdem muss eine Beziehung unter Seelenpartnern auch nicht unbedingt „ewig" halten. Sie dauert so lange, wie sie dauern muss.

Vom Mangel lernen

Seelenpartner sind nicht nur Liebespartner, sie können auch Eltern, Kinder, Freunde, Mentoren oder Schüler sein. Eine der wirkungsvollsten Methoden, mit der Seelenpartner aller Art uns zur Weiterentwicklung verhelfen, besteht darin, uns etwas nicht zu geben, was wir uns verzweifelt wünschen oder was uns in früheren Leben gefehlt hat. Dadurch werden wir schließlich gezwungen, uns nach innen zu wenden und es in uns selbst zu finden. So kann es zum Beispiel bei dem Elternteil sein, der uns eine kalte, einsame Kindheit ohne Liebe beschert, bei näherem Hinsehen allerdings zu eben jener Seelengruppe gehört, aus der wir stammen. Das gilt auch für jeden anderen, der uns so sehr liebt, dass er uns mit einer harten Lektion hilft, ein schwieriges Geschenk zu finden.

Bei einem meiner Workshops erzählte eine Frau gleich am ersten Tag von ihrer extrem schwierigen Beziehung zu ihrer gefühlskalten Mutter, die Alkoholikerin war und sie schlug. Sie sagte: „Ich weiß nicht, warum ich sie mir als Mutter ausgesucht habe, aber ich weiß, *dass* ich es habe." Wir sprachen ausführlich über Menschen, die uns genau die Umgebung bieten, die wir benötigen

– so unwahrscheinlich es uns auch vorkommen mag. Im Rahmen des Workshops lösten wir die Bindung zwischen den beiden. Dabei zerschnitt sie das Band zu ihrer Mutter und schickte ihr Liebe und Vergebung. Am nächsten Morgen erzählte sie uns, am Abend habe sie zu Hause einen Anruf erhalten, dass ihre Mutter, mit der sie seit vielen Jahren nicht mehr gesprochen hatte, im Krankenhaus im Sterben lag. Sie berichtete:

> Ich fuhr ins Krankenhaus und setzte mich neben ihr Bett. Sie hatte ein Einzelzimmer und war tief bewusstlos. Ich nahm ihre Hand und sagte: „Mutter, wenn du hier warst, um mich etwas über Kälte und Misshandlung und mangelnde Liebe zu lehren, dann hast du deine Sache auf jeden Fall gut gemacht." So machte ich etwa fünf Minuten lang weiter und zählte alles auf, was mir in meiner Kindheit gefehlt und mich dazu gebracht hatte, all die Geschenke, die ich schließlich gefunden habe, in mir selbst zu entdecken. Außerdem sagte ich ihr, dass ich ihr vergebe und sie lieb habe, egal was passiert war. Als ich fertig war, öffnete sie die Augen, lächelte und sagte: „Das ist gut, meine Liebe, deshalb war ich da. Ich habe dich auch lieb." Sie schloss die Augen und starb friedlich. Ich blieb noch eine Zeit lang bei ihr sitzen und rief dann eine Schwester.

Trotz ihres Verlustes war sie zum Workshop gekommen, um die Arbeit fortzusetzen. Sie erforschte ihre Seelenfamilie und die früheren Leben, die zu dem jetzigen geführt hatten. Es überraschte sie nicht, als sie feststellte, dass man in der Planungssitzung vor ihrer Inkarnation übereingekommen war, dass sie diese kalte und einsame Kindheit erleben sollte. Dadurch sollte sie eben jene Selbstliebe und Vergebung lernen, an denen es ihr in ihren früheren Leben gefehlt hatte. Außerdem sollte sie so Unabhängigkeit entwickeln können, statt eine abhängige Persönlichkeit zu werden. In dieser Hinsicht war ihre Mutter eine wahre Seelenpartnerin.

2

Wie man einen Seelenpartner erkennt

Ich sah auf – und Linda betrat den Raum. Unsere Blicke trafen sich, und uns beide traf der Schlag. … Sie ist der fürsorglichste und liebevollste Mensch, den es gibt, und die größte Stütze, die man haben kann. … Sie war und ist die wunderbarste Freundin und Partnerin, die man sich nur wünschen kann, und sie wird das auch immer sein.

David Icke[21]

Was die Begegnung zwischen Seelenpartnern anbelangt, so gibt es bestimmte immer wiederkehrende Erfahrungen:

- Haben Ihre Blicke sich über einen überfüllten Raum hinweg getroffen?
- Pochte Ihr Herz wie wild?
- Gab es ein plötzliches Wiedererkennen? Spürten Sie überwältigende Liebe?
- Verspürten Sie eine starke, unerklärliche Antipathie?
- Wollten Sie am liebsten weglaufen, egal wohin?
- War es, als zöge Sie ein riesiger Magnet unausweichlich vorwärts?
- Verspürten Sie eine Welle der Lust? Oder der Abscheu?
- Geht Ihnen jemand nicht mehr aus dem Kopf?
- Wenn jemand Bestimmtes wegging, war es dann, als sei ein Teil Ihrer selbst mit ihm oder ihr gegangen?
- Sind Sie felsenfest davon überzeugt, dass es Ihnen bestimmt ist, mit einem bestimmten Menschen zusammen zu sein, obwohl er oder sie mit jemand anderem verheiratet ist?

21 In einem persönlichen Brief, später verwendet in *In the Light of Experience*.

- Haben Sie das Gefühl zu sterben, wenn Sie sich trennen müssen?
- Sind Sie mit einem Elternteil ganz besonders eng verbunden?
- Haben Sie das Gefühl, dass jemand Sie verdientermaßen bestraft?
- Verspüren Sie einen Zwang, mit einem bestimmten Menschen zusammen zu sein, egal was passiert?
- Haben Sie immer davon geträumt, die eine wahre Liebe zu finden, und haben Sie sie dann auch gefunden?

Wenn Sie mehr als zwei oder drei Fragen mit „Ja" beantworten können, dann haben Sie möglicherweise einen Seelenpartner gefunden, wenngleich es auch ein falscher oder eingebildeter sein könnte. Im Folgenden ein paar klassische Beispiele:

„Ich sah diesen Mann nur einen Moment lang. Nur ein einziger Blick. Und seither versuche ich, ihn wiederzufinden. Ich weiß, dass wir füreinander bestimmt sind."

„Ich sah seinen Hinterkopf. Nur einen kurzen Moment lang, als er auf der Straße entlang ging. Ich wusste gleich, dass das der Mann ist, den ich heiraten würde. Schließlich lernten wir uns kennen. Wir haben fast vom Fleck weg geheiratet. Dennoch ist die Beziehung nicht einfach."

„Ich war im Urlaub. Ich sah ihn in einem Café an einem Tisch sitzen. Ich wusste, ich würde ihn ansprechen. Dann bekam ich es mit der Angst zu tun. Was, wenn ich mich irrte? Nur um ganz sicher zu gehen, unternahm ich einen langen Spaziergang, damit er Zeit hätte zu gehen. Als ich wiederkam, kam er geradewegs auf mich zu. Wir unterhielten uns stundenlang und waren seither nie wieder getrennt."

„Mein ganzes Leben lang habe ich jemanden gesucht, meine Idealfrau. Als ich meine Frau kennenlernte, wusste ich, dass ich sie gefunden hatte. Aber jetzt möchte sie sich scheiden lassen. Warum nur?"

„Als Teenager war ich ein paar Mal mit ihr ausgegangen, und irgendwie konnte ich sie nie mehr vergessen. Dann begegnete ich ihr eines Tages auf der Straße. Ich ergriff ihre Hand. Und das war's. Ich konnte sie einfach nicht mehr loslassen. Wir begannen eine leidenschaftliche Affäre. Ich verließ meine Frau, aber sie wollte ihren Mann nicht verlassen. Ich kann sie immer noch nicht loslassen. Wir treffen uns, so oft wir können. Ich liebe sie so sehr. Warum geht meine Seelenpartnerin so mit mir um?"

„Gleich als ich ihn das erste Mal sah, klopfte mein Herz wie wild. Mir wurde übel, und meine Beine zitterten. Dieser Mann versetzte mich in Angst und Schrecken, und doch hatte ich ihn noch nie in meinem ganzen Leben gesehen. Doch plötzlich war ich mit ihm verheiratet. Ich weiß bis heute nicht richtig, wie es dazu gekommen ist. Es war, als stünde ich unter Hypnose."

„So sehr ich es auch versucht habe, aber mit meinem Vater konnte einfach kein Mann mithalten. Meine Mutter war sehr eifersüchtig auf unsere Beziehung. Ich hatte das Gefühl, sie hasst mich. Bei einer Rückführung habe ich entdeckt, dass ich früher einmal mit dem Mann verheiratet war, der jetzt mein Vater ist. Ich hatte ihn also zuerst gehabt, kein Wunder, dass sie so eifersüchtig war."

Sehr häufig ist mit der „Liebe auf den ersten Blick" auch das Gefühl verbunden, einander schon ewig zu kennen. Wir halten inne, gehen ein wenig auf Abstand, versuchen alles zu rationalisieren oder ergreifen die Flucht. Aber letztendlich finden wir uns unweigerlich in einer Beziehung wieder. Genauso häufig folgen darauf Beziehungsschwierigkeiten, sobald wir nämlich mit den Lektionen fertig werden müssen, um derentwillen wir zusammengekommen sind. Oder wir wiederholen unsere alten Muster. Ebenso gut kann es sein, dass wir uns zwanghaft zu jemandem hingezogen fühlen, von dem wir genau wissen, dass er uns nicht gut tut. Beim ersten Kennenlernen haben wir vielleicht sogar eine unerklärliche Angst oder Wut empfunden. Aber irgendwie stecken wir plötzlich in einer Beziehung. Unsere Seelenpartner sind nicht nur die Menschen, die uns am meisten lieben. Womöglich müssen wir im Zusammensein mit einem alten Seelenpartner, der allen Grund hat, uns zu hassen, oder bei dem wir allen Grund haben, uns vor ihm zu fürchten, Vergebung und Mitgefühl lernen.

Es kann auch sein, dass wir eben diese Lektionen oder Muster mit jemandem durchmachen müssen, mit dem uns keine Liebesbeziehung verbindet. Das kann ein Freund oder eine Freundin sein, ein Arbeitgeber, jemand aus unserer Familie oder ein Mitbewohner. Doch bei der ersten Begegnung fühlt sich alles rundum stimmig an. Wie kommt es überhaupt, dass wir dieselben Machtkämpfe, elterlichen Muster, emotionalen Spielchen und so weiter in so vielen unterschiedlichen Zusammenhängen durchspielen können? Die Antwort könnte sehr wohl in der Vergangenheit zu suchen sein, entweder in unseren früheren Begegnungen, in den Erwartungen, die wir in unser jetziges Leben mitbringen oder in den tief sitzenden Mustern, die unbewusst unser Leben lenken.

Der Schlüssel zum Erkennen einer echten Begegnung zwischen Seelenpartnern liegt in der Intensität des Erlebens, verbunden mit der Tatsache, dass die Erinnerung daran nie verblasst. Doch selbst dann kann es sein, dass dieser Beziehung keine lange Dauer beschieden ist.

Die Begegnung zweier Dualseelen

Die Geschichte des Schauspielers Edward Gordon Craig und der Tänzerin Isadora Duncan zeigt anschaulich, wie es ist, wenn zwei Seelen einander wiederbegegnen, die sich als die beiden Hälften eines Ganzen begreifen. Als Craig 1904 seiner Seelenpartnerin begegnet, klingt in seiner Beschreibung ihrer Person, wie bei so vielen anderen, Platons vollkommenes Ganzes an, das getrennt wurde und nun wieder vereint ist:

> Unsere Begegnung war zuallererst … ein wunderbares Wiederfinden. Angenommen, man war – einst – mit seiner anderen Hälfte in einer Welt und diese Welt war wunderbar vollkommen, und weiter angenommen, diese Welt hat sich aufgelöst und die Zeit ist über ei-

> nen hinweggegangen und man ist in einer anderen Welt aufgewacht, aber die andere Hälfte war nicht da. Man hätte so freudig wie möglich mit der neuen Existenz vorliebgenommen. ... Dann, plötzlich, geschieht das Wunderbare – die andere Hälfte steht neben einem, sie hat hergefunden, über all die Jahrhunderte, all die Berge und Flüsse und Meere hinweg – und nun ist sie hier – und ich bin hier. Ist das nicht wunderbar? Mit welchem Aufschrei wir zusammenkommen.[22]

Isadora sagte über die Begegnung mit Craig an jenem Abend in Berlin, dass er ihr bereits den ganzen Abend über aufgefallen sei (er saß in der ersten Reihe im Publikum). Nach dem Ende der Vorstellung „kam ... ein wunderschönes Wesen". Doch er war wütend und warf ihr vor, sie habe seine Ideen und sein Bühnenbild gestohlen. „Dennoch sei sie", so sagte er, „die lebendige Verkörperung aller meiner Träume." Isadora erwiderte, alle Entwürfe stammten von ihr selbst; sie habe sie schon erfunden, als sie fünf Jahre alt war. Craig jedoch beharrte darauf, es seien die seinen und sie sei die Verkörperung des Wesens, für das er sie erschaffen habe. Das Rätsel löste sich, als sie herausfand, dass er der Sohn von Ellen Terry war, die Isadora als Kind zutiefst verehrt hatte. Sie war ihr Ideal der Weiblichkeit. Craig wollte Isadora von ihrer Familie fortzaubern, damit sie bei ihm bleiben könnte. „Wie eine Hypnotisierte" erlaubte sie ihm, ihr ihren Umhang umzulegen und sie hinwegzuführen. Als die beiden schließlich in seinem Atelier angelangt waren, erzählt sie:

> „ ... alles entflammte in plötzlicher Liebe. Ich flog in seine Arme mit der ganzen magnetischen Bereitwilligkeit eines Temperamentes, das ... nur darauf wartete, aus mir herauszuspringen. ... In ihm war ich Fleisch von meinem Fleisch, Blut von meinem Blut begegnet. ... Meine Augen waren hingerissen von seiner Schönheit, doch nicht annähernd so sehr, wie ich zu ihm hingezogen wurde, ineinander verflochten und miteinander verschmolzen. Wie Flamme auf Flamme trifft, so brannten wir in einem hell lodernden Feuer. Hier war er

22 Steegmuller, Francis, *Your Isadora*, Random House, New York 1974 (nicht ins Deutsche übersetzt, d. Ü.).

endlich, mein Gemahl, meine Liebe, mein Selbst – denn wir waren nicht zwei, sondern eins, jenes eine erstaunliche Wesen, von dem Platon im Phaidros spricht, zwei Hälften derselben Seele. ... Es war die Begegnung zweier Zwillingsseelen.

So wird ein Seelenpartner zumeist verstanden: Als die eine Seele – sie, nur sie allein –, durch die wir uns „auf ewig" vollständig fühlen. Zwei Seelenpartner ergeben ein Paar, das in alle Ewigkeit miteinander verbunden ist, eine ideale – oder vielleicht bloß idealisierte – Beziehung.

Nur wenige Wochen nach ihrer Begegnung mit Gordon Craig fand Isadora Duncan, es sei ihr „Schicksal, alles daran zu setzen, die Fortsetzung meiner Karriere mit seiner Liebe" zu versöhnen – eine unmögliche Kombination. Als sie feststellte, dass sie schwanger war, war sie vor Freude ganz aus dem Häuschen. Craig hingegen war unglücklich: „Meine Arbeit, meine Arbeit", jammerte er verzweifelt. Das Kind brachte ihr große Freude, ihm tiefe Trübsal. Trotz ihrer großen Liebe zu ihm wusste Isadora, dass sie sich trennen würden. Manche Seelenpartner stellen fest, dass es ihnen unmöglich ist zusammenzuleben, anderen wiederum ist es nie beschieden.

Gefährliche Verbindungen

Die Begegnung mit dem Seelenpartner ist vielleicht durchaus nicht das wunderbare Erlebnis, nach dem sich alle sehnen.[23]

Sie sah aus wie Aphrodite, groß, gertenschlank und blond, hatte eine unglaublich sinnliche Ausstrahlung und eine vielversprechende Leidenschaftlichkeit. Jeder Mann auf der kleinen griechischen Insel war scharf auf sie und lechzte nach ihr. Es lag so viel Verlangen in der Luft, dass man es förmlich mit Händen greifen konnte. Sie hatte gerade erst erfahren, dass ihr Seelenpartner näher kam, daher sandte sie entsprechende „Schwingungen" aus, um *ihn* anzu-

23 Bach, Richard, *Brücke über die Zeit.* (In der deutschen Übersetzung allerdings so nicht wörtlich belegbar, Anm. d. Ü.)

locken. Wenn eine Göttin mit ihrem ganzen Willen zum Sex bereit ist, dann entfaltet dies so starke Kräfte, dass man sich ihnen nicht entziehen kann. Doch die gewöhnlichen Sterblichen um sie herum hatten Pech, sie interessierte sich nur für ihn – den einen, den einzigen! Abgewiesen und entmutigt fielen die Männer wie Fliegen. Aphrodite ist rücksichtslos in ihrer Leidenschaft.

Immer noch verzweifelt auf der Suche nach ihrem Seelenpartner lernte Aphrodite – wir können sie ruhig weiterhin so nennen – nach ihrer Rückkehr nach England mehrere Männer kennen, die es hätten sein können … Doch nein, einer nach dem anderen kamen auch sie nicht in Frage. Dann geschah es. Eine Freundin sagte: „Ich habe da einen Mann kennengelernt. Ich weiß, der ist der Richtige für dich. Komm zum Abendessen, dann mache ich euch miteinander bekannt."

Sie stand unter der Tür und konnte sich nicht rühren. Dort war er. Ein Bild von einem großen, dunklen, attraktiven und geradezu erschreckend intelligenten Mann, wie sie ihn so lange gesucht hatte. Ihre Blicke trafen sich. Mehr war gar nicht nötig. Im weiteren Verlauf des Abends hörte sie sich wie in einem Traum sagen: „Warum bleibst du nicht über Nacht?" Doch in ihrem Inneren flüsterte eine Stimme: „Tu's nicht. Du wirst es dein Leben lang bereuen. Weißt du nicht mehr, was er dir angetan hat?"

Sechs Wochen später gab sie ein Zeitungsinterview zum Thema „Liebe auf den ersten Blick". „Ich wusste einfach", sagte sie, „dass ich nichts dagegen tun konnte. Ich musste bei ihm sein, koste es, was es wolle. Er war mein Seelenpartner aus uralter Zeit. In vielen Leben waren wir zusammen. Es ist unser Schicksal, zusammen zu sein." Als typischer charmanter Zwilling hatte er viel mit Merkur gemeinsam, dem gewandten Götterboten und einem der vielen Liebhaber Aphrodites. Da er jedoch zur Hälfte Finne war und einem völlig anderen Mythos entsprungen zu sein schien, wollen wir ihn Loki nennen, nach dem nordischen Trickster-Gott.

Sechs Monate später gab es eine Hochzeit ganz in Weiß mit einem riesigen Aufgebot von Verwandten und Freunden, die ihr alles Gute wünschten. Beim Gang zum Altar schrie die zarte Stimme in ihrem Inneren förmlich: „Es ist noch nicht zu spät, dreh dich um und lauf weg. JETZT GLEICH!“ Und als sie am Arm ihres Mann wieder aus der Kirche schritt, fragte die Stimme: „Was hast du nur getan?“ Was sie nicht wusste: Er hatte genau dieselben Gefühle, aber schob sie beiseite.

Von einem einzigen Zwischenfall während ihrer Flitterwochen abgesehen, waren sie sehr glücklich. Aber dieser eine Zwischenfall ließ sie nicht mehr los. Sie war auf den Balkon gegangen und hatte ein paar Hennen unten im Olivenhain den „Chicken Song“ vorgesungen – mitsamt Armbewegungen und Gackern. Daraufhin hatte er die Balkontür geschlossen und sie ausgesperrt. Waren sie wirklich auf derselben Wellenlänge? Diese Frage stellte sie sich etwas später noch einmal. Sie kochte ein anspruchsvolles romantisches Abendessen und trug dabei nichts weiter als ihre sexysten Dessous. Woraufhin er bitterernst sagte: „Für Fantasievorstellungen ist in der Ehe kein Platz.“

Sechs Monate lang ging alles gut. Sie hatten viele gemeinsame Interessen, und beide glaubten, zwischen ihnen bestünde eine tiefe seelische Verbindung. Sie schrieben in einer New-Age-Zeitschrift über spirituelle und esoterische Themen. Dann traten sie einer Meditationsgruppe bei. Diese wurde von einer gechannelten Wesenheit geleitet, die angeblich über eine Speicherschreibmaschine kommunizierte. Aphrodite war völlig unbeeindruckt. Loki saugte jedes Wort in sich auf. Zwei Wochen später unternahm die Gruppe eine gemeinsame Wochenendreise. Aphrodite und Loki wurden ins Zimmer einer Frau eingeladen, die wir Athene nennen wollen. Als sie eintrafen, war das Zimmer für zwei hergerichtet, mit Rosen, Champagner und Kerzen. So kam es, dass Aphrodite ihren Champagner aus einem Zahnbecher trank. „Komisch“, dachte sie, „ich komme mir hier wie ein Eindringling vor.“

Die Stimme in ihrem Inneren, die im Laufe der letzten sechs Monate recht eloquent gewesen war, blieb ungewöhnlich still. Als sie später mitten in der Nacht aufwachte, merkte sie, dass sie alleine war. Sie ging zur Tür und kam gerade rechtzeitig, um zu sehen, wie Loki mit geröteten Wangen und zerzaustem Haar aus Athenes Zimmer kam. Doch statt auf ihre Instinkte zu hören, wollte sie lieber ihrem attraktiven, wunderbaren Ehemann Glauben schenken, der behauptete, er habe geglaubt, Athene schreien zu hören und sei dann zu ihr gegangen, für den Fall, dass sie in Schwierigkeiten stecke.

Die Wochen vergingen, und das Miteinander in der Ehe wurde immer schwieriger. Er war meist abwesend, für gewöhnlich ohne nähere Erklärung, und reagierte gereizt, wenn er danach gefragt wurde. „Verhör mich nicht", polterte er dann. Sie beklagte sich, dass sie ihn nicht mehr erreichen konnte, er wirkte ihr gegenüber wie abgeschaltet. Ihr Sexualleben, das leidenschaftlich und fantasievoll gewesen war, verlief im Sande. Später fand sie heraus, dass die Schreibmaschine angeblich gechannelt hatte, Loki und Athene seien Dualseelen, denen es bestimmt sei, zusammen zu sein und als ein Wesen zusammen zu leben und zu arbeiten. Athene verließ ihren Mann und ihre Kinder, um bei Loki zu sein. Sie sollte eine Vortragsreihe in Australien halten. Loki reiste mit – vergaß aber, es Aphrodite zu sagen. Ironie des Schicksals: In den Medien wurde Athene zu der Zeit als liebevolle, glückliche Ehefrau und Mutter sowie als Expertin in Beziehungsfragen dargestellt. Bei näherem Hinsehen hätte man allerdings erkennen können, dass sie in Australien mit ihrem „Seelenpartner" herumturnte, aber das hätte ihr Image zerstört.

Unterdessen plagte Aphrodite ein drängendes Problem. Loki und sie hatten ein Haus gekauft, und sie bezahlte es ab. Die Hypothek lief auf die Bank seiner Familie, die wiederum darauf bestanden hatte, dass Aphrodite mitunterzeichnete. Mit der Hypothek hätte eigentlich das Haus renoviert werden sollen. Stattdessen verwendete Loki das Geld für seine Australien-Reise. Jetzt waren die Rückzahlungen fällig.

Als er zurückkam, zog er aus dem Haus aus, bewahrte seine Sachen aber noch im Keller auf. Aphrodite drückte es so aus: „Ich wurde ihn nicht los, solange noch alle seine Sachen unter mir schmorten." Außerdem brach er den Kontakt zu Athene völlig ab, die nun bei Aphrodite Trost suchte. Aber der größte Schock kam erst, als seine Bank die Hypothek von Aphrodite zurückforderte. Schließlich, so hieß es, lebe Aphrodite nicht mehr mit einem Mitglied der Familie zusammen, und Loki habe kein Geld. Sie werde wohl das Haus verkaufen und die Hypothek damit zurückzahlen müssen. Die Bank drohte sogar, ihre Ansprüche vor Gericht geltend zu machen. Alle ihre Versuche, mit Loki Kontakt aufzunehmen, verliefen im Sande. Bald würde sie ohne Dach über dem Kopf und mittellos dastehen.

Zu dem Zeitpunkt erlitt Aphrodite einen völligen Zusammenbruch. Dieses Erlebnis war emotional verheerend gewesen. Alle ihre Hoffnungen hatten sich zerschlagen. Ihre Zukunftsträume waren zerbrochen. Sie fühlte sich nach Strich und Faden betrogen. Ihr ach so wunderbarer Seelenpartner hatte sich als Schwindler erwiesen. Körperlich, emotional und seelisch ging es ihr so schlecht wie nie. Spirituell wusste sie nicht mehr, wohin sie gehörte. Sie spielte mit dem Gedanken an Selbstmord, sie war verzweifelt – und wütend. Nun verstand sie den viel zitierten Satz des englischen Dichters William Congreve: „Die Hölle selbst kann nicht wüten wie eine verschmähte Frau." Sie war unglaublich wütend. Das war der Ur-Zorn. Sie schmiedete Pläne, wie sie ihn töten könnte. Die Wut tobte in ihrem Körper. Sie starb beinahe an den Komplikationen einer Krankheit, die normalerweise in der Kindheit auftritt – und die ihr Arzt als psychosomatische Störung diagnostiziert hatte. Während der Fieberschübe, die mit dieser Krankheit einhergingen, kam sie sich vor, als schmorte sie in der Hölle. Der Teufel mit der Harke war natürlich ihr Mann, ein Bild, das eine seelische Wahrheit verkörperte. Die bittere Erfahrung veranlasste sie, eine Therapie zu machen. Dass sie daraus als neuer und stärkerer Mensch hervorging, war der Schatz im Kern dieses Erlebnisses.

Am Tiefpunkt der Verzweiflung fragte sie, warum das geschehen war. Zur Antwort erhielt sie eine Vision. Sie stand vor einem Komitee der Hexenverfolger in Schottland. Sie wurde als Hexe erkannt und verbrannt. (Das hatte sie ihr ganzes Leben lang immer wieder gesehen.) Doch vor ihrer Exekution machte man ihr die Rechnung für ihren Gefängnisaufenthalt, ihr Gerichtsverfahren und sogar die Folter zur Erzwingung eines Geständnisses auf. Als sie für schuldig befunden worden war, war ihr gesamter Besitz konfisziert worden; daher hatte sie keine Ahnung, wie sie die Summe bezahlen sollte. Wie nicht anders zu erwarten, war der oberste

Hexenverfolger in ihrer Vision kein anderer als ihr Mann Loki. Sie hatte ihn verflucht, als sie starb – und dieser Fluch hatte sie wieder zusammengeführt. Sie vermutete, dass ihre Vision eher auf der psychologischen als auf der medialen Ebene zu verstehen war.

Dennoch wurde sie „zufällig" gebeten, für einen Artikel zur Hexenverfolgung in Schottland zu recherchieren. Dabei stieß sie auf ein Bild ihres Mannes – als der oberste Hexenverfolger in Edinburgh vor etlichen Jahrhunderten. Im jetzigen Leben hatte ihr Mann lange Jahre in Edinburgh verbracht und sie immer auf einen Besuch dorthin mitnehmen wollen. Sie hatte stets abgelehnt, was eigentlich ganz untypisch für sie war. Schottland hat als einzige Region der Britischen Inseln seine „Hexen" verbrannt. Anderswo wurden sie erhängt oder ertränkt. Der Tod durch Verbrennen war „Ketzern" vorbehalten. „Der Bastard hat es schon wieder getan", war ihr Kommentar dazu. „Er hat mich auch in diesem Leben nicht nur wieder bei lebendigem Leibe gebraten, sondern sogar wieder für dieses Privileg bezahlen lassen."

Diese Geschichte ist durchaus kein Einzelfall. Viele meiner Klientinnen und Klienten können Ähnliches berichten. Nicht alle kommen dabei so gut weg wie Aphrodite. Durch ihre Therapie konnte sie einen umfassenden und nüchternen Blick auf ihre tiefsitzenden Muster werfen. Zu Aphrodites wichtigsten Lektionen gehörte es, ihre alten emotionalen Reaktionen zu durchbrechen. Liebe und die damit verbundenen emotionalen Spielchen hatten ihr Leben beherrscht. Unendlich lange hatte sie ihren Seelenpartner gesucht und dabei immer wieder angenommen, dass ein Mann, zu dem sie sich sexuell hingezogen fühlte, derjenige welche war. Das war eine Illusion, aus der sie anscheinend nicht ausbrechen konnte. Jetzt musste sie sich von dieser alten emotionalen Reaktion lösen und lernen, anders damit umzugehen.

Am Ende dieses Wandlungsprozesses vollzog sie ein Ritual zur Kontaktaufnahme mit der Göttin Aphrodite. Sie wollte ihre Beziehung zur Liebe heilen und Vergebung in ihrem Herzen finden. Das war nun nicht gerade eine Stärke der Göttin Aphrodite, war sie doch bekannt dafür, dass sie ihre Rivalinnen umbrachte. Doch nach dem Ritual gelang es der sterblichen Aphrodite, eine

Scheidungsvereinbarung zu erzielen, bei der ihr das Haus verblieb. Außerdem bestand sie darauf, dass Loki alle seine Sachen abholte. Danach fühlte sie sich frei. Besitz und Fotos enthalten die „Schwingungen" des Menschen, der mit ihnen verbunden ist. Manchmal kann es reinigend wirken, diese Sachen rituell zu verbrennen oder wegzugeben. Ganz sicher ging es Aphrodite so, als sie seine Liebesbriefe verbrannte und seine Geschenke einer Wohltätigkeitsorganisation gab.

So sehr sie ihn hatte umbringen wollen, so klar hatte sie auch erkannt, dass Vergeltung das karmische Karussell nur von neuem in Gang gesetzt hätte. Auch wenn es ihr schwerfiel, sie wollte kein Karma in ein künftiges Leben mitnehmen, deshalb ließ sie ihre Vergangenheit mit Loki los und vergab ihm. Als sie ihm vergab, erkannte sie, dass er einfach so war. Sie konnte ihm deshalb keine Vorwürfe machen. Auch der Gott Loki war kein vertrauenswürdiger Ehemann, und sein sterbliches Pendant machte es ihm trefflich nach. Nach dem Ende ihrer Ehe fand sie heraus, dass er drei weitere Frauen unter ähnlichen Umständen hatte sitzen lassen. Er war ein Schwindler par excellence. Als die Illusion erst einmal zerbrochen war, konnte sie ihn nicht nur so sehen, wie er wirklich war, sondern auch ihre eigene Rolle in dem Spiel erkennen.

Weil sie die Vergangenheit so weit als irgend möglich klären wollte, lud sie Athene zum Essen ein. Vor dem Zwischenfall mit Loki waren sie befreundet gewesen. Sie erkannte, dass Athene genau so tief verletzt war wie sie selbst. Jetzt konnte sie auch hier Vergebung schenken. Schließlich verarbeitete sie die ganze Geschichte in einem Roman – und auch Athene schrieb über ihre Affäre mit Loki. Dabei entdeckte Aphrodite einen tiefen Brunnen der Kreativität in sich. Mit einem ihrer Projekte – einer neuen Sichtweise der Liebe und dessen, was sie mit sich bringt – traf sie so sehr ins Schwarze, dass es von Anfang an ein großer Erfolg wurde. Aber wenn ich dieses Projekt nun beim Namen nennen würde, würde ich damit natürlich auch verraten, wer sie ist. Deshalb müssen wir jetzt einen Schleier über Aphrodite legen und können nur noch sagen, dass sie sich in all den Jahren seither nicht mehr auf eine ernsthafte Beziehung eingelassen hat und immer noch alleine lebt.

3
Die mythische Erklärung

Und Gott schuf den Menschen zu seinem Bilde, zum Bilde Gottes schuf er ihn; und schuf sie als Mann und Frau. Und Gott segnete sie und sprach zu ihnen: Seid fruchtbar und mehret euch und füllet die Erde.

1. Mose 1, 27-28

Haben Sie sich schon einmal gefragt, warum es in der Genesis (1. Buch Mose) zwei dicht aufeinanderfolgende Berichte über die Erschaffung von Mann und Frau gibt?

Zunächst heißt es, Gott habe Mann und Frau nach seinem Bilde erschaffen. Zwar wird sie in der Bibel nicht erwähnt, aber aus der Überlieferung wissen wir, dass diese erste Frau Lilith war, Adams erste Gemahlin und als ihm gleichberechtigt erschaffen. Sie weigerte sich, sich sexuell dominieren zu lassen und floh aus dem Paradies ans Ufer des Roten Meeres, wo sie fortan lebte. Später wurde sie als eine Art männermordender sexueller Vampir mit einem besonderen Interesse an keusch lebenden Mönchen dargestellt. Die bekanntere Eva wurde hingegen aus einem ganz anderen Grund erschaffen, nämlich:

> Und Gott der Herr sprach: Es ist nicht gut, dass der Mensch allein sei; ich will ihm eine Gehilfin machen, die um ihn sei. Und Gott der Herr machte aus Erde alle die Tiere auf dem Felde und alle die Vögel unter dem Himmel und brachte sie zu dem Menschen, … aber für den Menschen ward keine Gehilfin gefunden, die um ihn wäre. Da ließ Gott der Herr einen tiefen Schlaf fallen auf den Menschen, und er schlief ein. Und er nahm eine seiner Rippen und schloss die Stelle mit Fleisch. Und Gott der Herr baute eine Frau aus der Rippe, die er von dem Menschen nahm, und brachte sie zu ihm. Da sprach der Mensch: Das ist doch Bein von meinem Bein und Fleisch von meinem Fleisch;

man wird sie Männin nennen, weil sie vom Manne genommen ist. Darum wird ein Mann seinen Vater und seine Mutter verlassen und seiner Frau anhangen, und sie werden sein *ein* Fleisch. Und sie waren beide nackt, der Mensch und seine Frau, und schämten sich nicht.

2. Mose 2, 18-25

Es gibt also zwei Versionen des Schöpfungsmythos. Der eine lässt vermuten, dass es noch Unerledigtes mit einer schönen, aber unabhängig von Adam erschaffenen Seelengefährtin gibt, die ein eigenständiger Mensch ist. Der andere legt nahe, dass eine Seelenpartnerin eine nachgiebige, abhängige „andere Hälfte" ist. Nach jüdischem Mythos fehlte Adam ohne seine erste Seelenpartnerin, die eher ein Geist oder eine Göttin als ein körperliches Wesen war, etwas. Der erste Mensch war nun seelenlos und brauchte eine Therapie zur Befreiung von Geistern sowie eine Seelen-Infusion, bevor er seine andere Hälfte finden konnte:

Komm und sieh: Es gibt ein Weib, einen Geist aller Geister und ihr Name ist Lilith, und sie war zuerst bei Adam. Und zu der Stunde, in der Adam geschaffen und sein Körper vollendet wurde, klammerten sich tausend Geister von der linken Seite an diesen Körper, bis der Heilige, gepriesen sei Er, sie anschrie und vertrieb. Und Adam lag da, ein Körper ohne Geist, und sein Anblick war grün, und alle jene Geister umgaben ihn. Um diese Stunde senkte sich eine Wolke herab und vertrieb alle diese Geister. Und als Adam aufstand, war sein Weib an seiner Seite festgemacht. Und der Heilige Geist, der in ihm war, verbreitete sich zu dieser Seite und zu jener Seite und wuchs hier und da und wurde so vollständig. Danach sägte der Heilige, gesegnet sei Er, Adam in zwei Teile und erschuf das Weib. Und er brachte sie zu Adam in ihrer Vollkommenheit wie eine Braut unter den Baldachin. Als Lilith das sah, floh sie. Und sie ist in den Städten des Meeres und versucht immer noch, den Söhnen der Welt Leid anzutun. Sohar III, 19[24]

24 Ins Deutsche ist der Sohar nur in Auszügen übersetzt in *Der Sohar, Das heilige Buch der Kabbala. Aus dem Hebräischen übertragen und herausgegeben von Ernst Müller*, Diederichs Gelbe Reihe, Random House, 2009. Dieser Abschnitt ist nicht bei den übersetzten Stellen und wurde hier deshalb nach der englischen Übersetzung übertragen. (Anm. d. Ü.)

Die mittelalterlichen Mönche wiesen Lilith die Schuld an ihren nächtlichen Ergüssen zu. Es hieß, sie besuche sie im Schlaf und quäle sie; sie trinke sie leer mit ihrer sexuellen List. Lilith steht für den dämonisierten, abgelehnten dunklen weiblichen Aspekt dieser keusch lebenden Mönche und damit für die andere Hälfte ihrer Seele.

Der mesopotamische Mythos

Es möge ein Gott geschlachtet werden …
Nintu möge Lehm (mit Fleisch und Blut) vermischen.
Mögen eben jener Gott und der Mensch sorgfältig in dem Lehm vermischt werden,
Damit wir auf alle Zeit die Trommel hören
Möge aus dem Fleisch des Gottes ein Geist entstehen.

Anweisungen des Gottes Enki im altbabylonischen Atrachasis-Mythos[25]

In dem altmesopotamischen Atrachasis-Mythos wird der Mensch zum Teil aus einem Himmelsgott und zum Teil aus Erde erschaffen, womit oben und unten in ihm vereint sind. In einer Fortführung der Lilith-Geschichte aus dem alten Sumer (auch Mesoptamien genannt, das Land, in das die Juden in Gefangenschaft geführt wurden, kurz bevor die ersten Zeugnisse für die Bücher des Alten Testaments auftauchen), war Lilith die Gefährtin der Göttin Inanna. Sie war die Hüterin tantrischer Geheimnisse und unterrichtete die Anhänger der Göttin darin. Durch diese sexuelle Mystik wurden das innere Männliche und das innere Weibliche vereinigt. In einem der ältesten sumerischen Mythen (mindestens tausend Jahre älter als das 1. Buch Mose, wahrscheinlich aber noch älter), dem Gilgamesch-Epos, wird Lilith als höchst unabhängiger Geist beschrieben, der von einem Ort vertrieben werden muss, den ihre helle Seelenschwester, die Göttin Inanna, die uns als Venus wesentlich vertrauter ist, für sich selbst begehrt:

25 Judy Halls Quelle: Bromilly, Geoffrey W., *International Standard Bible Encyclopedia*, Wm. B. Eerdmannns Publishing Co., 1979. Die Standard-Quelle für das Atrachasis-Epos ist Lambert, Wilfred George und Millard, Allan Ralph, *Atra-Hasis, The Babylonian Story of the Flood*, Oxford 1969. Eine vollständige deutsche Übersetzung existiert m. W. nicht. (Anm. d. Ü.)

Nachdem Himmel und Erde voneinander getrennt
und die Menschheit erschaffen worden,
nachdem Anûum, Enlil und Ereskigal Besitz ergriffen hatten
von Himmel, Erde und der Unterwelt,
nachdem Enki Segel gesetzt hatte nach der Unterwelt
und das Meer ebbte und flutete zu Ehren seines Herrn,
an jenem Tage wurde ein Huluppu-Baum,
der an den Ufern des Euphrats gepflanzt worden war
und genährt wurde von seinen Wassern,
durch den Südwind entwurzelt
und von dem Euphrat davongetragen.
Eine Göttin, die an seinen Ufern wandelte,
ergriff den treibenden Baum,
und – auf Geheiß von Anu und Enlil –
brachte sie ihn in Inannas Garten in Uruk.
Inanna pflegte den Baum sorgfältig und liebevoll,
sie hoffte auf einen Thron und ein Bett
ganz für sich allein aus seinem Holz.
Nach zehn Jahren war der Baum gereift.
Doch unterdessen stellte sie zu ihrem Schrecken fest,
dass sich ihre Hoffnungen nicht erfüllen würden,
weil während dieser Zeit eine Schlange, die nicht zu verzaubern war,
ihr Nest in den Wurzeln des Baumes gebaut hatte,
der Anzu-Vogel seine Jungen in die Zweige des Baumes setzte
und die dunkle Dämonin Lilith ihr Haus in seinem Stamm erbaute.
Aber Gilgamesch, der von Inannas Not gehört hatte,
kam zu ihrer Rettung.
Er nahm seinen schweren Schild auf
und tötete den Drachen mit seiner schweren Bronzeaxt,
welche sieben Talente und sieben Minas wog.
Daraufhin flog der Zu-Vogel mit seinen Jungen in die Berge,
während Lilith, starr vor Angst,
ihr Haus abriss und in die Wüste floh."

Aus dem Prolog zum Gilgamesch-Epos[26]

---

26 Kramer, Samuel Noah, *Gilgamesh and the Huluppu-Tree: A reconstructed Sumerian Text.* Assyriological Studies of the Oriental Institute of the University of

Dies kann, neben vielen anderen Deutungen, als die Eroberung und Unterwerfung des dunklen Weiblichen betrachtet werden, das sich in einer hellen Seele niedergelassen hat. Lilith steht für Inannas Schattenenergien. Diese sind komplementär und bergen große Geschenke, wenngleich der Schatten allzu oft als unerwünscht gilt und deshalb verdrängt wird. Wäre sie in der Lage gewesen, das dunkle Weibliche zu integrieren und so zur Ganzheit zu finden, statt sich bezwingen zu lassen, hätte Inanna vielleicht sogar ihren Abstieg in die Unterwelt und ihre darauffolgende Zerstückelung vermeiden können. Doch diese Initiation wurde ihr von ihrem dunklen Zwilling, der Königin der Unterwelt, ihrer Schwester Ereschkigal, aufgezwungen.

Die Geschichte ist ein großer Seelenpartner-Mythos und, neben anderen Allegorien, eine der ersten und ältesten Sagen von der Wiedergeburt, denn sie datiert bis in die Zeit vor 3000 vor unserer Zeitrechnung zurück. Inannas Reise kann auch als Initiationsweg der Seele betrachtet werden, verlässt sie doch ihre „himmlische Wohnstatt" und begibt sich in die dunkle Welt der Gefühle und des Schmerzes:

> Aus dem Großen Oben öffnete sie ihr Ohr dem Großen Unten
> Aus dem Großen Oben öffnete die Göttin Ihr Ohr dem Großen Unten
> Aus dem Großen Oben öffnete Inanna Ihr Ohr dem Großen Unten
> Die Hohe Dame verließ Himmel und Erde, um in die Unterwelt hinabzusteigen …
> Sie verließ Ihr Amt als Heilige Priesterin, um in die Unterwelt hinabzusteigen
> Sie versammelte die Maße Himmlischer und Irdischer Macht
> Sie nahm sie in Ihre Hände
> Mit den Maßen Himmlischer und Irdischer Macht
> Bereitete Sie sich …
> Inanna begab sich auf die Reise in die Unterwelt.

Chicago 10, Chicago: 1938. Die Geschichte von Inanna und dem Huluppu-Baum ist ein eigener Mythos, entstanden um etwa 3000 v. Chr. Die Heldentat, die ursprünglich Inannas Bruder Utu vollbringt, wird in späteren Versionen wie hier dem Gilgamesch zugeschrieben.

Ihre Reise gilt dem Besuch ihrer Schwester Ereschkigal, deren Mann gerade verstorben ist. Ereschkigal ist in tiefem Kummer und zeigt so, dass selbst Göttinnen nicht gegen den brennenden Schmerz gefeit sind, den der Verlust eines Seelenpartners bzw. der Dualseele auslösen kann. Diesen Schmerz richtet sie nun gegen ihre Schwester, zwingt sie, „nackt und gekrümmt" zu gehen, bis sie sie schließlich tötet und drei Tage lang an einem Haken hängen lässt. Als Inanna aufersteht und auf ihren Thron zurückkehrt, findet sie ihren Mann Dumuzi bei einem rauschenden Fest statt in Trauer vor. Wütend schickt sie ihn fort, damit er ihren Platz in der Unterwelt einnehme, doch Dumuzis Schwester bietet sich an seiner Statt an. Gerührt durch diese schwesterliche Hingabe, schlägt Ereschkigal einen Kompromiss vor: Jeder muss sechs Monate in der Unterwelt und sechs Monate auf der Erde verbringen. Diese uralte Sage trägt viele Aspekte von Seelenpartnern: Zerstückelung, Schmerz und Kummer, Opfer und Transformation.

Der ägyptische Mythos

O Nut!
O Große, die der Himmel wurde!
Du hast die Meisterschaft. Alle Orte hast du mit deiner Schönheit erfüllt.
Die ganze Erde liegt unter dir, du hast sie in Besitz genommen,
du hast die Erde und alles, was darinnen ist, mit deinen Armen umschlossen.
Als Geb werde ich dich schwängern in deinem Himmelsnamen.
Ich werde die ganze Erde allerorten mit dir vereinen.

Aus den Pyramidentexten

Nach einem ägyptischen Mythos, der mindestens so alt ist wie der von Inannas Abstieg in die Unterwelt, waren Schu und Tefnut, die ersten göttlichen Wesen, die Ra „ohne Zuflucht bei der Frau" aus einem kosmischen Orgasmus heraus erschuf, ein Götterpaar. Ihre Kinder Geb und Nut waren der Erdgott und die Himmelsgöttin. Zunächst waren die beiden eng vereint, wie siamesische Zwillinge.

Sie waren zugleich Bruder und Schwester und Mann und Frau. In einer Version der Sage erlebten sie sogar bereits im Mutterleib die sexuelle Vereinigung. Doch auf Befehl von Ra riss Schu die beiden mit Gewalt auseinander und band Nut als Himmelsgewölbe an den Himmel, während Geb nach unten geschleudert wurde, damit er die Erde bilde.

Fortan, so erzählt uns der Mythos, war Geb untröstlich, und man hörte sein Klagen Tag und Nacht – die Zeilen zu Anfang dieses Abschnitts sind ein Liebesgedicht an seine Frau. Meist wird er mit einem riesigen Penis dargestellt, der zu seiner Frau und Schwester aufragt. Die Sehnsucht nach ihr brennt. Ra, der sie einer bestimmten Version der Geschichte zufolge trennt, als sie ohne seine Zustimmung heiraten, untersagt ihnen, Kinder zu bekommen. Nach einer anderen Version trennt ihr Vater sie, weil Nut ihre Kinder, die Sterne und die Sonne, aufisst (ein alter Sonnenfinsternis-Mythos). Thoth, der durchtriebene Gott der Weisheit, schenkt ihnen fünf „dunkle Tage", die nicht in den offiziellen Kalender gehören. In diesen Tagen kann Nut fünf Kinder gebären, und Gebs Sehnsucht wird gestillt. An den übrigen dreihundertsechzig Tagen des Jahres sind sie getrennt.

Ein noch älterer ägyptischer Mythos erzählt die Geschichte von der Erschaffung der Menschen durch den Töpfergott Khnum, dessen Namen „vereinen", „verbinden" oder „bauen" bedeutet. Als Fruchtbarkeitsgottheit erschuf Khnum Kinder aus dem Schlamm des Nils. Meist wird er als widderköpfiger Gott dargestellt, der vor einer Töpferscheibe sitzt und Zwillinge formt – das Kind und sein Ka, seine belebende Seele. Sie sehen genau wie Zwillingsseelen aus, daher mag also die Sehnsucht nach einem Seelenpartner jenem Teil unserer selbst gelten, der nicht inkarniert ist. In Wirklichkeit sehnen wir uns nach unserer Seele.

Der griechische Mythos

Seit so langer Zeit ist demnach die Liebe zueinander den Menschen eingeboren und sucht die alte Natur zurückzuführen und aus zweien *eins* zu machen und die menschliche Schwäche zu heilen.

PLATON *SYMPOSION – DAS GASTMAHL*

Platons *Symposion* entwirft ein Bild von der Entstehung der Dualseelen, das die universelle Sehnsucht nach einem idealen Partner möglicherweise erklärt, ganz sicher aber widerspiegelt und sowohl ein wenig vom mesopotamischen als auch vom ägyptischen Mythos entlehnt scheint. Darin erklärt Aristophanes, dass die Menschen ursprünglich zwei Personen in einem Körper waren und zwei Köpfe sowie vier Arme und Beine hatten. In ihrer Vollständigkeit und Selbstgenügsamkeit rollten sie gleichsam Rad schlagend ekstatisch dahin und vermochten fast alles. Sie verfügten über enorme Stärke und Lebenskraft. Doch ihr überheblicher Stolz brachte sie dazu, die Götter anzugreifen. Weil er sie nicht gänzlich vernichten wollte, teilte Göttervater Zeus sie in zwei Hälften und schmälerte damit sowohl ihre Kraft als auch ihr Glück. Zugleich zwang er sie dadurch, ihr Leben in Sehnsucht nach der fehlenden Hälfte zu fristen, und wenn sich die beiden Hälften dann begegneten, endete das nicht glücklich:

> Als nun so ihr Körper in zwei Teile zerschnitten war, da trat jede Hälfte mit sehnsüchtigem Verlangen an ihre andere Hälfte heran, und sie schlangen die Arme umeinander und hielten sich umfasst, voller Begierde, wieder zusammenzuwachsen, und so starben sie vor Hunger und Vernachlässigung ihrer sonstigen Bedürfnisse, da sie nichts getrennt voneinander tun mochten. Und wenn etwa die eine von beiden Hälften starb und die andere noch übrig blieb, dann suchte diese sich eine andere und umfasste sie, mochte sie dabei nun auf die Hälfte eines ganzen Weibes, also das, was wir jetzt Weib nennen, oder eines ganzen Mannes treffen.[27]

---

27 Platon *Symposion* (www.e-text.org).

Platon sagt außerdem, dass es ursprünglich drei Geschlechter gab – männlich, weiblich und beidgeschlechtlich. Jeder Mann wurde in zwei männliche Hälften, jede Frau in zwei weibliche Hälften und jeder Hermaphrodit in eine weibliche und eine männliche Hälfte geteilt. Die männlichen Hälften suchten ihren Zwilling dann in einem anderen Mann, die weiblichen in einer anderen Frau und die beiden Teile der Hermaphroditen suchten ihre andere Hälfte in der heterosexuellen Vereinigung. Aus dieser Sicht muss also ein Seelenpartner nicht unbedingt vom anderen Geschlecht sein. Die Chancen stehen ebenso gut, dass wir unseren Seelenpartner in homosexuellen wie in heterosexuellen Beziehungen finden.

In Platons Beschreibung dessen, was geschah, wenn die beiden Teile einer Seele einander wiederfanden, erkennen wir einen der größten Fallstricke in der Begegnung mit dem Seelenpartner. Die beiden Hälften verliebten sich so sehr ineinander und waren einander so sehr genug, dass sie verhungerten. In gewisser Weise war das auch bei dem Schriftsteller Arthur Köstler und seiner Frau Cynthia so. Die beiden begingen gemeinsam Selbstmord. Als er aufgrund seiner schweren Erkrankung beschloss, seinem Leben ein Ende zu setzen, wollte sie nicht ohne ihn weiterleben. Diese Art „völligen Einsseins" kann, anders als man gemeinhin glaubt, den Beteiligten alle Kraft rauben. Wie wir noch sehen werden, kann es sogar notwendig werden, dass eine Hälfte sich aus der Beziehung löst, um zu überleben.

Vor Jahren lernte ich auf einer Party eine Frau kennen. Sie wusste nichts von mir, erzählte mir aber ausgiebig von ihren Beziehungsschwierigkeiten. Ein paar Tage später klopfte sie an meine Tür. „Ich weiß nicht genau, was Sie machen", sagte sie, „aber ich weiß, dass ich es brauche, jetzt gleich." Als ich ihr erklärte, dass ich manchmal Menschen in frühere Leben zurückführe, um so die Bedeutung bestimmter Ereignisse im jetzigen Leben zu klären, sagte sie: „Genau das ist es! Tun Sie's!" Sie wollte mir nicht sagen, warum, damit es mich nicht beeinflussen könnte, daher begaben wir uns schnurstracks an die Rückführung. Zur Einführung benutze ich unter anderem das Bild einer Tür, durch die man ins andere Leben tritt. Kaum dass sie hindurchgegangen war, stieß sie einen tiefen Seufzer der Zufriedenheit aus:

> Mmmmmmm ... Ich bin in einem wunderschönen Garten. Es ist so friedlich und still hier. Ich höre die Bienen in den Blüten summen und die Vögel singen. Ich sitze auf einem Stuhl unter einem Apfelbaum und betrachte einfach nur den Garten. In der Ferne kann ich ein kleines Haus sehen. Es ist mein Zuhause. Es ist so schön. Ziemlich perfekt. Ich bin so glücklich in meinem Leben.
>
> Jetzt warte ich darauf, dass mein Mann nach Hause kommt. Wir sind erst seit einem Jahr verheiratet. Da kommt er (große Freude in ihrer Stimme). Er bedeutet mir so viel. Wir sind so glücklich. Ich liebe ihn so sehr. Er ist da und küsst mich. Wir sitzen im Garten und trinken Tee. Das Leben ist einfach perfekt.

Weil ich selbst damals schon ein kleines bisschen zynisch war und es mir vorkam, als sei diese Rückführung allzu perfekt gewesen – vielleicht gar eine Illusion? – bat ich sie, etwas weiter in die Zukunft zu gehen:

> Im Laufe der Jahre lieben wir uns immer mehr. Wir sind so glücklich, so erfüllt voneinander. Wir haben keine Kinder, aber wir brauchen auch keine. Wir haben einander.

Schließlich führte ich sie bis zu ihrem Tod:

> Ich bin im Bett. Ich weiß, ich werde bald sterben. Er sitzt bei mir und hält meine Hand. Er will, dass ich für immer bei ihm bleibe, aber ich weiß, dass es für mich an der Zeit ist zu gehen. Er küsst mich, und ich schlafe ein. Ich wache nie mehr auf.

Ich fragte sie, ob sie noch etwas brauche. „Nein“, erwiderte sie. „Das, was ich herausfinden wollte, weiß ich jetzt.“ Als ich sie aus der Rückführung holte, bemerkte sie:

Es war alles so perfekt, so wunderbar – und so unendlich langweilig. Ich habe nichts gelernt, ich bin nicht gewachsen. Ich habe überhaupt nichts aus meinem Leben gemacht. Damals dachte ich, die Liebe wäre genug. Aber das war sie nicht. Und jetzt verrate ich Ihnen, warum ich diese Rückführung machen wollte. Ich habe einen Mann kennengelernt. Er wirkt so perfekt. Wir verstehen uns so gut. Er möchte, dass wir heiraten und unser ganzes Leben lang zusammen bleiben. Anscheinend sind wir Seelenpartner. Aber irgendwie will ich nicht. Ich konnte mir keinen Reim darauf machen, warum nicht. Schließlich habe ich das doch mein ganzes Leben lang gesucht. Aber jetzt weiß ich, warum. Er ist der Mann aus jenem früheren Leben. Es würde so langweilig, und das würde ich nicht noch einmal aushalten. Ich möchte eine Beziehung, die mir hilft zu wachsen.

Eine Rückführung in ein anderes Leben zeigt nicht unbedingt ein Leben, das so tatsächlich stattgefunden hat. Sie zeigt vielmehr eine symbolische, seelische Wahrheit – auf diese Weise sagt uns unsere Seele, was unsere Psyche erlebt hat und auf einer gewissen Ebene immer noch erlebt. Diese Frau hatte „die wahre Liebe" mit einem Seelenpartner erlebt, aber es war nicht genug. Tief in ihrem Inneren wusste sie, dass die Begegnung mit dem Seelenpartner, nach der sie sich so sehr sehnte, nur durch Integration in ihr und nicht von außen durch jemand anderen geschehen konnte.

Doch mit der Zeit vergaß sie es wieder. Ihr Bedürfnis nach einem Gefährten wurde so stark, dass sie diesen Mann heiratete. Er kümmerte sich bis zu einem Ausmaß um sie, dass er sogar ihre Kleider aufhängte, wenn sie sich auszog, und ihr Ei köpfte, bevor sie es aß. Er war bereits pensioniert, und sie machten alles gemeinsam. Zunächst waren sie glückselig, Seelenpartner eben, sagte sie. Aber nach ein paar Monaten Ehe ging sie die glatten Wände hoch. „Ich halte das nicht mehr aus. Ich kriege keine Luft mehr. Ich habe überhaupt kein eigenes Leben. Ich muss hier raus. So habe ich mir mein Leben nicht vorgestellt." Sie musste wieder auf den Weg ihrer Seele finden. Also trennten sie sich.

Wir haben alle unterschiedliche Bedürfnisse und Erwartungen an die Liebe. Kehren wir noch einmal zu den verschiedenen Erklärungen für die Entstehung von Seelenpartnern zurück. Bei Platon möchten zwei Seelen wieder zu der Ganzheit verschmelzen, die sie einst kannten. Vielleicht sind Sie eine solche Seele. In diesem Fall suchen Sie verzweifelt nach Ihrem idealen Partner, der Sie so akzeptiert, liebt, schätzt und versteht, wie das niemand sonst kann. Aber nehmen wir einmal an, Sie sind einer der Satelliten der hinduistischen Überseele (siehe Kapitel 5), und es wird erwartet, dass Sie alle Ihre Erfahrungen wieder an die Gruppe abgeben, damit das Ganze lernen und wachsen kann. Wie sollen Sie dann ganz werden, ohne wieder mit der Überseele zu verschmelzen, aus der Sie hervorgegangen sind? Können Sie Vollständigkeit durch eine andere Seele finden? Sind Sie deshalb hier? Wohl kaum. Und was ist mit uns, die wir nach den Vorstellungen der westlichen Esoterik aus einer Seelengruppe gekommen sind? Müssen wir mit jedem einzelnen Mitglied der Seelengruppe verschmelzen, bevor wir die immerwährende Liebe finden können? Müssen wir unsere Sicht von Beziehung neu definieren und sie für eine wesentlich umfassendere Bedeutung öffnen, die alle mit einschließt, mit denen wir zu tun haben? Oder sollten wir vielleicht sogar Vollständigkeit in uns selber suchen, das Einswerden im Inneren, damit sich durch das, was wir lernen, das höhere Selbst entfalten kann? Denn diese Erfahrung machen alle, die an ihren Begegnungen mit dem Seelenpartner wachsen.

4 Aus psychologischer Sicht

Wir Menschen zeigen von Natur aus eine starke Neigung, die in uns selbst vorhandenen Haltungen, Impulse, Gefühle und Ideen anderen zuzuschreiben.

Roberto Assagioli[28]

Die Psychologie bietet verschiedene Lösungsansätze für das Rätsel der Dualseelen. Mindestens eine psychologische Richtung vertritt die Ansicht, dass es ein inneres Wesen gibt – C.G. Jung bezeichnet es als *Anima* (bei Männern) oder *Animus* (bei Frauen). Ich würde allerdings dagegenhalten, dass wir alle beide Geschlechter in unserem inneren Wesen tragen, und zwar aufgrund unserer Erfahrungen im Zuge der Reinkarnation. Historisch galt dieses innere Wesen als gegengeschlechtlich zu dem Körper, den wir gerade bewohnen, aber heute weiß man, dass unser inneres Wesen sowohl das männliche als auch das weibliche Prinzip enthält. Dieses innere Wesen enthält alle „Ideale", die wir verinnerlicht haben – sowie auch ein paar weniger wünschenswerte Eigenschaften. Wenn wir jemandem begegnen, der eben diese Eigenschaften verkörpert, erkennen wir sie wieder. Dann behaupten wir: „Er/sie ist meine andere Hälfte" und sehen nicht, dass wir es selber sind. Mit anderen Worten, eine solche Dualseele ist eine Projektion unserer tiefsten Wünsche, Fantasien und Erwartungen – unsere leibhaftige Traumfrau oder unser Fleisch gewordener Traummann. Natürlich ist dies ein zutiefst unbewusster Prozess, der völlig getrennt vom normalen Verstand abläuft.

Aus psychologischer Sicht sind wir so lange zufrieden, wie die Projektion des Ideals aufrechtzuerhalten ist und der andere sich nicht störend in das Bild einbringt. Aber sobald er oder sie für uns

28 Assagioli, Roberto, „The Resolution of Conflicts & Spiritual Conflicts and Crises", Artikel in *Psychosynthesis Research Foundation*, Issue No 34, 1975.

als Individuum erlebbar wird oder sobald wir auch nur andeutungsweise unseren eigenen Anteil an dem Geschehen erkennen, wird unser Partner für uns zu einem anderen Menschen. Die Desillusionierung setzt ein. Er ist nun nicht mehr perfekt, und zwar einfach deshalb, weil er für uns nicht mehr unsere Idealvorstellung widerspiegelt. Das Blatt wendet sich, und er hält jetzt stattdessen all den unerwünschten oder unbekannten Eigenschaften in uns den Spiegel vor, vor denen wir uns die ganze Zeit verstecken wollten. Zwar kann ein solcher Seelenpartner oder eine solche Seelenpartnerin uns eine unwiderstehliche Gelegenheit zur Selbsterkenntnis bieten, dennoch wehren wir uns wahrscheinlich nach Kräften dagegen. Wir finden dann, dass er oder sie uns enttäuscht hat, statt zu erkennen, dass das, was wir gesucht haben, das Produkt einer unbewussten Fantasie-Vorstellung war.

Wie wir noch sehen werden, trägt die Anima oder der Animus oft das – unerkannte – Gesicht des Vaters oder der Mutter. Im selben Maße, wie wir diese Projektionen erkennen und verstehen, erkennen wir uns selbst auf einer tieferen Ebene, weil jetzt das wahre Selbst, der ewige – und ich würde sagen göttliche – Teil unseres Wesens hervortritt.

Der Spiegel unseres Wesens

Wir sind Spiegel des Sternenlichts, und wir strahlen dieses Licht aus als … magnetische Anziehungskraft, Charaktereigenschaften, Wünsche.

William Butler Yeats

Die Art von Seelenpartnern, mit der wir uns bisher beschäftigt haben, ist der Spiegel unseres Wesens. Noch einmal möchte ich fragen: Wenn wir in völliger Isolation lebten, würden wir uns dann jemals vollständig selbst erkennen? Eine Aufgabe unseres Seelenpartners ist es doch anscheinend, uns mit allen Themen zu konfrontieren, die unserer Aufmerksamkeit bedürfen, mit allen karmischen Lektionen und verinnerlichten Mustern, mit all unseren ungeliebten und unerkannten Aspekten, denen wir so lange aus dem Weg gegangen sind – und mit unserem ganzen unentdeckten

Potenzial. Damit bietet er uns die Möglichkeit, uns selbst bedingungslos und vollständig zu lieben – nicht aus Selbstsucht, sondern als ein Prozess zur Vervollkommnung des Selbst. Darüber hinaus schenkt er uns möglicherweise noch die Liebe, die wir suchen.

Diese Liebe mag im normalen Alltag nicht immer erkennbar sein, vielleicht ist sie verzerrt und verdreht, aber auf der Seelenebene, dort, wo wir unsere tiefsten Verbindungen eingehen, ist sie vorhanden. Wenn wir Liebe unter bestimmten Bedingungen suchen, wenn wir sie einschränken, mit „Wenn und Aber" versehen und mit eisenharten Garantien eindämmen wollen, dann erhalten wir auch nur eine mit vielen Bedingungen verknüpfte Gegenliebe. Wenn wir die Liebe aus der Warte solcher Sätze sehen wie „Wenn du recht hast, dann muss ich wohl unrecht haben" oder „Du tust mir etwas an", dann werden wir die Dualität dieser Ich-und-du-Haltung nie auflösen. Wenn wir stets außen suchen und das Gesuchte nur in einem anderen sehen wollen, dann können wir nie ganz werden. Suchen wir die Liebe aber bedingungslos und öffnen wir uns allem, was ist, dann werden wir auch bedingungslose Liebe erhalten.

Wie wir in diesem Buch immer wieder sehen werden, weisen viele Beziehungen, ganz gleich ob karmisch oder nicht, zumindest ein Element der Projektion oder des Spiegelns auf. Projektion geschieht, wenn jemand etwas, das ins Innere gehört, im Äußeren, in der Welt oder in einem anderen Menschen sieht. Es ist, als läse in einer Beziehung einer der Partner aus einem Drehbuch ab. Meist tun das sogar beide, wobei jedes Drehbuch einem anderen Film gilt und jeder es aus seinem einzigartigen Blickwinkel sowie auf der Grundlage seiner früheren Erfahrungen verfasst hat. Die Partner glauben dann zwar vielleicht, dass sie im selben Stück mitspielen, doch in Wirklichkeit spielt jeder die Rolle, die ihm der andere in seinem Kopf bzw. in seinem Drehbuch zugewiesen hat. Es gibt keine gemeinsame Realität. Über derlei Projektionen wird in Beziehungen selten gesprochen, und selbst wenn, dann ist es, wie wir noch sehen werden, für beide Partner sehr schwierig, die eigene Projektion zu erkennen. Doch selbst wenn sie ausgesprochen wird, wird das vom anderen häufig abgelehnt.

Projektion in Beziehungen kann auf vielen Ebenen auftreten –

einschließlich der körperlichen, emotionalen, mentalen und spirituellen. Eine Seele projiziert vielleicht aus der Vergangenheit und holt das hervor, „was schon immer so war“, um damit zu zeigen, dass es auch jetzt so sein sollte, oder sie projiziert ihre Wünsche in die Zukunft. Es gibt viele Varianten der Projektion:

- ♥ Die Seele sieht, was sie erwartet – Konditionierungen aus der Vergangenheit erzeugen ein voreingenommenes Bild, das weit von der Wahrheit entfernt sein kann.
- ♥ Die Seele sieht, was sie sehen will, und ignoriert alles andere.
- ♥ Die Seele projiziert ein idealisiertes oder dämonisiertes Bild auf einen anderen.
- ♥ Die Seele erwartet, dass ein Partner oder eine Partnerin sich so verhält wie in einem früheren Leben.
- ♥ Erwartungen, die die Seele aus einem anderen Leben mitgebracht hat, werden vom Partner gespiegelt.
- ♥ Das Verhalten eines Partners spiegelt Themen aus dem unbewussten Verhalten der Seele.
- ♥ Etwas Unverdauliches, das die Seele nicht als ihr eigenes annehmen kann, wird auf einen anderen projiziert.
- ♥ Die Seele sieht ihre eigene unerkannte Stärke in jemand anderem.
- ♥ Die Seele projiziert Verhalten und Erwartungen eines Partners aus einem früheren ins jetzige Leben.
- ♥ Die Seele erkennt eine spirituelle Verbindung und handelt aus dem Glauben heraus, dass diese im jetzigen Leben vervollkommnet würde.

Projektionen können sich mit fortschreitender Beziehung verändern. Was als „Ideal“ begonnen hat, verwandelt sich schnell ins Gegenteil, wenn die Projektion nicht als solche erkannt und angenommen wird. Bei einer „negativen Projektion“ scheinen sich in einer Beziehung durch das Verhalten des Partners die schlimmsten Befürchtungen einer Seele zu bewahrheiten. In den späteren Stadien einer Beziehung können die Seelen womöglich die Schattenprojektionen und Machtkämpfe der frühen Stadien – in denen viele Beziehungen bereits scheitern – erfolgreich klären, allerdings nur um ihnen auf einer viel tieferen Ebene erneut zu begegnen. Auf dieser Ebene, die ich die spirituelle Beziehung nenne, werden chronische Seelenprobleme erkannt und geheilt.

Was sehe ich in dir?

Beziehung ist der Spiegel, in dem wir uns selbst so sehen, wie wir sind.[29]

Krishnamurti

Wie wir sehen können, lautet also die Antwort auf die Frage „Was sehe ich in dir?" sowohl in karmischer Hinsicht als auch darüber hinaus schlicht: „Mich." Auf einer sehr tiefen, grundsätzlichen Ebene gilt: Gleich zu gleich gesellt sich gern. Die Eigenschaften, die wir bei anderen suchen, damit wir uns als vollständiger Mensch fühlen können, sind eben jene, die wir in uns selbst entdecken sollen. So hat es unsere Seele uns aufgegeben. Was wir an unserem Partner nicht mögen, ist genau das, was wir an uns selbst nicht ausstehen können.

Oder wie Steve und Shaaron Biddulph sagen: „Wenn wir Probleme mit unserem Partner haben, dann deshalb, weil wir sie mit uns selbst haben." Auch sie glauben, dass wir einen Partner anziehen, der genau das verkörpert, was wir am dringendsten neu oder wieder über uns lernen müssen. Wenn wir unsere Aufmerksamkeit nach innen wenden und unsere Projektionen zurücknehmen, dann können wir in unserem Inneren genau die Eigenschaften erkennen, die wir im Äußeren gesucht haben. Das befreit den Partner von einem enormen Druck und ermöglicht ihm, sich so zu zeigen, wie er wirklich ist. Schließlich möchten die wenigsten Menschen idealisiert, dämonisiert oder unter Druck gesetzt werden, um sich zu ändern bzw. jemandes Erwartungen zu erfüllen. Die meisten wollen allerdings auch gar nicht so genau wissen, wie sie gestrickt sind. Viele, die mit ihrem Partner über ihre karmischen Erkenntnisse sprechen wollen, stoßen auf Gleichgültigkeit

29 Krishnamurti, *Der Spiegel der Liebe*, Freiburg 2007.

oder gar schroffe Ablehnung. In einem Brief aus dem Jahr 1951 schrieb der Psychoanalytiker C. G. Jung:

> … dass die Menschen im Grunde genommen gar nicht wissen wollen, was für Geheimnisse im Grunde ihrer Seele schlummern. Wenn man zu sehr in einen Menschen zu dringen versucht, dann erlebt man es, dass man den anderen in eine Abwehrstellung drängt … .[30]

Wir können nicht mehr tun, als am Wachstum unserer eigenen Seele zu arbeiten und zu erkennen, was unsere Beziehungen *uns* sagen wollen – und nicht unserem Partner. Wenn wir die Verantwortung für unsere Gefühle übernehmen, dann können wir die Veränderungen vornehmen, zu denen unsere Seele uns aufruft – und Beziehungs-Karma auflösen.

Diesen Punkt möchte ich anhand der Geschichte von Christie und Tyrrel veranschaulichen, weil er psychotherapeutisch ausgebildet ist. In mein Buch *Seelenpartner. Das Geheimnis karmischer Verbindungen*[31] wollte ich unbedingt eine Erfahrung aufnehmen, die aus der Sicht beider Partner erzählt wird. Wegen der Erkenntnisse, die dadurch möglich würden, war mir jemand mit psychotherapeutischem Wissen am liebsten. Für Christie und Tyrell, das Paar, das ich dafür aussuchte, ließ sich eine äußerst interessante Synastrie (Partnerbild) ihrer beiden Horoskope erstellen, insbesondere was den trügerischen und illusorischen Kontakt zwischen Neptun und dem südlichen Mondknoten anbelangt. Dieser kann hundertprozentig richtig, aber ebenso gut auch hundertprozentig illusionär sein. Dabei ist es ausgesprochen schwierig, den Unterschied auszumachen. Ich wusste daher, dass sie ihre Schwierigkeiten mit einer Beziehung haben würden, die sich tatsächlich als problematisch erweisen sollte, obwohl sie sich am Anfang so stimmig angefühlt hatte. In ihrem Fall wurde alles noch schwieriger, weil sie in verschiedenen Ländern lebten und eine sehr unterschiedliche Lebensweise aufrechterhalten mussten, sich dabei aber

30 Jung,C. G., *Briefe*, herausgegeben von Aniela Jaffé, Zürich, in Zusammenarbeit mit Gerhard Adler, London, Band II 1946-1955, Olten 1972; Brief vom 1.11.1951.

31 Astrodata 1997.

offensichtlich zutiefst liebten. Ich bat sie auch deshalb um ihre Geschichte, weil ich glaubte, wenn von außen ein objektiver Blick auf ihre Beziehung geworfen würde und sie sich zugleich selbst die Frage stellten „Wie sehe ich diese Beziehung eigentlich wirklich?“, so könnte dies neues Licht auf ihre Beziehung werfen – mit anderen Worten, sie könnten dadurch in den Spiegel ihres Wesens schauen.

Bereits zwei Jahre zuvor hatte ich die astrologischen Verbindungen zwischen ihnen untersucht. Dabei schien es mir, dass sie einander wahrhaftig Spiegel waren. Es gab eine starke sexuelle Anziehung, aber auch das Gefühl, „einander von früher zu kennen“. Doch sie gingen das Leben – und Beziehungen – völlig unterschiedlich an. Für Tyrell war Kommunikation wichtig. Nähe bedeutete für ihn eher, Gedanken und Gefühle auszutauschen und nicht nur körperlich Kontakt zu haben. Für die wesentlich taktiler ausgerichtete Christie führte gemeinsames sinnliches und sexuelles Erleben zu emotionaler Nähe. Jeder hatte die astrologischen Indikatoren für die Probleme, auf die der jeweils andere stieß. Beide hatten immense Schwierigkeiten mit Nähe und den starken Wunsch, vor allem davonzulaufen. Beide hielten sich für nicht liebenswert und erwarteten, dass Liebe für sie nur kalt und distanziert sein könnte. Darüber hinaus hatte Christie eine „Liebe tut weh“-Konstellation. Tyrell hingegen hatte die tiefsitzende Erwartung, ohnehin nicht verstanden zu werden. In der Kommunikation war er tief verletzt. Beide steckten im Konflikt zwischen Freiheit und Verbindlichkeit, aber insbesondere Tyrells Venus, der Liebesplanet, wollte frei sein. Christie agierte diesen Teil der Beziehung aus, weil sie zwischen verschiedenen Ländern hin und her pendelte und Tyrell monatelang allein zurückließ. Er fühlte sich deshalb verlassen, wäre sich aber andernfalls wie in der Falle vorgekommen. Sie hingegen fühlte sich in Bereichen in der Falle, in denen sie ihre Freiheit gebraucht hätte.

Ihr Deszendent (einer der wichtigsten Indikatoren für eine Beziehung) war im selben Zeichen wie seine Sonne – im herrischen Steinbock. Der Deszendent repräsentiert unsere Erwartungen an eine Beziehung – und tatsächlich sehen wir eher das, was wir erwarten, als das, was wirklich ist. Sein Mond und seine Venus standen in dem Zeichen, das den größten Teil ihres siebten Hauses ausmachte – des Hauses der Beziehung. Er hatte Eigenschaften, die sie, bewusst oder unbewusst, bei einem Mann suchte. Aber diese würden sich wie in einem Spiegelbild zeigen, und wie bei den meisten Menschen mit dieser Konstellation war nicht sicher, ob sie ihn als diesen Spiegel begreifen und sich selbst darin erkennen würde. Andererseits hatte er aufgrund seiner astrologischen Konfigurationen größere Chancen zu erkennen: „Das bin ich und das bist du." Aber die Gegenseitigkeit, die sie suchten, würden sie wohl nur schwer finden. Alles, was ihre Venus aktivierte, drückte zugleich ihren „Mich kann man nun einmal nicht lieben"-Knopf. Alles, was seine Venus aktivierte, weckte zugleich seinen Freiheitsdrang. Er nahm sie als diejenige wahr, die ihm seine Freiheit wegnahm, während sie ihn als kalt und lieblos erlebte. Die Stellung der Mondknoten ließ darauf schließen, dass sie versuchte, sich nicht mehr in Beziehungen zu verlieren und ihre Unabhängigkeit zu entdecken, wohingegen er die Verschmelzung suchte, das Einssein mit der Partnerin – aber jeder dies im anderen sah.

Der erste Entwurf, den ich von Christie erhielt, war das Märchen „Liebe gibt es nicht". Der zweite Entwurf wurde vom Faxgerät zerrissen (höchst symbolisch). Beim dritten fehlte die letzte Seite. Zu guter Letzt kam schließlich doch noch die komplette Geschichte bei mir an, und darin erkannte sie die Liebe an, die sie füreinander empfunden hatten. Später sagte sie jedoch:

> Dadurch war ich in einem Kampf gefangen, der überhaupt nichts mit der Beziehung zu tun hatte. Es hat mich davon abgehalten, *die* Liebe zu erkennen, die tatsächlich da ist. Doch weil ich nun die Kälte und den Mangel an Liebe als Projektionen erkenne, wie kann ich da sicher sein, dass die Liebe, die ich spüre, nicht auch eine Projektion ist? Wahrlich ein schwieriger Konflikt.

Tyrells und Christies Geschichte zeigt anschaulich, was passiert, wenn ein Partner glaubt, er oder sie habe die Hintergründe der Beziehung aus früheren Leben entdeckt und diese „Erkenntnis" –

mitsamt den hochkochenden Gefühlen und Schuldzuweisungen, die sie mit sich bringt – auf die jetzige Beziehung projiziert, egal wie der oder die andere auf diese Geschichte reagiert. „Wissen" aus früheren Leben ist nur dann hilfreich, wenn es von denjenigen, der sich erinnert, angenommen und zu Erkenntnissen über seine eigene Lebensgeschichte genutzt wird, statt es auf einen Partner zu projizieren, der die Figur aus der alten Geschichte sein könnte oder eben auch nicht.

Christies Geschichte: Gefahr durch einen attraktiven unbekannten Franzosen

Diese Geschichte ist eine Scherbe meiner Seele ... ein Stück aus dem Strom des Bewusstseins, der verhindert, dass ich dauerhaft normale menschliche Zuneigung und Liebe erfahren kann. Die Erinnerung an eine verlorene Liebe oder das Gefühl, dass Liebe stets verlorengeht, verfolgt mich seit meinem ersten Freund im Alter von fünfzehn Jahren, mit dem ich mein erstes Kind hatte. Damals weinte ich oft, ohne zu wissen, woher die Tränen kamen. Es tut mir im Herzen weh, diese Geschichte niederzuschreiben, und zugleich klopft mein Herz wie wild vor Aufregung.

Jeder Mann, mit dem ich bisher in diesem Leben zusammen war, war für mich stets Symbol eines bittersüßen Leids und zugleich der tiefen Liebe, nach der ich mich mit einem Partner so sehr sehne. Ich hatte immer einen Mann um mich, mit dem ich zusammen sein konnte, und bis auf eine Ausnahme hege ich an jeden gute Erinnerungen. Irgendwo in meinem Inneren gibt es immer ein Warnsignal ... ein Gefühl, dass dieser Mensch nicht der richtige Mann für mich ist. Diese durchscheinende Schicht Unentschlossenheit schadete meinem Selbstwertgefühl und meiner inneren Ruhe.

Das änderte sich vor zwölf Jahren. Damals erkannte ich, dass dieses permanente Auf-der-Hut-sein die Beziehung zu meinem damaligen Partner schwächte. Ich nahm mir das Privileg heraus, einen Mann zutiefst und mit ganzem Herzen zu lieben, und noch heute ist unsere spirituelle Verbindung enorm stark, auch wenn unsere körperliche Beziehung seit 1990 beendet ist. Er und ich sprachen gerne über alles

Seelische, über Wassermännisches eben. Er zwang mich, die Liebe aus dem Schmerz in meinem Herzen herauszukommunizieren, und wir erteilten einander bändeweise Lektionen über unser Sosein als Mensch. Einmal sagte mir jemand, wir würden die Beziehung so lange aufrechterhalten, bis der Geist sich rege und sie beende. Dadurch würde mein innerer Diamant geschliffen.

Im April 1990 reiste ich nach Ägypten, und gleich in der ersten Nacht begegnete mir ein männlicher Geist. Er kam in einer Vision zu mir und führte mich in eine wunderschöne Kammer, in der wir beide lange, fließende weiße Gewänder anlegten. Ich freute mich unbändig, ihn zu sehen, und ich erinnere mich an ein warmes Gefühl in meinem Inneren, das mich mit gespannter Erwartung erfüllte. Dann öffnete sich eine Tür, und meine Mutter betrat den Raum. Ich ging ein paar Schritte zurück und verbarg meine Zuneigung zu dem Mann. Da lächelte meine Mutter und gab mir die Erlaubnis, mit ihm zusammen zu sein. Als sie den Raum wieder verlassen und die Tür hinter sich zugezogen hatte, nahm er mich auf den Arm und legte mich auf eine Liege. Ich glaubte, wir würden uns nun lieben, aber er sagte mir, dazu wäre es noch nicht an der Zeit, küsste mich zart auf die Stirn und verschwand.

Ich blieb einen Monat lang in Ägypten und konnte in dieser Zeit kaum schlafen vor lauter Freude, ihm noch einmal begegnet zu sein. Später spürte ich in einer Zeremonie in Sakkara, dass ich nach meiner Rückkehr von dieser Reise das Haus verkaufen würde, in dem ich seit achtzehn Jahren wohnte, dass meine sechsjährige Beziehung an Weihnachten enden würde (zu dem Zeitpunkt gab es dafür keinerlei Anzeichen) und ich aufhören musste, meine Tochter übermäßig zu bemuttern. Alle drei Dinge traten ein, und ich gab meinem Leben einen neuen Kurs. Ich beschloss, nicht aktiv eine neue Beziehung zu suchen, weil ich wusste, dass ich es spüren würde, wenn ich dem Mann aus meiner Vision begegnete. Ich stürzte mich in die Arbeit und fing an zu schreiben.

Im Dezember 1993 hatte ich einen Traum, wonach der Mann aus Ägypten nun in mein Leben träte. Normalerweise trug ich stets einen Ring, um Verehrer von vorneherein abzuschrecken, und in dem Traum nahm ich den Ring ab. Am nächsten Morgen legte ich den

Ring auch real ab und steckte ihn weg. Ich verspürte wieder dieselbe tiefe Freude und Klarheit, die ich auch in Ägypten empfunden hatte. Freunde fragten mich, ob ich jemanden kennengelernt und mich verliebt hätte. Darauf lächelte ich nur still in mich hinein vor Vorfreude.

Ein paar Monate vergingen, und Anfang Februar 1994 wies mich eine intuitiv begabte Beraterin darauf hin, ich würde einen Mann kennenlernen und am liebsten auf der Stelle davonlaufen. Das sollte ich jedoch nicht tun, denn diese Beziehung sei wichtig. Ich erwiderte, ich wisse, dass mein Partner komme würde, und beließ es dabei.

Am nächsten Morgen, einem verschlafenen Montag, lernte ich Tyrell kennen, einen Mann, zu dem ich mich sofort sehr stark hingezogen fühlte. Noch am selben Abend rief er mich an, und am Dienstag, um 11 Uhr, trafen wir uns zum Tee. Schon bald bemerkte ich eine unsichtbare dicke Mauer zwischen uns, die es uns schwer machte, miteinander zu kommunizieren.

Am Mittwoch erhielt ich einen zweiseitigen Brief, in dem er mir mitteilte, er habe kein Interesse: „Du bist Löwe, und das habe ich schon einmal mitgemacht." Ich schrieb ihm noch am selben Tag zurück. Am Donnerstag rief ich ihn an seinem Arbeitsplatz an und sagte ihm, ich respektiere seine Meinung, fände aber dennoch, dass es sinnvoll sein könnte, wenn wir einander kennenlernten. Freundlich, aber bestimmt erwiderte er, er habe kein Interesse. Tränen liefen mir über die Wangen, und ich legte auf. Angesichts der kurzen Zeit, die wir miteinander verbracht hatten, war das reichlich seltsam. Außerdem war ich nicht gerade erpicht auf etwas, das meine Arbeit beeinträchtigen würde. Ich verreiste übers Wochenende und versuchte, mir bei meinen Spaziergängen auf dem Land einen Reim auf diese kurze Begegnung und die tiefen Gefühle zu machen, die sie in mir aufrührte.

Montagnachmittag rief er mich an und fragte, ob ich mit ihm essen gehen wollte. Ich sagte ja. Wir fühlten uns wohl miteinander und verstanden uns gut. Am darauffolgenden Abend rief er mich noch einmal an und fragte, ob ich an Monogamie glaubte. Ich sagte, ich glaube daran, mir selbst treu zu sein, und dazu gehöre auch Loyalität in der Beziehung. Das folgende Wochenende verbrachten wir gemeinsam. Wir lachten, lagen Bauch an Bauch, kuschelten stundenlang und umarmten uns ständig. Sieben Monate später heirateten wir, nur wir beide allein, ohne Familie oder andere Verwandte. Diese Art der Hochzeit war sein Wunsch gewesen – und damit begann unser Alptraum. Die Kommunikation brach vollständig zusammen, und ich hatte das Gefühl, ihm wäre es am liebsten, wenn ich ginge.

Das Leben mit Tyrell war chaotisch und kräftezehrend. Er ist Psychotherapeut und redete ständig davon, was ich alles auf ihn „projiziere". Ich bin keine Therapeutin, und für mich war es ein ziemlicher Schock, nun eher seine Patientin, statt seine Geliebte und Ehefrau zu sein. Er drückt seine Liebe gerne mit Worten und Geschenken aus, ich hingegen zeige meine tiefen Gefühle lieber durch körperliche Berührung. Es war ganz klar, dass die Bedürfnisse von uns beiden nicht erfüllt wurden. Ich sagte, dann ginge ich eben, was ihn wiederum verunsicherte. Was für eine Energieverschwendung!

Ich ging jeden Morgen geschäftlich sehr früh aus dem Haus, und wenn ich wiederkam, war er distanziert, trug seinen Ehering nicht und sagte mir ständig, wie sehr ich ihn verletzt hätte. Ich wollte ihn verlassen und mein Leben alleine weiterführen. Stattdessen aber blieb ich bei ihm, um herauszufinden, was ich lernen konnte. Ich hatte wiederholt Blasenentzündungen und konnte nicht mehr zum Orgasmus kommen. Nach ein paar Monaten konsultierte ich einen Homöopathen, der auch nach der Traditionellen Chinesischen Medizin behandelt. Er verschrieb mir Essenzen und versprach, ich würde damit sofort zum Orgasmus kommen. Außerdem entdeckte er eine depressive Verstimmung. Ich nahm die Medizin und konnte mich endlich wieder entspannen und zum Orgasmus kommen. … Welche Erleichterung! Nach ein paar Monaten waren auch meine Blasensymptome verschwunden.

Tyrell war zwölf Jahre mit seiner Seelenpartnerin verheiratet gewesen, aber als wir uns kennenlernten, waren sie bereits seit Jahren getrennt. Später überdachte er seine Vorstellung von einer Seelenpartnerin und fand dann, dass seine Schwester dem am nächsten kam. Das überraschte mich nicht, denn die beiden standen sich sehr nahe. Ich erwiderte darauf, ich glaube, mein Seelenpartner sei unser

Familienhund Max. Heute frage ich mich, ob auch nur einer von uns im Entferntesten zu dieser Übung in Liebe bereit war.

Ich konnte mich deutlich an ein früheres Leben erinnern, in dem mein Partner ein französischer Kaufmann und ich eine amerikanische Ureinwohnerin war. Ich nannte Tyrell daraufhin „Pierre“, aber als Brite gefiel ihm das überhaupt nicht, deshalb gab ich es wieder auf. Außerdem hatte ich stets das starke Gefühl, dass ein Fluch auf uns lastete, der verhindern sollte, dass wir zusammenkommen konnten. Ich verwarf meine Erinnerungen, da er nichts dergleichen verspürte und meinte, ich projiziere.

Die seltsamen Energien zwischen uns hielten an, und Tyrell klagte seinem Supervisor sein Leid. Dieser empfahl einen Schamanen, „der meine ungesunden Projektionen geraderücken würde“. Als wir schließlich bei diesem Schamanen waren, lauteten dessen erste Worte: „Hier gibt es keine Liebe.“ Dann schilderte er das indianische Leben, an das ich mich erinnerte, und bestätigte, dass es tatsächlich einen Fluch gab, wonach wir nie wieder zusammenkommen sollten. Ich zitterte und weinte, weil die Erinnerungen meine Sinne überfluteten. Pierre hatte mich gebeten, mein Volk zu verlassen und mit ihm zu kommen. Ich liebte ihn und war damit einverstanden. Aber mein Volk wollte mich nicht gehen lassen. Ich dachte über ihre Worte nach und schlich mich eines Nachts zu ihm, um ihm zu sagen, dass ich nicht mitkäme. Als ich zu ihm kam, hatte er gerade Sex mit einer anderen Frau. Das brach mir das Herz. Nur Sekunden später durchdrang ein verwunschener Pfeil sein Herz, und er lag tot vor mir. Es gab noch einen zweiten Pfeil, der mir gegolten hätte. Stattdessen blieb mir nun nur der Anblick des Mannes, den ich liebte und der mich auf eine Art und Weise betrog, wie ich es mir nie vorgestellt hätte. So etwas tat mein Volk nicht. Mit gebrochenem Herzen wurde ich zu meinem Volk zurückgebracht, heiratete den Mann, dem ich versprochen worden war, bevor der Franzose kam, und hatte mehrere Kinder.

Ich erinnere mich, dass ich in der Sitzung zu Tyrell hinübersah, der immer wieder, wie um mich bloßzustellen, sagte: „Sehen Sie, sie projiziert. Das tut sie ständig. Sie ist das Problem.“ Die Erinnerung beruhte an keiner Stelle auf Gegenseitigkeit, und mein Mann brachte mir auch keinerlei Mitgefühl für mein Leid entgegen – nichts, woran wir uns gemeinsam erinnert hätten.

Der Schamane beendete die Sitzung und warnte mich unter Hinweis auf die Worte meines Mannes, ein Verbleib in der Beziehung könnte eine Gefahr für meine spirituelle Gesundheit bedeuten. Beachten Sie, dass dies der Therapeut war, zu dem Tyrell mich zwang (aufgrund meines Opfer/Autoritäts-Konflikts), weil er glaubte, ich projiziere etwas, das rein gar nichts mit ihm zu tun hätte. Für ihn ging es darum, die Schatten zu klären, damit wir herausfinden könnten, was mit den Energien los war. Rein zufällig suchte er den Schamanen später noch einmal auf und ließ den Fluch aufheben – nur für den Fall der Fälle. Aber er hat keinerlei Erinnerung an dieses Erlebnis und glaubt immer noch, dass ich etwas projiziere, was nichts mit ihm zu tun hat. Der Schamane wies mich darauf hin, dass nach der Aufhebung des Fluchs möglicherweise keinerlei Verbindung mehr zwischen diesem Mann und mir bestünde. Was für eine Erleichterung nach all dem Schmerz.

Ein paar Wochen später suchten wir einen europäischen Arzt auf, der die Blutzellen untersucht und daraus diagnostiziert, wie es um die Körperzellen steht. Nach der Sitzung mit meinem Mann sagte der Arzt, mein Mann vertraue mir nicht, und wo kein Vertrauen sei, sei auch keine Liebe. Das bestätigte die Worte des Schamanen. Ich verließ die Praxis traurig und entschlossen, die Sache zu klären. Für mich bedeutet das, dass ich die Verantwortung dafür übernehme, die Leere in meinem Herzen bei Licht zu betrachten. Es folgte ein schwieriges Jahr, in dem ich die Konsequenzen, die sich aus dem Chaos meiner verblendeten Liebe zu dem Franzosen ergaben, in ihrer ganzen Tiefe integriert habe. Der Fluch sollte die Energien zerstreuen und dafür sorgen, dass wir für immer getrennt blieben.

Tyrell und ich lachen nicht miteinander. Wir schlafen nicht gut, wenn wir zusammen sind. Wir berühren einander kaum. Wir sind wieder Fremde. Das spiegelt den Zusammenbruch unserer Kommunikation. Wir suchen beide tief in unserem Inneren nach Hinweisen, wie wir auch weiterhin zusammen sein und voneinander lernen können. Aber mich schreckt die Vorstellung, ohne die zärtliche Zuneigung einer Gruppe von Menschen leben zu müssen, an die ich mich erinnere. Ich empfinde Schmerz, gerade weil ich mich erinnere. Dies ist der Weg meiner Seele, und ich werde meiner Sehnsucht auch weiterhin folgen.

Hier wird klar ersichtlich, wie anders Christie an das Leben herangeht; und wenn wir den Bericht ihres mittlerweile Ex-Mannes über dieselbe Beziehung lesen, dann können wir auch bereits erahnen, auf welche Schwierigkeiten sie und Tyrell stießen, als ihre beiden Realitäten aufeinanderprallten.

Tyrells Geschichte: Perseus begegnet der Medusa

Einst war ich mit einer Frau verheiratet, die ich als meine „Seelenpartnerin" empfand. Wir hatten viel gemeinsam und kannten uns intuitiv. Nach zwölf Jahren war die Ehe am Ende. Das veranlasste mich, über vieles neu nachzudenken, unter anderem auch darüber, was eine Dualseele ist. Dabei kam ich zu dem Schluss, dass es so etwas nicht gibt. Denn wenn wir uns alle von einem ursprünglichen Daseinszustand aus entwickelt haben, dann sind wir auch alle gleichermaßen miteinander verbunden und daher auch gleichermaßen fähig, jeden zu lieben und von jedem geliebt zu werden. Es kommt einfach darauf an, zu entscheiden, mit wem wir zusammen sein wollen. Die Idee vom Seelenpartner legte ich bis zum Beweis des Gegenteils in der Kategorie „romantische Vorstellungen" ab.

In den darauffolgenden Jahren verbrachten meine Schwester Sara und ich mehr Zeit miteinander als je zuvor. Wir teilten Freud und Leid, wenn wieder einmal eine neue Beziehung begann oder endete. Dabei stellten wir fest, dass wir stets dieselben Lektionen zu lernen hatten. Wir hatten zur selben Zeit die gleichen Aha-Erlebnisse, ähnliche Gedanken und ähnliche Beziehungen. Außerdem stellten wir fest, dass wir einander in einem Ausmaß unterstützen und uns vom anderen unterstützt fühlen konnten, wie es in unseren anderen Beziehungen bei weitem nicht der Fall war. Es geschah etwas „Zwillingshaftes", als brächten wir unsere Lektionen in eine gemeinsame Daseinsform ein. Wir hatten das Gefühl, wir arbeiteten über parallele Erfahrungen auf dasselbe Ziel hin. Selbst heute erleben wir verblüfft unsere jeweiligen Beziehungen, fragen uns, was „das Richtige" ist und warten auf das gegenseitige „Aha".

Eines Abends spielten wir den Gedanken durch: „Was wäre, wenn wir so eine Art Seelenpartner wären." Am nächsten Tag stieß Sara auf einen Text, den sie in einer „Schreibwerkstatt" verfasst hatte, in der man stundenlang ununterbrochen schreibt, einzig und allein, um kreative Blockaden im Unbewussten zu lösen. Bis zu jenem Tag hatte Sara sich nie die Mühe gemacht, das Geschriebene zu lesen. Unter den vielen Sätzen, von denen sie nicht einmal mehr wusste, dass sie sie überhaupt je geschrieben hatte, fand sich auch „Dein Bruder ist dein Seelenpartner". Das war für uns ein tröstlicher Gedanke, hieß es doch, dass es auf der Welt eine besondere Beziehung gibt, die uns hilft, mit dem Gefühl existenzieller Einsamkeit zurechtzukommen. Allerdings wollten wir nicht den Glauben daraus machen, dass dem tatsächlich so ist.

Als ich Christie kennenlernte, lauteten meine ersten Worte: „Ich kenne Sie." Und irgendwie stimmte das auch. Ich fühlte mich sofort zu ihr hingezogen, aber in meinem Inneren schrie eine Stimme: „Bleib weg!" Etwas an ihr war eine gar zu große Herausforderung. Vor einem Jahr hatte ich bereits in der Höhle einer Löwin gelitten, und jetzt wollte ich mich nicht schon wieder vom Kätzchenschema locken lassen. Deshalb widersetzte ich mich zunächst. Doch dies war etwas völlig anders als alle meine früheren Beziehungen. Ich sah Christie als Frau und nicht als Mädchen.

Die Unterschiede zwischen uns waren zahlreich. Ich war ruhig, nachdenklich und ein ziemlicher Einzelgänger (Sonne im Steinbock und Mond im Wassermann). Christie war laut, expressiv und sehr gesellig (Sonne und Mond im Löwen). Wir kamen aus unterschiedlichen Ländern und Kulturen. Ich glaube zwar, dass Unterschiede wichtig sind, damit eine Beziehung aktiv bleibt und das innere Wachstum fördert, aber mit ihr waren es anscheinend einfach zu viele. Ich sah nicht nur die Schönheit ihres Wesens, sondern auch den Schatten, den sie nicht angenommen hatte. In früheren Beziehungen war ich immer der Meinung gewesen, es gehöre zum Prozess, diesen Teil ans Licht zu bringen, aber bei Christie wusste ich irgendwie, dass das nicht leicht würde. Damals war mir nicht klar, wie abwegig diese Auffassung war!

Christie jedoch drängte sanft darauf, dass wir einander besser kennenlernen sollten – und ich war einverstanden. Sieben Monate später waren wir verheiratet. Diese sieben Monate waren eine intensive und romantische Zeit, wobei wir den größten Teil getrennt voneinander jeder in seinem Land verbracht und über lange Briefe und Telefonate miteinander kommuniziert haben. Wir ließen uns zutiefst und mit überraschender Ausschließlichkeit aufeinander ein; denn wir hätten beide nie geglaubt, dass wir noch einmal heiraten würden.

Tag und Uhrzeit der Trauzeremonie wählten wir nach astrologischen Gesichtspunkten aus, damit wir uns in der Beziehung so viel wie möglich mit uns selbst auseinandersetzen konnten. Im Nachhinein betrachtet, würden wir diese Entscheidung wohl nicht noch einmal so treffen.

Die Konflikte gingen sofort los – und wir waren beide schockiert. Ich für mein Teil konnte nicht glauben, dass das der Mensch war, in den ich mich verliebt hatte. War sie mir am Anfang als die Frau erschienen, mit der ich am liebsten zusammen wäre, wenn ich eine Frau wäre, so entpuppte sie sich jetzt sehr schnell als das Gegenteil. Damals war ich in der Ausbildung zum Psychotherapeuten, aber im Überschwang der Gefühle war meine Objektivität wie weggeblasen.

Ich war mir über die verschiedenen Stadien einer Beziehung sehr wohl im Klaren und hatte nicht erwartet, dass die romantische Phase ewig anhalten würde, aber die Gewalt, mit der die Ereignisse über uns hereinbrachen, überforderte mich. Ich konnte mich nur noch an der Überzeugung festhalten, dass es wohl irgendeinen Grund geben müsse. Unsere Unfähigkeit zur Kommunikation war der schwerwiegendste Faktor. Kommunikation war auf meiner Liste der „absoluten Notwendigkeiten" in einer Beziehung immer ganz oben gestanden. Doch plötzlich musste ich feststellen, dass ich mit meinen Gedanken und Gefühlen keinerlei Eindruck mehr auf Christie machen konnte. Es war, als gäbe es mich gar nicht. Alle meine Themen – nicht gesehen oder verstanden zu werden – meldeten sich mit Macht. Die Enttäuschung wuchs. Ihr ging es ähnlich. Ich fühlte mich in der Beziehung wie mit der Dampfwalze überfahren, manipuliert, missverstanden, falsch zitiert, misshandelt und ohnmächtig. Ich kam an einen Punkt, an dem ich tatsächlich glaubte, dass mit meiner Wahrnehmung von Christie … und der Welt irgendetwas nicht stimmte, sonst befände ich mich doch nicht in einem solch chaotischen Zustand. Meine Realität wurde völlig über den Haufen geworfen, damit ich sie überprüfen konnte (was meinen Wassermann-Mond und außerdem vieles andere widerspiegelt). Dabei wusste ich zugleich immer, dass ich diesen Menschen liebte. Die andere Konstante war das Gefühl, in einer Beziehung und dennoch sehr allein zu sein.

Allmählich gewöhnte ich mich an die Tatsache, dass ich das nicht „im Griff" hatte. Alles, was Christie mir jetzt „antat", hatte ich in früheren Beziehungen ebenfalls getan. Alles, was ich an mir als negativ empfunden hatte, bekam ich jetzt in verstärkter Form zu spüren. Vor mir stand der perfekte Spiegel, in den ich schauen musste. Das war „Karma mit Sofortwirkung". Ob Christie mir wirklich etwas „antat", verlor an Bedeutung. Wichtig war, wie ich damit umging. Wollte ich wirklich verletzt und wütend sein oder mich abgelehnt fühlen? Konnte ich nicht zu einer erwachseneren Haltung kommen und es annehmen? Wollte ich mir überhaupt die Mühe machen?

Eines Tages bat ich um Führung und zog willkürlich ein Buch aus dem Regal. Ebenso willkürlich schlug ich eine Seite auf. Es war der Mythos von Perseus. In einem Anfall von Männlichkeit nimmt er die Herausforderung des Königs an, den Kopf der Medusa abzuschlagen. Jeder, der das fürchterliche, von zuckenden Schlangen umwundene Gesicht der Medusa erblickte, wurde starr vor Schreck. Die Medusa ist das Bild des negativen Weiblichen – des dunklen Schattenaspekts. Perseus führte einen polierten Schild mit sich – nicht um sich auf die übliche Weise damit zu schützen, sondern um ihn als Spiegel zu benutzen, damit er die Medusa nicht direkt, sondern als Reflexion erblicken würde. Es gelingt ihm tatsächlich, das Medusenhaupt anzuschlagen – und daraus erhebt sich Pegasus, Inbild der positiven weiblichen Eigenschaften Kreativität und Spiritualität. Danach errettete Perseus die Andromeda vor dem Opfertod – eine weitere Metapher für die Befreiung der Anima, des weiblichen Aspekts. Das passte perfekt zu dem, was vor sich ging. Früher hatte ich die Medusa in Beziehungen immer hervorgelockt, und mein männlicher Teil erstarrte vor ihrer

Dunkelheit. Mit der „Nettigkeit" meines weiblichen Anteils versuchte ich dann, sie zu ändern – und natürlich funktionierte das nicht. Auf diese Weise konnte ich nur ständig von meiner Partnerin enttäuscht werden und würde mich nie männlich potent fühlen. All das erlebte ich auch als Kind in der Beziehung zu meinen Eltern.

Bei Christie wirkte alles übersteigert. Oft sagte ich, ich sei „schockiert", „erschrocken" oder „entsetzt" über das, was sie sage oder tue, und ich gebrauche diese Worte nicht leichtfertig. Ich war mit Leib und Seele durch und durch erschrocken. Immer noch versuchte ich, mit der dunklen Seite des Weiblichen umzugehen, indem ich „hinschaute" und erstarrte. Als Perseus seinen Schild als Spiegel erhob, erblickte er sein eigenes dunkles Weibliches, anstatt jemand anderen. Aber hätte es Medusa nicht gegeben, hätte er nie Grund gehabt, in den Spiegel zu schauen.

Das Schwert, mit dem Perseus die Medusa erschlug, hatte er von Hermes erhalten, dem „Überschreiter der Grenzen", der mit dem Hinüberwechseln zwischen Bewusstem und Unbewusstem verbunden ist. Da war mir klar, dass die Herausforderung darin bestand, mich meinen eigenen unbewussten Aspekten des dunklen Weiblichen zu stellen und sie anzunehmen, um so die positiven zu befreien. Medusas Tod hat also vermutlich eher natürliche Ursachen!

Ich habe den Eindruck, dass ich heute an genau dieser Stelle stehe. Ich arbeite daran, meine Angst vor der Medusa zu erschlagen, indem ich das Weibliche in allen seinen Formen „zulasse" und lerne, mein Männliches zu nutzen, um die Form meines Lebens zu erhalten, damit dies alles geschehen kann. Zugleich wirkt sich das alles auch auf meine Beziehung zu Christie aus, und zwar dergestalt, dass ich sie immer besser akzeptieren kann.

So lange wie ich denken kann, habe ich Liebe immer als „vollständiges und bedingungsloses Annehmen" definiert. Wenn ich aber auf meine Partnerin reagiere, dann nehme ich sie nicht an. Doch der einzige Weg, etwas an einem anderen zu akzeptieren, führt darüber, es zunächst in sich selbst zu entdecken und anzunehmen.

Jeder, der uns auf diesem Weg der Selbsterforschung und Selbstannahme hilft, muss ein Bote Gottes sein. Doch können wir diesen Boten nur als jemanden begreifen, vor dem man am besten so weit wie möglich wegläuft, weil man sonst vernichtet wird. Dies ist sicher der Grund dafür, warum der Begriff Seelenpartner auf solche Beziehungen üblicherweise nicht angewendet wird. Wir lieben das Angenehme, nicht die Auseinandersetzung!

Hätte ich lieber eine warmherzige, gemütliche, tragende Beziehung? Natürlich! Aber es ist ein bisschen wie mit dem Berg, der erstiegen werden muss, weil er da ist – ich hoffe nur, dass man vom Gipfel eine schöne Aussicht hat.

Ob meine Geschichte so gut ausgeht wie die von Perseus, muss sich erst noch herausstellen. Es ist der Mythologie eigen, dass sie stets eher das Ideal als die Norm beschreibt, und möglicherweise bin ich kein „Held".

Ich glaube immer noch nicht an Seelenpartner, aber ich glaube, dass das Geschenk, das Christie mir gemacht hat, indem sie mich zwang, tief in mein Inneres zu schauen, in jeder Hinsicht ganz genauso wertvoll ist wie die konventionelle Vorstellung von Gemeinsamkeit. Und wer weiß, vielleicht erleben wir das ja eines Tages auch noch – wenn es uns gelingt, zusammenzubleiben. …

Ungeachtet der Unterschiede zwischen ihnen, hatten wir damals doch zwei Menschen vor uns, die anscheinend immer noch zueinander passten. Trotz der kulturellen Unterschiede waren sie sich in vieler Hinsicht so ähnlich, dass sie fast hätten Zwillinge sein können. Als meine Tochter Tyrell kennenlernte, sagte sie: „Ich wusste gleich, dass das Christies Mann sein musste. Er könnte mit gar niemand anderem zusammen sein. Sie sind einander so ähnlich." Vor ihrer Trennung hatte ich gehofft, dass es Christie gelingen könnte, ihr Herz von jenem gut aussehenden unbekannten Franzosen (ganz egal ob er wirklich Tyrell in einem früheren Leben war oder nicht) zurückzuerobern und dann ihre innere Hochzeit mit dem „Ägypter", der auf sie wartete, zu feiern. Jetzt, da Tyrell sich seiner eigenen dunklen weiblichen Seite gestellt hatte, würde sich ihre Beziehung unweigerlich verändern – wahrscheinlich zum Guten. Aber es sollte nicht sein. In einem aktualisierten Bericht schrieb Christie:

Das war vor einem Jahr, und ich habe seither viel gelernt. Ich bin dankbar für die Bestätigung. Dankbar für die tiefe Heilung und Befreiung. Die Verbundenheit, die ich ohnehin schon mit allen Menschen empfand, hat sich weiter vertieft. Ich bin allein nach Yukatan gereist, in der festen Überzeugung, dass es keinen Mann mehr für mich gibt. Ich bleibe mit mir und den lieben Erinnerungen an die Zeit, bevor dieser Mann (der Franzose) vor so langem meinen Weg kreuzte, allein.

Die größten Geschenke dieser Ehe sind, dass ich mein Herz von dem Franzosen zurückgewonnen, die Energien des Fluchs losgelassen und jetzt die Freiheit habe, neu anzufangen. Außerdem konnte ich den Verlust, den ich erlitt, weil ich mein Herz in alter Zeit an einen unbekannten Franzosen „verschenkt" hatte, tief betrauern. Ich erkannte, wie leer ein Leben ist, in dem man nicht willkommen ist, und wie trübselig es ist, wenn man um eines Fremden willen die Liebe und Akzeptanz einer Gemeinschaft verliert.

Vor kurzem habe ich in einer Sitzung mit einem Astrologen erfahren, dass unsere Horoskope so verschieden sind, dass wir in jeder Hinsicht Gegensätze bilden. Uns bleibt also nichts anderes übrig, als uns darin einig zu sein, dass wir uns uneinig sind und auf den meisten Gebieten um einen Mittelweg zu kämpfen. Das zu erfahren, war eine enorme Befreiung.

Tyrell hat meinem Herzen eine gute Lektion erteilt – und ich kaue immer noch daran. Ich liebe ihn und habe das irgendwie immer getan.

Tyrell schrieb später:

Vor achtzehn Monaten habe ich Christie gesagt, dass ich die Scheidung will.

Fünf Monate später waren wir getrennt.

Es kam für mich nicht überraschend, dass ich danach völlig erschöpft war – emotional, geistig und körperlich. Doch auch sechs Monate nach unserer Trennung ging es mir nicht besser, sondern eher schlechter.

Drei Menschen, von denen mich zwei überhaupt nicht kannten,

sagten mir, ich sei heftigen Angriffen auf der feinstofflichen Ebene ausgesetzt – es ist wohl nicht schwer zu erraten, woher die kamen. Einer fügte hinzu, dass ich außerdem von meiner Mutter ausgelaugt würde. Ich bin versucht zu sagen, das sei etwas anderes, aber das ist es nicht, es ist genau dasselbe. Am Ende der Ehe war ich praktisch mittellos, ich hatte CFS (chronische Erschöpfung) und man sagte mir, ich befände mich in einem Vorstadium von Krebs. Meine Energie war auf allen Ebenen völlig erschöpft, und es ging mit mir immer noch weiter bergab. Das dunkle Weibliche laugte meine Energie aus.

In meinem ersten Bericht für Ihr Buch *Seelenpartner. Das Geheimnis karmischer Verbindungen* schrieb ich: „Medusas Tod hat also vermutlich eher natürliche Ursachen!" Ich war mir etwas unsicher, als ich das schrieb. Inzwischen habe ich jedoch entdeckt, dass man nicht ohne klares Ziel in der Höhle der Medusa verweilen kann. Sie stirbt keines natürlichen Todes; ihre Finsternis stirbt dadurch, dass sie in dem Spiegel (in meinem Inneren) klar erkannt, hervorgeholt und integriert wird. Ich erinnerte mich an folgendes Zitat:

> Wenn ihr das hervorbringt in euch, wird das, was ihr habt, euch retten. Wenn ihr das nicht habt in euch, wird das, was ihr nicht habt in euch, euch töten.
>
> THOMAS-EVANGELIUM, LOGION 70

Ich musste mich entscheiden: Entweder ich entsage einer Welt, die mir keine Partnerin bieten kann, die mich liebt und mich zu einem ganzen Menschen macht, oder ich bringe mein nicht angenommenes Weibliches in mir hervor und arbeite auf eine innere Hochzeit hin. Es ist noch zu früh, um mit Sicherheit sagen zu können, dass ich mich für Letzteres entschieden hätte. Aber ich glaube schon, dass dem so ist.

Ich hatte an einem Buch mitgeschrieben, aber es war keines, das ich mit Herzblut und Freude aus meiner eigenen Kreativität heraus geschrieben hätte. Als ich nun mit der Arbeit an einem solchen Projekt begann, kehrte meine Energie zurück. Auch das passt zum Mythos des Perseus, weil dort Pegasus (Kreativität und Spiritualität) frei wird.

Das Dunkle ist lediglich das unerkannte Weibliche. Ich lerne, diesen Teil von mir anzunehmen. Meine Arbeit als Therapeut wird inzwischen viel stärker von meiner Intuition geleitet; und auch mein Schreiben kommt wieder in Gang. Ich fühle mich immer stärker der Natur verbunden und von ihr genährt. Zum ersten Mal in meinem Leben halte ich mich ganz bewusst von jeder Beziehung fern. (Genau wie meine Schwester!)

Das Glück sehe ich nun nicht mehr außen, sondern in der Integration des gesunden inneren Männlichen und Weiblichen. Über diese Erkenntnis habe ich immer vor meinen Klienten salbadert, aber noch nie habe ich sie so sehr am eigenen Leib erfahren wie jetzt.

Was ich aus alledem gelernt habe, enthielt noch ein Geschenk. Ich erkannte, dass ich während des größten Teils meiner Ehe (und meines Lebens) für meine Wahrheit gekämpft habe. Ich wollte, dass sie – und damit auch ich – anerkannt würde. So habe ich mein Bedürfnis nach Wertschätzung nach außen verlagert. Das galt nicht nur für Beziehungen, ich verspürte den starken Wunsch, die Welt zu verändern, sie zu verbessern (in meinen Augen!).

Erst durch den spöttischen Stoßseufzer eines Scheidungsrichters „Wahrheit! Was ist Wahrheit?!" konnte ich erkennen, dass er recht hatte. Was ist Wahrheit? Im Grunde ist das ganz unerheblich. Aber ich wusste, dass das ein uraltes Thema von mir ist. Es war an der Zeit, dass ich mich selber wertschätzte.

Christie verhalf mir unabsichtlich zu dieser Erkenntnis.

Unsere größte Verantwortung muss uns selber gelten – wir müssen selber bis an die Grenzen unserer Möglichkeiten gehen, und wenn uns ein anderer Mensch auf diesem Weg helfen will, dann verdient er Dank, ganz gleich, wie seine Hilfe aussieht.

Danke, Christie.

Die gute Nachricht ist, dass Tyrell, der sich nun wertschätzen kann und vertraute Nähe sowohl zu sich selbst als auch zu anderen gelernt hat, heute in einer Beziehung mit einer Frau lebt, die er vor vielen Jahren als junger Mann schon einmal geliebt hat und der er nun nach dem Zusammenbruch seiner Ehe mit Christie erneut begegnet ist. Trotz anfänglicher Schwierigkeiten, die auch daher rührten, dass seine Partnerin in der Zwischenzeit zumeist in einem anderen Land gelebt hatte und nun nicht nur umziehen, sondern sich zugleich auch an ein neues Land und eine neue Liebe gewöhnen musste, geht es der Beziehung sehr gut. Ob die beiden Dualseelen sind oder nicht, wird sich herausstellen.

Die verschiedenen Beziehungs-Stadien

Beziehungen sind der Saft des Lebens. Wenn Beziehungen für Sie kein Lebenselixier sind, sind sie wahrscheinlich zu einem Gifttrunk geworden.

CHUCK SPEZZANO[32]

Nach Chuck Spezzano, der mit vielen Paaren gearbeitet hat, ist die Entwicklung einer Beziehung in klar definierte, aufeinander folgende Stadien unterteilt, in denen sich jeweils bestimmte Themen zeigen und verschiedene Zustände durchlaufen werden. Tyrell und Christie, deren Geschichte wir gerade gehört haben, haben die ersten Stadien absolviert, bis sie in der von Spezzano so bezeichneten „Toten Zone" steckenblieben. Das hätte ihnen allerdings auch an anderen Stellen passieren können. „Steckenbleiben" kommt nicht nur im jetzigen Leben vor; eine Beziehung kann an einer beliebigen Stelle wieder ansetzen, an der sie in einem früheren Leben aufgehört hat, oder sie kann sogar alle Stadien von Anfang an noch einmal wiederholen. Spezzano bezieht diesen Zyklus zwar auf ein Paar, aber er kann ebenso gut bei Myriaden anderer Seelenpartner auftreten, weil die Seelen sich bei ihrem Gang durch die Inkarnationen untereinander verflechten.

Verliebtheit: In diesem Stadium wird ein Potenzial sichtbar, und man verspricht sich Wunderbares von der entstehenden Beziehung. Das Paar hat sich verliebt – wahrscheinlich ineinander, auf jeden Fall aber in die Vorstellung vom Verliebtsein. Eine Beziehung im Stadium der Verliebtheit erfüllt das Bedürfnis der Seele, für einen anderen Menschen besondere Bedeutung zu haben. In dieser Zeit wird der Traummann oder die Traumfrau auf den Partner bzw. die

32 Spezzano, Chuck, *Von ganzem Herzen lieben*, Heyne 2009.

Partnerin projiziert, was sich dann erfüllt oder auch nicht. In dieser Phase wird vor allen Dingen die „Gleichheit" wahrgenommen, also Ähnlichkeiten mit dem Ideal oder ein Verhalten und Aussehen, das als vertraut und angenehm empfunden wird.

Machtkampf: Dies ist die Zeit, in der Spannungen aus früheren Leben, Machtkämpfe und Ego-Konflikte zutagetreten. In dieser Phase werden die Unterschiede deutlich, weil jetzt Ängste auftauchen und beide Partner darum kämpfen, dass ihre jeweiligen Bedürfnisse erfüllt werden. Bei manchen besteht die Angst darin, ihre eigene Kraft bewusst anzunehmen. Sie verharren lieber in einer Ohnmachtshaltung und lassen sich zu Opfern machen, weil sie es so kennen und es so gewohnt sind. Das gibt ihnen (vermeintliche) Sicherheit. Bei anderen gilt die Angst eher dem potenziellen Verlust ihrer Macht in einer gleichberechtigten Beziehung. Weitere Ängste sind unter anderem die vor Nähe und Vertrauen oder Verbindlichkeit.

Das Machtkampf-Stadium hat wiederum verschiedene Unterstadien. Im Schattenstadium werden frühere schlechte Erfahrungen, die Kindheit und abgespaltene Teile der Persönlichkeit in die Beziehung „hineingelesen", und es zeigen sich Themen im Umfeld des Schattens und negativer Erwartungen. Jeder Partner kämpft darum, dass seine Bedürfnisse erfüllt werden und er die Oberhand behält. Dabei kann es geschehen, dass der andere dämonisiert – oder demoralisiert – wird. Christies und Tyrells Geschichte veranschaulicht dieses Stadium sehr deutlich. Die Herausforderung lautet jetzt, zu vergeben und alle Eigenschaften der abgespaltenen Teile des Selbst, die im Partner wahrgenommen werden, zu integrieren.

In der Phase „Unabhängigkeit und Abhängigkeit" schließlich lernen die Partner, Konflikte auszugleichen. In diesem Stadium nimmt der Partner eine bestimmte Rolle ein – die auch wechseln kann – und spielt sie eine Zeit lang, während beide darum verhandeln, dass ihre emotionalen Bedürfnisse und Erwartungen erfüllt werden. Wenn einer Seele der Partner wichtiger wird als das Bedürfnis, dass alles nach ihren Vorstellungen ablaufen muss, dann tritt Heilung ein, und die Beziehung entwickelt sich weiter.

In der Positiv-und-Negativ-Phase nimmt normalerweise jeder

Partner einmal eine dieser beiden Haltungen ein, die ja nichts weiter sind als verschiedene Arten, die Welt zu sehen und sich in ihr zu bewegen. „Positiv“ sieht das große Ganze und löst Probleme, wohingegen „Negativ“ die Probleme erkennt und sich den Einzelheiten zuwendet. Wenn beide partnerschaftlich zusammenarbeiten können, ergänzen sich die beiden Haltungen ideal und führen zu einer gelingenden Beziehung.

Die Tote Zone: Die Tote Zone ist ein Plateau, auf das die meisten Beziehungen stoßen, sobald Verliebtheit und erste Herausforderungen vorüber sind und die Langeweile einsetzt. Jetzt werden viele Themen aus früheren Leben noch einmal durchgespielt, möglicherweise sogar aufgearbeitet und gelöst. Erwartungen, die die Seele aus der Kindheit und früheren Leben übernommen hat, treten jetzt ebenso zutage wie tiefsitzende Bedürfnisse, die auf Erfüllung drängen. Hierhin sind Tyrell und Christie aus der vorangegangenen Fallgeschichte sehr schnell gelangt.

Die Tote Zone zeichnet sich durch das Gefühl aus, in der Falle zu sitzen. In diesem Fall kämpft eine Seele um ihre Freiheit, während die andere an der Beziehung festhält oder mit dem Partner verschmelzen will. Auch ein Rückzug aus Angst vor echter Beziehung oder Verbindlichkeit kann jetzt vorkommen. Dann verschließt sich der eine Partner, während der andere ihm entweder den Raum gibt, den er braucht, oder aber Druck ausübt, um den Freiraum zu füllen, der durch den Rückzug entsteht. Wenn dies geschieht, dann fühlt sich die Seele, die sich verschließt, entweder verlassen, wenn der Partner sich zurückzieht (ihr Freiraum gibt), oder überfordert, wenn der Partner Druck ausübt: Jetzt scheinen sich alle Ängste zu bewahrheiten.

In der Toten Zone kann es zum Verschmelzen bzw. zum „falschen Bonding“ kommen. Sie zeichnet sich entweder durch unklare Grenzen und Co-Abhängigkeit oder dadurch aus, dass ein Partner durch den anderen in einer stark symbiotischen Beziehung völlig vereinnahmt wird. Eine Zeit lang kann man sich mit einer Verschmelzung ganz wohl fühlen. Dann glauben die Seelen – fälschlicherweise jedoch, wie sich bald herausstellt – dass sie genau das erreicht haben, was sie immer wollten: Einssein und Zusammensein. Wenn sie, bewusst oder unbewusst, erkennen, dass es in ihrer Partnerschaft kein gemeinsames Herzens- oder Seelenziel gibt, dann beginnen die Probleme von neuem, und die Seele nutzt verschiedene Strategien, um sich wieder wohl zu fühlen. Partner, die in der Verschmelzung feststecken, werden dann vor lauter Schuldgefühlen vielleicht zu „heldenhaften Selbstverleugnern“ oder sie agieren die Rolle des oder der bedürftigen Fordernden aus, was beim anderen die Angst auslöst, bei lebendigem Leibe aufgefressen oder durch seelischen Vamiprismus ausgelaugt zu werden. Es ist auch sehr gut möglich, dass ein Partner in einen selbstzerstörerischen Modus verfällt oder eine Krankheit entwickelt, um dadurch die Aufmerksamkeit und Zuwendung zu bekommen, die er oder sie sich wünscht, oder um sich aus der Situation zu befreien.

Auf dieser Ebene werden auch die Fehler, die man beim anderen wahrnimmt, überkompensiert. Hier ist das Ego am Werk. Wenn ein Partner versucht, Unzulänglichkeitsgefühle oder Selbsthass zu kaschieren, wird es „zu gut“ und zuckersüß. Das kann dazu führen, dass eine Seele sich aufopfert, um damit einen empfundenen Mangel an Liebe zu kompensieren. Zwar durchschaut der Partner wahrscheinlich nicht völlig, was da vor sich geht, aber unterschwellig nimmt er oder sie die fehlende Übereinstimmung zwischen innerem Empfinden und äußerem Verhalten sehr wohl wahr. Das blockiert die weitere Entwicklung der Beziehung so lange, bis die beiden Innen und Außen wieder in Übereinstimmung bringen und authentisch werden.

Es kann auch sein, dass die Partner ihre Schwächen gegeneinander ausspielen und zur Vergeltung für empfundene Verletzungen dem anderen chronische Schmerzen oder Wunden zufügen. Jetzt zeigen sich die eingefleischten Muster, an denen die Partner noch anhaften. Sie spielen Rollen oder übernehmen Lasten – oder bleiben aus Pflicht- oder Schuldgefühl in einer Partnerschaft. Jetzt spielen sie mit dem Partner zum Beispiel ein Kindheitstrauma oder Dinge durch, die mit einem Elternteil noch ungeklärt sind. Möglicherweise tun sie auch genau das Richtige, aber aus den falschen Gründen, etwa damit sie sich selbst besser fühlen; statt aus einem Herzensbedürfnis heraus oder damit man sie für liebevoll und fürsorglich hält beziehungsweise als Ausdruck aufrichtigen Mitgefühls und echter Verbundenheit zu handeln.

Wenn die Seelen die Gruben und Fallstricke der Toten Zone erfolgreich überwinden können, dann kann die Beziehung in eine positivere Phase eintreten.

Partnerschaft: Wenn die Partner in dieses Stadium eintreten, haben sie sich aneinander gewöhnt. Wahrscheinlich sind sie schon mehrfach zusammen inkarniert und haben in Beziehungen bereits die verschiedensten Rollen eingenommen. Jetzt kennen sie einander wirklich und schätzen das, was sie sehen. Zwei Menschen sind eins geworden, nicht in dem Sinne, dass sie miteinander verschmolzen wären, sondern dass sie eine Beziehung geschaffen haben, die kreativ ist und gut funktioniert. Aber es genügt nicht, sich zufriedenzugeben. Seelen haben einen Hang zum Wachstum, und es kann sehr gut sein, dass jetzt tiefe Themen nach oben kommen, die Heilung oder Versöhnung erfordern, damit die Seelen in die nächste Phase eintreten können.

Die spirituelle Beziehung: Spezzano nennt diese Phase „Führerschaft", aber ich finde diesen Begriff schwierig und nenne sie deshalb lieber die spirituelle Beziehung oder das Dualseelen-Stadium. Jetzt sind die alltäglichen Kämpfe vorüber und die Bedürfnisse des Egos überwunden. Die Beziehung ist jetzt „transformativ, inspirierend und intim". Die beiden Seelen kennen einander sehr gut und unterstützen sich auf allen Ebenen. Sie ehren und respektieren die Individualität des anderen und sind doch eng miteinander verbunden. Jetzt beginnt die sexuelle Alchemie, die Partner und ihre Seelenenergie ganz sachte in die spirituelle Dimension zu transformieren. Sie treten die Reise zur Wiedervereinigung mit dem Göttlichen an. In diesem Stadium, in dem die Seelen einander völlig vertrauen und grenzenloses Mitgefühl füreinander empfinden, können tiefe „Seelenbrüche" zur Heilung ans Licht gebracht werden. Sie sind die chronischen Schwierigkeiten, die die Seele in vielen Leben verfolgt haben. Wenn sie losgelassen werden, dann tritt ein tiefer spiritueller Frieden ein. Von hier aus findet eine Beziehung zwischen Dualseelen oder Seelengefährten statt (siehe Kapitel 17).

Danach folgen, laut Chuck Spezzano, die Stadien „Vision", „Meisterschaft", „Tantra" und „Einheit". Sie finden allerdings eher auf der Geistesebene als auf der Ebene der Psyche oder des Egos statt. Diese Beziehungsstadien können Seelen erst erreichen, wenn sie alle Beziehungsthemen geklärt haben und wahre, bedingungslose Liebe für sich und andere üben. Wenn sie so weit sind, dann verlassen sie das Rad des Beziehungskarmas und betreten einen völlig anderen Raum.

Auf der Suche nach dem Zwilling

Jeder von uns ist demnach nur eine Halbmarke von einem Menschen, weil wir zerschnitten, wie die Schollen, zwei aus einem geworden sind. Daher sucht denn jeder beständig seine andere Hälfte.

Platon, Symposion (Das Gastmahl)

Seelenpartner werden oft als Dualseelen bezeichnet – was aber etwas anderes ist als Zwillingsflammen. Dualseelen sind jemandes „andere Hälfte", sein Zwilling. Die Seelenspaltung kann bei der Zerteilung und Neugruppierung der Seelenessenz auftreten, wenn eine Gruppenseele inkarniert (siehe Kapitel 5). Auf eine andere Erklärung für diese Sehnsucht nach der Dualseelen die derjenigen von Platon recht nahe kommt, stieß ich vor einiger Zeit in einer Radiosendung über Zwillinge. Der Forscher sagte, sechzig Prozent aller Schwangerschaften seien im ersten Drittel Zwillings-Schwangerschaften. Das bedeutet, dass sich eine befruchtete Eizelle teilt und sich ein paar Wochen lang zwei Föten im selben Uterus befinden. Dann wird ein Fötus durch den anderen absorbiert, so dass die beiden wieder eins werden. Vielleicht liegt es daran, dass nach klassischer esoterischer Auffassung die Seele erst dann vollständig in den Körper eintritt, wenn erste Bewegungen des Kindes zu spüren sind. Ein Fötus kann auch durch Fehlgeburt verlorengehen. Der andere entwickelt sich dann womöglich zwar körperlich prächtig weiter, nicht jedoch seelisch, während der erste ihm seelisch verbunden bleibt, aber kein eigenes körperliches Leben entwickelt. Da aber im Allgemeinen ein Körper immer nur von einer einzigen Seele bewohnt wird, muss die zweite Seele ihn verlassen und sich ein neues Zuhause suchen. Wenn diese Seele in einen anderen Körper einzieht und die beiden Menschen sich später begegnen, dann entsteht das Gefühl: „Dies ist meine zweite Hälfte."

Dieser Verlust eines Zwillings im Mutterleib kann ein lebenslanges Gefühl der Unvollständigkeit und eine bohrende Sehnsucht mit sich bringen. Tim, einer meiner Klienten, fand anscheinend bei einer schamanischen Erfahrung in Südamerika die Bestätigung dafür.

Tim ist ein hochgradig medial begabter Fisch, mit Sonne und nördlichem Mondknoten in Konjunktion zu Chiron, dem verletzten Heiler, im siebten, also dem Beziehungshaus, und einem sehr spannungsgeladenen Venus-Saturn-Aspekt an der Spitze eines Schicksalsfingers, wobei der mystische Neptun auf der einen und Pluto-Jupiter-Uranus auf der anderen Seite steht. Das bedeutet, dass Tim eine tiefe Seelenwunde hat, die der Heilung bedarf, dazu den starken Wunsch, zur „Einheit" zurückzukehren sowie fast alle negativen karmischen Skripte über die Liebe, die man nur haben kann. Er unternahm eine klassische schamanische Reise. Die Drogen rissen ihn innerlich in tausend Stücke, so dass er sich danach erst wieder sammeln musste. Als er mit einem Schamanen namens Augustine beim Mondtempel war, erhielt er San-Pedro-Kaktus und begab sich in eine Höhle:

> Ich wusste, dass es jetzt in den Mutterleib ging. ... Ich lag in fötaler Haltung, und mein Kopf befand sich über dem kreisrunden Loch, in das es sehr, sehr tief hinunterging ...
>
> Ich kam an meine Geburt im jetzigen Leben heran. Ich wusste, dass ich ein Zwilling war, und dann erlebte ich eine Fehlgeburt [bei der der andere Zwilling abging] und den Schmerz darüber. Es war wirklich herzzerreißend. Es war, wie wenn man jemanden verliert, wie wenn eine Beziehung zerbricht.

> Ich kam an den tiefen Verlustschmerz heran, bis zu dessen Grund ich mich jedes Mal fallen lasse, wenn eine Beziehung zerbricht, und ich erkannte, dass dieses Verlustgefühl vom Verlust meines Zwillings herrührt. Mir wurde gezeigt, dass unsere Geburt uns für das ganze Leben prägt. Die Energie, in die wir hineingeboren werden, ist wichtig und etwas ganz Besonderes. Egal, was diese Energie ist, ihre Dynamik wird uns eingepflanzt. Wir haben unser Geburtshoroskop, und wir haben unsere Energie.
>
> Ich spürte den Schmerz beim Verlust meiner anderen Hälfte, und ich spürte auch, wie ich diesen Schmerz mein ganzes Leben lang mit mir herumgetragen habe. Auch im ganz normalen Alltag ist er immer da. Er hat Einfluss darauf, wie ich meine Sachen mache. Ich spürte auch, dass ich wegen dieses Verlustes gar nicht geboren werden wollte. Ich wollte im Mutterleib bleiben, weil ich da geborgen und dem näher war, woher ich kam.
>
> Dann begann die Heilung der Geburt. Mir wurde alles gezeigt, und dadurch wurde es zugleich verwandelt.

Tim erfuhr eine zutiefst heilsame Erinnerung an ein früheres Leben. Er erlebte seine Geburt als amerikanischer Ureinwohner in einem Tipi. Das Kind wurde von der ganzen Gemeinschaft begrüßt, die auch bereits bei der Geburt dabei gewesen war. Mit Trommeln sollte das Baby zur Geburt angeregt werden:

> Das Trommeln wurde erotischer, schwoll stärker an und ab, in Wellen und einem sinnlichen Tanz. … Es war wunderbar, mit diesem Gefühl geboren zu werden, statt dass die Geburt mit Medikamenten eingeleitet wurde, wie es in meinem jetzigen Leben geschah.

Als Tim wieder aus der Höhle trat, hatte die Abenddämmerung eingesetzt. Es war dieselbe Zeit, zu der er in seiner jetzigen Inkarnation zum ersten Mal geboren wurde. Doch seither ist er neu geboren. Er ist überzeugt, dass die Fehlgeburt, die seine Mutter erlitt, unmittelbar bevor sie mit ihm schwanger wurde, tatsächlich seinen Zwillingsbruder betraf, während er selbst im Uterus verblieb und zehn Monate später auf die Welt kam. Sein ganzes Leben lang hatte er sich unvollständig gefühlt, doch nach der schamanischen Heilung war er in sich ganz und heil. Danach konnte er sich, zum ersten Mal in seinem Leben, auf eine verbindliche, auf Dauer angelegte Beziehung einlassen.

5 Die esoterische Erklärung

Das Selbst ist der Schöpfer. Die Person, die körperliche, materielle Erscheinung ist nur die eine Hälfte des wahren Wesens. Die andere Hälfte ist im Ungeoffenbarten, im Unbewussten geblieben … Wenn jemand beide Hälften seines Wesens bewusst gemacht hat und bewusst erlebt, so ist er mit seinem Selbst identisch geworden, und dann trägt er die männlichen wie die weiblichen Prinzipien in vollkommenem Gleichgewicht in sich.[33]

Die esoterische Antwort auf die Frage nach dem Ursprung der Dualseele kann bestenfalls in symbolischer Form gegeben werden. Ich finde, wenn wir versuchen, uns den Kopf über eine dermaßen esoterische Idee zu zerbrechen, schränken Worte unsere Erkenntnisfähigkeit ein. Zumindest mehren sie sie nicht gerade. Dennoch muss ich eine Erklärung versuchen, damit wir wissen, wovon wir sprechen. Nun denn:

In einer bestimmten hinduistischen Schule gibt es die Vorstellung von der „Überseele", von der mehrere Facetten gleichzeitig inkarnieren. Diese Facetten ähneln Marionetten, die von der Überseele gelenkt werden und so die Erfahrungen sammeln, die diese sucht. Begegnen sich zwei dieser Facetten, so fühlen sie sich zueinander hingezogen und empfinden sich als Dualseelen. Verlassen die Facetten ihre Inkarnation, so tragen sie alles, was sie gelernt haben, der Überseele zu. Wenn man also einer dieser „Marionetten" begegnet, dann kommt es einem vor, als begegne man einem Teil seiner selbst, einem Seelenpartner, und die Erfahrungen dieser anderen Facette fühlen sich an wie eigene. Ganz ähnlich lehren die Sufis, dass Seelen, die die Erde verlassen, anderen Seelen, die in die Inkarnation gehen, ihre Erfahrungen weitergeben, damit diese von dem, was sie gelernt haben, profitieren können.

33 Haich, Elisabeth, *Einweihung*, Grafing 2011.

Im Buddhismus gibt es weder eine individuelle Seele noch ein individuelles Selbst, gleich ob teilbar oder nicht, sondern nur Bewusstsein und Eigenschaften, die sich über endlose Wiedergeburten hinweg aufspalten, zusammenfinden und wieder neu kombinieren – so lange bis die Befreiung erreicht wird. Wenn wir alle Teil desselben Bewusstseins sind, dann kann jede und jeder ein Seelenpartner sein oder uns so vorkommen, besonders wenn er oder sie Erfahrungen oder Erwartungen mit sich bringt, auf die wir ansprechen.

Aus der Sicht der westlichen Mysterientradition, die ich von meiner Mentorin Christine Hartley erlernt habe und die sich in Grundzügen auf die Theosophie stützt, enthält ein Sammelbecken spiritueller Essenz das Ganze (siehe Abbildung 1). Davon „bricht" ein Stück ab – die Seelengruppe, die sich dann weiter in einzelne Seelen teilt. Doch diese Teile können wieder zusammenfinden und sich vereinen. Dabei wird alles, was sie gelernt haben, allen zuteil. Dies ist das fein gesponnene Netz der Seelenverbindungen. Jeder Bestandteil dieses Netzes fühlt sich für einen anderen wie ein Seelenpartner an, einige mehr, andere weniger, je nachdem, wie weit sich die Seelen von der ersten Verzweigung entfernt und welche Erfahrungen sie in den verschiedenen Leben miteinander gemacht haben. Die Seelen A und B werden einander wahrscheinlich erkennen und könnten sich als Seelenpartner fühlen. G und H sind „Seelengefährten", was bedeutet, dass die eine Seele inkarniert ist und die andere sie aus einer anderen Dimension heraus führt. E und F werden sich, sollten einander begegnen, wahrscheinlich als Seelenpartner empfinden. Aber wie ist es bei C und D? Sie haben seit der ersten Teilung einen weiten Weg zurückgelegt. Aus Erfahrungen in früheren Leben könnten sie einander spinnefeind sein. Liebe und Hass sind zwei Seiten derselben Medaille. Auf diesem Bild gibt es auch Seelen, die überhaupt nie inkarnieren. Sie werden „Führer" oder Seelengefährten. Inzwischen ist mir klar geworden, dass aus den von B ausgehenden Abstammungslinien Zwillingsflammen hervorgehen können, wenn sie zur selben Zeit inkarnieren. Seelen anderer Abstammungslinien werden Seelenpartner. Für mich ist dieses Konzept das schlüssigste, denn es stimmt mit den Erfahrungen meiner Klientinnen und Klienten bei Rückführungen in das Stadium zwischen den Leben überein.

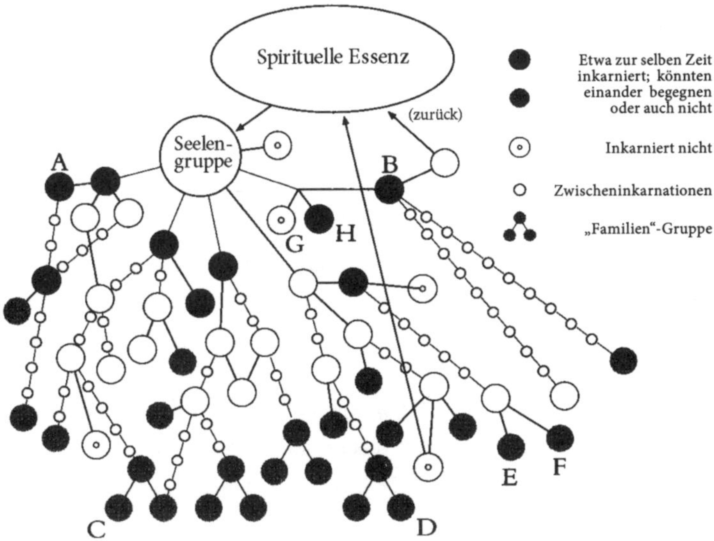

Abbildung 1. Die Seelengruppe nach der Westlichen Mysterientradition

Zwar wird nicht jeder Mensch, dem wir begegnen, zu unserer Seelengruppe gehören, doch wichtige Kontakte – egal ob flüchtig oder lebenslang – werden sehr wahrscheinlich aus „unserer Gruppe" stammen. Allerdings verflechten sich manche Gruppen auch mit anderen, und bestimmte Menschen stehen an den Schnittstellen zwischen Seelengruppen, wo sie als Katalysatoren oder „Antreiber" der Seelenentwicklung fungieren. So betrachtet, können unsere Eltern oder die Familie im weiteren Sinne, Freunde oder Partner derselben Seelengruppe angehören oder auch nicht. Es hängt immer davon ab, welchen Einfluss sie auf uns haben.

Seine Familie wählt man eher aus Gründen ihres Erbgutes – sei es genetisch oder emotional, im Hinblick auf bestimmte Fähigkeiten oder Einstellungen – als aus Gründen der seelischen Verbundenheit, wenngleich meist mindestens ein Mitglied unserer Seelengruppe ebenfalls in unserer Familie ist, um uns in den ersten Jahren zu unterstützen. Denn ohne diese Unterstützung ist unser Leben wirklich sehr, sehr einsam. Wir können uns deshalb zu einem Partner oder einer Partnerin hingezogen fühlen, weil er oder sie Seelenmuster und Eigenschaften verkörpert, die wir aus unserer Seelengruppe nur zu gut kennen. Bei ihnen fühlen wir uns wohl und geborgen, selbst wenn sie uns tatsächlich nicht den geringsten Anlass dazu geben. In der Rückführungsarbeit hat sich auch gezeigt, dass wir mehr als einer Seelengruppe angehören können. Wenn wir allerdings die Verbindungen weit genug zurückverfolgen, werden wir feststellen, dass die beiden scheinbar verschiedenen Gruppen in Wirklichkeit eine einzige sind.

Sex und die Chakras

Ich fühle, wie mein Rückgrat wieder zu einer aus prasselnder Glut gebauten Brücke wird, die aus sieben funkelnden Fackeln brennt.

Elisabeth Haich, *Einweihung*

Chakra-Verbindungen sind ein wichtiger Bestandteil der esoterischen Erklärung für Seelenpartner, und auf energetischer Ebene können durch sie karmische Verstrickungen eintreten. Die Chakras sind Energiezentren entlang der Wirbelsäule, die sich vom Wurzel-Chakra am unteren Ende bis zum Kronen-Chakra an der höchsten Stelle des Kopfes sowie in Gestalt feinstofflicher Chakras bis weit darüber hinaus erstrecken. Diese feinstofflichen Chakras sind ein wesentliches Element energetischer Seelenverstrickungen. Diese Energiezentren bilden die Verbindung zwischen unserem physischen Körper und den feinstofflichen Ebenen unseres Seins. Sie liegen auf dem Weg, den die Kundalini nimmt, wenn wir unsere spirituellen – und sexuellen – Energien öffnen. Die Kundalini ist unser „inneres Feuer"; sie ist zugleich ungebändigte sexuelle Energie und spirituelle Kraft, die bis zu ihrem Erwachen im Wurzel-Chakra ruht. Östliche Yogis haben stets betont, wie wichtig die richtige Vorbereitung ist, bevor die Kundalini geweckt wird, denn andernfalls können die Folgen fatal sein.

In ihrem Buch *Einweihung* verbindet Elisabeth Haich das Potenzial zur spirituellen Vereinigung auf der Seelenebene mit dem Wunsch nach Geschlechtsverkehr. Weiter sagt sie, dass der Unzufriedenheit und Erschöpfung, die viele Menschen nach dem Geschlechtsverkehr empfinden, das unerfüllte Sehnen der Seele nach der „paradiesischen Einheit" zugrunde liegt. Ich würde jedoch ergänzen wollen, dass dieses Gefühl ebenso gut daran liegen kann, dass Energie durch die Chakras abfließt, wenn nämlich einer der Partner den anderen energetisch oder emotional „aussaugt". Haich betont außerdem, dass die Schwingungen eines Menschen umso höher werden, je weiter er in seiner spirituellen Entwicklung aufsteigt. Zugleich wird seine Ausstrahlung für andere immer unwiderstehlicher. Diese Anziehungskraft kann von falschen Gurus missbraucht werden. Nachdrücklich weist sie darauf hin, wie wichtig es ist, den Fluss der spirituellen Energien durch den Körper zu kontrollieren, weil andernfalls die „Nervenzentren" (die ich als Chakras bezeichnen würde) durch den Fluss nicht heruntertransformierter hoher Energien in die unteren Zentren geschädigt werden können. In ihrem Buch versucht der Hohepriester die Initiantin vor den Folgen eines solch unbeherrschten Verhaltens zu warnen. Voll tiefem Mitgefühl betont sie jedoch, was sicher viele Menschen voll und ganz nachempfinden können:

> Aber der beste Rat kann Unerfahrenheit nicht in Erfahrung verwandeln, und meine innere Unausgeglichenheit, meine Ungezügeltheit, musste erst durch schwere Erfahrungen ins Gleichgewicht gebracht werden.

Während ich mich für ein anderes Projekt intensiv mit der Beziehung des Dichters Dante zu seiner Beatrice beschäftigt habe (wir sind ihnen bereits begegnet), stieß ich auf eine Webseite, deren Autor die interessante Auffassung vertritt, dass Dantes idealisierte, unerwiderte Liebe zu seinem Erleuchtungsweg gehörte. Peter Y. Chou schreibt:

> Bilder von erleuchteten Meistern und Weisen zeigen für gewöhnlich einen einzelnen Menschen in tiefer Meditation, allein in einer Höh-

le, in der Wüste oder auf einem Berg. Bilder der Verliebtheit hingegen zeigen Paare, die sich umarmen, tanzen, einander küssen und eng umschlungen sind.

Weiter weist Chou auf Folgendes hin:

> Auf den ersten Blick scheinen sich Verliebtheit und Erleuchtung gegenseitig auszuschließen – ist doch Ersteres eher körperlich und emotional, Letzteres hingegen eher mental und emotionslos. Aber der Weg der Verliebtheit muss nicht bei den drei unteren Chakras (den Energiezentren für Überleben, Sex und Nahrungsaufnahme) enden. Wenn wir lernen, zum vierten Chakra (dem Herzen) aufzusteigen, dann kommt wahre Liebe ins Spiel, und wir entwickeln Mitgefühl mit allen empfindenden Wesen. Dantes Liebe zu Beatrice erfüllte ihn mit einer Glut der Nächstenliebe (wie er sie in *Das neue Leben,* Abschnitt 11, beschreibt). Von hier aus erhob sich sein Geist ins fünfte Chakra (Kehlkopf) – der Stimme der Poesie – stieg dann zum sechsten Chakra (dem dritten Auge) – der himmlischen Vision – auf und schwebte schließlich zum siebten Chakra (dem Tausendblättrigen Lotos) – zu spirituellem Erwachen und Glückseligkeit. Der Geist der Verliebtheit ist ebenfalls ein gültiger Weg zur Erleuchtung. Dante Alighieri folgte ihm, als er durch seine Liebe zu Beatrice den Aufstieg der Seele ins Paradies erleben konnte und sich dann der Mühe unterzog, die „Göttliche Komödie“ zu schreiben, damit wir sie trinken können.

Chou schließt mit den Worten:

> Mögen wir dieser himmlischen Gaben würdig sein, wenn wir unser Herz jenen schenken, die wir lieben.[34]

In Beziehungen zwischen Seelenpartnern spielen die Chakras eine wichtige Rolle. Wurzel-Chakra und zweites Chakra sind eng mit unseren Geschlechtsorganen und dem Sakrum (dem „heiligen Knochen“) verbunden und können durch Geschlechtsverkehr ge-

34 www.wisdomportal.com/Romance/Dante-Beatrice.html

öffnet werden. Mit dem richtigen Partner öffnen sich während der sexuellen Vereinigung alle Chakras, und die Kundalini fließt, so dass eine wirkliche Vereinigung auf der physischen, emotionalen, mentalen und spirituellen Ebene unseres Seins eintritt – die mystische Hochzeit oder Verbindung der Zwillingsseelen. Mit einem Sexualpartner aus einem früheren Leben oder einem nur vermeintlichen Seelenpartner leuchtet nur das unterste Chakra auf. Dennoch kann die Kundalini entflammen, zuweilen mit fatalen Folgen. In einer tantrischen Schrift heißt es, dass die Kundalini bei der sexuellen Begegnung mit hoher Wahrscheinlichkeit stimuliert und geweckt wird, wenn die Lebensenergien miteinander verschmelzen. Dies ist ein unverkennbares Erlebnis. „Es wird als innerer Schauer empfunden, als 'flüssiges Feuer', gleichzeitig heiß und kalt, elektrisierend, nahezu lähmend, das ganze Sein öffnend, erleuchtend und erlösend, atemberaubend."[35]

Doch obwohl die christliche Kirche und andere während der letzten zweitausend Jahre den Wert der Enthaltsamkeit gelehrt haben, hat diese sexuelle Energie ihren Platz in der spirituellen Arbeit und mag der Grund dafür sein, warum Seelenpartner einander so beharrlich suchen. Ist Enthaltsamkeit *ein* Weg zu einem spirituellen Gipfelerlebnis, so ist die sexuelle Erfahrung ebenso wertvoll. Schon vor Jahrtausenden wurde die sexuelle Energie als Mittel zu spirituellem Wachstum erkannt und angewendet. Die Kundalini kann einen, vorausgesetzt man nähert sich ihr mit der angemessenen Hochachtung vor ihrer Kraft, blitzschnell zu spirituellen Höhen führen. Tantra ist einer der Überreste jener uralten Lehren. In den Händen eines Unerfahrenen jedoch kann einen die Kraft der Kundalini in Stücke reißen, und zwar körperlich, emotional, mental und spirituell. Deshalb lag die Entfaltung dieser Kraft in den Händen derer, die in ihrer Erkenntnis geschult waren. Das Wissen wurde vor den Unerfahrenen geheimgehalten, nicht zum Zweck der Kontrolle, sondern um Schaden zu verhindern.

Sexualmagie war Bestandteil der esoterischen Lehren, die zu Beginn des 20. Jahrhunderts von okkulten Gruppen wie dem „Orden

35 Douglas, Nik und Slinger, Penny, *Das große Buch des Tantra. Sexuelle Geheimnisse und die Alchimie der Exstase*, Basel 1997.

der Goldenen Dämmerung" (Golden Dawn) wiederbelebt wurden. (Wir werden uns später noch die Erlebnisse zweier Initiierter näher ansehen.) Zwar gibt es immer noch echte Meister, die dieses Wissen lebendig erhalten wollen, aber zumeist finden wir keinen Zugang zu diesen hochgebildeten Wesen mehr, besonders im Westen. Allerdings haben viele falsche Gurus versucht, deren Platz einzunehmen. Deshalb muss die Menschheit heute ihren Weg selbst finden. Aber die alten Kräfte sind immer noch da.

Sexuelle Anziehung ist eine starke – und häufig unangebrachte – Kraft und damit eine der Fallen auf dem spirituellen Weg und dem Pfad zur Dualseele. Männer und Frauen, die ihre intuitiven und spirituellen Fähigkeiten ausbilden, erleben oft, dass sie sich geradezu zwanghaft zu sexuellen Begegnungen der zerstörerischen Art hingezogen fühlen oder diese selbst anziehen – besonders dann, wenn sie diese Kraft noch nicht unter Kontrolle haben. Manche Menschen haben eine magnetisch anziehende sexuelle Ausstrahlung, von ihnen geht eine sexuelle Erregung aus, die alle in ihrer Umgebung berührt. Schauen Sie sich zum Beispiel einige große Schauspielerinnen und Schauspieler oder Popstars an, die nicht nur Eintagsfliegen sind.

Ein Seelenpartner aus einem früheren Leben kann eine solche Wirkung auf den Menschen haben, der damals mit ihm zusammen war. Sehr häufig geht die erste Begegnung mit einer Seelenpartnerin oder einem Seelenpartner mit einer Welle der Lust einher, weil unsere unteren Chakras unter dem Einfluss einer unwiderstehlichen Macht geradezu aufbrechen. Die Herausforderung besteht darin, diese Energie zu verwandeln, sie einer anderen Funktion zuzuführen, auf der Ebene des Geistes kreativ zu sein und eins zu werden mit dem Selbst. Wir sollen vielleicht gar nicht sofort miteinander ins Bett springen, um diese Energie augenblicklich zu entladen. Ebenso wenig sollten wir sie einfach ignorieren. Sehr häufig wird diese Energie unterdrückt, nur um dann später umso stärker aufzuflammen.

Man muss nur die Wüstenväter lesen, um zu erkennen, wie exzessiv sie von sexuellen Versuchungen träumten. Auch heute noch haben einige Priester und Guru-Gestalten für manche Frauen –

und Männer – eine Aura geradezu magnetischer sexueller Anziehungskraft. Von sexuellem Charisma geht eine Atmosphäre der Macht aus, und Macht ist anfällig für Missbrauch. Kontakte zwischen Priestern und Ministranten sind regelmäßig in den Schlagzeilen der Zeitungen, nicht minder die Liebesaffären der Bischöfe. Gurus und ihre Anhänger und Anhängerinnen tauchen weniger oft in den Nachrichten auf, aber wie meinem Briefkasten zu entnehmen ist, kommen Anziehung und Missbrauch unter ihnen nicht minder häufig vor. Das Heilige und das Profane, das Verbotene und die größte Versuchung können eine unwiderstehliche, verhängnisvolle Mischung ergeben. Aber man muss kein Priester oder Guru sein, um eine Aura der „verbotenen Frucht" um sich zu verbreiten.

Wenn Menschen ihre erste Begegnung mit ihrem Seelenpartner oder ihrer Seelenpartnerin beschreiben, dann taucht darin immer und immer wieder als ein gemeinsamer roter Faden ein überwältigendes sexuelles Verlangen auf. Am Beginn meiner Arbeit mit Christine Hartley, vor vielen Jahren, erklärte sie diese Art der Anziehung zwischen Seelenpartnern als Folge der Öffnung der Chakras und des Aufsteigens der Kundalini-Energie. Das führt buchstäblich dazu, dass man von den kraftvollen Ausstrahlungen der Kundalini magnetisch angezogen wird, und weil die Seele beteiligt ist, fühlt es sich an wie das höchste spirituelle Erlebnis. In manchen Fällen ist es das tatsächlich, und die sexuelle Begegnung ist angebracht.

Leider schlittern viele Menschen in diese pseudo-spirituelle sexuelle Anziehung hinein und versuchen sie als spirituell zu rechtfertigen. Sie behaupten dann, sie hätten entsprechende Anweisungen „von einer höheren Ebene" erhalten, wobei es sich in Wirklichkeit lediglich um die unterdrückte und verdrängte Seite ihrer eigenen Sexualität handelt. Wie bei so Vielem, lässt sich auch hier aus der irdischen Perspektive nur sehr schwer beurteilen, wann eine solche Begegnung angemessen ist und wann nicht.

Entkoppelung der Chakras

Wenn wir eine sexuelle Beziehung mit jemandem haben, hinterlässt dieser Mensch einen feinstofflich spürbaren genetischen Abdruck auf unseren Chakras. Deshalb kann es notwendig werden, die Verbindung sowohl auf der physischen als auch auf der feinstofflichen Ebene zu lösen, um die Beziehung vollständig zu beenden (siehe Kapitel 13). In den Fällen, in denen Menschen aus reinem Eigennutz zusammenkommen oder weil sie Macht über den anderen ausüben wollen, entsteht möglicherweise künftiges Karma, was den Übergang noch schwieriger macht. Dann ist es sogar noch bedeutend wichtiger, dass die Verbindung gelöst und die Chakras entkoppelt werden.

Wenn Sie die folgende Übung gemeinsam mit einem Ex-Partner oder einer Ex-Partnerin machen können, dann tun Sie es. Die Übung ist auch ideal, wenn Sie mit dem Menschen, mit dem Sie gerade zusammen sind, zur nächsten Ebene, der spirituellen Beziehung, voranschreiten wollen. Steht Ihr Ex-Partner oder Ihre Ex-Partnerin nicht zur Verfügung, dann stellen Sie sich vor, dass Sie bei der Durchführung des Rituals vor ihm oder ihr stehen bzw. verwenden Sie ein Foto.

Ritual zur Entkoppelung der Chakras

Legen Sie Ihre Hand zunächst auf Ihr Kronen-Chakra an der höchsten Stelle Ihres Kopfes und dann leicht auf das Kronen-Chakra Ihres Partners. Zugleich tut Ihr Partner dasselbe. Sprechen Sie beide laut: „Ich kenne dich voll und ganz und akzeptiere mit Liebe, was ich von dir weiß.“ Nehmen Sie dann Ihre Hände weg und sagen Sie: „Ich gebe dich auf dieser und allen höheren Ebenen frei.“ Stellen Sie sich ein weißes Licht vor, das das Chakra heilt und versiegelt, während die Verbindung gelöst wird.

Legen Sie nun Ihre Hand auf Ihr Drittes Auge (etwas über der Mitte zwischen Ihren Augenbrauen) und anschließend auf das Ihres Partners. Zugleich tut Ihr Partner dasselbe. Sprechen Sie laut: „Ich sehe dich voll und ganz und akzeptiere mit Liebe, was ich auf allen

Ebenen von dir sehe." Nehmen Sie dann Ihre Hand weg und sagen Sie: „Ich gebe dich und unsere Verbindung auf dieser Ebene frei." Stellen Sie sich ein weißes Licht vor, das das Chakra heilt und versiegelt, während die Verbindung gelöst wird.

Legen Sie dann Ihre Hand erst auf Ihren Kehlkopf und anschließend auf den Ihres Partners. Zugleich tut Ihr Partner dasselbe. Sprechen Sie laut: „Ich spreche zu dir in deiner Fülle und akzeptiere das, was gesagt wird, in Wahrheit und Liebe." Nehmen Sie dann Ihre Hand weg und sagen Sie: „Ich gebe dich und unsere Verbindung auf dieser Ebene frei." Stellen Sie sich ein weißes Licht vor, das das Chakra heilt und versiegelt, während die Verbindung gelöst wird.

Legen Sie sodann Ihre Hand auf Ihr Herz und anschließend auf das Herz Ihres Partners. Zugleich tut Ihr Partner dasselbe. Sprechen Sie laut: „Ich liebe dich voll und ganz und akzeptiere deine Liebe." Nehmen Sie dann die Hand weg und sagen Sie: „Ich gebe dich und unsere Verbindung auf dieser Ebene und auf der höheren Herzensebene frei." Stellen Sie sich ein weißes Licht vor, das das Chakra heilt und versiegelt, während die Verbindung gelöst wird.

Legen Sie nun Ihre Hand auf Ihren Solarplexus und anschließend auf den Solarplexus Ihres Partners. Zugleich tut Ihr Partner dasselbe. Sprechen Sie laut: „Ich fühle dich voll und ganz und akzeptiere das, was ich fühle, mit Liebe." Nehmen Sie dann die Hand weg und sagen Sie: „Ich gebe dich und unsere Verbindung auf dieser Ebene frei." Stellen Sie sich ein weißes Licht vor, das das Chakra heilt und versiegelt, während die Verbindung gelöst wird.

Legen Sie danach Ihre Hand auf Ihr Sakral-Chakra und anschließend auf das Ihres Partners. Zugleich tut Ihr Partner dasselbe. Sprechen Sie laut: „Ich ehre dich in deiner Fülle und Kreativität und erzeuge Liebe mit dir." Nehmen Sie dann die Hand weg und sagen Sie: „Ich gebe dich und unsere Verbindung auf dieser Ebene frei." Stellen Sie sich ein weißes Licht vor, das das Chakra heilt und versiegelt, während die Verbindung gelöst wird.

Legen Sie abschließend Ihre Hand auf Ihr Wurzel-Chakra und dann auf das Wurzel-Chakra Ihres Partners. Zugleich tut Ihr Partner dasselbe. Sprechen Sie laut: „Ich teile meine Fülle in Liebe mit dir." Nehmen Sie dann die Hand weg und sagen Sie: „Ich gebe dich und unsere Verbindung auf dieser Ebene frei.“ Stellen Sie sich ein weißes Licht vor, das das Chakra heilt und versiegelt, während die Verbindung gelöst wird.

Gehen Sie mit Ihrer Aufmerksamkeit zu Ihren Füßen und sprechen Sie laut: „Meine Erdung ist meine Erdung und deine Erdung ist deine Erdung. Mögen wir von nun an getrennt und einzeln auf der Erde wandeln.“

Gehen Sie auseinander in dem Bewusstsein, dass Sie nun getrennt und auf Ihrem eigenen Weg sind.

Wenn Sie kein visueller Mensch sind: Legen Sie Ihre Hand erst auf Ihren Körper und dann auf den Ihres Partners bzw. Ihrer Partnerin, falls er oder sie anwesend ist. Ist Ihr Gegenüber nicht anwesend, dann verwenden Sie ein Foto und legen Sie Ihre Hand auf die entsprechenden Stellen, während Sie die Sätze des Rituals sprechen. Legen Sie einen Bergkristall, Rosenquarz oder Selenit auf die jeweilige Stelle, bevor Sie zur nächsten gehen. Klatschen Sie am Ende des Rituals laut in die Hände, um einen Schlusspunkt zu setzen. Stampfen Sie mit den Füßen auf, gehen Sie ein paar Schritte und spüren Sie, dass Sie sich nun fest und sicher auf Ihrem eigenen Weg befinden.

6
Aus karmischer Sicht

Jetzt banden alter Liebe Ketten ihn,
Und Ehre, deren Wurzel Schande war,
Und Treue, die der echten Treue log.

Alfred Lord Tennyson[36]

In vieler Hinsicht brocken wir uns das Katastrophale, aber auch das Schöne an unseren Beziehungen selbst ein. Das kann durchaus auf eine positive, konstruktive Entscheidung zurückgehen, weil wir erkannt haben, dass wir bestimmte Dinge lernen oder gewisse eingefleischte Verhaltensmuster ändern müssen – wenngleich es uns in dem Moment, in dem wir die Lektion durchmachen, selten positiv vorkommt. Sehr häufig können wir erst im Nachhinein schätzen, was wir in solchen Situationen gelernt haben. Es kann sogar sein, dass diese Wertschätzung warten muss, bis wir unseren jetzigen Körper verlassen haben. Andererseits kann uns ein altes Muster so sehr in Fleisch und Blut übergegangen sein, dass wir es unbewusst immer wieder neu erschaffen. Misshandlung, Machtmissbrauch, Verlassenwerden, Ablehnung, Dominanz-Unterwerfung und viele andere solche Muster haben große Macht über uns, und zwar einfach deshalb, weil sie uns so vertraut sind. Mit anderen Worten, sie werden zum Zwang. Nur sehr selten dringen sie ins Bewusstsein. Stattdessen quälen wir uns mit der Frage, was wir falsch gemacht haben und wie es nur kommen konnte, dass wir schon wieder in einer bestimmten Situation stecken.

Blicken wir aber zurück in ein früheres Leben, und dann noch eines und noch eines, wird die Ereigniskette klar erkennbar. Einzig indem wir diese Erfahrung komprimieren und intensivieren, indem wir sie über das erträgliche Maß hinaus steigern, können

36 Tennyson, Alfred Lord, *Königsidyllen*, Deutsch von Dr. H. A. Feldmann, Hamburg 1871.

wir das Muster durchbrechen – oder uns von dem entsprechenden Menschen befreien – und einen Weg zu neuen Ufern finden. Wenn das geschieht, lassen wir uns vielleicht kurzfristig noch einmal auf eine ähnliche Beziehung ein, durchschauen sie aber bald und lösen uns daraus. Falls sich beim nächsten Mal dieselbe Möglichkeit wieder abzeichnet, gehen wir ihr bereits ganz aus dem Weg. Ein solcher Selbsttest beweist, dass wir die Lektion wirklich gelernt haben und uns auf eine solche Beziehung nicht mehr einlassen werden.

Dieses Thema tritt sehr häufig auch in einer anderen Spielart auf: Ein Leben so herum, das nächste Leben genau andersherum. Mit anderen Worten, wir schwanken zwischen den beiden entgegengesetzten Polen derselben Erfahrung. Irgendwann müssen wir irgendwie damit aufhören und den Gleichgewichtspunkt finden. Außerdem erhalten wir wahrscheinlich zurück, was wir ausgeteilt haben. Wenn wir jemanden missbraucht haben, dann werden wir jetzt missbraucht, wenn wir missbraucht wurden, dann missbrauchen wir jetzt andere. Wenn wir manipuliert haben, dann werden wir jetzt manipuliert, wenn wir passiv waren, dann werden wir jetzt dominant. Haben wir jemanden verfolgt oder verspottet, dann werden wir jetzt verfolgt oder verspottet. Haben wir jemanden im Stich gelassen, dann werden wir jetzt abgelehnt und so weiter. So schwarz-weiß ist es allerdings nur selten. Der Mensch, den wir schlecht behandelt haben, kann uns entweder als Misshandelnder wiederbegegnen oder wir geraten in die Lage, für ihn sorgen zu müssen. Er oder sie könnte jetzt zum Beispiel unser Kind sein. Ebenso gut kann es sein, dass wir jetzt für ein Kind sorgen müssen, das uns in einem früheren Leben ermordet, misshandelt oder das Leben zur Hölle gemacht hat. Es könnte auch sein, dass wir jetzt mit diesem Menschen verheiratet sind. Wirklich verwirrend wird das Ganze, wenn dieser Mensch uns trotz alledem wie unser Seelenpartner vorkommt. Womöglich fühlen wir uns aus genau diesem Grund zueinander hingezogen. Unsere Lektion besteht darin, das Muster unseres Umgangs miteinander zu ändern, zu vergeben, loszulassen und wahrhaft bedingungslos zu lieben.

Varianten karmischer Beziehungen

Das Herz hat seine Gründe, die die Vernunft nicht kennt.

BLAISE PASCAL[37]

Wie wir gesehen haben, sind Beziehungen eine fruchtbare, aufregende und bisweilen schmerzhafte Methode, um zu lernen und innerlich zu wachsen. Außerdem reichen die Erfahrungen in unserem jetzigen Leben selten aus, um unsere Beziehungen wirklich zu erklären. Die Wurzeln unserer Beziehungsmuster können wir in anderen Leben entdecken. Dem üblichen Sprachgebrauch entsprechend, nenne ich sie vergangene oder frühere Leben, aber wir sollten sie nicht als eine lineare Abfolge betrachten, die hinter uns liegt. Unsere „früheren" Leben sind stets um uns herum. Wir begegnen ihnen tagtäglich, und genau diese versteckten Einflüsse ziehen uns zu einem Seelenpartner hin.

Aus karmischer Sicht kommt unser Seelenpartner zu uns, um mit uns an unserem gemeinsamen oder am jeweils eigenen Karma zu arbeiten. Karma ist alles, was bisher geschehen ist. Es ist Aktion und Reaktion, Soll und Haben. Es ist ein Potenzial, an dem wir wachsen können. Zwar gibt es auch positives und „gutes" Beziehungskarma, doch die destruktiven, negativen Muster erzeugen die meisten Schwierigkeiten, auf die Menschen in ihren Beziehungen stoßen, ganz besonders in Beziehungen auf der Seelenpartner-Ebene. Wir sind auch deshalb hier, um diese Muster zu erkennen und umzukehren. Sobald ein Muster bewusst erkannt wird, lässt es sich ändern. Statt blind auf die immer gleiche Weise zu reagieren, können wir uns jetzt gezielt für ein anderes Verhalten entscheiden. Wir können proaktiv statt reaktiv werden. Dazu verhelfen uns am ehesten unsere Seelenpartner.

Auf der Erde arbeiten wir an unseren Gefühlen. Sie ist die einzige Existenzebene, auf der wir unsere Gefühle „verstecken" können. In Botschaften, die uns von anderen Ebenen übermittelt werden – insbesondere von Ebenen, die der Erde schwingungsmäßig

---

37 Pascal, Blaise, *Über die Religion und einige andere Gegenstände* (Pensées) IV 277, Heidelberg 1972.

am nächsten stehen –, heißt es, dass Gefühle sofort als Farbe, Ausstrahlung etc. sichtbar werden. Deshalb können wir im Hinblick auf unseren Gefühlszustand nur auf der Erde uns selbst und anderen etwas vormachen (oder dies versuchen). Die Erde ist aber auch der Ort, an dem wir unser emotionales Gleichgewicht finden können. Beziehungen – oder deren Fehlen – sind natürlich *das* Mittel der Wahl für ein Gutteil unserer emotionalen Erfahrungen. Karmische Beziehungen lassen sich in zwei klar voneinander unterscheidbare Typen gliedern:

- Beziehungen auf der Grundlage eines vorangegangenen Kontaktes auf der Seelenebene, bei denen Themen und Erfahrungen ins jetzige Leben übernommen und darin fortgeführt werden und in denen sich unser „schlimmster Feind" sehr wohl als jemand herausstellen kann, zu dem wir eine starke und liebevolle seelische Verbindung haben oder mit dem wir in einem karmischen Hamsterrad stecken, in dem eine Katastrophe auf die andere folgt. Das Karma betrifft hier die beiden Beteiligten persönlich. Diese Beziehungen gehören in unsere „Seelengruppe" – mit der wir seit langem verbunden sind und alle Beziehungskonstellationen erlebt haben. Seelenverbindungen können Menschen zusammenführen, damit sie eine bestimmte Aufgabe erfüllen, Unerledigtes zu Ende bringen, Schulden zurückzahlen und Verpflichtungen einlösen, als Katalysatoren fungieren, Seelenlektionen lernen oder ein Leben miteinander verbringen.
- Beziehungen, bei denen wir mit dem anderen bisher noch keinen Kontakt hatten, aber beide an einem bestimmten Thema oder Muster arbeiten. Wir kommen zusammen, um dieses Thema oder Muster zu lösen oder das Potenzial unserer Verbindung auszuschöpfen. Hier kann es uns deshalb so vorkommen, als seien wir einem Seelenpartner begegnet, weil sich die Verbindung so stimmig anfühlt. Die Wahrscheinlichkeit ist allerdings groß, dass es sich nicht um einen echten Seelenpartner handelt. Die Begegnung knüpft an alle unsere vertrauten „Beziehungsrezeptoren" an, und unser Gegenüber spiegelt uns

durch seine Muster unser innerstes Selbst. Doch nur selten ist eine Verbindung auf einer tiefen Seelenebene gegeben. Manchmal können wir dies durch unsere Beziehung erreichen, aber sie ist nicht von vornherein vorhanden.

Gründe für eine gemeinsame Reinkarnation

Furcht und Hass sind die stärksten Magnete, wenn es darum geht, Seelen aneinander zu binden. Der Grund ist wahrscheinlich der, dass die Seelen ihre unerledigten Aufgaben abschließen müssen.[38]

Die wichtigsten Gründe, warum zwei oder mehr Menschen wieder in einer Beziehung zusammenkommen, sind:

- spirituelle Bindungen
- frühere Beziehungen, die übertragen werden
- Verbindung als Seelenpartner
- unerledigte Aufgaben
- Gewohnheit oder Trägheit
- Abhängigkeit und Symbiose
- Lektionen, die noch gelernt werden müssen
- Haltungen, die verändert werden müssen
- Verpflichtungen
- Anhaftung an gegenseitiges Unglück oder Glück
- Verträge oder Versprechen
- Liebe oder Hass
- Rachegelüste
- Bestimmte Aufgaben
- Aufgabe als Katalysator
- Positiver Dienst am anderen
- Verstrickungen
- Schuldgefühle
- Festhalten am anderen Herzen
- Illusionen
- Karmische Bindungen

38 Stone, Pauline, *Partnerschaft, Astrologie und Karma*, S. 12.

- Zwanghafte Gefühle
- Der zwischen den Leben gefasste Beschluss, sich loszulassen
- Um Seelengefährten oder Zwillingsflammen zu werden
- Um Lektionen für die Seele zu ermöglichen

Diese Gründe können sich auch überschneiden, und in einer Beziehung können durchaus mehrere Themen aufgearbeitet werden.

Spirituelle Bindungen: Viele Menschen, die miteinander inkarnieren, stammen entweder aus derselben Seelengruppe oder haben über viele Leben hinweg starke spirituelle Verbindungen aufgebaut. Manche wurden womöglich sogar extra dafür ausgebildet, sich auf der Seelenebene miteinander zu verbinden, etwa durch eine „mystische Hochzeit", bei der sie auf der physischen, emotionalen, mentalen und spirituellen Ebene vereint werden oder durch mehrere Leben als Priester und Priesterin, Mönch und Nonne in einer Religion, deren Schwerpunkt auf dem spirituellen Einssein liegt. Spirituelle Bindungen können Beziehungen zugrundeliegen, die auch unter den schwierigsten Umständen glücklich gedeihen, und sie können ein Paar über viele Inkarnationen hinweg tragen. Eine solche Verbindung wirkt oft wie die zwischen Seelenpartnern, wahrscheinlich handelt es sich aber eher um Zwillingsflammen oder Seelengefährten.

Frühere Beziehungen: Eine frühere Beziehung, die ins andere Leben übernommen wurde, kann sich immer weiter fortsetzen und dabei die beiden Partner in die Inkarnation hineinziehen. Dies ist insbesondere dann der Fall, wenn ein Abhängigkeits- oder Missbrauchsmuster entstanden ist. Allerdings kann so etwas in Familien und Ehen ebenso auftreten wie in anderen Beziehungen. Eine solche Beziehung kann als „gut" oder „schlecht" erlebt werden, je nachdem in welcher Form sie sich fortsetzt und welches Muster dahintersteckt.

Verbindung als Seelenpartner: Wie wir bereits gesehen haben, entwickeln Seelenpartner das Gefühl, sie seien füreinander gemacht. Das kann so weit gehen, dass sie sich als „die zwei Hälften eines Ganzen“ empfinden. Es ist sehr wohl möglich, dass zwei Menschen Seelenpartner sind, ohne dass dies unbedingt heißen muss, dass ihnen dieses Mal eine sexuelle Beziehung bestimmt ist oder eine Beziehung voller Glückseligkeit bevorsteht. Seelenpartner-Verbindungen können auch zwischen Eltern und Kindern, Freunden und Mentoren auftreten.

Unerledigte Aufgaben: Unerledigtes ist einer der stärksten Faktoren, warum Menschen zueinander zurückkehren. Ist eine Lektion oder Aufgabe noch nicht erfüllt oder gar nicht erst begonnen worden oder ist ein Muster fest etabliert und nicht gelöst worden, dann werden die Seelen immer wieder zueinander hingezogen, um die Sache zu lösen oder zu erfüllen. Eine Seele muss vielleicht lernen, zu vergeben oder loszulassen, unabhängig zu sein oder für ihre eigenen Bedürfnisse zu sorgen und so weiter. Die andere Seele bietet ihr dann die Gelegenheit dazu. Unerledigtes kann aber auch positiv sein, etwa wenn die Seelen einen Plan oder eine Aufgabe haben, an dessen bzw. deren Erfüllung sie arbeiten oder wenn sie sich gemeinsam auf ein bestimmtesn Ziel hin entwickeln.

Gewohnheit oder Trägheit: Wenn die Seelen keine Fortschritte machen, wenn sie nicht, gemeinsam oder einzeln, wachsen oder sich weiterentwickeln, dann setzt Gewohnheit oder Trägheit ein. Es ist sehr gut möglich, dass sie nur deshalb wiederkommen, weil es immer so war. Gewohnheit kann sich auch darin zeigen, wie der eine den anderen behandelt – zum Beispiel wie einen Sklaven. Die Gewohnheit muss sich nicht auf die beiden Betroffenen allein beschränken, und sehr wahrscheinlich bietet die jetzige Inkarnation die Gelegenheit zur Veränderung.

Abhängigkeit und Symbiose: Wenn einer der beiden sich daran gewöhnt hat, sich stets auf den anderen zu verlassen oder ihn bzw. sie „aufzufressen“, dann ist es gut möglich, dass beide immer wieder in derselben Konstellation wiederkehren. „Geistiger Vampirismus“, bei dem einer dem anderen Energie aussaugt, kommt in

Beziehungen häufig vor, wobei der Partner, dessen Energie ausgelaugt wird, wahrscheinlich versucht, aus der Beziehung auszubrechen. In einer symbiotischen Beziehung glauben die Partner oft, sie müssten sterben, wenn die Beziehung endet. Eventuell müssen sie lernen, dass dem nicht so ist.

Lektionen, die noch gelernt werden müssen: Viele Seelen planen im Zustand zwischen den Leben verschiedene Situationen, in denen sie Lektionen lernen, Eigenschaften ausbilden und Fähigkeiten verbessern können. Eine Seele kann als Lehrer oder Mentor der anderen agieren oder aber „das Opfer" bzw. „der Täter" sein, durch den oder das die andere Seele das erlebt, was zu ihrem Wachstum erforderlich ist.

Haltungen, die verändert werden müssen: Hier kann es sich um individuelle Haltungen handeln, die sich durch die Verbindung verändern, oder aber um sich wiederholende Muster, die sich in der Beziehung zeigen. Wenn sich also zum Beispiel einer stets dem anderen überlegen gefühlt hat, kann das zu einer Beziehung führen, in der der andere so lange die Rolle des „Unterlegenen" einnimmt, bis die Haltung verändert wurde. Andererseits muss eine solche Seele vielleicht auch ein Leben durchstehen, in der sie sich in der Position der Unterlegenen befindet, damit sie weiß, was das bedeutet, ihre frühere Arroganz überwinden und dann bei aller Unterschiedlichkeit der Seelen ihre Gleichwertigkeit erkennen und achten kann.

Verpflichtungen: Es kann sein, dass eine Seele glaubt, sie schulde einer anderen etwas oder habe ihr gegenüber noch eine Verpflichtung. Dieser Eindruck kann durch Versprechen in einem früheren oder zwischen zwei Leben oder durch bestimmte Ereignisse entstanden sein. Vielleicht hat eine der beiden Seelen der anderen das Leben gerettet, für sie ein Opfer gebracht oder ihr früher einmal einen Dienst erwiesen.

Anhaftung an gegenseitiges Unglück oder Glück: Zwei Seelen können auch dadurch aneinander gebunden bleiben, dass die eine oder beide vehement am Status quo festhalten bzw. einer der Partner den starken Wunsch verspürt, den anderen glücklich – oder unglücklich – zu machen. Die Anhaftung ans Unglück kann ebenso stark sein wie die ans Glück. So ist es bei einem unglücklichen Paar zum Beispiel durchaus möglich, dass einer der beiden denkt: „Wenn ich nicht glücklich sein kann, dann sollst du auch nicht glücklich werden", oder „Wenn ich ihn nicht haben kann, dann soll ihn auch keine andere haben" und sich weigert, sich scheiden zu lassen oder loszulassen. Das Ausmaß der Anhaftung führt das Paar so lange immer wieder zusammen, bis sie sich lösen können. Dem liegt ein Kontrollproblem zugrunde, das erst dann gelöst werden kann, wenn der dominante Partner dem anderen die Kontrolle über sein Leben wieder in die eigenen Hände gibt oder der unterwürfige Partner diese Kontrolle wieder entschieden an sich nimmt.

Verträge und Versprechen: Abmachungen, Eide, Versprechen und Seelenverträge halten Menschen über mehrere Leben hinweg zusammen (siehe Kapitel 13). Sie können absichtlich oder unabsichtlich eingegangen worden sein, etwa indem man sagt: „Natürlich bin ich immer für dich da" – und schaffen ein ebenso starkes Band wie Treueschwüre und Gehorsamsgelübde. Sie können zwischen Liebenden, Eltern und Kindern und sogar Fremden geschlossen werden. Erklärungen wie: „Ich werde nie wieder eine andere Beziehung haben", „Für mich wird es keinen anderen / keine andere mehr geben" oder „Ich werde dich ewig lieben/hassen" können über mehrere Leben hinweg starke Wirkung entfalten. Solche Worte können Paare oder Eltern und Kinder so lange immer wieder zusammenführen, bis sich eine Möglichkeit auftut, diesen Umgang miteinander zu heilen und zu verändern. Sogar die Entscheidung, jemanden „für immer zu lieben", kann eine karmische Blockade auslösen. Für das spirituelle Wachstum kann es besser sein loszulassen.

Liebe oder Hass: Liebe und Hass in diesem Sinne müssen nicht, können aber persönlich sein. So empfindet jemand vielleicht große Liebe und Loyalität für einen anderen, von dem ihn aber schicksalhaft viele Stufen auf der gesellschaftlichen Leiter trennen. Ähnlich kann der Hass sich auf einer kollektiven Ebene abspielen und etwa gegen einen Stamm oder eine Rasse gerichtet sein. Auf der persönlichen Ebene hingegen halten Liebe oder Hass viele Paare zusammen. Das kann konstruktiv oder destruktiv sein, je nachdem ob es ihrer gegenseitigen Entwicklung dient oder sie behindert. Nicht alles, was als Liebe daherkommt, ist eine positive Erfahrung, sie kann durchaus auch erstickend oder symbiotisch sein. Ähnlich kann auch Hass tatsächlich der Ansporn sein, der einer Seele bei ihrem Wachstum hilft. In jedem Fall erzeugt Hass ein über die Maßen starkes Band zwischen zwei Menschen, und die mit ihm verbundene Lektion lautet möglicherweise Vergebung und Loslassen.

Gehässigkeit ist eine mildere Version des Hasses, wenngleich auch Bosheit tödlich sein kann. In seinem Roman *Dein Schatten, dem ich folgte*[39], schildert Richard Goddard eine Frau in „freudiger, aber beherrschter Erregung, nun da ihrer gehässigen Abneigung Genugtuung zuteil geworden war“. In dem Roman befürchtet die Schwägerin des britischen Innenministers, dass ihre Position in der Familie durch dessen bevorstehende Heirat gefährdet sein könnte, weil die künftige Braut sehr viel attraktiver, kontaktfreudiger und jünger (!) ist als sie selbst. Sie stöbert ein Geheimnis seiner künftigen Braut auf – die Mitgliedschaft in der Suffragetten-Bewegung – und trägt es den anderen Ministern zu, die höchst entsetzt sind. Im richtigen Leben könnte ein solches Verhalten die Seelen für eine weitere Inkarnation aneinander binden, womöglich sogar unter der Maske von Seelenpartnern. Sie würden sich auf jeden Fall sehr gut aneinander erinnern, auch wenn sie einander nicht sonderlich gemocht hatten.

Rachegelüste: Das Verlangen, sich an jemandem zu rächen oder „es jemandem heimzuzahlen“, kann zwei Menschen in die Inkarnation treiben. Dabei kann es allerdings geschehen, dass sich diese

39 München 1992

Haltung nun gegen jemand anderen kehrt, der mit den Ereignissen, die die Rachegelüste ursprünglich ausgelöst haben, gar nichts zu tun hat – dann nämlich, wenn die Einstellung dieses anderen Menschen oder die Umstände dazu passen. Auch hier ist die Seele aufgefordert, zu vergeben und die Sache hinter sich zu lassen oder einen konstruktiven Beitrag zur Umwandlung des Karmas zu leisten, das der entsprechenden Situation innewohnt.

Bestimmte Aufgaben: Zwei oder mehr Seelen können inkarnieren, weil sie vereinbart haben, gemeinsam an einer bestimmten Aufgabe zu arbeiten. Das kann von der Herstellung der neuesten Massenvernichtungswaffe bis zur Entdeckung eines Heilmittels gegen eine seltene Krankheit reichen. Oft geht es dabei um Heilung bzw. die Veränderung des Erdenlebens zum Guten oder zum Schlechten. Ist die Aufgabe erfüllt, trennen sich die Wege der beiden Seelen wahrscheinlich. Viele, die mit einer „Aufgabe" inkarnieren, vergessen das, sobald sie erst einmal voll und ganz in der Inkarnation stecken. Wenn sie dann dem anderen begegnen, verstehen sie dies womöglich fälschlicherweise als Gelegenheit zum sexuellen Kontakt, da die Anziehung oder die Reaktion auf die Begegnung sehr stark sein kann.

Aufgabe als Katalysator: Es ist sehr gut möglich, dass eine Seele inkarniert, um zum Katalysator für das Wachstum einer anderen zu werden oder Veränderungen herbeizuführen. Von außen betrachtet, kann das offensichtlich sowohl durch destruktive als auch durch konstruktive Ereignisse oder Einstellungen geschehen. Wenn zum Beispiel jemand in Beziehungen immer geklammert und sich vom anderen abhängig gemacht hat oder wenn in einer Beziehung einfach die Luft raus ist, dann könnte die Seele, die als Katalysator fungiert, diese Beziehung womöglich abrupt verlassen und damit den anderen schlagartig dazu bringen, seine eigenen inneren Ressourcen zu entdecken, um mit der Krise fertig zu werden. Ebenso gut könnte auch ein Außenstehender in die Beziehung eindringen und damit die Trennung herbeiführen.

Positiver Dienst am anderen: Positive Dienste kann man sich in Freundschaften, in der Familie, in Liebesbeziehungen oder am Arbeitsplatz erweisen. Ein Mensch kümmert sich um einen anderen oder erfüllt eine Aufgabe, um dessen seelisches Wachstum zu fördern. Das kann auf überraschende Weise geschehen, etwa in Gestalt eines behinderten Kindes, das seinen Eltern Gelegenheit gibt, mitfühlende, bedingungslose Liebe zu entwickeln. So weit die positive Manifestation des Dienstes am anderen. Ungeeignet sind solche Dienste allerdings dann, wenn die Betroffenen in den Rollen des Helfers oder Förderers und des Hilfeempfängers stecken bleiben. Ein positiver Dienst kann es auch sein, wenn jemand durch einen anderen, der eine extrem schwierige Rolle einnimmt, die Gelegenheit erhält, bedingungslose Liebe zu entwickeln.

Verstrickung: Verstrickung ist eine Situation, in der zwei Seelen aufgrund karmischer Erfahrungen stark miteinander verflochten sind. In dem Bemühen, die Situation zu klären, inkarnieren die Seelen dann immer wieder gemeinsam. Verstrickung tritt ein:

- wenn Beziehungskarma unerfüllt oder ungelöst ist,
- wenn die Verpflichtungen gegenüber einer Seele, für die man verantwortlich ist (wie zum Beispiel bei Eltern und Kindern) nicht erfüllt oder abgelehnt werden,
- wenn man zu viel Verantwortung für einen anderen übernimmt,
- wenn jemand festgehalten wird, der seine Freiheit möchte,
- wenn die Seele jemand anderem die Schuld an ihren Grenzen oder an ihrer Unfähigkeit zur Weiterentwicklung zuschiebt,
- wenn alte Versprechen weiterhin Gültigkeit haben.

Wenn eine Seele jemand anderem die Schuld an Grenzen zuschiebt, die sie sich selbst auferlegt hat, erschafft sie damit eine Situation, in die diese beiden Seelen immer wieder hineingezogen werden und in der die eine Seele darum kämpft, sich von der anderen zu befreien. Die eine Seele muss dann lernen, die Schuld nicht mehr der anderen zuzuschieben und selbst die Verantwortung für sich zu übernehmen. Eine weitere Konstellation, die karmische Verstrickungen begünstigt, ist gegeben, wenn ein Mensch einen anderen auslaugt, mit anderen Worten: Wenn geistiger Vampirismus vorliegt. Dieser kann energetischer, emotionaler oder finanzieller Art sein und ist insbesondere dann gegeben, wenn der Vampir Unterstützung auf allen Ebenen einfordert. Symbiotische, abhängige Beziehungen und Situationen, wie zwischen Herrn und Sklave, oder Ehen, in denen einer den anderen mit Leib und Seele als sein Eigentum betrachtet, erzeugen dasselbe Problem. Die Lektion lautet hier: Loslassen, selbst wenn es angeblich Liebe ist.

Verstrickungen können auftreten, wenn eine Seele zu viel Verantwortung für eine andere übernimmt – insbesondere für ihr Wohlergehen oder ihre Gefühle. Ist umgekehrt eine Seele ihrer Verantwortung für eine andere nicht gerecht geworden – wie zum Beispiel, wenn ein Kind verlassen wird – so bedarf es zum Lösen der Verstrickung zunächst der angemessenen elterlichen oder entsprechenden anderen Fürsorge (unter Umständen ein ganzes Leben lang, wenn der andere Mensch krank oder behindert ist). Zum richtigen Zeitpunkt muss dann die Seele in die Freiheit entlassen werden, damit sie ihre Reise selbstständig fortsetzen kann.

Schuldgefühle: Schuldgefühle gehören zu den stärksten Gründen, warum Menschen wieder zusammengeführt werden, denen wahrscheinlich besser damit gedient wäre, wenn sie loslassen und zu neuen Ufern aufbrechen könnten. Aus Schuldgefühlen werden Menschen zu „Helden des selbstlosen Gebens“. Häufig stehen diese Schuldgefühle in keinem Verhältnis zu dem, was sie ursprünglich ausgelöst hat. Doch sie wachsen und werden vom anderen womöglich als Form der Manipulation noch angefacht. Unnötige Schuldgefühle können Beziehungen am Leben erhalten. Die Herausforderung besteht hier darin, zu vergeben, zu vergessen und loszulassen.

Festhalten am anderen Herzen: In den beliebtesten Liebesliedern aus allen Epochen finden sich Zeilen wie: „Du hast mein Herz gestohlen.“ Schon seit jeher wird das Herz mit Liebe verbunden, und so sprechen wir bei unglücklich Liebenden auch von gebrochenen Herzen. Doch aus Rückführungen in frühere Leben und in die Vergangenheit des jetzigen Lebens wissen wir, dass Erfahrungen wie die, dass man sein Herz verschenkt oder einem ein Stück seines Herzens geraubt wird, ausgesprochen verbreitet sind. So etwas kann absichtlich, scheinbar zufällig oder sogar als ein „Spiel" geschehen. Hat der Vorfall in einem anderen Leben stattgefunden und ist er nicht gelöst worden, werden die Beteiligten wieder zusammengeführt, damit das Herz zurückgefordert werden kann (siehe Kapitel 15).

Illusionen: Wie wir noch sehen werden, können Illusionen in einem anderen Leben zu Situationen führen, die die beiden Seelen wieder zusammenbringen, scheinbar als Seelenpartner, auch wenn das in Wirklichkeit womöglich gar nicht stimmt.

Karmische Bindungen: Dazu können viele der genannten Punkte gehören – und noch etliche mehr. In diesem Buch werden zahlreiche Beispiele dafür geschildert.

Zwanghafte Gefühle: Wut, Trauer und Besessenheit oder andere starke Gefühle drängen die Seelen zur gemeinsamen Inkarnation, bis sie losgelassen oder geheilt werden.

Gelegenheit loszulassen: Loslassen ist eine enorme karmische Herausforderung. Die Menschen klammern sich an dem fest, was sie für Liebe halten. Oder sie haften an ihren Vorstellungen, wie die Dinge sein sollten, an Hoffnungen, Träumen und Illusionen. Das Loslassen befreit alle Beteiligten und eröffnet neue Möglichkeiten, ohne deswegen die alten auszuschließen. Wenn es wirklich echte Liebe ist, wenn es wirklich so sein soll, dann wird es auch so kommen. Ist es das aber nicht, dann wird die Seele durch Loslassen befreit. Sie lässt das entsprechende Karma hinter sich und setzt ihren Weg fort.

Seelengefährten oder Zwillingsflammen inkarnieren, um sich gegenseitig durch bedingungslose Liebe zu unterstützen. (Siehe Kapitel 17)

Um Lektionen für die Seele zu ermöglichen: Wie wir bereits gesehen haben und auch weiterhin immer wieder sehen werden, organisieren sich die Seelen vor der Inkarnation die unwahrscheinlichsten Ereignisabläufe, damit eine Seele daraus lernen kann, dass ihr vorenthalten statt gegeben wird, was sie braucht, oder damit sie erkennt, dass sie tatsächlich in einem alten Muster feststeckt, aus dem sie sich befreien muss.

Der Einfluss der Vergangenheit

Die gleiche Stimme und dieselben Augen suchte ich immer in allen Stimmen, die zu mir sprachen, und in allen Augen, die mich anschauten, in den unzähligen Männern, denen ich in den unzählig vielen Leben, an welche ich mich … erinnere, begegnete.

Elisabeth Haich, *Einweihung*

Die emotionalen Erfahrungen, die eine inkarnierte Seele in früheren Leben gesammelt hat, färben auf ihre heutigen Beziehungen ab. Jeder geht Beziehungen ein, seien sie nun karmisch oder aus diesem Leben, und trägt dabei die Last der Vergangenheit mit sich. Er projiziert alte Erfahrungen auf das, „was sein könnte“ – es sei denn, er hat die übernommenen Reaktionen erkannt und auf positive Weise verändert. Die verschiedenen Themen aus früheren Leben treten normalerweise als Kriegsparteien auf, die miteinander um die Vorherrschaft ringen. Das Verhalten der inkarnierten Seele hängt dann jeweils davon ab, welche Partei gerade die Oberhand hat. Insgesamt zeigen sich in ihren Verhaltensmustern jedoch alle ihnen zugrundeliegenden Themen.

Die Seele zieht Beziehungen und Situationen an, die ihre aus früheren Leben übernommenen Erwartungen an die Liebe spiegeln. Wir erschaffen das, was wir gewohnt sind und was wir kennen. Waren unsere früheren Beziehungen schmerzlich, so ziehen wir diesen Schmerz in dem Bemühen, ihn auszutreiben, erneut an. Haben wir die Liebe positiv erlebt, erwarten wir, dass sich diese Erfahrung wiederholt. Kindheitserlebnisse stärken und wiederholen diese karmischen Muster, die wir dann auf unsere Beziehungen als Erwachsene übertragen. Die meisten Erwachsenen sehnen sich unbewusst nach Liebe als Ausgleich für das, was sie nicht nur in der Kindheit, sondern auch in früheren Leben nicht bekommen haben, und nehmen an, dass ihr Leben durch einen Partner besser wird. Doch wie schon Ben Renshaw erklärt:

> Eine Beziehung kann Sie zu einem erfüllten Leben anregen, aber sie kann Sie nicht erfüllen. Keine Beziehung kann Ihre Erwartungen erfüllen, denn das ist nicht ihr Sinn und Zweck.[40]

Karmische Erwartungen greifen nicht nur in „Liebesbeziehungen" störend ein. Wenn die Seele in der Vergangenheit dazu neigte, Macht auf andere zu projizieren, dann zieht sie auch jetzt wahrscheinlich einen starken Mentor oder Arbeitgeber an, der über diese Macht verfügt. Themen rund um Arbeit und Beruf gehören in Wirklichkeit zum Themenkreis persönlicher Beziehungen, nur in einem anderen Umfeld. Die wichtigsten Erwartungen sind:

Negative Erwartungen an die Liebe

- ♥ Außer der Liebe darf es nichts mehr geben / die Liebe beansprucht alles für sich.
- ♥ Liebe muss vollkommen sein.
- ♥ Wenn es nicht weh tut, ist es keine Liebe.
- ♥ Liebe tut weh.
- ♥ Liebe führt zu einem gebrochenen Herzen.
- ♥ Ich habe Liebe gar nicht verdient.
- ♥ Es gibt nie genug Liebe.
- ♥ In der Liebe geht es um Macht.
- ♥ Sexuelle Liebe ist Sünde.
- ♥ Bedürftigkeit = Liebe.
- ♥ Liebe manipuliert.
- ♥ Liebe wird einem weggenommen.
- ♥ Liebe kostet.
- ♥ Ein Partner / eine Partnerin wird mich retten.

40 Renshaw, Ben, *Successful but something missing*, London 2000.

- Mein Partner bzw. meine Partnerin trägt die Verantwortung für meine Bedürfnisse und Gefühle und wird darauf achten.

Positive Erwartungen an die Liebe
- Ich wachse durch Beziehungen.
- Liebe heilt.
- Liebe macht frei.
- Je mehr Liebe man gibt, desto mehr erhält man zurück.
- Ich verdiene Liebe.
- Liebe kennt keine Grenzen.
- Liebe gibt es in Fülle.[41]

Nähere Erklärungen zu diesen „Skripten“ über die Liebe finden Sie im Abschnitt „Beziehungen unter Erwachsenen“ an späterer Stelle in diesem Kapitel.

Karmische Themen

In unseren intimen Beziehungen neigen wir dazu, bestimmte Themen immer wieder auszuagieren. Das kann sich dann wie eine Verbindung zwischen Seelenpartnern anfühlen. Typische karmische Themen sind unter anderem:

Vater/Mutter/Kind: Diese Rollen haben nur sehr selten etwas mit den tatsächlichen Beziehungen in der Familie zu tun, sondern werden vielmehr aus der Vergangenheit auf andere Beziehungen übertragen. Wir alle kennen Frauen, die „das kleine Mädchen“ oder die Mutter ihres Mannes sind, den Vater, der mit seiner Tochter flirtet und dabei seine Frau in die Rolle der „Mutter“ zurückdrängt, die Mutter, die ihren Sohn nicht loslassen kann, oder das Kind, das seine Eltern bemuttern muss. Wir kennen Ehen, in denen die beiden Partner eher wie Bruder und Schwester wirken, weil das sexuelle Element entweder fehlt oder nur schwach ausgeprägt ist. Die Sekretärin, die ihren Chef bemuttert, und der Angestellte,

41 Entnommen aus: Judy Hall, *Seelenpartner. Das Geheimnis karmischer Verbindungen* und Ben Renshaw; *Successful but something missing.*

der Rundumbetreuung erwartet, sind ebenfalls bekannte Rollen, die übrigens von Männern ebenso eingenommen werden wie von Frauen. Da wir diese Rollen in- und auswendig kennen und innerhalb unserer Seelengruppe oft auf diese Art und Weise miteinander verbunden waren, schlüpfen wir nur allzu leicht zur Unzeit in sie hinein. Sehr oft passiert das mit einem unechten Seelenpartner.

Opfer/Märtyrer/Verfolger/Retter: Häufig ist der Retter am Ende das Opfer oder der Märtyrer. Misshandlungen und Machtmissbrauch – zuweilen auf raffiniert verdeckte Weise – sind grundlegendes Element eines solchen karmisch bedingten Umgangs miteinander. Dann wird zum Beispiel ein Kind zum Sündenbock, auf dem alle anderen in der Familie herumhacken. Die Rollen von Retter und Opfer kommen häufig in Familien vor, in denen es Suchtprobleme gibt und ein Elternteil (oder beide Eltern) oder ein Geschwister die „Helferrolle" übernimmt. Dieses Schema tritt allerdings auch in sogenannten Liebesbeziehungen auf. Weil das eine Bedürfnis exakt zum anderen passt, kann sich die Beziehung ohne weiteres wie ein Kontakt zwischen Seelenpartnern anfühlen. Abhängige Beziehungen jeder Art fußen auf diesem Muster. Sie können nur funktionieren, wenn sich einer dem anderen unter- bzw. überlegen fühlt. Die Bedürfnisse sind auf beiden Seiten stark. Ein Opfer braucht einen Verfolger, ein Retter braucht jemanden, der sich – scheinbar – nicht selbst helfen kann. Wenn jemand aufgrund seiner Schwäche ständig unterstützt, gerettet oder verfolgt wird, kann er nie seine Stärke entdecken, und das Muster setzt sich unendlich fort – oft über viele Generationen hinweg.

Dominanz und Unterwerfung: Hierbei geht es um Macht und Kontrolle. Bei diesem Thema kann buchstäblich ein Verhältnis wie zwischen Herr und Sklave entstehen, oder es kann eine Metapher für Machtspiele aller Art sein. Es basiert auf dem Bedürfnis des einen Partners, beherrscht zu werden, und dem Verlangen des anderen, zu beherrschen. Wird das Thema unbewusst ausagiert, dann kann das in der Beziehung mit erheblicher emotionaler und mentaler, wenn nicht gar körperlicher Gewalt verbunden sein, besonders wenn der Partner mit dem Wunsch, beherrscht zu werden, unbewusst die Dominanz hervorruft, oder wenn der bisher unterwürfige Partner beginnt, sich aus eigener Kraft durchzusetzen. Da dies häufig im Miteinander zwischen Eltern und Kindern auftritt, kann es geschehen, dass die Beteiligten erneut zueinander hingezogen werden, um einen alten Tanz wiederaufzuführen, der zum festen Bestandteil ihres Lebensspielplans geworden ist. Deshalb fällt es vielen misshandelten Partnern so schwer, sich aus einer Situation häuslicher Gewalt zu lösen. Widerwillig halten sie an der Sicherheit der gewohnten und vertrauten Dominanz fest. Hier muss unbedingt erkannt werden, dass nicht nur der oder die Dominante missbraucht, auch die Duldsamen und Sanften können auf ihre Art Tyrannen und sehr gewieft darin sein, die richtigen Knöpfe zu drücken, die zum Ausbruch der Gewalt führen. Es ist allgemein bekannt, dass Kinder aus Missbrauchsbeziehungen oft selbst andere missbrauchen, weil sich dann das Blatt wendet und sie die entgegengesetzte Polarität erleben.

Heilung tritt in diesen Beziehungen dann ein, wenn die Dynamiken erkannt werden und beide den bewussten Versuch unternehmen, die entgegengesetzte Polarität zu integrieren, statt einfach nur blind zu reagieren. Vielleicht braucht es das Rollenspiel oder den Rollenwechsel, bevor voll und ganz klar wird, was vor sich geht – und das könnte in einem anderen Leben geschehen. Wesentliche Voraussetzung ist ebenfalls, gegenseitiges Vertrauen zu lernen sowie die Bedürfnisse des anderen anzuhören und ein kreatives Ventil für die gegenseitigen Machtspiele zu finden.

Abhängigkeit und stilles Einverständnis im Gegensatz zu bedingungsloser Liebe: Dies sind zwei Enden derselben Achse. Sehr häufig verkleiden sich stilles Einverständnis und Abhängigkeit als „Helfen“ und „Hilfe empfangen“. Viele halten es für bedingungslose Liebe, wenn sie anderen alles geben, was diese anscheinend brauchen oder wollen. Für ihr spirituelles Wachstum könnte es allerdings besser sein, wenn sie sich in „rauer Liebe“ übten, sich zurückhielten und den anderen selbst die Lösung finden ließen oder einfach Nein sagten und dabei blieben. Solche „Hilfe“ nimmt den Empfangenden ihre Kraft oder stülpt ihnen etwas über, statt sie in die Lage zu versetzen, ihre eigenen Stärken zu erkennen und zu nutzen.

Bedingungslose Liebe bedeutet, jemanden voll und ganz zu akzeptieren, mit all seinen Fehlern und Mängeln, seinen einzigartigen Wachstumsweg zu achten und ihn sein zu lassen, was und wer er sein muss. In demselben Maße bedeutet bedingungslose Liebe, zu wissen, wann man Nein sagen muss – und dann auch dabei zu bleiben. Sie bedeutet nicht zuzulassen, dass jemand unter dem Deckmäntelchen der „Liebe" oder des inneren Wachstums auf uns herumtrampelt. Dies sind Muster, die sich in einer ganzen Familie oder gar Seelengruppe fortsetzen können. Einen Menschen bedingungslos zu lieben, kann auch bedeuten, ihn in seiner Art, seinem Denken und Handeln zu hinterfragen. Vielleicht muss er einmal vor den Kopf gestoßen werden oder Konsequenzen spüren – aber mit Liebe. Dies ist der beschwerliche und steinige Weg des Seelenpartners.

Betrüger und Betrogener: Viel wird versprochen und wenig gehalten. Dieses Thema zeigt sich deutlich in Beziehungen zwischen Erwachsenen, wenn einer der beiden Partner sich eine Geliebte bzw. einen Geliebten nimmt, oft sogar mehrfach. Weniger offenkundig zeigt es sich in Familien, in denen ein Kind zu einem bestimmten Weg ermutigt wird, nur um ihm dann die Unterstützung abrupt zu entziehen. Das geschieht zum Beispiel, wenn ein Einzelkind das Ein und Alles seiner Mutter ist, diese dann aber nach der Geburt eines weiteren Kindes jedes Interesse an ihrem Ältesten verliert. Zutiefst verunsichert und allein stellt dieses Kind plötzlich fest, dass es nicht mehr der Mittelpunkt der Welt ist und nimmt in seine Beziehungen als Erwachsener sowohl einen Mangel an Vertrauen als auch den Drang mit, jemanden fallen zu lassen, bevor es selbst fallen gelassen wird. Wenn einem Kind ständig etwas versprochen, es dann aber jedes Mal enttäuscht wird, dann entwickelt dieses Kind als Erwachsener das Verhaltensmuster eines Betrügers. Wurde dieses Muster bereits aus einem anderen Leben übernommen, dann knüpfen die Beteiligten über viele Leben hinweg einen Teppich des Betrügens und Betrogenwerdens. Dennoch kann sich eine Seele der anderen durch gegebene, aber gebrochene Versprechen tief verbunden fühlen.

Helfer und Hilfeempfänger: Üblich bei Süchten aller Art, findet sich diese Rollenverteilung auch zwischen vielen sogenannten Seelenpartnern. Die Beziehung fühlt sich an wie zwischen Seelenpartnern, weil er (oder sie) „mich so sehr braucht" und „ich ohne ihn (oder sie) nicht leben kann". Häufig tritt sie in Ehen auf, in denen die Frau alle Energie auf die Karriere ihres Mannes verwendet, statt eigene Ziele zu verfolgen. Außerdem kommt sie in Beziehungen zwischen Eltern und Kindern vor, in denen ein Kind sich in eine dauerhafte Abhängigkeit begibt, unterstützt vom Geld der Eltern oder deren Bedürfnis, gebraucht zu werden. Einer der Beteiligten bringt unweigerlich alle seine Energie ein oder schafft exakt die Situation, in der der andere – je nach Blickwinkel – aufblühen oder eingehen kann. Meist wird dabei eine „Schwäche" oder Abhängigkeit genutzt, so dass der oder die Helfende die Oberhand behält. Ein solches Muster hat die Beteiligten fest im Griff, weil sie glauben, dass sie ohne einander nicht leben können. Die Beziehung kann allerdings auch verdeckt sein, dann stellt sich im Licht nüchterner Erkenntnis heraus, dass der Helfende in Wirklichkeit derjenige ist, dem geholfen wird.

Verführer und Verführter: Weil sie oft auf einer früheren Liebesbeziehung fußt, kann die Verbindung zwischen Seelenpartnern in Freundschaft, Liebe und Familie missbraucht werden. Verführung muss nicht immer sexuell sein. Oft ist sie intellektuell oder emotional, und sie kann sogar spirituell sein. Dieses Muster tritt häufig auch in der Beziehung zwischen Guru und Anhänger auf. Der Guru (als spiritueller oder anderer Lehrer) verführt seine Anhänger, indem er sich als Wissender ausgibt. Dabei gibt er immer nur gerade so viel von dem Wissen preis, das die Verführten so verzweifelt suchen, wie nötig ist, um sie unter Kontrolle zu halten. Natürlich verschiebt sich in vielen Beziehungen zwischen Guru und Anhängern (ebenso wie in anderen Beziehungen auch) das Schwergewicht bald auf den sexuellen Austausch, allzu häufig unter dem Vorwand, Kräfte zu übertragen. In Wirklichkeit sollen dadurch jedoch die Verführten noch enger an den Guru gebunden werden. Auch dieses Thema überdauert die Jahrhunderte und kann bei der Begegnung zwischen Seelenpartnern mitschwingen.

Der Konflikt zwischen Freiheit und Verbindlichkeit: Das Thema „Ich kann nicht mit ihm, aber auch nicht ohne ihn leben" kann sich über viele Leben hinziehen. Manche Beziehungen sind sporadisch, aufregend, höchst leidenschaftlich und so intensiv, dass sie wahrscheinlich gar nicht ein ganzes Leben lang aufrechterhalten werden könnten. Aber wenn sich die Beteiligten wiederbegegnen, fühlt es sich ganz genauso an wie bei Seelenpartnern. Bleiben Sie zu lange zusammen, langweilen sie sich miteinander, die Beziehung brennt aus oder ein Partner verlässt den anderen, weil er der Verantwortung in der Beziehung nicht gewachsen ist. Die beiden Partner können sich zum Beispiel für ein gemeinsames Leben entschieden haben, in dem sie lernen, sich verbindlich aufeinander einzulassen. Dazu müssen sie einander Raum geben, um zu wachsen, zu sein und zu tun, was immer sie sein und tun müssen, das alles aber innerhalb der Grenzen einer verbindlichen Beziehung. Sie entwickeln den Drang zu fliehen, in die Freiheit davonzufliegen, aber die Seele sagt: „Nein, warte!" Oder sie kommen zusammen, um zu lernen, getrennt voneinander zu leben und einander endgültig loszulassen. Wenn die Partner immer sehr fest miteinander verbunden, symbiotisch verschlungen und karmisch verstrickt oder pflichtschuldig aneinander gekettet waren, dann könnte die Lektion darin bestehen, loszulassen, die Freiheit zu entdecken und zu lernen, einander auf andere Art und Weise zu lieben.

Positiver Dienst: Dies ist ein starkes Element in der Beziehung sowohl zwischen Seelenpartnern als auch zwischen Dualseelen. Die Beteiligten sind vor der Inkarnation übereingekommen, dass einer von beiden dem anderen einen bestimmten Dienst erweist. Dazu kann zum Beispiel gehören, dass er oder sie sich um einen Menschen mit einer Krankheit oder Behinderung kümmert, um Mitgefühl und Empathie zu lernen. Es ist aber auch sehr gut möglich, dass der kranke oder „behinderte“ Mensch derjenige ist, der dem anderen den Dienst erweist. Rudolf Steiner sagt, dass Menschen mit einer Behinderung diese möglicherweise nicht als Lernerfahrung für sich, sondern als Geschenk für andere auf sich genommen haben, damit diese etwas lernen können. Wenn jemand in der äußeren Welt eine besonders schwere Aufgabe vor sich hat, dann kann ein Seelenpartner eine unterstützende Rolle übernehmen, etwa indem er zu Hause für eine liebevolle Beziehung sorgt oder als Elternteil das Kind so gut wie möglich auf das Erwachsensein vorbereitet.

Wiedergutmachung: Sie kann geleistet oder empfangen werden. Schuldgefühle können eine starke Kraft sein, die dafür sorgt, dass sich ein karmisch bedingter Umgang miteinander stets wiederholt. Doch Wiedergutmachung kann auch auf positive Art und Weise geleistet werden. Dazu gehört, dass alte Schulden zurückgezahlt oder Vereinbarungen eingehalten werden, die in anderen Leben getroffen wurden. Wenn uns also jemand in einem früheren Leben Gelegenheit zu Lernen und innerem Wachstum geboten hat, dann stellen wir nun unsere eigene Entwicklung vielleicht ein Weilchen hintan, um ihm oder ihr zu helfen. Auch wenn wir jemanden verletzt haben, während wir unsere Lektionen lernten, möchten wir im jetzigen Leben vielleicht dafür sorgen, dass es ihm oder ihr besser geht. Dies kann hinter den Beziehungen zwischen Eltern und Kind, Mentor und Schüler und sehr häufig zwischen Seelenpartnern stehen.

Die Familie

Wir leben und atmen in dem Energiefeld, das unsere Eltern durch ihre Beziehung zueinander erschaffen.

Stephen Arroyo[42]

Unsere erste Beziehung haben wir innerhalb der Familie, und hier finden sich auch viele Verbindungen mit dem Seelenpartner oder

42 Arroyo, Stephen, *Astrologie, Karma und Transformation*, München 1997.

solche karmischer Natur. Wir suchen uns unsere Familie nach dem genetischen und dem emotionalen Erbe aus, das sie uns bieten, sowie nach den Talenten, die sie an uns weitergeben können. Mit einzelnen Mitgliedern der Familie verbinden uns vielleicht frühere Kontakte oder altes Karma. Einer oder mehrere frühere Seelenpartner sind nun vielleicht Mutter, Vater oder Geschwister. Es kann, muss aber nicht sein, dass unsere ganze Familie zu unserer Seelengruppe gehört:

> Die Bande, die deine wahre Familie vereinen, sind nicht aus Blut, sondern aus Freude am eigenen und Achtung vor anderem Leben.[43]

Es muss nicht unbedingt der Fall sein, dass Mitglieder einer solchen Seelenfamilie unter einem Dach leben, und wenn wir dann einem Mitglied unserer Familie begegnen, dann kann sich das anfühlen wie eine Verbindung zwischen Seelenpartnern.

Die Beziehungen innerhalb der Familie wiederholen und verstärken unsere tiefsten Erwartungen und Überzeugungen, die wir aus früheren Leben mitgebracht haben – die positiven ebenso wie die negativen. Es ist sehr gut möglich, dass wir ein altes Muster beibehalten, in dem wir uns festgefahren haben. Wenn wir zum Beispiel erwarten, dass wir schlechte Eltern haben, dann werden wir genau das wahrnehmen, selbst wenn unsere Eltern zu neunzig Prozent perfekt sind. Hatten wir hingegen zuvor und erwarten wir demzufolge auch jetzt gute Eltern, dann können wir (zumindest eine Zeit lang) leichter damit fertig werden, wenn unsere Eltern nicht so gut sind. Wenn wir ein geringes Selbstwertgefühl mit uns herumschleppen, dann werden wir höchstwahrscheinlich Eltern anziehen, die dies noch verstärken, weil sie uns nur schätzen, wenn wir Besonderes leisten oder ihren Erwartungen entsprechen, statt uns für das zu lieben, was wir aus uns selbst heraus sind. Mit einem starken Selbstwertgefühl werden wir wahrscheinlich sehr viel weniger durch frühe Beziehungen geschädigt.

Wenn wir mit der Erwartung einer besonders schwierigen Kindheit inkarniert sind (oder wenn wir sie brauchen), dann haben wir

43 Bach, Richard, *Illusionen*, Berlin 1994.

oft eine Großmutter oder einen Großvater, die oder der unser Seelenpartner ist und uns unterstützt. Wir haben diesen einen Menschen, der uns versteht, selbst wenn das sonst anscheinend keiner tut. Das kann problematisch werden, wenn die Bindung zu eng ist. Eine Frau kam zu mir in die Beratung, weil sie und ihre Enkeltochter sich allzu nahe standen. Unmittelbar vor der Geburt war die Beziehung zwischen der Mutter (der Tochter meiner Klientin) und deren Partner zerbrochen. Depressiv und außerstande, mit der Situation fertig zu werden, hatte sie das Kind ihrer Mutter anvertraut. Obwohl die Mutter die ganze Zeit über engen Kontakt zu ihrem Kind gehalten hatte, konnte sie es erst im Alter von vier Jahren wieder zu sich nehmen. Inzwischen hatte sie einen neuen Partner gefunden. Das Mädchen, das ja keine Zeit gehabt hatte, sich an die neue Situation zu gewöhnen, hasste ihren „neuen Vater". Sie mochte ihre Mutter nicht, fühlte sich nicht geborgen und wünschte sich verzweifelt zu ihrer Großmutter zurück. In ihrer Wut entzog die Mutter, die eifersüchtig auf die enge Beziehung zwischen ihrer Mutter und ihrem Kind war, meiner Klientin das Kind und erlaubte nicht mehr, dass die beiden einander sahen.

Die Großmutter war verzweifelt. Sie fühlte sich, als sei ihr ein Teil ihrer selbst herausgerissen worden. Sie stand mit dem Kind telepathisch in Kontakt, und ich schlug ihr vor, diese Fähigkeit zu nutzen, um mit dem Kind zu „sprechen". So könnte sie ihr versichern, dass sie sie nicht verlassen hätte, dass sie nun auf anderen Ebenen bei ihr sei, besonders im Schlaf (Kinder akzeptieren solche Vorstellungen ganz selbstverständlich), dass sie sich aber momentan nicht sehen könnten. Außerdem durchtrennten wir Bindungen (siehe Kapitel 15), damit das Kind von allen Erwartungen der Großmutter frei, aber immer noch bedingungslos geliebt wäre. Die Großmutter wandte die geeigneten Blütenessenzen auf ein Bild des Kindes an, damit es sich leichter an die neue Situation gewöhnen konnte (eine sehr hilfreiche Technik, wenn die Essenzen nicht direkt verabreicht werden können).

Schließlich konnte sie mit ihrer Tochter sprechen und ihr versichern, dass sie ihr das Kind nicht wegnehmen, sondern ihr in dieser schwierigen Übergangsphase mit ihrer Liebe nur helfen wollte.

Allmählich gab ihre Tochter nach und ließ bald auch wieder Besuche zu. Durch diese neu gewonnene Freiheit konnten Großmutter und Enkeltochter immer wieder eine „besondere Zeit" miteinander erleben, und nach und nach gefiel dem Kind das Familienleben mit ihrer Mutter und ihrem Stiefvater.

Beziehungen in der Familie können durch sexuelle Beziehungen zwischen den Beteiligten in früheren Leben verkompliziert werden. Mutter und Sohn, Vater und Tochter oder Geschwister waren „früher" vielleicht Mann und Frau. Das Erkennen und Akzeptieren dieser alten Kontakte kann ansonsten unerklärliches Verhalten wie unangebrachte „Liebe", emotionalen oder inzestuösen Missbrauch und übergroße Anhänglichkeit weitgehend erklären.

So steckte zum Beispiel einer meiner Klienten in einer symbiotischen, emotional inzestuösen Beziehung zu seiner Mutter fest. Sein Vater war gestorben, als er noch Jugendlicher war, und seine Mutter hatte ihm damals gesagt, nun müsse er den Platz seines Vaters einnehmen. Darum hatte er sich viele Jahre lang sehr bemüht – mit weitreichenden Folgen für seine Beziehungen als Erwachsener. Seine Mutter sorgte dafür, dass jede Beziehung, die er hatte, wieder auseinanderging. Sie wollte ihn einfach nicht loslassen. Sie behandelte seine Freundinnen, als wären sie Ehebrecherinnen, was sie aus ihrer Sicht ja auch waren. Er hatte den Platz seines Vaters eingenommen, und jetzt nahmen sie ihr ihren angestammten Platz als seine Partnerin weg. Er hingegen hatte Angst vor seiner Mutter. Er konnte sich gegen sie nicht durchsetzen.

In seiner Verzweiflung machte er eine Rückführung. Wie kaum anders zu erwarten, zeigte sich ein Leben, in dem er mit seiner Mutter verheiratet war. In jenem Leben hatte er eine Mätresse, die er über alles liebte. Er erfüllte seine Pflicht, wie er sie verstand, und blieb bei seiner Familie, aber seine Frau wusste, dass er sie nicht liebte. Sie machte ihm das Leben zur Hölle und zwang ihn schließlich, seine Liebe aufzugeben. Sie ergriff Strafmaßnahmen gegen seine Geliebte, gegen die er machtlos war. Danach war seine Frau über die Maßen besitzergreifend und ließ ihn nie mehr aus den Augen. Mit ihrer Eifersucht und ihren Anschuldigungen verdarb sie ihm alle Feste und gesellschaftlichen Anlässe. Wieder und wieder ließ sie ihn versprechen: „Du wirst immer nur mich lieben." Für ihre Begriffe war er ihr Seelenpartner und gehörte zu ihr. Diese Erwartung hatte sie nun in ihre Mutter-Sohn-Beziehung mitgebracht. Wie wir noch sehen werden, können aus der Familie und unserer Ahnenreihe übernommene Muster Seelenpartner auch auf andere Art und Weise beeinflussen.

Beziehungen unter Erwachsenen

Unsere Intimpartner wählen wir wohlweislich gerade wegen der besonderen Schmerzen und Freuden, die uns die Beziehung zu ihnen schenkt.[44]

Trotz unserer romantischen Vorstellungen und unseres Bemühens, einen Seelenpartner zu finden, mit dem wir glückselig werden können, sind unsere Beziehungen im Erwachsenenalter oft schmerzlich. Man mag kaum glauben, dass wir uns das alles tatsächlich willentlich antun, aber Mavis Klein sagt:

> Wir ziehen den Schmerz an in dem Versuch, ihn auszutreiben. Wir suchen uns eine schmerzliche Situation aus, weil sie uns vertraut ist, und hoffen, dass sie dieses Mal anders ausgeht. Der Schmerz in unseren intimen Beziehungen rüttelt an der Starrheit unserer Persönlichkeit, und die Freude in unseren intimen Beziehungen ist die Erfüllung unseres idealen Selbst.[45]

In unseren Beziehungen ziehen wir Seelenpartner und andere Menschen an, die zu unseren Mustern passen und an unsere jeweiligen Rezeptoren andocken. Diese Rezeptoren entsprechen unseren Erwartungen an die Liebe und fügen sich in unsere Skripte von der Liebe ein. Skripte wiederum sind Erwartungen, die sich über viele Leben hinweg aufgebaut und unserem Wesen zutiefst eingeprägt

---

44 Mavis Klein, wahrscheinlich in einem Artikel, aber Mavis konnte sich auf meine Nachfrage nicht mehr daran erinnern.

45 Auch das habe ich mir vor Jahren aus einem Artikel von Mavis Klein notiert, aber weder er noch ich können uns erinnern, wo dieser Artikel erschienen ist.

haben. Zu den Themen, mit denen wir uns deshalb auseinandersetzen müssen, können unter anderem folgende gehören:

- „Liebe muss perfekt sein.“ Diese Haltung verhindert oft von vornherein, dass Beziehungen überhaupt zustande kommen. Bei der Suche nach Vollkommenheit müssen so hohe Erwartungen erfüllt und so unmögliche Ideale erreicht werden, dass niemand diesen Anforderungen genügen kann. Ein Mann Mitte vierzig erzählte mir von seiner zunehmend verzweifelteren Suche nach seiner Seelenpartnerin. Aber, so sagte er, sie müsse bestimmte Kriterien hinsichtlich Aussehen, Kleidung und Intelligenz erfüllen – und das müsse alles auf den ersten Blick erkennbar sein. „Wenn nicht von Anfang an alles stimmt, dann hat es keinen Wert. Dann kann ich erst gar kein Interesse entwickeln.“ Wie nicht anders zu erwarten, kommt er kaum je über die erste Verabredung hinaus, wenn es überhaupt dazu kommt, denn er lässt sich nie Zeit, jemanden näher kennenzulernen oder eine Beziehung sich entwickeln zu lassen.

  Wenn in einer Beziehung alles immer ganz besonders schön sein muss, setzt das beide Partner unter enormen Druck. Dann ist kein Platz für die „Fehler“, aus denen wir lernen können, ja noch nicht einmal dafür, einfach Mensch zu sein. In der perfekten Liebe sind Ausfalltage oder PMS nicht vorgesehen. Ein Klient sagte mir einmal, seine Frau und er liebten sich nur etwa alle halbe Jahre einmal. „Aber alles war perfekt. Wir waren Essen gegangen, kamen nach Hause und legten schöne Musik auf, gaben einander eine sinnliche Massage und liebten uns perfekt.“ Außerdem sagte er mir, dass sie sich sehnlichst ein Kind wünschten, daher war alles auf ihren Eisprung terminiert.

  Er sagte: „Aber irgendwie ist es nie dazu gekommen. Doch als sie mich wegen eines anderen verließ und mit ihm zusammenzog, war sie sofort schwanger.“ Als ich vorsichtig andeutete, dass vielleicht häufigerer, aber dafür etwas weniger perfekter Sex die Lösung gewesen sein könnte, erwiderte er: „Das hätte ich nicht gekonnt. Es musste perfekt sein, sonst ging es nicht.“

  Dieses Problem lässt sich lösen, indem man Schrittchen für Schrittchen lernt, realistischere Erwartungen zu stellen, indem man sich die Erlaubnis zum Experimentieren, ja sogar zum Fehlermachen gibt – und dann erkennt, dass es keine Fehler gibt, nur Lernerfahrungen – indem man lockerer wird und Spontaneität und Spaß zulässt und indem man sich und seinem Partner oder seiner Partnerin erlaubt, einfach Mensch zu sein – und dann feststellt, dass auch das allein schon etwas ganz Wunderbares ist.

- ♥ „Liebe habe ich gar nicht verdient." Wer unter diesem Muster leidet, gibt sich mit allem zufrieden, was auch nur entfernt einer Beziehung ähnelt. Solche Menschen nehmen „Bestrafung" und seelischen oder körperlichen Missbrauch hin oder prostituieren sich zum Beispiel für das Haushaltsgeld, weil sie finden, dass man sie nicht lieben kann, dass sie es nicht wert sind. Zu diesem Muster gehört normalerweise auch, dass die Betroffenen Anerkennung und Wertschätzung bei anderen suchen. Es kann auch mit Lebensskripten wie „ich armer Tropf", „ich kann nichts dafür", „ich kann nichts machen" oder „ich habe mein Leben nicht in der Hand" zusammenhängen. Solche Skripte sind ein Anzeichen für Opfermentalität. Schwierig ist daran unter anderem, dass diese Menschen sich nicht erlauben, die Liebe, die ihnen jemand schenken will, anzunehmen, weil sie denken: „Wenn jemand mich liebt, dann muss der- oder diejenige genauso verzweifelt, nichtsnutzig und unwürdig sein wie ich." Damit wehren sie die Möglichkeit ab, eine Beziehung einzugehen, die diesem Glauben abhelfen könnte. Leider ist auch dieses Muster, wie so viele, eine sich selbst erfüllende Prophezeiung.

  Zu lernen, zuerst sich selbst zu lieben, seinen inneren Selbstwert zu entdecken und dann Liebe von anderen Menschen anzunehmen – so lautet hier die Lektion. Auch hier kehrt die Verbindung zu unserem spirituellen Wesenskern den destruktiven Verlauf um. Dazu trägt auch die Erkenntnis bei, dass wir genau die Beziehung erschaffen und anziehen, die wir im tiefsten Inneren erwarten.
- ♥ „Liebe tut weh." „Wenn es nicht weh tut, dann funktioniert es nicht." Das ist ein Hamsterrad. Wir erschaffen, was wir erwarten, unser Erleben verstärkt unsere Erwartungen – und wir machen

immer so weiter. Auch dies ist eine sich selbst erfüllende Prophezeiung. Wenn wir erwarten, dass Liebe weh tut, dann ziehen wir entweder Menschen an, mit denen wir auch früher schon schmerzliche Beziehungen hatten, oder wir geraten an jemanden, der den Wunsch hat, anderen weh zu tun. Und wieder einmal werden unsere Erwartungen weiter verstärkt. Wenn wir glauben, dass es wehtun muss, wenn es etwas werden soll, dann ziehen wir jemanden an, der genau das tut. Unser Seelenpartner tut uns diesen Gefallen vielleicht nur zu gerne, besonders wenn wir seit mehreren gemeinsamen Leben in diesem Muster feststecken.

Das Muster zu durchbrechen, zu erkennen, dass uns erfüllende Beziehungen zustehen und wir dazu auch fähig sind, ist die einzige Möglichkeit, dies zu ändern. Vergebung, für uns selbst und andere, hilft dabei, und ebenso das Loslassen der Vergangenheit.

- „Ich brauche keine Liebe.“ Absonderung und Isolation sind für Viele das Mittel der Wahl, um den Schmerz des Liebens oder die Möglichkeit, abgelehnt oder verlassen zu werden, zu umgehen. Solche Menschen wirken unabhängig und stark, laufen aber in Wirklichkeit vielleicht nur vor einem alten Schmerz davon, der sie, weil er verdrängt wurde, fest im Griff hat. Doch selbst wenn sich ein Mensch mit diesem Muster endlich auf die Liebe eingelassen hat, wird er leider beim geringsten Anzeichen einer Kränkung oder Verletzung davonlaufen oder wild um sich schlagen. Nur ein sehr geduldiger Partner kann einen solchen Menschen zu echter Nähe führen. Hier hilft es, sich wieder mit dem spirituellen Wesenskern zu verbinden und den alten Schmerz loszulassen. Ebenso notwendig ist allerdings, dass sich die Betroffenen wieder auf das Risiko einlassen können, zwischenmenschliche Bindungen einzugehen, insbesondere in einer Zweierbeziehung. Womöglich müssen erst alte Gelübde und Schwüre, wie zum Beispiel das der Keuschheit, aufgehoben werden, bevor die Liebe aufblühen kann.
- Der Widerspruch zwischen Heiliger und Hure. Hier steht die heilige Liebe im Widerspruch zur weltlichen. Diese Schwierigkeit kann auf zu viele Nächte in einem Kloster zurückzuführen sein. Das grundsätzliche Problem liegt aber normalerweise in

der Suche nach Perfektion und unglaublich hohen Erwartungen an sich selbst und andere. Außerdem wird jegliche Form von Sexualität als „schlecht" betrachtet. Die oder der Geliebte wird auf ein Podest gehoben, idealisiert und vergöttert. Verhält sie oder er sich dann aber wie ein Normalsterblicher, wie ein fehlbarer Mensch, dann setzt eine völlige Desillusionierung ein, und das ganze Kartenhaus stürzt zusammen. Ich erinnere mich nur allzu gut an eine meiner ersten Klientinnen. Sie sagte mir, die Ehe sei zum Kinderzeugen da. Liebe sei etwas völlig anderes und hätte mit Sex nichts zu tun. In ihrem früheren Leben war meine Klientin Nonne gewesen und ins Kloster geschickt worden, weil sie sich geweigert hatte, den Mann zu heiraten, den ihre Eltern für sie ausgesucht hatten. In ihrem jetzigen Leben war sie mit einem ungeliebten Mann verheiratet gewesen; und nach dem ersten Kind hatte sie ihm jeden weiteren sexuellen Kontakt verweigert. Außerdem hatte sie einen „Geliebten", mit dem aber weder eine Heirat noch eine sexuelle Begegnung möglich war, sowie einen Mann, mit dem eine Beziehung möglich gewesen wäre, was aber an Frigidität auf ihrer und Impotenz auf seiner Seite scheiterte. Manchmal gibt sich ein Mensch mit einem Leben im Zölibat zufrieden, weil er damit dem Thema Sex und Sexualität vollkommen aus dem Weg gehen kann.

Das Gegenmittel für dieses Muster ist die bedingungslose Liebe und die Einstellung, dass alle Liebe, auch die sexuelle, gesund, natürlich und göttlich ist.

- ♥ Das emotionale schwarze Loch. Dass es nicht genug Liebe gibt, ist die größte Angst. Üblicherweise liegt hier eine lange Reihe von Beziehungen vor, in denen die Betroffenen manipuliert und missbraucht wurden und aus der großen Angst vor dem Verlust der Liebe oder einem Mangel daran an allem festhielten, was als Liebe daherkam. Diesem Muster liegt ein verzweifelt bedürftiges und gieriges Verlangen nach Liebe zugrunde. Viele Menschen verwechseln Missbrauch und Wut innerlich mit Liebe. Womöglich war dies die einzige Form der Aufmerksamkeit, die sie bekamen. Daher kann das zugrundeliegende Skript lauten: „Wenn jemand mich missbraucht, dann liebt er mich." Natürlich benutzen Missbrauchende aller Art sehr häufig die „Liebe" als Ausrede für ihr Verhalten. Menschen mit diesem Muster ist es fast unmöglich, in der Rückführung an ein Leben heranzukommen, in dem sie voll und ganz und bedingungslos geliebt wurden. Sie haben sich daran gewöhnt, sich mit dem Zweitbesten zufriedenzugeben; doch der Hunger nach Liebe wird bohrender. Er lässt nicht nach.

Dieses Muster kann umgekehrt werden, wenn die Betroffenen lernen, die Liebe tief in ihrem eigenen Inneren zu finden, statt sie bei jemand anderem zu suchen – sich mit der göttlichen oder kosmischen Liebe zu verbinden, die in uns allen ist – und wenn sie fähig werden, Liebe zu geben und zu empfangen in der Gewissheit, dass ihre Quelle nie versiegt.

Dennoch, wäre es nicht großartig, ein Liebes-Skript zu haben, das besagt, dass Liebe wunderbar und zärtlich sein, dass sie einem den Rücken stärken und das Leben verschönern kann und wir trotzdem innerlich wachsen? Manche Menschen haben solch ein Skript, und wie wir noch sehen werden, kann man es bewusst erstellen. Dabei ist es allerdings hilfreich, wenn man um seine negativen Erwartungen weiß, damit sie erkannt und geklärt werden können.

Das karmische Hamsterrad

Ich habe entdeckt, dass viele leidende Menschen in ihrem früheren Leben nicht Liebende, sondern Feinde waren. In extremen Fällen kommt es sogar vor, dass ein Partner den anderen ermordet hat. Den Getöteten oder die Getötete treiben nun Rachegedanken um, und durch die Heirat mit dem Mörder oder der Mörderin gelangt er oder sie in die Position, in der der größtmögliche Schaden angerichtet werden kann.

Dr. Hiroshi Motoyama

Wiederholung erzeugt ein „karmisches Hamsterrad". Dieses muss nicht unbedingt negativ sein. Es ist vielmehr einfach eine eingefleischte Gewohnheit, Situation oder Form des Umgangs miteinander, die dem Seelenwachstum nicht mehr dienlich ist – weshalb manche scheinbar idyllischen Beziehungen enden müssen. Manche karmischen Verbindungen sind zwar lebensverbessernd, produktiv und positiv, andere hingegen können destruktiv und kräftezehrend sein. Nicht alles ist so, wie es scheint, und es ist sehr wohl möglich, dass eine Seele ihre Inkarnation verlassen muss, bevor alle Auswirkungen einer Beziehung erkannt worden sind.

Auf der persönlichen Ebene betrachtet, hat Ihre Seele vielleicht einen Plan, von dem Sie nicht die geringste Ahnung haben. Das ist ganz besonders dann der Fall, wenn es darum geht, bestimmte Eigenschaften zu entwickeln sowie Gefühle und Haltungen zu erforschen oder loszulassen. Wenn Sie zum Beispiel eine Frau sind, die mit dem Wunsch inkarniert ist, Toleranz und Geduld zu lernen, dann ist der unmögliche Mann, mit dem Sie verheiratet sind, wahrscheinlich genau das, was Sie brauchen. Ob es Ihnen passt oder nicht, er gibt Ihnen die Gelegenheit, genau diese Eigenschaften zu entwickeln. Es hat keinen Sinn, wenn Sie versuchen, ihn zu ändern, besonders wenn Sie diejenige sind, an die sich die Lektion in Toleranz oder Aufgabe der Kontrolle richtet. Je schneller Sie lernen, ihn so zu akzeptieren, wie er ist, desto eher kann er frei werden, um eine neue Seinsweise auszuprobieren. Ist es Ihnen tatsächlich bestimmt zusammenzuleben, dann verändert er sich vielleicht sogar ganz von selbst, sobald Sie loslassen. Es ist sehr gut möglich, dass Sie das alles im Vorhinein so geplant haben und ihm danken werden, dass er so ein guter Lehrer war, wenn Sie erst einmal wieder in das Stadium zwischen den Leben zurückgekehrt sind. Andererseits könnte die Lektion auch darin bestehen, zu sagen, dass es reicht, und dann zu gehen. Und natürlich ist Klarheit absolut notwendig. Manche Menschen sind so vernarrt ineinander, dass sie die Fehler und Schwächen, die an der Beziehung – und an ihrer Seele – nagen, gar nicht bemerken. Nicht-sehen-wollen und Verdrängen sind etwas völlig anderes als Akzeptanz. Akzeptanz sieht, was ist, wer der oder die andere ist, und liebt dennoch, ohne jedoch deshalb schwächer zu werden. Dies ist eine Seinsweise. Das Problem ist in allen diesen Fällen, dass es ausgesprochen schwierig ist, den Unterschied und die Lektion in der jeweiligen Situation zu erkennen.

Bestimmte Faktoren können einen in einer unproduktiven, sich ständig wiederholenden Lage verharren lassen. Hat die Seele in der Vergangenheit einer anderen zum Beispiel geschworen: „Ich werde immer bei dir sein", dann wird sie immer wieder zu ihr hingezogen werden. Ohne sorgfältige Planung findet sich die Seele allerdings vielleicht als Elternteil oder Kind des anderen wieder; oder sie findet die „wahre Liebe", muss aber feststellen, dass Ihr Gegenüber bereits verheiratet ist, ein großer Altersunterschied besteht oder ein anderes Hindernis ihre Beziehung erschwert. Doch selbst wenn alles sorgfältig geplant worden ist, vergessen die Seelen dies bei der Inkarnation, und es kann Jahre dauern, bis die Absicht hinter der Verbindung wieder aufscheint.

Auf der gemeinsamen Seelenebene gilt, dass nicht alle „Liebesbeziehungen" so glücklich wie im Märchen enden sollen. Ein Paar war vielleicht viele Leben lang zusammen und hat nun beschlossen, dass es an der Zeit ist, neue Kontakte zu knüpfen, und doch werden sie wieder zueinander hingezogen, entweder aus Gewohnheit oder aufgrund einer starken körperlichen Anziehung. Es kann auch sein, dass eine Hälfte eines solchen Paares der anderen bei einer schwierigen Lektion hilft, etwa Unabhängigkeit oder Durchsetzungsvermögen zu entwickeln. Oberflächlich betrachtet, erscheint die Beziehung womöglich destruktiv, auf der Seelenebene jedoch ist sie hilfreich.

Viele Menschen reisen mit ihrer „Seelengruppe" und inkarnieren immer mit denselben Leuten um sich herum, wenngleich sich die Rollen von Inkarnation zu Inkarnation verändern. Solche Seelengruppen können eine Familie bilden, aber das muss nicht unbedingt so sein. Seelengruppen können dazu neigen, immer wieder dieselben Szenarien durchzuspielen, auch wenn die wichtigsten Spieler dabei ihre Position verändern. Wer heute Mann und Frau ist, könnte früher Elternteil und Kind, Herr und Diener oder eine andere Kombination aus einer dominanten und einer untergebenen Rolle gewesen sein – und so weiter. Elemente dieser Rollen werden unweigerlich in die jetzige Inkarnation mit hineingetragen und spiegeln sich darin.

Zwischen den Beteiligten einer „Seelenpartner-Beziehung" muss jedoch nicht unbedingt bereits zuvor eine persönliche Verbindung bestanden haben. Eine Seele kann zum Beispiel mehrere Leben hintereinander ein sich wiederholendes Muster destruktiver Beziehungen erlebt haben und sich jetzt in einem „karmischen Hamsterrad“ befinden. Sie wird daher immer wieder in dieselben alten Konstellationen hineingezogen werden, wobei die Schauspieler in dem Drama wechseln oder gleich bleiben können. Es ist in etwa wie bei einem lange gespielten Theaterstück, das ab und zu mit der Zweitbesetzung gegeben wird oder in dem ein neuer zweiter Star auftritt, das Skript aber dasselbe bleibt.

Liebende unter einem schlechten Stern

Aus beider Feinde unheilvollem Schoß
Entspringt ein Liebespaar, unsternbedroht.

William Shakespeare[46]

Einer der schmerzlichsten Kontakte zwischen Seelenpartnern entsteht, wenn die beiden Beteiligten von verschiedenen Seiten einer Mauer kommen, also etwa aus miteinander verfeindeten Familien oder Kulturen stammen. Wir kennen alle Shakespeares tragisches Schauspiel *Romeo und Julia*. Ihre Familien trennte eine alte Feindschaft, die aber nicht verhinderte, dass die beiden jungen Leute sich ineinander verliebten. Julia erkennt, dass ihre Liebe zum Scheitern verurteilt ist, solange die Familien einander befehden. Ihre einzige Hoffnung besteht darin, das Muster ihrer Ahnen hinter sich zu lassen. Sie bittet Romeo:

Verleugne deinen Vater, deinen Namen!
Willst du das nicht, schwör dich zu meinem Liebsten,
Und ich bin länger keine Capulet![47]

Die Feindschaft verhinderte, dass sie in Glück und Frieden zusammenleben konnten. Die uralte Geschichte nahm ihren Lauf, und

---

46 *Romeo und Julia*, Prolog (Übersetzung Schlegel Tieck), Tempel Studienausgabe 1955/1968.
47 2. Akt, 2. Szene

unausweichlich häufte sich Tragödie auf Tragödie. Am Ende war die Trennung zwischen den Familien tiefer denn je. Trotz des Opfertodes ihrer Kinder brachten sie es nicht übers Herz, sich miteinander zu versöhnen. Der Fluch setzt sich fort:

Zum Teufel eure Häuser!
Sie haben Würmerspeis' aus mir gemacht.[48]

Diese Geschichte hat sich im Laufe der Jahrhunderte unzählige Male abgespielt, sowohl in der Literatur als auch im richtigen Leben. Das Musical *West Side Story* greift sie in einem moderneren Kleid wieder auf, aber auch hier triumphiert die Tragik. Im Laufe der Jahre habe ich mit vielen Paaren gearbeitet und versucht zu verstehen, was hinter einer Anziehung über kulturelle und religiöse Grenzen hinweg steht: Katholiken und Protestanten, Muslims und Christen, Hindus und Atheisten, Schwarz und Weiß, Jung und Alt. In allen Fällen (meine Stichprobe ist natürlich nicht neutral, da sie nur die Paare umfasst, die zu mir in die Beratung kamen) brachte die Beziehung die Familien zunächst noch weiter auseinander. Obwohl es der aufrichtige Wunsch und in vielen Fällen auch die Seelenaufgabe der betroffenen Paare war, konnten sie den Bruch nicht schließen. Alle Paare empfanden sich als Seelenpartner, die dazu berufen waren, wieder vereint zu sein, auch wenn es bis dahin Jahrhunderte dauern sollte. Manche setzten sich über ihre Familien hinweg und heirateten, andere gaben dem Druck ihrer Familien nach und trennten sich.

Ähnliche Geschichten habe ich von sehr vielen Frauen gehört, die nach Ägypten oder in die Mittelmeerländer gehen. Ganz gleich wie tief die Liebe zu sein scheint, sie nehmen leider nur selten ein gutes Ende, und aus der Sicht des seelischen Wachstums soll das wahrscheinlich noch nicht einmal sein.

Ein Paar musste seine Heimat Irland verlassen, um zusammen sein zu können. Er stammte aus einer militant katholischen Umgebung, und sie kam aus einer nicht minder kämpferischen protestantischen Familie. Beide Väter und sämtliche Brüder kämpf-

48 3. Akt, 1. Szene

ten aktiv in paramilitärischen Organisationen. Keine der Familien konnte sich vorstellen, dass eine oder einer der Ihren einmal den verhassten „Feind" heiraten würde. Der fragliche junge Mann hatte bereits eine Auseinandersetzung hinter sich, weil er aus der Familientradition der Gewalt ausbrechen wollte. Er wollte einfach nur seinem Beruf als Lehrer nachgehen, in der Hoffnung, wie er sagte, etwas gesunden Menschenverstand und Ruhe in die ganze Sache zu bringen, indem er die Jugend in einer neuen Lebensweise unterrichte. Sie dachte genauso. Sie lernten sich in einer Organisation kennen, die für Frieden und Versöhnung eintritt, und verliebten sich sofort ineinander. Trotz der Ablehnung durch ihre Familien heirateten sie. Sehr schnell wurde klar, dass sein Leben durch ihre Familie in Gefahr wäre, wenn sie in Irland blieben. Sie zogen nach England und brachen jeglichen Kontakt zu ihren Familien ab. Leider mussten sie auch den Kontakt zu ihren Freunden abbrechen, damit nicht jemand versehentlich ihren Familien verraten konnte, wo sie sich aufhielten. Sie wussten einfach nicht, wem sie in dem verrückten System ergebener Loyalität und religiöser Bigotterie noch trauen konnten.

Als sie ihre Seelenaufgabe betrachteten, fanden sie heraus, dass sie Harmonie in ein Land bringen sollten, in dem sie beide schon mehrfach inkarniert waren. Eine Inkarnation hatte sich zu der Zeit abgespielt, als „die Unruhen" begannen. Sie waren getrennt worden, weil einer von beiden darin umkam, und hatten sich geschworen, wieder zusammenzukommen. Auch wesentlich früher waren sie schon einmal miteinander verheiratet gewesen, nämlich im Irland des „finsteren Mittelalters", was paradoxerweise eine wesentlich erleuchtetere Epoche gewesen war. Es war eine ekstatische Ehe mit einer tiefen spirituellen Verbindung. Aber es war klar, dass sie im jetzigen Leben und unter den heute vorherrschenden Bedingungen nicht nach Irland zurückkehren und ihre Seelenaufgabe erfüllen konnten. Wenn sie zusammen sein wollten, dann blieb ihnen nichts anderes übrig, als ihr Land zu verlassen und unabhängig von ihren Familien ein neues Leben anzufangen, in dem sie sich nur gegenseitig unterstützen und trösten könnten.

Loslassen

Ist unsere Entschlossenheit, um jeden Preis weiterzumachen, wirklich ein Maßstab dafür, wie sehr wir lieben?

PAULINE STONE

Wie wir bereits gesehen haben, kann Loslassen zu unseren wichtigsten karmischen Lektionen gehören. Loslassen ist eine enorme Herausforderung, denn dazu müssen wir zuallererst die Haltung loslassen, dass wir es selbst am besten wissen. Wir Menschen neigen dazu, an dem festzuhalten, was als Liebe daherkommt, daran, wie die Dinge unserer Meinung nach sein sollten, sowie an Hoffnungen, Träumen und Illusionen. Loslassen gibt allen Beteiligten die Freiheit, ihren eigenen Weg einzuschlagen. Wenn es wirklich wahre Liebe ist, wenn es wirklich sein soll, dann wird es auch so geschehen. Wenn aber nicht, dann wird die Seele durch Loslassen befreit. Sie tritt aus dem karmischen Hamsterrad heraus und kann nach vorne schauen. Die Verbindung zu einem Seelenpartner im jetzigen Leben loszulassen, insbesondere wenn sie eine tiefe karmische Bindung hat, kann unser Leben dramatisch verändern.

Ob es nun um einen Menschen oder ein Muster geht, die Vergangenheit ist nicht endlos wiederholbar. Stagnation und Trägheit sind der Tod unserer Seele. Deshalb kommen wir in die Situation, dass wir einem geliebten Menschen aus der Vergangenheit begegnen, nur um ihn wieder zu verlieren. In dieser Hinsicht kann der Tod ein großer Lehrer sein. Andererseits begegnen wir vielleicht einem Seelenpartner, der bereits glücklich verheiratet, ein Kind, ein Lehrer oder ein brutaler Kerl ist. Egal, was zwischen uns stattfindet, wir sind unentrinnbar darin verwickelt. Bis wir loslassen, erleben wir die Hölle auf Erden. Wenn wir dann endlich loslassen, blühen wir auf. Ein Textblatt der britischen *Anonymen Alkoholiker*[49] erklärt es so:

49 Sowohl die deutschen AA als auch Al-Anon und Alateen für Angehörige und Freunde von Alkoholikern haben Material zum Thema Loslassen, das aber von den hier vorgestellten Inhalten abweicht, (Anm. d. Ü.)

„Loslassen bedeutet nicht, dass mir nicht mehr am anderen liegt; es bedeutet, dass ich die Dinge nicht an seiner Stelle tun kann.
Loslassen bedeutet nicht, dass ich mich vom anderen lossage, sondern dass ich erkannt habe, dass ich einen anderen Menschen nicht kontrollieren kann.
Loslassen bedeutet nicht, dem anderen eine Lektion zu erteilen, sondern zuzulassen, dass er aus unvermeidlichen Konsequenzen lernt.
Loslassen bedeutet, meine Ohnmacht einzugestehen, und das wiederum heißt, dass das Ergebnis nicht in meinen Händen liegt.
Loslassen bedeutet nicht, dem anderen alles abzunehmen, sondern Anteil zu nehmen.
Loslassen bedeutet nicht, alles geradezubiegen, sondern den anderen zu unterstützen.
Loslassen bedeutet nicht, mitten im Geschehen dafür zu sorgen, dass alles gut ausgeht, sondern zuzulassen, dass andere ihr Schicksal selbst meistern.
Loslassen bedeutet nicht, jemanden zu beschützen, sondern zuzulassen, dass er sich der Realität stellt.
Loslassen bedeutet, nicht alles nach meinen Wünschen zu gestalten, sondern jeden Tag so zu nehmen, wie er kommt und mich darin wertzuschätzen.
Loslassen bedeutet, nicht die Vergangenheit zu bereuen, sondern innerlich zu wachsen und für die Zukunft zu leben.
Loslassen bedeutet, weniger zu befürchten und mehr zu lieben.

Die deutschen Al-Anon Familiengruppen für Angehörige und Freunde von Alkoholikern schreiben:

> Loslassen ist weder gütig noch rücksichtlos; es ist keine Bewertung der Person oder Situation, von der wir uns lösen. Es ist nur ein Mittel, uns von den nachteiligen Auswirkungen auf unser Leben zu erholen, die durch das Zusammenleben mit jemandem verursacht wurden …[50]

50 Textblatt *Loslassen*, Al-Anon Familiengruppen Interessengemeinschaft e.V. Essen.

Unsere Illusionen loszulassen, ist eine weitere Herausforderung. Dazu müssen wir eventuell eine neue Sicht der Dinge entwickeln und den anderen Menschen oder eine bestimmte Überzeugung in einem neuen Licht betrachten. Waren wir es bisher gewohnt, unseren Partner oder unsere Partnerin auf ein Podest zu stellen, zu idealisieren und zu vergöttern, so müssen wir jetzt erkennen, dass jeder andere Mensch, dem wir begegnen, ebenfalls sterblich und fehlbar und kein Gott ist. Wir müssen zulassen, dass andere ihre wahre Natur zeigen und nicht so tun, als würden wir sie bereits kennen. Wenn wir ihnen eine heroische, idealisierte Rolle zuweisen, können sie diese unmöglich erfüllen. Wir werden unweigerlich feststellen müssen, dass unsere Illusionen zerbrechen. Es ist ganz genau so, als ob wir uns im Hinblick auf uns selbst etwas vormachen. Eines Tages müssen unsere Illusionen fallen, damit wir uns selber klar erkennen können. Das gilt ebenfalls, wenn wir viel eher sehen, was andere oder wir selbst sein könnten, anstatt was wirklich ist. Wenn wir anderen zuschreiben oder auf andere projizieren, was wir bei uns selber noch nicht annehmen wollen, dann werden wir das eines Tages zurücknehmen müssen. Dieses Zurücknehmen kann auf positive Weise oder durch das schmerzhafte Zerbrechen unserer Illusionen geschehen. Dann ist es eine brutale seelische Vergewaltigung, die uns auf unser innerstes Wesen zurückwirft. In der Tiefe unserer Verzweiflung können wir uns dann entweder an jemand anderen klammern oder zu unserer eigenen Stärke finden.

Wir können alle Lektionen auf positive, konstruktive Weise lernen oder in ein destruktives Muster zurückfallen. Sehr viel hängt davon ab, wie sehr wir im Vorhinein bewusst geplant haben. Nehmen wir einmal an, unsere seelische Lektion lautet, größere Unabhängigkeit zu entwickeln. Die positive Erfahrung würde dann durch Interaktionen zwischen Seelenpartnern, Eltern und Kind, Lehrer und Schüler erfolgen, die uns unterstützen und zu Eigenverantwortlichkeit und Selbstständigkeit ermutigen. Ein sanftes Drängen zu neuen Seinsweisen übt keine schroffe Kritik und urteilt nicht. Wir dürfen uns in unserem eigenen Tempo und mit der Gewissheit entwickeln, dass wir liebevolle Unterstützung bekommen. Wir können Fehler machen und daraus lernen, ohne uns jemandes Zorn zuzuziehen. Wir können durchaus herausgefordert werden, wenn es sein muss, aber das wird stets auf mitfühlende Weise geschehen. Wenn wir bereit sind, flügge zu werden, dann werden wir darin bestärkt. Wir gehen gut vorbereitet und zuversichtlich in die Welt hinaus. Das gilt für einen Partner oder eine Partnerin ebenso wie für ein Kind. Wenn Partner unerschrocken und selbstsicher sind, dann können sie den anderen dazu ermutigen, ebenfalls ein selbstständiger Mensch zu sein. Sind Partner hingegen ängstlich, dann klammern sie, versuchen alles, damit der andere so bleibt, wie er ist, und behindern sein Wachstum.

Der destruktive, negative Ansatz, Selbstständigkeit zu erlangen, ist „schwer", engstirnig, überkritisch und kalt. Mit Missbilligung, Angst und Strafe wird ein Bruch erzwungen – obwohl ein Bruch das Letzte ist, was kalte, kritische Menschen wollen. Vielmehr wollen sie die Kontrolle über die unterdrückte Seele behalten. Wir müssen sie verlassen, um unseres eigenen Überlebens willen. Wir müssen auf das Drängen unserer Seele hören. Wir erreichen vielleicht wirklich eine gewisse Unabhängigkeit, aber um den Preis einer lebenslangen – oder viele Leben langen – Abneigung gegenüber Autoritätspersonen, die normalerweise mit einem tiefen Minderwertigkeitsgefühl und mangelndem Selbstvertrauen einhergeht. Wird diese Lektion in einer Ehe gelernt, dann ist zu bezweifeln, dass sie dieses kontrollierende Verhalten überlebt. Geschieht es in der Beziehung zwischen Eltern und Kind, so ist sehr gut möglich, dass das Kind eines Tages von zu Hause fortgeht und nie wiederkehrt.

Wir müssen Beziehungen im allerweitesten Wortsinn betrachten, nämlich als Interaktion mit einem Gegenüber; denn noch der flüchtigste Kontakt kann eine karmische Lektion oder eine Gelegenheit zum inneren Wachstum für uns enthalten, besonders indem wir loslassen. Kontakte zwischen Seelenpartnern sind oft katalytisch. So begegnen wir zum Beispiel einem unserer Seelenpartner vielleicht nur ein einziges Mal und nur sehr kurz, aber was zwischen uns geschieht, zeichnet unsere Seele für immer. Manchmal tritt ein Seelenpartner nur aus dem einen einzigen Grund in unser Leben, um zu tun, was notwendig ist, damit wir schnell zu dem finden, was wir sein könnten. Manchmal weisen sie uns auf eine Lektion hin, die wir lernen müssen. Solche Lektionen müssen nicht gleich die ganze Welt aus den Angeln heben, aber sie können unser Leben verändern. Wir werden im weiteren Verlauf dieses Buches noch mehr solcher karmischer Themen und Erfahrungen erkunden, aber zunächst müssen wir uns den Ort ansehen, wo nur allzu leicht etwas schiefgehen kann – die Planungsabteilung.

Die Planungsabteilung

Oft erfuhren die Leute zu ihrer Überraschung, dass die scheinbar unpassende Beziehung oder der Mensch, mit dem sie solche Schwierigkeiten hatten, in Wirklichkeit genau so geplant waren.[51]

Eine der Hauptursachen von Leid und Schmerz in Beziehungen und im Leben im Allgemeinen ist eine schlampige Planung vor dem Eintritt ins Leben oder eine bewusste Entscheidung, die man jedoch vergessen hat, kaum dass man inkarniert war. Beide betreffen das Planungsstadium vor der Inkarnation in der Phase „zwischen den Leben". Wohin wir nach dem Tod gehen, hängt sehr stark von unseren Erwartungen und vom Grad unserer spirituellen Entwicklung ab, doch irgendwann werden wir vor die Gelegenheit oder die Notwendigkeit gestellt, wieder auf die Erde zu kommen und an Themen zu arbeiten, die wir nur hier abschließen können. Manche Menschen plumpsen geradezu in eine neue Inkarnation hinein, besonders wenn sie in ihren Erkenntnissen oder auf den nachtodlichen Existenzebenen nicht sehr weit gekommen sind. Andere hingegen bedenken die Angelegenheit sehr sorgfältig.

Aus Rückführungen wissen wir, dass manche Menschen viel Zeit auf die Planung ihres nächsten Lebens und ganz besonders ihrer Beziehungen verwenden. Sie bitten Mitglieder ihrer Seelengruppe, bestimmte Rollen einzunehmen, die zum Teil extrem schmerzlich oder grob sein können. Eine Frau begab sich bis in diese Phase zurück und stellte fest, dass sie einen ihrer Seelen-

51 Hall, Judy, *Astrology of a Prophet*, erhältlich nur auf Englisch direkt bei der Autorin unter www.judyhall.co.uk/astrology.htm

partner gebeten hatte, sie etwas über Schmerz und Ablehnung zu lehren. Sie sagte, sie habe „das lernen müssen, damit ich mit anderen mitfühlen konnte“. Er war ein außerordentlich guter Lehrer. Zunächst hatte er sich anscheinend Hals über Kopf in sie verliebt, verließ sie aber dann ganz plötzlich, ohne ein Wort der Erklärung, und sie sah ihn nie wieder.

Andere Menschen in einer ähnlichen Situation erleben, dass ihr Geliebter oder ihre Geliebte sie durch den Tod verlässt, damit sie Stärke und Selbstständigkeit lernen können oder sogar, damit der Weg für eine neue Beziehung frei wird. So könnte es in der Beziehung zwischen John Lennon und Yoko Ono gewesen sein. Vielleicht war es bei John Lennons Tod an der Zeit, dass Yoko wieder eine unabhängige Frau wurde, statt die symbiotische Hälfte eines vermeintlichen Ganzen.

Aus irdischer Perspektive können wir nie wissen, ob Beziehungen zwischen Seelenpartnern die Folge achtsamer oder achtloser Planung sind. Eine Frau, deren Geliebter körperlich grausam war und sie geschlagen hatte, entdeckte, dass sie ihn darum gebeten hatte, damit sie lernen konnte, sich zu behaupten und zu sagen „Nein. Jetzt reicht es!“, was sie in anderen Leben nicht gelernt hatte. Am Ende konnte sie ihm sogar für seine Rolle bei ihrem Lernprozess danken.

Aus unerfindlichen Gründen lassen manche Menschen dieses Planungsstadium aus oder planen – gelinde gesagt – nur sehr skizzenhaft. Sie werden einfach in eine alte Form des Umgangs miteinander hineingezogen, oft durch einen Schwur à la „Ich muss bei ihm sein“ oder „Ich werde immer für dich sorgen“. Mit ihrer Seelengruppe oder ihren spirituellen Beratern sprechen sie kaum einmal über den bestmöglichen Wachstumsweg.

Dass wir erhalten, was wir uns am meisten wünschen, ist ein karmisches Gesetz. Das klingt so lange wunderbar, bis uns klar wird, dass ein Entschluss, wie zum Beispiel „Ich möchte nächstes Mal wieder mit ihm/ihr zusammen sein“, besonders im Moment des Todes, ein starker Wunsch ist, der sich manifestiert. Doch ohne Planung zwischen den Leben, wie genau und in welcher Beziehung das geschehen soll, können die Folgen verheerend sein;

denn das Leben kann auf sehr wörtliche Weise ausagiert werden. Meine Lieblingsgeschichte in diesem Zusammenhang ist die der Frau, die während einer Rückführung schwor: „Nächstes Mal wird er mich zum Altar führen.“ Danach brach sie in schallendes Gelächter aus und erzählte: „Das hat er wirklich getan. Aber er war der Vikar, der die Trauzeremonie vollzog.“ Sie hatte noch Glück, die meisten Menschen müssen feststellen, dass ihr Seelenpartner dann der Mann oder die Frau von jemand anderem, ihr Kind oder das von Freunden oder vom gleichen Geschlecht ist wie sie selbst, dass ein riesiger Altersunterschied besteht und so weiter ad infinitum.

Womöglich haben wir versprochen, für jemanden zu sorgen, mit ihm oder ihr zusammen zu sein, ohne die langfristigen Folgen zu beachten. Dann müssen wir wahrscheinlich die karmischen Verträge, die wir eingegangen sind, neu überdenken und die Bedeutung des Wortes „immer“ neu aushandeln. Eine meiner Klientinnen konnte nicht aufhören, für ihre alkoholabhängige Schwester zu sorgen, die sich in jeder Hinsicht vollkommen auf sie verließ. Viele Jahre lang beanspruchte ihre Schwester ihre ganze Zeit. Endlich verheiratet und bereits über vierzig Jahre alt, wünschte sich meine Klientin ein Kind. Aber in gewisser Weise war ihre Schwester ihr Kind und beanspruchte so viel Fürsorge, dass sie sich fragte, ob ihr überhaupt noch Zeit und Kraft für ein eigenes Kind blieben. Die beiden steckten schon seit uralter Zeit in der Rolle von Helferin und Hilfeempfängerin fest. Meine Klientin musste erkennen, dass sie in einem früheren Leben versprochen hatte, „immer“ für ihre Schwester zu sorgen. In jenem Leben war es richtig, dass sie für ihre Schwester sorgte, die damals ihr Kind war. Sie standen einander sehr nahe, waren Seelenpartner. Aber im jetzigen Leben war es nicht richtig. Nachdem sie ihr Versprechen neu definiert hatte, konnte ihre Schwester sich wegen ihres Alkoholproblems in Behandlung begeben. Und meine Klientin wurde mit einer Seele schwanger, von der sie wusste, dass sie darauf gewartet hatte, zu ihr zu kommen. „Sie ist Teil meiner Seele“, erklärte sie.

Ebenso gut ist möglich, dass wir mit jemanden viele Inkarnationen lang zusammen waren und uns nun für etwas Abwechslung entschieden haben, das aber vergessen, sobald wir inkarniert sind. Dann sehnen wir uns nach der vollkommenen Liebe, von der wir wissen, dass wir sie gehabt haben. Wir sehnen uns nach dem Seelenpartner, den es irgendwo geben muss, und werden wieder zueinander hingezogen, nur um zu erleben, dass wir einander verlieren. Wir müssen die Vergangenheit loslassen, und das erfordert sorgfältige Planung in der Phase zwischen den Leben.

Einmal beriet ich eine Frau, die viele Jahre lang eine Beziehung zu ihrem Seelenpartner gehabt hatte, aber nicht mit ihm zusammenleben konnte, weil er verheiratet war. Schließlich verließ er seine Frau und reichte die Scheidung ein. Sie waren „glückselig". Astrologisch war sie Fisch, also das Sternzeichen, das sich nach der völligen Vereinigung mit dem Geliebten sehnt. Ihr einziger Kummer war, dass sie wusste, dass sie miteinander verschmelzen und eins werden konnten – und er sich dem vehement widersetzte. Sechs Wochen nachdem sie ihren Seelenpartner endlich hatte heiraten können, starb er. Zutiefst erschrocken, machte sie sich Sorgen, dies könnte die Strafe dafür sein, dass sie ihn seiner Frau weggenommen hatte. Sie dachte ernstlich an Selbstmord, so stark war ihr Gefühl, dass die beiden füreinander bestimmt waren. Daraufhin kam er zu ihr, um ihr zu sagen, dass sich beide nicht so hätten entwickeln können, wie sie mussten, wenn sie zusammen gewesen wären. Er musste weiterziehen, er konnte nicht mit ihr verschmelzen und eins werden, wonach sie sich so sehr sehnte. Aber auch sie musste ihrem eigenen Weg folgen. Eines Tages würden sie wieder vereint, aber erst wenn sie ihre eigene karmische Aufgabe erfüllt habe. Das Geschenk war, dass sie einen Hauch der vollkommen Liebe hatte erahnen dürfen, diese aber zunächst in sich selber finden und sich als ein vollständiges Wesen erfahren musste.

Aufbruch zu neuen Ufern

Einst kannt‘ ich dich, doch im Paradies,
wenn wir uns seh‘n, wend‘ ich mich ab und geh vorüber.

ROBERT BROWNING

Woche für Woche landen unweigerlich mehrere Briefe über Dualseelen – oder deren Fehlen – in meinem Briefkasten. Eine der dringendsten Bitten, die ich zu hören bekomme, lautet: „Bitte sagen Sie mir, warum meine Dualseele zu neuen Ufern aufgebrochen ist und mich verlassen hat."

Durch den Verlust eines Seelenpartners verändert sich das Leben unwiderruflich. In einer solchen Situation hat man zwei Möglichkeiten: Weiterzumachen wie bisher und das Muster zu wiederholen – oder sich zu verändern. Damit kehrt man den Verlust in einen positiven Vorteil um und sorgt dafür, dass etwas Neues geschehen kann. Wo Menschen versuchen, so weiterzumachen wie bisher, ist es fast, als gäben sie vor, es sei nichts geschehen. Sie versuchen, die Uhr zurückzudrehen und die Vergangenheit zu wiederholen – oft mit einem weiteren Seelenpartner. Oder sie verklären die Vergangenheit, frieren diesen Augenblick im Kontinuum der Zeit ein und widmen ihn einzig der Erinnerung an diesen Menschen. Beide Reaktionen sind eher tödlich als lebensbejahend, denn so bewegt sich oder gedeiht nichts.

In zwei sehr unterwürfigen Büchern[52], die unmittelbar nach John Lennons Ermordung geschrieben wurden und sich sehr um ein idealisiertes Bild zweier Seelenpartner bemühen, wird Yoko Ono als tief depressive Frau dargestellt, die voll und ganz damit beschäftigt ist, in der Erinnerung an John zu leben und von ihm in der Gegenwartsform spricht, als sei er nur eben aus dem Zimmer gegangen. Anscheinend war sie sich noch gar nicht darüber im Klaren, dass er tot war. Sie hüllte die Erinnerungen an John in Musik. Die zerbrochene Brille, die er bei seinem Tod trug, bildete

52 Brown, Peter und Gains, Steven, *The Love You Make*, Pan Books 1983 und Coleman, Ray, *John W. Lennon*, München 1985, erweiterte und aktualisierte Neuausgabe bei Hannibal, Verlagsgruppe Koch, 2000.

das Cover ihres neuen Albums. Damals stritt sie noch ab, dass sie einen neuen Partner hatte. Doch später wurde behauptet, dass sie John deshalb auf die Bermudas „in Ferien" geschickt habe, weil sie fest entschlossen war, sich von ihm scheiden zu lassen und einen anderen zu heiraten.[53] Als John jedoch mit einem Soloalbum wiederkam, auf dem die ersten neuen Lieder waren, die er seit fünf Jahren geschrieben hatte (und mit Plänen für das erste Album seit langem, das er ohne Yoko aufnehmen wollte), verwarf sie ihre Absicht anscheinend eilends wieder und bestand auf dem Album *Double Fantasy*, in dem sie ihre eigenen Stücke Lied für Lied auf die seinen abstimmte. Diesen Autoren zufolge hat Yoko John immer dazu benutzt, ihre eigenen ehrgeizigen musikalischen Ziele zu verwirklichen. Außerdem enthüllten sie, dass ihr „neuer Mann" nur wenige Tage nach Johns Tod bei ihr einzog und Yoko bei der Werbekampagne für das Album, das John und sie eben erst aufgenommen hatten, sofort die Zügel in die Hand nahm. Die Wahrheit liegt zweifellos irgendwo dazwischen, und wir werden sie vielleicht nie erfahren. Sicher ist jedoch, dass Yoko Ono dreizehn Jahre später mit ihrem Sohn Sean als Sänger auf Tournee durch Großbritannien ging: Der Kreis hatte sich geschlossen. Sie war wieder da.

Der karmische Spiegel

Meine großen Kümmernisse in diesem Leben waren Heathcliffs Kümmernisse, und ich habe alle seine Leiden von Anfang an gesehen und mitgefühlt. ... Wenn alles andere vergehen würde und er bliebe, so würde ich noch immer fortfahren zu sein.

Emily Brontë[54]

Wie wir gesehen haben, können wir unsere Beziehungen als Spiegel unserer innerpsychischen Realität betrachten. Wir erschaffen die Situationen, die wir benötigen, um unsere karmischen Szenarien auszuagieren und unsere tiefsitzenden Erwartungen erfüllt zu se-

53 Seaman, Frederic, *John Lennon. Geborgte Zeit. Eine persönliche Erinnerung.* München 1992 und Albert, *John Lennon – Ein Leben*, Hamburg1989.

54 Brontë, Emily, *Sturmhöhe.*

hen. Die Schauspieler in dem Drama sind uns oft bereits von früher bekannt. Aber das ist nicht immer so. Unsere „unerledigten Aufgaben" können neue Figuren anziehen. Wir können uns sogar dafür entscheiden, etwas mit jemandem aufzuarbeiten, mit dem wir karmisch nicht „vorbelastet" sind, damit wir unsere Lektion lernen und sie dann in einer Beziehung umsetzen können, in der es eine karmische Verbindung gibt. Was also wie eine Wiederholung aus früheren Leben erscheinen mag, kann von Inkarnation zu Inkarnation in neuer Besetzung stattfinden, wobei allerdings das zugrundeliegende Thema gleich bleibt.

Unsere Umgebung und unsere Gefährten reagieren auf uns in einer Weise, die genau dem entspricht, wo wir gerade stehen. Mit anderen Worten, sie „stimmen sich auf uns ein" und reagieren bewusst oder unbewusst auf unsere Frequenzen, so wie sie jetzt gerade sind. Wenn es uns oder ihnen nicht gelingt, diese Frequenzen zu erkennen und sich daran anzupassen, sondern wenn wir oder sie lediglich darauf reagieren, dann wird eine weitere Reaktionskette in Gang gesetzt. Diese Reaktionskette setzt sich in einem anderen Leben fort. Doch wenn wir uns in die Vergangenheit zurückbegeben, können wir die Verbindung trennen und die Art des Umgangs miteinander verändern. Solche Verbindungen können wir übrigens auch im jetzigen Leben lösen.

Das Rückführungserlebnis einer meiner Klientinnen ist ein ausgezeichnetes Beispiel dafür. Sie stellte fest, dass sie auf ein besonders abscheuliches Verhalten ihr gegenüber in einem früheren Leben zu jemandem gesagt hatte: „Ich hoffe, du wirst in der Hölle schmoren." Doch dann war sie, wie sie sagte, zutiefst überrascht, dass sie ein weiteres Leben mit diesem Menschen verbringen musste, um sein Schmoren mitanzusehen und an seiner Hölle teilzuhaben. Sie hatte geglaubt, die Hölle hätte nichts mit ihr zu tun. Sie litt darunter, das Leiden dieses Menschen mitanzusehen, den sie einst geliebt hatte und jetzt unbedingt verlassen wollte. Doch sie fühlte sich ihm gegenüber in der Pflicht. Wie konnte es angehen, dass sie das alles in Gang gesetzt hatte? Wie sie in der Rückführung erkannte, war dies durch ihre Gedanken und Worte in jenem früheren Leben geschehen. Indem sie jenem Menschen in dem anderen Leben vergab, ihre Worte zurücknahm und diese Vergebung auf das jetzige Leben übertrug, konnte sie beide befreien. Zwar würde der leidende Mensch auch weiterhin leiden – er arbeitete dabei sein eigenes Karma auf – aber sie musste nun nicht mehr in einer Situation verharren, die das Problem nur noch verschärfte. Sie löste sich daraus, und seine Verbitterung legte sich spürbar. Für beide wurde das Leben leichter. Nur selten sind die Dinge so, wie sie auf den ersten Blick erscheinen.

7 Verwandte Geister

Ein wesentliches Merkmal der Liebe ist wohl, dass sie mehr ist, als wir zu fassen vermögen.[55]

Ich wollte in dieses Buch unbedingt auch ein positives Fallbeispiel aufnehmen, zum Teil als Gegengewicht zu all den Schwierigkeiten, über die ich hier schreibe, aber auch, um zu zeigen, dass die Liebe vielerlei Gestalt annimmt und es möglich ist, all das zu umgehen, was sich ihr in den Weg stellt (wie es zumindest auf den ersten Blick scheint). Von der folgenden Liebesgeschichte erfuhr ich, als der Betroffene mich ängstlich fragte: „Glauben Sie etwa nicht an Dualseelen? Ich weiß, dass es sie gibt." Ein paar Wochen später schrieb er mir einen ausführlichen Bericht. Einleitend betonte er, über eine zwanzigjährige Beziehung zu schreiben, sei zwar in gewisser Hinsicht eine beängstigende Aufgabe, dennoch habe er sie auf sich nehmen wollen, um den Leserinnen und Lesern zu zeigen, dass es tatsächlich wirklich glückliche Beziehungen geben kann und ein echter Kontakt zwischen Seelenpartnern auch ohne sexuelle Begegnung möglich ist. Daher erscheint es mir nur angemessen, Peters Geschichte hier aufzunehmen:

Blicke treffen sich

Beziehungen werden oft als Schlachtfeld gesehen; deshalb möchte ich wenigstens ein klein wenig das Gleichgewicht wiederherstellen. Wir lernten uns im Herbst 1975 bei einer Yoga-Lehrer-Ausbildung kennen. Es war der klassische Fall, in dem sich die Blicke zweier Fremder über einen überfüllten Raum hinweg treffen, auch wenn wir es an keinem bestimmten Moment festmachen können. Ich erinnere mich, dass eine innere Stimme mir irgendwann einmal sagte:

55 Viedermann, Milton, *Passionate Attachments.*

„Diese Frau wird in deinem Leben eine wichtige Rolle spielen." Damals war ich einundvierzig und Ellen sechsundfünfzig. Ihr Mann, den sie mit einundzwanzig Jahren geheiratet hatte, war ihre erste Liebe gewesen, und auch ich hatte vor ihr erst eine Liebesbeziehung gehabt – mit einer Frau, die dreiundzwanzig Jahre älter war als ich. Rückblickend betrachtet, fühlte ich mich wohl schon als Teenager eher zu reiferen, weisen Frauen hingezogen.

Ich bot Ellen an, ihr auf der langen Fahrt zum Yoga-Kongress den Weg zu zeigen. Unterwegs stellten wir fest, dass wir viele gemeinsame Interessen haben. Wir hatten beide schon zu einer Zeit mystische Erlebnisse gehabt, als man noch kaum darüber sprach. Das Wochenende vom 2. bis 4. April 1976 ist wohl eines der denkwürdigsten in meinem Leben. Ich war geradezu ekstatisch glücklich, ohne zu wissen warum. Es war wohl eher – so glaube ich in der Rückschau – eine Wiederbegegnung in diesem Leben. Ellen war seit sechsundzwanzig Jahren glücklich verheiratet und versorgte ihre Schwiegereltern. Ich hingegen war nie von zu Hause ausgezogen und kümmerte mich um meine kranke Mutter.

Im Laufe der nächsten paar Jahre besuchten Ellen und ich viele Yoga-Kurse und New-Age-Seminare, trafen uns aber wegen unserer Verpflichtungen nur am Wochenende. 1979 starb meine Mutter und 1980 verließ Ellens Mann sie überraschend wegen einer Jüngeren. Ellen war am Boden zerstört, doch mit der Zeit konnten wir dadurch unsere Beziehung vertiefen.

Die nächsten fünfzehn Jahre verliefen nicht ohne Zwischenfälle. Auf der Sollseite ist zu verzeichnen, dass ich mein Haus und meine Firma an einen Bauträger verlor, worauf ein zweijähriger Rechtsstreit folgte. Ich weiß nicht, wie ich in dieser Zeit ohne Ellens Unterstützung hätte überleben sollen. Sie selbst hatte diverse Gesundheitsprobleme. Auf der Habenseite hingegen boten sich uns ungeahnte neue Möglichkeiten. Wir reisten und hielten fünf Jahre lang Workshops im äußersten Nordwesten Schottlands. Damit sind viele wunderbare Erinnerungen verbunden.

Immer wieder sagten Leute, unsere Partnerschaft leuchte förmlich aus uns heraus. Das war sehr schmeichelhaft. Ein Freund vermutete, das läge wohl daran, dass ich (Peter) nun die Mutter hatte, die ich mir schon immer gewünscht hatte, und Ellen das Kind, das sie nie gehabt hatte. Da war durchaus etwas Wahres dran.

Bei einem Besuch in Findhorn erfuhren wir, warum wir zusammengeführt worden waren und was unsere Aufgabe in diesem Leben sei. Man sagte uns, wir müssten Lichtarbeiter sein und könnten in einer Partnerschaft weit mehr erreichen als allein. Wir sollten unsere Begabungen und unser Wissen mit anderen teilen, aber nicht unter einer bestimmten „Flagge" (etwa als Gurus oder Begründer einer neuen spirituellen Lehre). Dieser Rat bewährte sich während unserer gesamten gemeinsamen Zeit. Wir boten Yoga-Kurse und ein breites Spektrum an Heiltherapien an.

Im Winter 1991 unterzog sich Ellen einer erfolgreichen Darmkrebs-Operation. Doch im Herbst 1995 trat der Krebs erneut auf, und man sagte ihr, sie habe nur noch wenige Monate zu leben. Da sich sonst niemand um sie kümmern konnte, kündigte ich meine Arbeitsstelle und zog zu ihr, bis sie am 26. Juni 1996 starb. Wir schieden in tiefer Liebe voneinander.

Aber die Geschichte war damit noch nicht zu Ende, denn Ellen „meldete sich" über ein befreundetes Hörmedium, dem sie zuvor noch nie begegnet war. Seither übermittelt sie in regelmäßigen Abständen interessante Botschaften und Ratschläge.

Als ich Peter vor ein paar Monaten wieder sprach, berichtete er, dass Ellen ihm nach wie vor Rat und kluge Weisheiten übermittele und er in seiner neuen platonischen Beziehung sehr glücklich sei.

Die Freiheit, wir selbst zu sein.

Wenn du mich lieben musst, so soll es nur
der Liebe wegen sein.

Elizabeth Barrett Browning[56]

Als ich anfing, mich mit dem Thema Dualseelen zu beschäftigen, stellte sich sehr bald das Gefühl ein, dass ich unbedingt heraus-

56 *Sonette aus dem Portugiesischen*, Sonett XIV, in Barret-Browning, Elizabeth, *Liebesgedichte*, übertragen von Rainer Maria Rilke, Frankfurt 2006.

finden musste, wie eine Beziehung zwischen Seelenpartnern gut funktionieren konnte. Mir lagen bereits so viele Berichte über schmerzliche Begegnungen, unerledigte Aufgaben und Verstrickungen vor, dass ich dringend mit Menschen sprechen wollte, die Beziehungen lebten, die für sie gut und stimmig waren. Bei meiner Arbeit an diesem Buch wollte ich zwischen folgenden Konstellationen unterscheiden: „schwierig, aber immer noch zusammen“ und „wachsen gemeinsam und glücklich“. Daher wandte ich mich an Kate, eine Schauspielerin, die – natürlich von außen betrachtet – offensichtlich zur zweiten Gruppe gehörte:

> Mein Mann Anthony und ich sind nun seit siebeneinhalb Jahren zusammen. Dass wir überhaupt zusammenkamen, setzte einen unglaublichen Sinneswandel voraus, denn ich hatte gerade erst geheiratet und er soeben mit seiner Partnerin eine Wohnung gekauft. Unser beider Leben bewegte sich in festen Bahnen. Doch zutiefst schockiert, unter schwerem Ringen und mit großen Schmerzen mussten wir erkennen, dass wir gemeinsam einen völlig anderen Weg einschlagen mussten.
>
> Nicht sexuelles Verlangen drängte uns aus unseren früheren Beziehungen, sondern Seelenverwandtschaft, ein Erkennen des anderen, das man nicht in Worte fassen kann. Ein starker geistiger Leim schien uns miteinander zu verbinden, denn im Anfangsstadium hätten wir einander jederzeit zugunsten der Sicherheit und Vertrautheit, die wir bei unseren Ex-Partnern erlebten, verlassen können. Aber nachdem wir uns begegnet waren, wussten wir, dass die Dinge nie wieder so sein würden, wie sie einmal waren, und bis heute wird unser Leben sanft, aber stetig vorangetrieben.
>
> Dieser Vorwärtsdrang hin zu Wachstum und Veränderung ist inzwischen der Dreh- und Angelpunkt unserer Beziehung. Wir sind jeder für den anderen das Sicherheitsnetz. So können wir ungehindert durch den anderen und dennoch mit seiner Unterstützung Neues ausprobieren. Es ist uns wichtig, dass keiner in die Arbeit des anderen hineinfuhrwerkt, doch kreative Inspiration ist stets willkommen und wird gerne angenommen. Bei unserer Hochzeit haben wir eine Stelle aus Khalil Gibrans *Der Prophet* vorlesen lassen. Sie bringt die Art der Beziehung, die uns gut tut, auf den Punkt:

Gebt eure Herzen, aber nicht in des anderen Gewahrsam.
Denn einzig die Hand des Lebens kann eure Herzen fassen.
Und steht zueinander, doch nicht zu dicht beieinander:
Denn die Säulen des Tempels stehen je für sich,
Und Eichbaum und Zypresse wachsen nicht jedes
in des anderen Schatten.[57]

Das Leben, das Anthony und ich miteinander führen, blüht durch die vielen gemeinsamen kreativen Theater- und Buchprojekte. Es macht uns beiden große Freude, miteinander auf der Bühne zu stehen und Ideen für Theaterstücke und Romane zu entwickeln. Freunde von uns können nicht verstehen, wie wir es fertigbringen, so oft zusammenzuarbeiten, ohne dass es „kriselt". Wir antworten darauf, dass unsere Kreativität unsere Liebe ganz entscheidend nährt. Es macht uns riesige Freude, gegenseitig unsere Gaben und Talente zu entdecken und mitzuerleben. Zeiten, in denen es bei uns „kriselt", kommen eher während unserer nicht-kreativen Phasen vor.

In allen familiären oder anderen persönlichen Beziehungen, die ich als erfüllend erlebe, findet eine Kommunikation auf einer tiefen Seelenebene statt, ein gegenseitiges Erkennen des innersten Wesens des anderen. Dieses Gefühl ist also nicht auf meine Partnerschaft mit Anthony beschränkt, aber bei ihm verspüre ich noch viel intensiver als bei allen anderen nicht den geringsten Wunsch, mich zu verstecken. Wir haben keinerlei Angst, uns dem anderen so zu zeigen, wie wir wirklich sind. Zwischen uns gibt es genau die Regenbogenverbindung, die auch auf unserem Lieblingshochzeitsbild eingefangen wurde.

Unsere Freiheit, beim anderen einfach zu „sein", heißt für uns, dass wir uns viel Zeit für spielerisches Zusammensein gönnen. Wenn möglich, erlauben wir uns jeden Nachmittag ein Nickerchen mit Kuscheln. Wir nehmen Kontakt auf und spüren nach, ob es dem anderen gut geht.

Die Frage, ob wir nun Seelenpartner sind oder nicht, könnte uns selbstgefällig machen oder mit falschen Erwartungen belasten, daher scheuen wir solche Etikettierungen. Dass wir zusammen sind, ist

57 Gibran, Khalil, *Der Prophet*, Frankfurt 2002.

für meinen Partner und mich ein unerwartetes, freudiges Wunder. Wir haben unsere Herausforderungen, aber wir stellen uns ihnen gemeinsam. Zwischen uns gibt es Gezeiten der Liebe, Ebbe und Flut, die uns kreative Erfüllung und Freude schenken. Das kann man nicht analysieren, es ist einfach so. Zusammen zu sein, ist genug.

Kate war klug, die beiden nicht als Seelenpartner, geschweige denn als Dualseelen zu bezeichnen. Wie bei so vielen anderen Paaren, ist auch ihre Beziehung in den zehn Jahren, die zwischen meinem ersten Buch über Dualseelen und diesem hier vergangen sind, daran zerbrochen, dass ihr Mann einer anderen Seelenpartnerin begegnet ist. Manchen Paaren ist es einfach nicht beschieden, ein Leben lang zusammenzubleiben. Kate blühte auf, nachdem Anthony sie verlassen hatte. Aus eigener Kraft wurde sie sogar noch kreativer, und sie fand einen neuen Seelenpartner, mit dem sie ihre außergewöhnlichen Heilfähigkeiten entwickeln konnte. Aber ihre Geschichte zeigt, dass solche Beziehungen Zeit zum Reifen brauchen, bevor man sie als Verbindung zwischen Dualseelen bezeichnen kann, wie es in den idyllischen ersten sieben Jahren nur allzu leicht hätte geschehen können. Vielleicht wäre es klug, achtzehn Jahre verstreichen zu lassen – astrologisch gesprochen also einen vollständigen Umlauf der Mondknoten – bevor man mit Sicherheit behaupten kann, dass eine Beziehung zwischen Dualseelen vorliegt. Doch wie wir noch sehen werden, sind die Leute mit dieser Beurteilung oft wesentlich schneller bei der Hand.

Seelengefährten

Ein erweitertes Verständnis der Liebe ermöglicht uns vielleicht zu erkennen, welch einzigartige Freude in der geteilten Freude liegt, im Verzicht auf Freude, in der Befreiung vom Eigennutz oder im Verschmelzen der eigenen Interessen mit denen anderer.[58]

Seelengefährten sind Menschen, mit denen Sie eventuell bereits in anderen Leben verbunden waren, aber kein Karma angehäuft

58 Viedermann, Milton, *Passionate Attachments.*

haben oder die Sie in Ihrem jetzigen Leben auf Ihrem Weg begleiten. Sie haben mit ihnen eine bestimmte Aufgabe zu erfüllen oder dürfen einfach eine schöne Freundschaft genießen. In diesen Beziehungen sprudelt ein schier unerschöpflicher Quell bedingungsloser Liebe, starken Rückhalts und großer Ermutigung. Sie müssen keine Lektionen miteinander durchstehen, können aber dennoch tiefe Lernerfahrungen machen. Es besteht keinerlei körperlicher, sexueller Drang zueinander. Die Beziehung wird nicht durch sexuelle Anziehung, emotionale Spielchen oder unerwiderte Liebe verkompliziert.

Seelengefährten können zu unserer Seelengruppe gehören, aber auch ein Verbindungsglied zu anderen Seelengruppen sein, eine Art Verteilerdose, die Lerninhalte weitergibt und neue Informationen hereinholt. Ich habe das Glück, mehreren Seelengefährten begegnet zu sein, und kann ehrlich sagen, dass jede und jeder auf seine bzw. ihre Art mein Leben und Lernen bereichert hat, und das ganz ohne die Schwere einer Beziehung zwischen Seelenpartnern. Eine Beziehung zwischen Seelengefährten ist angenehm und leicht. Man kann sehr offen miteinander umgehen und unglaublich tiefe Gedanken und Gefühle austauschen. Dennoch werden die Beteiligten nur sehr selten Partner im üblichen Sinn des Wortes, wenngleich auch das geschehen kann, wie der nächste Fall zeigt.

Seelenfreunde

1995 sprach ich mit zwei Menschen, die Seelenpartner, wenn nicht sogar Dualseelen zu sein schienen. Alle, die sie kennen, sagen, dass dies die perfekte Beziehung ist. Damals wie heute lieben und unterstützen sie einander, ohne co-abhängig oder symbiotisch zu werden. Als ich das Thema Seelenpartner ansprach, sagte Bianca: „Ich weiß, Jack ist nur deshalb hier auf der Erde, weil ich ihn gebeten habe, dieses Mal bei mir zu sein." Auf meine Frage: „Was macht euch zu Seelenpartnern? Warum läuft es in eurer Beziehung so gut?" erhielt ich eine überraschende Antwort:

Es fiel mir unglaublich schwer, etwas zum Thema Seelenpartner zu schreiben oder auf Band zu sprechen. Erst jetzt, nach einer Sitzung im automatischen Schreiben, verstehe ich, warum.

Ich ging davon aus, dass Jack und ich Seelenpartner sind. Falsch. Wir verstehen uns zwar außerordentlich gut, aber das kommt daher, dass wir lange geübt haben, an vielen verschiedenen Orten, bei vielen verschiedenen Aufgaben und zu vielen verschiedenen Zeiten.

Soweit ich weiß, kommen Seelenpartner aus derselben Seelengruppe. Bei Jack und mir ist das nicht so. Wir stammen aus ähnlichen, einander ergänzenden Seelengruppen. Betrachtet man sie jedoch aus irdischer Sicht, so sind sie sehr weit voneinander entfernt. In gewisser Weise wäre es doch geradezu eine Verschwendung der Ressourcen einer Gruppe, wenn man zwei Seelen in dieselbe Situation schickte, insbesondere da das Ziel der Gruppe darin besteht, so viele und so unterschiedliche Erfahrungen wie nur möglich zu sammeln. Es kommt nur sehr selten vor, dass zwei Seelen aus einer Gruppe gemeinsam inkarnieren. Das geschieht nur dann, wenn eine besonders heimtückische Situation zu bewältigen ist und deshalb eine Extraportion Verständnis und Unterstützung gebraucht wird. Bei uns ist das offensichtlich nicht der Fall.

Früher dachte ich immer, Jack sei mein Seelenpartner, und in gewisser Weise ist er das vielleicht auch. Er ist mein Freund, aber aus einer anderen Seelengruppe. Anscheinend kommen diese Gruppen zusammen und pflegen zum beiderseitigen Vorteil Kontakte untereinander. So gewinnen sie mehr Erkenntnisse in weiteren Bereichen. In unserem Fall verhält es sich wohl so (vermute ich), dass wir schon viele Aufgaben gemeinsam erledigt haben und deshalb eine so unbeschwerte Beziehung miteinander führen können, dass viele Menschen befremdet und manchmal sogar eifersüchtig darauf reagieren. Wir können unsere Sache gut machen, weil wir einander in diesem Leben unterstützen. Ich bin wirklich felsenfest davon überzeugt, dass Jack nur deshalb jetzt hier ist, weil ich ihn gebeten habe, mitzukommen und mir zu helfen. Wenn Sie ihn kennen würden, könnten Sie das verstehen.

Das klingt wohl alles sehr hochtrabend, fürchte ich, allerdings gehört das anscheinend zu den Charakterzügen meiner Gruppe.

Außerdem ist das lediglich der Kenntnisstand meiner Gruppe, wie er ihrem (unserem) momentanen Rang auf der Evolutionsskala entspricht. Zweifellos wird sich das wieder ändern, sobald wir über mehr Wissen verfügen. Ganz schönes Glatteis, was? Man darf einfach nichts als Tatsache ansehen.

Wenn wir rückblickend die ganzen Zufälle und die gemeinsamen Bekannten in unser beider Leben betrachten, dann wird recht deutlich, dass Jack und ich viele Situationen geschaffen haben, durch die wir auf die eine oder andere Art zusammenkommen mussten. Ich bin froh, dass wir beide nicht so sehr die Augen verschlossen haben, dass wir die Zeichen übersehen hätten!

Bianca und Jack sind eines der wenigen Paare, mit denen ich 1995 gesprochen habe und die heute noch zusammen sind und keinerlei Zweifel haben, dass das auch so bleibt, auch wenn Bianca immer noch nicht so recht weiß, wohin die Beziehung führt. Sie haben in ihrer Beziehung Schwierigkeiten überstanden, die eine weniger feste Verbindung auseinandergerissen hätten, und doch besteht sie immer noch darauf, dass Jack keinesfalls ihr Seelenpartner ist. Sie ist auch überhaupt nicht erpicht darauf, dass er ihre Dualseele ist, stimmt aber zu, dass er möglicherweise ein Seelengefährte sein könnte.

Während der Arbeit an diesem Buch bin ich mehrfach Menschen begegnet, die ihre Vorstellungen von Seelenpartnern im Licht ihrer Erfahrungen radikal überprüfen mussten. Oft glaubten sie zu wissen, was Seelenpartner sind, und mussten dann angesichts der Beweise, die ihnen ihr eigenes Leben lieferte, feststellen, dass es sich damit offensichtlich ganz anders verhält. Bianca war die Einzige, die der Sache sorgfältig auf den Grund ging. Dabei drang sie bis zu ihrer ursprünglichen Seelengruppe vor und stellte fest, dass Jack und sie, anders als erwartet, aus unterschiedlichen Seelengruppen kamen. Doch sind sie offensichtlich über viele Leben hinweg einen gemeinsamen Weg gegangen; sie sind verwandte Geister oder Seelengefährten.

Die Macht des „Möchtegern“

Unseliger Catullus, lass die Narrheiten,
und was du siehst verlor'n, lass als verloren gelten.

CATULL[59]

Ich wollte auch einen Blick auf die Fälle werfen, in denen wir – scheinbar – einen verwandten Geist treffen, zu dem allerdings keinerlei Verbindung erkennbar ist, weder in früheren noch im jetzigen Leben. Gelegentlich taucht in Rückführungen ein „Möchtegern-Leben“ auf, wie ich es nenne. Es zeichnet sich durch eine bestimmte Art der Sehnsucht aus, durch ein wehmütiges Empfinden, wie es hätte sein sollen, statt durch ein frisch von der Leber weg erzähltes, saft- und kraftvolles Nacherleben. Mittlerweile sehe ich diese Berichte als die Fantasie an, die sich zur betreffenden Zeit im Kopf der Person abgespielt hat, und nicht als tatsächliches Ereignis. Wenn also ein älteres Fräulein in romantischen, doch unerfüllten Träumereien von ihrem künftigen Ehemann schwärmte, dann können sich diese Träume einschließlich des Vorsatzes „Ich werde ihn nie vergessen“ dennoch als „Erinnerung“ einprägen. Auf Derartiges war ich bereits gestoßen, als ich mit älteren Frauen über den Ersten Weltkrieg gesprochen hatte. Viele erzählten in seliger Erinnerung von „meinem Verlobten, der im Krieg gefallen ist“. Natürlich kamen damals viele Männer ums Leben, aber im Gespräch mit anderen Familienmitgliedern stellte sich oft heraus, dass es sich bei weitem nicht um eine Verlobung, sondern eher um ein flüchtiges Techtelmechtel oder eine Schwärmerei auf Distanz gehandelt hatte. Manchmal war der „Verlobte“ sogar nur der Junge aus derselben Straße, der zu einem Möchtegern-Partner idealisiert worden war.

Ähnlich blickt vielleicht auch eine Frau in einer schlechten Ehe wehmütig auf einen früheren Verehrer zurück und sagt sich: „Wenn ich doch nur ihn geheiratet hätte, dann wäre jetzt alles ganz anders.“ (Das Gleiche gilt übrigens für Männer in einer

59 Catullus, Gaius Valerius, *Carmen 8*, Übersetzung Otto Weinreich, Quelle: www.vox-latina-gottingensis.de.

schwierigen Beziehung.) Ich bin mir aber gar nicht sicher, ob wirklich alles anders wäre; denn wir neigen dazu, immer dieselben Muster anzuziehen. Aber darum geht es an dieser Stelle gar nicht. Was sich einprägt, ist das sehnsüchtige Verlangen, das Wunschdenken, das dann im Laufe der Zeit als Tatsache wahrgenommen wird. Wenn ich also jemanden zum Ursprung der Verbindung zwischen Seelenpartnern zurückführe, dann halte ich mir stets vor Augen, dass dieser Ursprung sehr wohl in der Fantasie der betreffenden Person liegen kann. Vielleicht ist das Empfinden einseitig, vielleicht auch nicht.

Sich selbst zu vergeben und die Illusion loszulassen, heilt eine solche „Möchtegern“-Konstellation und befreit Sie zu einer soliden und aufrichtigen Beziehung mit einem verwandten Geist, die fest in der Gegenwart verankert ist, ganz gleich, welche Form diese Beziehung dann annimmt.

8
Wunschdenken, Wahn oder etwas anderes?

Der Meister fragte seinen Schüler: „Was beschäftigt dich, mein Sohn?"
„Ah, wohl magst du fragen, oh Meister! Es ist Zeit für mich, so spüre ich, zu gehen und meine geliebte Seelenpartnerin zu suchen, die eine, die meine vollkommene Gefährtin sein soll, die schönste Frau im Universum."
„So sei es, mein Sohn. Doch wenn deine Suche beendet ist, dann komm mit ihr wieder hierher."
„Oh ja, Meister. Das werde ich ganz gewiss."
Viele Jahre später kehrte der Schüler wieder in den Ashram zurück, tieftraurig und allein. Der Meister nahm ihn herzlich auf und erkundigte sich nach seiner Suche: „Hast du gefunden, was du suchtest?"
„Geliebter Meister, ja, das habe ich. Ich fand sie, von der mir träumte. Sie war die vollkommene Verkörperung meiner Träume, die perfekte Frau."
„Nun, mein Sohn, wo ist sie?"
„Oh, wie traurig ist's, mein Meister! Auch sie suchte ihren vollkommenen Mann. Allein, ich war es nicht."[60]

In die Begegnung zwischen Seelenpartnern spielt sehr oft auch ein Element der Illusion oder gar des Wahns mit hinein. Diese Beziehungen haben häufig etwas an sich, das einem entgleitet und das man nur schwer fassen kann. Manchmal finden sie gar nicht erst auf der körperlichen Ebene statt, sondern scheinen in einem Paralleluniversum angesiedelt. Dann wieder ist die Beziehung eher eine Vorahnung künftiger Ereignisse. Wie die folgende Geschichte zeigt, macht genau dies, dass sie nämlich so schwer zu fassen sind, eine Beurteilung oder Einordnung der Beziehungen zwischen Seelenpartnern so schwierig.

60 *All till my youth was gone*, Eine Sufi-Geschichte von Ron Cuthbertson

Der Traummann

Ich war dem Wahn verfallen, dass du und ich so im Einklang miteinander wären, so sehr eins, dass du ungefragt wüsstest, was mich glücklich macht.

Bette Davis als Charlotte Vale in dem Film *Reise aus der Vergangenheit*

Die folgende Geschichte erhielt ich von Sue Bose. Sie zeigt, dass ein „idealer Mann" offensichtlich in Träumen erahnt, aber in Wirklichkeit doch nur „zusammengeträumt", also durch intensives, wenngleich unbewusstes Sehnen erschaffen werden kann. Man verwendet womöglich viel Zeit und Energie auf die Vorbereitung einer solchen Illusion, doch kann sich der Sinn und Zweck der Beziehung – wieder einmal – als ein ganz anderer erweisen:

Joanna begann, von einem rätselhaften Geliebten zu träumen. Die Träume wiederholten sich jede Nacht und wurden im Laufe mehrerer Wochen immer intensiver, bis sie schließlich eines Morgens mit dem drängenden Wunsch erwachte, ihr Schlafzimmer komplett umzugestalten. Sie wirkte im wahrsten Sinne des Wortes besessen. Früher ging ihr Geschmack eher in Richtung schlichter, gedeckter Farben, doch jetzt fühlte sie sich zu einem verträumten weißen Musselin-Stoff hingezogen, der über und über mit glitzernden Sternchen besetzt war. Sie nähte Voiles daraus und hängte sie auf. Dann verfiel sie auf die Idee, neue Bettwäsche mit hellrosa Rosenmuster zu kaufen. Außerdem wurde sie geradezu süchtig nach dem Duft von Rosen und Jasmin – und zwar so sehr, dass sie ihr Bett damit besprühte und die ätherischen Öle in ihr Badewasser träufelte. Sie gab ein kleines Vermögen für neue verführerische Unterwäsche aus. Es lag eindeutig etwas in der Luft!

In manchen Momenten war Joanna ganz erfüllt von einem köstlichen, unerklärlichen Gefühl froher Erwartung, dann wieder schaute sie traumverloren ins Leere. Nach und nach war sie der festen Überzeugung, dass jemand ganz Besonderes in ihr Leben treten würde. Aber wie und wann? Ein Monat verging, die Gewissheit wurde jeden Tag größer, doch in der Außenwelt tat sich nichts – bis aus heiterem

Himmel ein früherer Arbeitskollege anrief und sie zu einer Geburtstagsparty einlud. Als sie sich am Abend der Party umzog, sagte ihr eine innere Stimme, dass sie an diesem Abend den Menschen kennenlernen würde, auf den sie gewartet hatte. Spontan schimpfte sie mit sich, sie solle nicht so dumm sein. Doch insgeheim wusste sie, dass es stimmte.

Als sie ankam, war es zwar schon dunkel, doch an dem warmen Herbstabend hatten sich die Gäste dennoch im Garten eingefunden. Joanna ging auf ihren Gastgeber zu, um ihn zu begrüßen. Der ließ sie nicht mehr los und führte sie direkt in die Arme eines Freundes, der ganz allein unter einem großen Ahorn stand. Sie sahen einander an – und waren verzaubert.

Wie sich herausstellte, war auch Peter seit vielen Jahren allein und versteckte seine Einsamkeit unter einem Berg von Arbeit. Seit mehreren Monaten hatte auch er das Gefühl, dass jemand in sein Leben treten würde. Es war so stark, dass er sogar bereits ein paar Freunden gesagt hatte, er denke daran zu heiraten!

Peter und Joanna begannen eine intensiv heilsame Beziehung, in der sie beide lernten, wieder zu lieben und zu vertrauen. Doch im Laufe der Zeit mussten sie widerwillig erkennen, dass sie einander zwar unglaublich nahestanden, doch nicht als Lebenspartner füreinander bestimmt waren. In gewisser Weise wussten sie, dass sie zusammengeführt worden waren, um sich gegenseitig aus ihrer Einsamkeit und Enttäuschung herauszuhelfen. Sobald das gelungen war, mussten sie wieder ihrer eigenen Wege gehen. Sie trennten sich als beste Freunde. Peter und Joanna haben noch regelmäßig Kontakt und verstehen sich mit einer Warmherzigkeit und Tiefe, wie sie es mit keinem anderen Partner und keiner anderen Partnerin je erlebt haben. Sie glauben, dass sie echte Seelenpartner sind, weil sie einander auf einer zutiefst intimen Ebene kennen und so annehmen, wie sie sind. Außerdem akzeptieren sie bedingungslos, dass sie für den Rest ihres Lebens immer füreinander da sein werden, egal, was passiert.

Joannas Sehnsucht nach der vollkommenen Liebe war ganz eindeutig ein Thema, das sie mitgebracht hatte. Die Suche nach dem einzig Richtigen verhindert oft, dass andere Beziehungen gedeihen können. Als sie ihren Traummann anzog, manifestierte Joanna genau das, was sie ihrer Meinung nach brauchte. Doch wie sie feststellen musste, trug er zwar entscheidend zu ihrer Heilung bei und war eine Erfahrung, die sie auf keinen Fall missen wollte, nicht aber der ersehnte Lebenspartner.

Unechte Seelenpartner

Es saugen ihre Lippen meine Seele aus mir.[61]

Im Laufe der Jahre habe ich viel über unechte Seelenpartner gehört. Manchmal entsteht spontan das Gefühl: „Das ist mein Seelenpartner", was sich dann nur Tage, Wochen oder Monate später in „Oh nein, er/sie war es doch nicht" verkehrt. In anderen Fällen ist man sich ganz sicher, den Richtigen bzw. die Richtige gefunden zu haben, aber der andere empfindet das ganz und gar nicht so. Dies kann daran liegen, dass man subliminal eine so große Ähnlichkeit mit etwas (oder jemand) Bekanntem und Vertrautem verspürt, dass man sich ausgesprochen wohl fühlt und glaubt: „Das ist es."

Das beste Beispiel dafür ist eine Klientin, die siebenundzwanzig Jahre lang mit einem internationalen Banker verheiratet war. Er hatte ein hochfunktionales Asperger-Syndrom, war ausgesprochen charmant und charismatisch – besonders in Gesellschaft, gerade dann allerdings auch im höchsten Maße unberechenbar – und absolut unfähig zu emotionaler Nähe. Aber sie war daran gewöhnt. Es machte ihr nichts aus, dass sie einander nie in die Augen sahen, und mangelndes emotionales Mitgefühl ließ ihre Gefühle für ihn nicht erkalten. Sie fand ihn klug und anregend, und das war ihr genug. Sie sagte, mit ihm sei das Leben nie langweilig, und sie liebe ihn „von ganzem Herzen".

Da er meistens in Amsterdam arbeitete, wurde die Beziehung nicht schal. Wie nicht anders zu erwarten, war sie am Boden zerstört, als er sie wegen einer niederländischen Kollegin verließ, mit

61 Marlowe, Christopher, *Die tragische Historie vom Dr. Faustus*, Akt 5, Szene 14, Reclam 1964.

der er „eine tiefergehende Verbindung“ eingehen konnte. Kurz danach lernte sie an ihrem Arbeitsplatz einen Mann kennen, der ebenso charmant und charismatisch, allerdings gesellschaftlich weniger gewandt und in sich gekehrter war. Schnell entwickelte sich eine Freundschaft mit ihm. Er beriet sie in Fragen der Computer-Installation, und sie arbeiteten sehr kreativ zusammen. Aber irgendetwas war „abgeschaltet“.

Sie sagte, sie „erkannte ihn als Seelenpartner“ – und spürte eine starke Reaktion auf ihn in ihren unteren Chakras – aber die Beziehung entwickelte sich nie weiter, obwohl er alle Anzeichen eines entsprechenden Interesses zeigte. Äußerlich zwar ganz anders, ähnelte er ihrem Mann in seiner Lebenseinstellung und seinem emotionalen Verhalten doch so sehr, dass er ohne weiteres selbst eine milde Form von Asperger hätte haben können (die Störung umfasst ein breites Spektrum an Verhaltens- und Reaktionsweisen und ist gekennzeichnet durch Schwierigkeiten mit einem angemessenen emotionalen Ausdruck und emotionaler Nähe).

Die Vorteile rückblickender Betrachtung nutzend, verstand sie, dass sie nicht seine Seele, sondern seine Energie angezogen hatte. Sie löste in ihr genau dasselbe aus wie die ihres Ex-Mannes und kam ihr daher sehr vertraut – und sicher – vor. Der Freundschaft fehlte die emotionale Herausforderung, die tiefe Intimität ihr geboten hätte, aber sie hatte den Vorteil, dass sie ihr über eine schwierige Zeit in ihrem Leben hinweg half und sie dadurch endlich erkennen konnte, was ihr in der Beziehung mit ihrem Mann gefehlt hatte. Sie überlegte sich bewusst, was sie bei einem Partner suchte, und kam zu dem Schluss, dass sie sich jemanden wünschte, der zu schätzen wüsste, was sie auf allen Ebenen zu bieten hatte und mit dem sie eine Verbundenheit erleben konnte, die auf emotionaler Nähe gründete. Kurz danach begann sie eine wesentlich intimere Beziehung. Es mag sein, dass diese „energetische Resonanz“ auch bei anderen Beziehungen zwischen unechten Seelenpartnern am Werk ist und zum Teil sogar erklären kann, warum Menschen mehrere Beziehungen nacheinander mit Alkoholikern, „Opfern“, „Tätern“ und so weiter eingehen. Dieses wohlbekannte Gefühl bezieht sich dann nicht auf einen Seelenpartner, sondern es ist schlicht ein verführerischer Drang zu etwas Destruktivem und doch verlockend Vertrautem.

Einbildung kann in einer Beziehung mit einem Seelenpartner eine ungeheuer wichtige Rolle spielen. Wir sehen, was wir sehen wollen, ganz besonders dann, wenn es zu einer voreingenommenen Einstellung passt oder uns in einem destruktiven Verhalten unterstützt, das uns zwar nicht dient, nach dem wir aber süchtig sind – insbesondere, wenn es eine Komponente aus einem früheren Leben aufweist.

Wie Viele feststellen müssen, kann ein unechter Seelenpartner eine starke Anziehung ausüben, besonders wenn wir dadurch eine Sucht nach irgendeiner Form des Eskapismus ausleben können. Ein Seelenpartner kann eine solche Sucht sein, Alkohol eine andere. Bei beiden geht es um Selbsttäuschung und ein Abdriften aus der Realität. Von innen betrachtet, wirken diese Beziehungen, solange sie andauern, glücklich, ganz gleich wie Außenstehende sie sehen würden.

Erniedrigung in der Liebe

Wo sie lieben, begehren sie nicht, und wo sie begehren, können sie nicht lieben.

Sigmund Freud

In ihrer Beziehung zu einem falschen Seelenpartner fand Gaynor bestimmt jemanden aus ihrer Seelengruppe wieder, mit dem sie bereits viele frühere Leben verbracht hatte. Aber er war ein Seelenteil, der in diesem Leben einfach nicht wachsen wollte. Ein solcher Seelenpartner kann Ihnen großen Kummer bereiten, denn er ist zwar vielleicht erreichbar für Sie, steht aber nicht im Einklang mit Ihrer Seelenaufgabe.

Gaynor war einer spirituellen Gruppe beigetreten. Dort lernte sie Larry kennen. Sie fühlten sich sofort zueinander hingezogen, und schon bald waren sie geschäftlich und privat ein Paar. Innerhalb etwa eines Jahres war er sowohl ihr Geschäftspartner als auch ihr Geliebter. Doch obwohl er ihr ewige Liebe schwor, wollte er seinen promiskuitiven Lebensstil einfach nicht aufgeben, auch wenn er es immer wieder beteuerte. Gaynor war dadurch zutiefst verletzt. Sie war überzeugt, dass zu dauerhafter Liebe auch ewige Treue gehörte. Die Gruppe, der beide angehörten, legte großen Wert auf spirituelle Prinzipien und lehrte, dass sexuelle Begegnungen außerhalb einer Beziehung zwischen Seelenpartnern der Seele schadeten. Larry betete die Überzeugungen der Gruppe zwar nach, aber das waren nicht mehr als Lippenbekenntnisse, denn er folgte seinen eigenen Regeln. Mit seiner spirituellen Entwicklung war es ihm nie ernst, der Spaß war wichtiger. Er benutzte Gaynors Glauben an frühere Leben sowie die Tatsache, dass der Gruppenleiter ihnen gesagt hatte, sie seinen Seelenpartner, um sie zu manipulieren, sobald sie sich seinem Griff zu entwinden schien.

Irgendwie kämpften sie sich in der Beziehung noch zwei weitere Jahre durch, bevor sie sich schließlich trennten. Doch inzwischen war Gaynor geschäftlich weitgehend auf ihn angewiesen, daher sah sie ihn immer noch häufig. An ihrem Geburtstag gingen sie miteinander essen, und Gaynor hatte eine spontane Rückerinnerung an ein früheres Leben, in dem sie sehr geliebt worden war – von Larry, so dachte sie zumindest. Sie waren glückselig gewesen, echte Seelenpartner. Zugleich hörte sie Larry zu, der ihr von seiner neuen Beziehung erzählte. Sie sagte, die Erinnerung sollte ihr zeigen, dass sie einmal vollkommen geliebt worden war – was sie in ihrem jetzigen Leben noch nicht erfahren hatte – und diese Liebe wiedererkennen würde, wenn sie käme. Aber Larry? Wie konnte er ihr Seelenpartner sein, wenn er sie so schlecht behandelte? Was sollte sie tun?

Es kam ihr nicht in den Sinn, dass die Lektion womöglich lauten könnte, dass sie sich als Liebende trennen mussten, damit sie diese Liebe wiederfinden könnte, doch dieses Mal mit jemand anderem. Sie dachte auch nicht im Entferntesten daran, dass sie wohl eigentlich zusammenarbeiten, aber kein Liebespaar werden sollten. Sie hatte eine vollkommen neuartige Geschäftsidee, die für viele Frauen eine große Hilfe war. Er hatte die Kenntnisse in Marketing und Betriebswirtschaft, die sie brauchte. Weil sie „Liebe“ und Geschäft vermischt hatten, inklusive der sich daraus ergebenden Konflikte, ging es mit ihrem Unternehmen unweigerlich bergab. Sie glaubte, die spontane Erinnerung sei die Bestätigung dafür gewesen, dass Larry ihr einzig wahrer Seelenpartner war. Sie nahm ihn an diesem Abend und am darauffolgenden mit nach Hause. Sie glaubte an „höhere Führung“ und bat mehrere Medien sowie den Leiter ihrer spirituellen Gruppe um Rat. (Dieser versicherte ihr, Larry sei ihr einziger und wahrer Seelenpartner.) Die Folge war völlige Verwirrung. Manche sagten, er sei ihr Seelenpartner, andere meinten, es warte ein anderer Seelenpartner auf sie. Manche sagten „bleib“, andere rieten „geh“.

In dieser Zeit schickte Larry sie mental und emotional durch die Hölle. Spirituell standen sie sich noch nicht einmal nahe, aber finanziell war sie vollkommen von ihm abgängig. Schließlich hielt sie es nicht mehr aus. Sie beendete die Beziehung und löste die geschäftliche Partnerschaft auf. Ihr Unternehmen fasste schnell wieder Tritt und wurde extrem erfolgreich. Sie erkannte, dass die Tatsache, dass sie Larry als denjenigen betrachtet hatte, der sie in der spontanen Rückführung so sehr geliebt hatte, schlicht Wunschdenken und eine Illusion gewesen war. Sie sah weitere, weniger idealisierte frühere Kontakte mit Larry und entwickelte allmählich ein realistischeres Bild ihres Umgangs mit ihm.

Schon bald erfuhr sie, dass ihr wahrer Seelenpartner gewissermaßen schon um die Ecke käme. In der Zwischenzeit lernte sie einen sehr sanften und liebevollen jungen Mann kennen. Sie wusste, dass er nicht ihr endgültiger Seelenpartner war, aber dennoch verstanden sie sich sehr gut. Sie kontaktierte mich, um zu hören, was ich dachte. Ich ermutigte sie, sich darauf einzulassen, aber ohne alle Erwartungen, und einfach zu schauen, wohin es führte. Ich glaubte, dass diese Beziehung heilsam für sie sein könnte. Sie brauchte nicht die Intensität des einen wahren Seelenpartners und war in dieser Phase ganz sicher noch nicht bereit für eine Beziehung zu ihrer Dualseele. Sie musste ihre Wunden lecken und sich eine Zeit der Erholung gönnen. Ein sanfter, liebevoller Mann könnte ihr dabei helfen, vorausgesetzt sie war ehrlich zu ihm. Als sie sich dann auf ihn einließ, geschah genau das. Für diese kurze Zeit war es das Richtige – und es endete gut.

Bei allen ihren Beziehungen war ihr immer ihr eigener Wunsch nach der vollkommenen Liebe, jetzt und sofort, im Weg gestanden. Vor allem aber saßen ihr die unbewussten Erinnerungen und das Aufflammen jener längst vergangenen wunderbaren Liebe hartnäckig im Hinterkopf. Mit weniger wollte sie sich nicht zufriedengeben. Inzwischen hatte sie ein oder zwei Kandidaten für die Stelle des „Chef-Seelenpartners" in Aussicht, konnte sich aber nicht entscheiden. Während sie noch zauderte, entglitt ihr eine mögliche Beziehung nach der anderen. Sie lebte ständig in der Zukunft, nie im Jetzt. Das war ihre größte Lektion im Leben, aber sie wollte sie nicht annehmen. Als sie endlich begann, in der Gegenwart zu leben, entdeckte sie lohnende Freundschaften und gute Weggefährten. Damit, so beschloss sie, wollte sie sich zufriedengeben, bis „der Eine" käme. Inzwischen wollte sie an ihrer spirituellen Entwicklung arbeiten. Mehr war ihr an diesem Punkt nicht möglich.

Wie Gaynor feststellen musste, kann ein falscher Seelenpartner, ganz gleich wie eng die Beziehung in früheren Leben gewesen sein mag, verbunden mit der Sehnsucht nach der vollkommenen Liebe, dazu führen, dass man viele Chancen verpasst. Chancen durch die sie, hätte sie sich mit ihnen weiterentwickelt, neue Arten zu lieben kennengelernt hätte. Viel zu lange hatte sie versucht, Larry zu dem zu machen, was er ihrem Empfinden nach sein konnte, statt ihn so zu sehen, wie er war. Es ist eine enorme Erkenntnis, wenn man feststellt, dass ein Seelenpartner aus einem früheren Leben dieses Mal eine völlig andere Persönlichkeit angenommen hat und deshalb nicht zu einem passt. Wahrhaft bedingungslose Liebe lässt zu, dass die Menschen, die wir lieben und geliebt haben, sich in ihrem eigenen Tempo und auf ihre eigene Art und Weise entwickeln. Wenn das nicht zu unserem Weg passt, dann müssen wir sanft zur Seite treten und sie ihren eigenen Weg finden lassen. Eine alte esoterische Geschichte besagt Folgendes: Wenn wir einen Vogel fest umschlossen in der Hand halten, dann töten wir ihn. Wenn wir ihn loslassen und er davonfliegt, dann hat er uns nie gehört, aber wenn es ihm bestimmt ist, bei uns zu sein, dann wird er wiederkehren, wenn er seine Freiheit erhält. Dasselbe gilt für die Liebe.

Ritterromantik

Sind süßer Lenz und Sommer einst passé,
so fällt das Herbstlaub in der schwülen Bö.

Thomas Chatterton

Vor Jahren lernte ich eine Frau kennen, die glaubte, sie sei mit Thomas Chatterton verbunden, einem recht zweifelhaften englischen Dichter des 18. Jahrhunderts, der sich mit knapp achtzehn Jahren vergiftet hat. Für die Dichter der englischen Romantik im 19. Jahrhundert war er der Inbegriff des verkannten Genies. Im 20. Jahrhundert kannten ihn vielleicht noch ein paar englische Literaturstudenten, aber ansonsten war er kaum jemandem ein Begriff, bis seine Geschichte im Britischen Fernsehen gezeigt wurde. Doch was diese Frau erlebte, begann bereits lange davor. Ihren Angaben zufolge waren sie jahrhundertelang zusammen gewesen. Er war ihr Seelenpartner, ihr Ein und Alles, aber nicht inkarniert. Er manifestierte sich durch sie aus einer anderen Seinsebene. Wie sie ihre Liebe vollzogen, fühlte sich jedoch recht körperlich an. Schließlich kam sie zu der Überzeugung, dass er sich auch körperlich in ihr manifestierte. Sie bekam Brustkrebs und war sich sicher, dass der Knoten Chatterton war, der in dieser Form in Erscheinung trat. Deshalb ließ sie ihn nicht entfernen. Sie war keine Frau, bei der man sofort eine Schizophrenie oder Wahnvorstellungen diagnostiziert hätte. Abgesehen von diesem einigermaßen unorthodoxen Glauben war sie der Inbegriff der biederen englischen Mittelschichtfrau aus der Vorstadt. Leider habe ich sie aus den Augen verloren und weiß nicht, wie ihre Geschichte weiterging. Ich weiß jedoch, dass sie sich danach sehnte, wieder mit ihrem Seelenpartner vereint zu sein, daher vermute ich, dass sie ihm in den Tod gefolgt ist.

Viele nicht inkarnierte Seelen zeigen sich in Rückführungen und bei der Seelenheilarbeit. Es sind vielleicht alte Seelenpartner, Waffenkameraden, Zufallsbekanntschaften, ungeborene Kinder oder Menschen, die anderweitig mit uns in Verbindung standen – aber sie sind stets in unserer Nähe. Sie sind mit unserer Seele verbunden und können uns ohne weiteres wie ein Seelenpartner oder sogar wie Dualseelen vorkommen. Je nach Blickwinkel ist das Wesen lose oder sehr eng mit der ätherischen oder spirituellen Ebene desjenigen, der gerade auf der Erde ist, verbunden. Manche Menschen betrachten diese Wesen eher als seelische Vampire, die von der inkarnierten Person leben. Andere glauben, dass sie großen Einfluss auf den betreffenden Menschen ausüben oder ihn in gewisser Weise führen. Das kommt der biblischen Vorstellung von der Besessenheit sehr nahe, wenngleich Erfahrungen mit nicht inkarnierten Seelenpartnern meist als wohlwollend empfunden werden. Klar ist jedoch, dass die nicht inkarnierte Seele sich weiterhin stark zu dem Menschen auf der Erde hingezogen fühlt. Wenn wir verstehen wollen, wie so etwas möglich ist, müssen wir in frühere Leben zurückgehen und uns unsere geleisteten Schwüre und Versprechen näher ansehen, zum Beispiel „Nächstes Mal haben wir auf jeden Fall eine Beziehung, egal was passiert“ oder „Ich werde dich nie verlassen“. Wenn wir uns etwas stark genug wünschen oder es uns nicht gelingt, uns aus unseren Schwüren zu lösen, könnten wir uns leicht ebenfalls in einer solchen Beziehung wiederfinden. Wenn ein Geist einem Menschen wirklich anhaftet, kann die Hilfe eines Spezialisten oder einer Spezialistin erforderlich werden, um die Seele zu lösen und auf ihre eigenen Wege zu schicken.

Der geisterhafte Geliebte

Was ich liebe, wird kommen als ein luftiger Gast,
im Schutz geheimer Kräfte entgeht's der Menschen List.

Emily Brontë

In einer „Traummann“-Beziehung begegnete eine Frau jede Nacht im Traum ihrem Seelenpartner, und sie liebten sich leidenschaftlich. Sexualmagie ist eine uralte Kunst, und sie hatten sie beide bereits praktiziert. Sie sagte, es war eine Begegnung auf der Astralebene. Beide verließen ihren physischen Körper und reisten an ihren bestimmten Ort. Im normalen Leben war er verheiratet und sie Single, aber sie waren Arbeitskollegen. Sie sprachen nie über ihre seltsame Affäre, wussten aber beide, was der andere empfand. Sie war fest davon überzeugt, dass er ihr Seelenpartner war und sie irgendwie eine Möglichkeit finden würden, zusammen zu sein. Schließlich stand jedoch fest, dass er seine Frau nie verlassen würde. Sie brach die Affäre ab, war aber durch den Verlust ihres Seelenpartners zutiefst getroffen. Psychoanalytiker mögen dies wohl als Fantasie einordnen, die mit der Realität nichts zu tun hat, als eine Art tief in Kindheitserlebnissen verwurzeltes Wunschdenken. Aber es gibt ja auch Psychologen, die Nahtoderlebnisse entweder für Einbildung oder für das Produkt eines chemisch gestörten Gehirns halten. Da ich jedoch selbst Nahtoderlebnisse hatte und meinen Körper bei der Heilarbeit oft verlassen habe, stehe ich dem Phänomen des außerkörperlichen Liebhabers völlig offen gegenüber, denn für mich ist so etwas durchaus vorstellbar.

Vor kurzem bin ich auf weitere Erscheinungsformen dieser Geschichte vom geisterhaften Geliebten oder Traummann gestoßen. Mehrere Klientinnen und Klienten berichteten mir, sie hätten intensive außerkörperliche sexuelle Beziehungen mit jemandem, den sie in ihrem jetzigen Leben kennen, der aber aus eigener Neigung oder aufgrund seiner Religion zölibatär lebt. Zwar fühlt sich die Beziehung ausgesprochen körperlich an und meine Klienten sind dabei auch in ihrem physischen Körper höchst präsent, aber es ist im wahrsten Sinne des Wortes kein anderer verkörperter Mensch zugegen, obwohl ein sehr starkes Gefühl der Liebe sowie sämtliche körperlichen Reaktionen darauf vorhanden sind. Marias Geschichte ist ein typisches Beispiel dafür. Mitchell lebte freiwillig im Zölibat, weil er einem Laienorden angehörte. Sie arbeitete im Rahmen eines Flüchtlingsprojekts mit ihm zusammen. Sie mochten sich zwar als Kollegen sehr gern, aber nach Marias Dafürhalten war es ausgeschlossen, dass sich daraus je eine Beziehung entwickeln konnte – und doch:

> Ich wachte auf und entdeckte Mitchell neben mir. Ganz ruhig hielt er mich im Arm. Liebe durchflutete mich. Als er merkte, dass ich wach war, begann er, mich am ganzen Körper zu streicheln, und schon bald liebten wir uns sacht. Dieses Erlebnis war körperlich

> intensiv, aber und eher zutiefst spirituell als leidenschaftlich. Mein ganzer Körper war beteiligt, und es fühlte sich sehr tantrisch an. Ich erlebte den gewaltigsten Orgasmus, den ich je hatte. Das Seltsame dabei war, dass ich die ganze Zeit wusste, dass Mitchell nicht da sein konnte, auch wenn er sich für mich durch und durch solide und echt anfühlte. Selbst wenn er da gewesen wäre, hätten wir uns nicht geliebt, denn er lebte ja freiwillig im Zölibat. Aber ich weiß, dass ich nicht geträumt habe, denn ich war hellwach, und alle Sinne waren schärfer denn je. Dieses Erlebnis wiederholte sich noch viele Male und ging sogar noch weiter, nachdem ich aus dem Projekt ausgeschieden war und wir in verschiedenen Ländern lebten. Ich hätte ihn so gerne danach gefragt, aber ich brachte es nicht fertig. Wir waren Freunde, aber das war alles, nie hatte es den kleinsten Hinweis auf eine körperliche Anziehung zwischen uns gegeben. Doch auf der Seelenebene sehne ich mich nach ihm. Die Liebe zwischen uns ist so stark und so bedingungslos, dass ich wirklich nicht weiß, wie ich ohne sie leben soll, wenn er mich auf dieser Ebene verlässt.

In dem Bemühen zu verstehen, was da vor sich ging, suchte sie ein Medium auf. Dort wurde ihr gesagt, dass Mitchell und sie seit sehr langer Zeit zusammen seien und in ihrer letzten Inkarnation Mönche waren, die sich sexuell stark zueinander hingezogen fühlten, dies jedoch in Form einer tiefen intellektuellen Freundschaft sublimierten. Die daraus entstehende geistige Verbindung war so stark, dass sie bis ins jetzige Leben anhielt, allerdings zusammen mit dem Tabu, sie zu überschreiten. Doch Maria hatte das Gefühl, dass etwas ganz anderes vor sich ging, und bat mich, einen Blick darauf zu werfen. Die Antwort war sogar für meine Begriffe reichlich seltsam, doch sie passte zu dem, was andere Klienten und Therapeutinnen erlebt haben.

Anscheinend hatte Mitchell sogar als Teenager freiwillig zölibatär gelebt, weil er große Angst vor seinen intensiven sexuellen Gefühlen hatte. Diese Angst hatte er aus früheren Leben mitgebracht, und sie hatte sich im Teenageralter noch verstärkt, was schließlich dazu führte, dass er Laienbruder wurde. Er hatte diese Gefühle abgespalten und dadurch auf der energetischen Ebene einen „Körper des Begehrens“ erschaffen, der unabhängig von ihm agieren konnte. Ein Freund von ihm, der als Teenager bei einem Motorradunfall ums Leben gekommen war und fand, dass er das Leben verpasst hatte, hatte diesen Begierdenkörper übernommen und benutzte ihn nun, um sexuelle Erfahrungen zu machen. Weil der wahre Besitzer dieses „Körpers“ noch inkarniert war, konnte der Begierdenkörper wesentlich physischer werden als andere Äther- oder Astralkörper. Als der „Freund“ aus jenem Körper vertrieben und ins geistige Reich gesandt wurde, damit er reinkarnieren konnte, falls er wollte, kehrte der Energiekörper zu Mitchell zurück. Da Mitchell nicht mein Klient war, konnte ich nicht feststellen, ob er diesen Körper als Teil von sich angenommen hatte. Aber bei meiner Klientin hörten die Erlebnisse auf.

Ich schlug Maria vor, sie solle diese Erfahrung als Weg zu einer mystischen inneren Hochzeit nutzen (siehe Kapitel 13) und „ihren“ Mitchell nicht als den Menschen sehen, der er in der äußeren Welt war, sondern als Personifizierung ihres vollkommenen inneren Geliebten, mit dem sie verschmelzen konnte, um damit ihre männlichen und weiblichen Energien zu integrieren. Dabei müsse sie aber sehr sorgfältig zwischen dem äußeren Mitchell und der Gestalt in ihrem Inneren unterscheiden. Das löste eine Veränderung aus, wenngleich sie zugab, dass sie die Erlebnisse mit seinem außerkörperlichen Wesen sehr vermisste. Offensichtlich war noch mehr Arbeit nötig, um sie von der Sehnsucht nach Mitchell zu befreien, so dass sie loslassen und einen Partner in der normalen Welt finden konnte.

Sein oder nicht sein

Eine Freundin, die dieses Buch im Entwurf las, bat mich, darauf hinzuweisen, dass es ihrer Erfahrung nach – und der anderer Menschen auch – möglich ist, auch nach vierzig Jahren in einer Beziehung mit seiner Dualseele noch durch eine überwältigende Begegnung mit einem Seelenpartner in Versuchung zu geraten. Sie selbst war in dichter Folge zwei „Seelenpartnern“ nacheinander begegnet. „Stets gab es dieses sofortige Wiedererkennen, es entstand das Gefühl, dass ich diesen Menschen schon seit Ewigkeiten kenne." Sie schilderte das allgegenwärtige Gefühl, dass das Wurzel-Chakra hell aufleuchtet, wenn sie einander tief in die Augen schauen. Dies war schon für viele Seelenpartner der Anfang vom Ende. Sie sagte, in diesem Moment wäre es nur allzu leicht gewesen, für die flüchtige, momentane Leidenschaft, die beide Seelenpartner auslösten, ihre Ehe und damit die sehr tiefe, echte Seelenpartnerschaft wegzuwerfen, die sie und ihre Dualseele von Anfang an miteinander empfanden. Aber etwas hinderte sie daran; nicht nur ein Gefühl der Loyalität zu ihrer Dualseele, sondern auch eine warnende innere Stimme, die ihr sagte, dass „Seelenpartner nicht das sind, was man sich in seinen ersten wilden Fantasien ausmalt". Wie recht sie hatte und wie klug sie war, auf diese innere Stimme zu hören! Möglicherweise war es in ihrem Seelenplan durchaus vorgesehen, dass sie einer solchen Versuchung begegnete und sie überwinden lernte. Ebenso gut hätte es aber auch eine jener so mächtigen „Möchtegern"-Erinnerungen sein können. Dann hätten die beiden Männer sich als unechte Seelenpartner herausgestellt, und sie hätte alles verloren.

Aufgrund ihrer Erfahrung erhob sich die Frage: „Kann es für unsere Seele planmäßig vorgesehen sein, dass Dualseelen anders geschieden werden als durch den Tod?" Meine Antwort darauf lautet: „Selten." Wenn eine echte Seelenverbindung vorliegt, wie das viel eher bei einer Ehe zwischen Dualseelen als bei einer zwischen Seelenpartnern der Fall ist, dann gewinnt fast immer das Gefühl die Oberhand, dass die Beziehung zur Zwillingsflamme richtig ist, ganz egal wie groß die flüchtige Versuchung auch sein mag. Es mag seltene Fälle geben, in denen andere Verträge und Verpflichtungen einer Seele stärker sind als das Band zwischen den Zwillingsflammen. Dann trennt sich das Paar endgültig oder erlebt immer wieder lange Trennungsphasen. Aber dies ist extrem ungewöhnlich, besonders in einer Ehe. Etwas anderes ist es natürlich bei Dualseelen in anderen Beziehungen, wie zum Beispiel innerhalb der Familie oder einer Freundschaft.

9
Wundgescheuerte Seelen

Wenn Leid an dein Leid rühret,
Wenn Weh auch dich verletzt,
Wenn Wahrheit dich erweichet,
Komm zu mir jetzt!

Nie war ich je so einsam,
Trüber nie war mein Sinn.
Mein wehes Herz pocht rasend,
Um dich welkt's hin.

Emily Brontë

Wie die Autorin Sue Minns sagt, können Seelenpartner spirituelle Kratzschwämme sein, die uns wundscheuern und unsere Seele polieren. Die Erfahrung selbst ist meist alles andere als angenehm, aber die Folgen sind dafür oft denkwürdig und reichen sehr viel weiter als bis zur rein persönlichen Ebene, auf der unsere Erlebnisse normalerweise ablaufen.

An der folgenden Geschichte war ich auch selbst beteiligt, weil ich in den Jahren, in denen Lily-Ann mit ihrem „Seelenpartner" zusammen war, intensiv mit ihr gearbeitet habe. Doch gibt sie die Erfahrungen etlicher meiner Klientinnen und Klienten sehr gut wieder. Dieser Seelenpartner war ein Mann, den sie während eines Urlaubs in Griechenland kennengelernt hatte. Sie saß in stiller Meditation an einem Strand, als plötzlich eine Stimme zu ihr sagte: „Geh! Jetzt!"

Sie sprang auf und stieß mit einem Mann zusammen. Nachdem der erste Schreck verflogen war, begannen sie ein Gespräch – und redeten ohne Unterbrechung die nächsten zwei Wochen miteinander. Als sie in ihren Heimatort in British Columbia zurück musste, wurde sie abgrundtief traurig bei dem Gedanken, dass sie ihn wohl nie wiedersehen würde. Doch nur wenige Wochen später war Dermott ihr nachgereist, fand eine Arbeit und zog bei ihr ein.

Während der nächsten zehn Jahre waren sie zwar nicht gerade im siebten Himmel, aber sie wurstelten sich durch, stritten sich gelegentlich und bekamen den einen oder anderen Wutanfall. Sie war sich absolut sicher, dass sie die Verbindung nicht lösen oder ihn verlassen wollte. Schließlich ging Lily-Ann im Rahmen einer Fortbildung nach England, und vor ihrem Abflug sagte sie ihm, die Beziehung sei vorbei, sie könne es nicht mehr aushalten, er müsse gehen. Doch als sie bei ihrer Rückkehr feststellen musste, dass Dermott sie beim Wort genommen und bei jemand anderem eingezogen war, war sie ausgesprochen wütend.

Zwar konnten sie nicht mit, aber auch nicht ohne einander leben, wie es zwischen Seelenpartnern häufig der Fall ist. Er zog also wieder bei ihr ein, aber als Seelenfreund. Sie hatten getrennte Schlafzimmer, und Lily-Ann legte sich einen deutlich jüngeren Liebhaber zu, der die meiste Zeit da war.

Eines Nachts wurde ich etwa um 3 Uhr morgens durch das Gefühl wach, ich würde aus meinem Körper herausgezogen und flöge sehr schnell durch die Luft. Ich landete in Lily-Anns Haus (das ich von Fotos kannte). Dermott war da und sah ganz verwirrt aus. Ich merkte, dass er tot war und riet ihm, mit mir ins Licht zu gehen. Er machte sich sehr große Sorgen um Lily-Ann, weil er wusste, dass sie in tiefste Trauer fallen würde. Er sagte, seine Seele habe bereits vor Monaten versucht zu gehen, aber er mache sich einfach zu große Sorgen um sie. Ich sagte ihm, wenn er ins Licht gehe, könne er wiederkommen und nach ihr sehen, wenn er aber hier bleibe, stecke er irgendwann fest und könne ihr nicht mehr helfen.

Wir reisten ein kleines Stück ins Licht – das geht ganz einfach. Später erfuhr ich von Lily-Ann, dass Dermott auch zu Lebzeiten schon geglaubt hatte, dass ein Mensch bei seinem Tod ins Licht geht. Das half anscheinend, obwohl er immer noch sehr besorgt war, wie Lily-Ann wohl damit fertig werden würde. Ich sagte, wir könnten Lily-Ann in Licht und Liebe hüllen und ihrem Herzen Heilung senden. Doch er konnte immer noch nicht vollständig ins Licht gehen. Deshalb riet ich ihm, er solle sich tiefer hineingleiten lassen, sobald er so weit sei. Dann schrieb ich Lily-Ann eine E-Mail, um zu sehen, wie es ihr ginge. Sie bestätigte, dass Dermott tatsächlich gestorben sei und sagte, sie könne ihn immer noch in ihrer Nähe spüren. Er sei ganz durcheinander gewesen, aber nun sei es besser, obwohl sie ihn immer noch dicht bei sich spüre. Sie hatte mit ihm gesprochen und ihm gesagt, dass sie immer ein Teil von ihm sein werde. Unabsichtlich hatte sie damit genau das ausgelöst, was ihn festhielt.

Als ich am nächsten Morgen aufwachte, reiste ich noch einmal zu ihm, um zu sehen, wie es ihm ging. Er war viel ruhiger, aber immer noch sehr besorgt um Lily-Ann – ihre Trauer verhinderte, dass er vollständig ins Licht gehen konnte. Ich schlug ihm vor, er solle mit ihr reden und ihr alles sagen, was er sagen wollte. Ich verließ ihn, als er gerade dabei war, und spürte den ganzen Tag über immer wieder einmal nach, wie es ihm ging. Er war jetzt wesentlich weniger durcheinander, aber seine Sorge um Lily-Ann zog ihn immer wieder zurück.

Als ich nachforschte, warum er so plötzlich gegangen war, erfuhr ich, dass er ihr damit unter anderem die Möglichkeit geben wollte, etwas über die Folgen einer so tiefen Trauer sowohl für den scheidenden Geist als auch für sich selbst zu lernen. Der andere Grund war, dass sein Höheres Selbst ihn mit einem Ruck aus seinem Körper gezogen hatte; denn obwohl er ein außergewöhnlich begabter Mensch war, arbeitete er in einem stumpfsinnigen Job ohne Aufstiegschancen. Vor ein paar Jahren hatte Lily-Ann gesagt, dass sie förmlich zuschauen konnte, wie er innerlich zugrunde ging. Dieser Prozess hatte sich beschleunigt. Es war keinerlei Bewegung mehr möglich. Trotz seiner angeborenen Weisheit und eines wachen Bewusstseins verfolgte er keinen spirituellen Weg, und auch materiell ging es nicht weiter. Deshalb beschloss sein Höheres Selbst, dass es für ihn an der Zeit war zu gehen. Bei der Obduktion wurde festgestellt, dass er fünf Monate vor seinem Tod einen Herzinfarkt erlitten hatte. Darüber hatte er nie gesprochen. Seine Seele hatte also tatsächlich schon einmal versucht zu gehen.

Ein oder zwei Tage später spürte ich plötzlich, dass irgendwo extreme Aufregung und Angst, ungeheuer starke überströmende Gefühle und schwerer Schock eingetreten waren. Ich stimmte mich auf Dermott ein, und der sagte nur immer wieder, wie leid es ihm täte. Er war verzweifelt und wollte sich bei seiner Familie entschuldigen. Es war fast, als wenn er Selbstmord begangen hätte (was nicht der Fall war); so große Schuldgefühle hatte er wegen seines Todes und dessen Folgen. Ich sagte ihm, es sei alles gut, so wie es sei, er sei einfach dem Zeitplan gefolgt, dem er folgen musste – und führte ihn ins Licht. Er ging weiter, tief ins Licht hinein und kam zur Ruhe. Ich schickte Lily-Ann und der Familie Heilung, denn die überströmenden Gefühle und der Schock schienen von ihnen zu kommen.

Laut Lily-Ann war seine Familie anscheinend unmittelbar nach der Ankunft vom Flughafen geradewegs zur Leichenhalle gefahren, um seinen toten Körper zu sehen. Sie hatten zuvor erst einmal einen Toten gesehen, und zwar in einem Bestattungsinstitut, wo er so lebensnah wie möglich zurechtgemacht worden war. Der Anblick des unbehandelten Körpers in der Leichenhalle traumatisierte sie schwer. Ich wachte mitten in der Nacht auf und verspürte große Panik. Erst später fand ich heraus, dass genau in diesem Moment der Sarg verschlossen worden war. Zu Dermotts größten Ängsten zählte – wie bei so vielen Menschen – die Vorstellung, er könne lebendig begraben werden, eine Erinnerung an ein Erlebnis in einem früheren Leben. Ich erinnerte ihn daran, dass er jetzt im Licht war, und er wurde wieder ruhig.

Ein paar Tage später überwältigte mich ein Gefühl der Einsamkeit. „Wie soll ich weiterleben? Was soll ich jetzt tun, wo ich ganz alleine bin? Wie konnte das nur geschehen?“ Solche Gedanken gingen mir immer wieder durch den Kopf. Ich verspürte großes Leid und tiefe Traurigkeit. Zunächst glaubte ich, ich hätte mich auf Lily-Anns Trauer eingestimmt, die tatsächlich groß war. Aber das Gefühl steigerte sich noch, bis ich spürte, dass es die kollektive Trauer der amerikanischen Indianervölker war. Dermott war mit den amerikanischen Ureinwohnern eng verbunden gewesen, und sie hatten an jenem Tag eine eigene Begräbnisfeier für ihn abgehalten. Ich nahm die Australische Buschblütenessenz *Desert Pea* und dann mehrmals das homöopathische Mittel *Ignatia*, nicht nur um Lily-Ann zu heilen, sondern auch als Mittel gegen die kollektive Trauer. Außerdem führte ich ein Vergebungsritual durch, an dem auch Lily-Ann teilnahm.

Was also wird erreicht durch das Wundscheuern der Seelen? Nun, Lily-Ann hat dreißig Jahre mit amerikanischen Ureinwohnern gearbeitet und wusste, dass Dermott und sie in früheren Leben mit dieser Kultur tief verbunden gewesen waren. Sie hatten während der Großen Säuberung durch die Weißen gelebt und trugen immer noch den Nachhall jener Trauer in ihrer Seele. Durch ihre eigene Heilung und indem sie über die Jahrhunderte hinweg allen Beteiligten Vergebung schenkten, verhalfen sie auch dem Kollektiv zur Heilung. Dermott sagte mir, dies sei die spirituelle Aufgabe gewesen, die sie zusammen hatten übernehmen wollen. Aber er hatte Lily-Ann auch die Möglichkeit geboten zu lernen, auf einer sehr intensiven Ebene mit tiefer Trauer fertig zu werden und ihre eigene Seele blank zu scheuern.

Ein türkisches Abenteuer

Wird sie mein Leben völlig verändern?
O sag mir die Wahrheit über die Liebe.

W. H. Auden[62]

Das Wundscheuern der Seele kann ein Katalysator für die notwendigen Veränderungen sein, die in Ihrem Leben anstehen, wie die folgende Geschichte von Jayn Lee-Miller zeigt. Sie zeigt außerdem, wie die Ereignisse ganz offensichtlich zusammenspielen, um uns in die Begegnungen mit den Seelenpartnern hineinzuziehen, die wir brauchen – und wie schwierig es ist, astrologisch zwischen einer Seelenpartner-Beziehung, einer Dualseelen-Beziehung und einer wunderbaren Illusion zu unterscheiden:

> Meine Geschichte beginnt eigentlich im Jahr 2003, als ich meinen ersten Engel-Workshop bei Doreen Virtue besuchte. In einer Medi-

62 Schlusszeilen des Gedichts „Sag mir die Wahrheit über die Liebe", auf Deutsch erschienen in einer abweichenden Übersetzung von Sky Nonhoff in *Sag mir die Wahrheit über die Liebe. Zehn Gedichte von W. H. Auden*, München 1994. (Anm. d. Ü.)

tation sagte mir der Erzengel Michael: „Wenn du es mir gestattest, durchtrenne ich die Bindungen in allen Bereichen deines Lebens und verändere es von Grund auf. Ich muss dich jedoch darauf hinweisen, dass dies einige Turbulenzen auslösen kann. Deshalb brauche ich deine Erlaubnis, bevor ich beginne." Ich gab Erzengel Michael die Erlaubnis, an die Arbeit zu gehen. Ich hatte ja keine Ahnung, was mir bevorstand!

Mein Sohn war eines der ersten Babys in Großbritannien, die in einer Geburtsbadewanne geboren worden waren. Infolgedessen gründete ich die *Splashdown Water Birth Services* und setzte mich intensiv für die Verwendung speziell gestalteter Wasserbecken für Wehen und Geburt ein. Nathans Vater verließ uns, als Nathan noch ein Baby war. Das war verheerend für mich. Danach habe ich unermesslich hart gearbeitet, um auf allen Ebenen wieder auf die Beine zu kommen, und wurde in sämtlichen Bereichen meines Lebens auf Herz und Nieren geprüft. Nach einigen Jahren war ich in jeder Hinsicht wieder so weit, dass es überall recht gut lief und ich keine besonderen Probleme hatte. Außerdem genoss ich den Erfolg meines blühenden Unternehmens.

Nathan war immer ein völlig unproblematisches Kind gewesen, meine Eltern haben mich sehr unterstützt, und ich habe ein schönes Zuhause, in dem ich auch arbeite. Doch mein Haus war auch sehr unordentlich. Nach meiner Meditation mit Erzengel Michael stieß ich auf ein Medium, das ich in spiritualistischen Kirchen an meinem Heimatort kennengelernt hatte. Die Frau fragte mich, ob ich bei *Splashdown* Arbeit für sie hätte. Da ich mich in erster Linie darauf konzentrieren wollte, mein Haus in Ordnung zu bringen, fragte ich sie, ob sie vielleicht den Telefondienst für mich übernehmen könnte. Als sie zur Tür hereinkam, eröffnete sie mir, der Erzengel Michael habe sie geschickt, und sie sei in Wirklichkeit nicht gekommen, um mir Telefonate abzunehmen, sondern um das Haus aufzuräumen und komplett neu zu gestalten. Sie hatte zuvor in ähnlicher Funktion für einen nigerianischen Prinzen gearbeitet und verfügte über einen erstaunlich guten Geschmack, daher gab ich alles mit Freuden in ihre geschickten Hände. Da nun also endlich mein Haus wunderschön aussah und auch alles andere in meinem Leben bestens lief, fehlte nur noch ein lieber Mann, mit dem ich mein Leben gemeinsam verbringen konnte.

Ich hatte einen einwöchigen Urlaub mit meiner Freundin Estelle gebucht, die ich schon kenne, seit ich vier Jahre alt war. Im Reisebüro hatte man uns zur Türkei geraten, und als wir buchten, gab es nur ein einziges Hotel, das uns Einzelzimmer zu einem vernünftigen Preis bieten konnte. Anscheinend sollte es wohl so sein. Ich wusste, dass es türkische Männer gab, die darauf aus waren, englische Frauen hinters Licht zu führen, daher war ich fest entschlossen, mich auf nichts und niemanden einzulassen.

Am Abend unserer Ankunft fiel mir ein Ober auf, der still und schüchtern wirkte. Während meines Aufenthalts trat eine wichtige astrologische Konstellation ein, ein Sternentor, und nach einer tiefen Meditation darüber ging ich mit Estelle noch auf einen späten Imbiss ins Restaurant. Ibis, der schüchterne Kellner, der mir bereits aufgefallen war, war ausgesprochen aufmerksam und räumte unser Besteck und unsere Teller im selben Moment ab, in dem wir aufgegessen hatten, als wolle er den Arbeitstag möglichst schnell abschließen. Er erwischte uns dabei, wie wir uns darüber lustig machten und lachte mit. Als ich am nächsten Morgen zum Frühstück herunterkam, küsste er mir die Hand und fragte, ob wir an dem Tisch sitzen würden, an dem er am Abend servierte. Das taten wir. Am Abend klopfte es an meiner Zimmertür, und davor stand Ibis mit einer Flasche Champagner – so gewinnt man mein Herz. Ich dankte ihm und schickte ihn wieder fort.

Am letzten Abend unseres Urlaubs bat er mich, mit ihm auszugehen, und ich war (dummerweise?) einverstanden. Sein Englisch war sehr schlecht – vermutlich. Er war äußerst charmant, gutaussehend und sehr viel jünger als ich. Ich fühlte mich zwar sehr geschmeichelt, nahm unseren gemeinsamen Abend aber überhaupt nicht ernst.

Als ich wieder zu Hause war, sandte er mir nach etwa einer Woche eine E-Mail und erklärte mir seine Liebe. Ich hatte für Januar eine Woche allein im selben Hotel gebucht, weil ich ein sehr günstiges Angebot bekam – aber ganz bestimmt nicht, weil ich ihn wiedersehen wollte.

Der Wendepunkt kam für mich jedoch, als ich unsere Horoskope daraufhin überprüfen ließ, wie gut wir wohl zusammenpassen würden. Eigentlich wollte ich mir damit hauptsächlich beweisen, dass dies KEINE ernsthafte Beziehung war. Die Partnerschaftsanalyse erfolgte übers Internet, und im wichtigsten Teil der Deutung, der besagte, worum es in der Beziehung ging, hieß es drei Mal, wenn wir nicht bereits verheiratet wären, dann würden wir heiraten. Dieser Analyse zufolge war unsere Ehe im Himmel beschlossen. Das veranlasste mich, seinen Liebesbeteuerungen doch zu glauben. Wegen seines Charmes, seines guten Aussehens und seiner romantischen Art war es sehr leicht, sich in Ibis zu verlieben.

Nach einem weiteren Besuch in der Türkei und einem Heiratsantrag bat ich einen professionellen Astrologen, der auf die richtige Terminierung von Ereignissen spezialisiert war, das beste Hochzeitsdatum für uns zu errechnen. Als er unsere Horoskope sah, sagte auch er, das sei eine Ehe wie aus dem Bilderbuch. Wir seien offensichtlich auch früher bereits verheiratet gewesen, und aufgrund unserer tiefen Liebe zueinander könnten wir alles überwinden, was uns das Leben in den Weg stellte.

Meine Eltern und mein Bruder waren entsetzt angesichts dieser Beziehung und wussten, dass sie nur in einer Katastrophe enden konnte. Das hat leider zu schrecklichen Auseinandersetzungen geführt, mir aber später die Augen für ihre tiefe Liebe zu mir geöffnet.

Ich nahm meinen Sohn mit in die Türkei, damit er Ibis kennenlernte. Danach wollte ich ihn mit zu uns nach England nehmen. Doch schon vor meiner Abreise beschlichen mich erste Zweifel, und der Astrologe hörte das in meiner Stimme. Als ich mit Ibis wieder zu Hause ankam, fand ich einen Brief von ihm, in dem er mir mitteilte, er habe ein progressives Horoskop für unsere Beziehung erstellt und müsse mich darauf hinweisen, dass die Hochzeit nicht stattfinden werde. Alles sei eine Illusion, und obwohl wir äußerst gut zueinander passen würden, wäre Ibis in Wirklichkeit darauf aus, mich hinters Licht zu führen und zu betrügen – was sich als wahr herausstellen sollte. Das Computer-Horoskop hatte mich also dazu ermutigt, mich näher auf die Beziehung einzulassen (man sollte sich nie ein Computer-Horoskop erstellen lassen, denn Computer können widersprüchliche Faktoren nicht gegeneinander abwägen), aber dank des progressiven Horoskops gestand Ibis schließlich, dass er „schlecht“ gewesen war, und ich besorgte ihm ein Ticket für den Rückflug in die Türkei. Er war nur eine Woche bei uns gewesen. Ich war sehr freundlich zu ihm, obwohl er mich getäuscht und auch um Geld geprellt hatte, das ich ihm in der Türkei für einen Gebrauchtwagen gegeben hatte.

Mein Leben hatte sich also vom absoluten Tiefpunkt, als mein Ex-Mann mich 1991 verlassen hatte, allmählich auf allen Ebenen wieder zum Guten entwickelt, und als ich dann Ibis kennenlernte, glaubte ich, das sei die Erfüllung. Doch nun war nicht nur die Beziehung in die Brüche gegangen, sondern zum ersten Mal in meinem Leben war ich auch ernsthaft verschuldet. Nach einiger Zeit zog dann mein Sohn von zu Hause aus, näher zu seiner Schule. Ich hatte mich mit Essen getröstet und infolgedessen stark zugenommen. Deshalb begann ich nun eine besondere Diät, bei der man nur Milchshakes zu sich nimmt. Da stand ich nun also, ohne Partner, ohne meinen Sohn, mit einem Berg Schulden und ohne Essen. Wie Sie sich bestimmt vorstellen können, bat ich die Engel inständig um Hilfe. Ich musste zwar lange warten, aber schließlich haben sie mir doch geholfen, wieder Erfüllung zu finden.

Meine Freundin Pattie, eine Engel-Malerin, fertigte in unserer Kirche Zeichnungen von Schutzengeln an. Ich fragte sie, ob ich über Engel sprechen könnte, während sie arbeitete. Sie war einverstanden, und die Veranstaltung war ein großer Erfolg. Danach gewann unsere Arbeit immer mehr Zulauf, und viele Kirchen buchten uns.

Ich besuchte einen Kurs, in dem man ein Zertifikat als Engel-Heilerin erwerben konnte, und nach dem zweiten Tag fragten mich die Workshop-Leiter, ob ich den nächsten Kurs mit ihnen zusammen halten wollte, weil sie sahen, wie tief ich mit dieser Arbeit verbunden war. Später beschlossen sie, eine Ausbildung zum *Inter Faith Minister* (Interreligiösen Geistlichen) zu machen und baten mich, ihre Arbeit zu übernehmen. Natürlich packte ich die Gelegenheit beim Schopf. Inzwischen bin ich auch Engel-Reiki-Meisterin und habe die *Academy of Angelic Healing* gegründet. Bei der größten Esoterik-Messe in Engand wurde ich „entdeckt“, und heute schreibe ich jeden Monat die Rubrik „Ask the Angels“ (Frage die Engel) für die Zeitschrift *Take a Break's Fate and Fortune*.

Daher danke ich Ibis dafür, dass er ein so wichtiger Katalysator war. Ich bereue nichts!

Ibis hat also seine Seelenpartner-Funktion als Katalysator erfüllt und Jayn auf ihrem Weg weitergebracht. Da sie ihm vergeben konnte, konnte sie sich zugleich für eine neue spirituelle Ebene öffnen. Jetzt gibt sie die Weisheit, die sie selbst erworben hat, an andere weiter und erfüllt damit einen Teil ihrer Seelenaufgabe.

10
Dreiecksbeziehungen

Ich weiß, wir waren uns einig, wenn es uns wichtig erschiene, mit jemandem eine karmische Schuld zu erforschen, dann könnten wir mit ihnen schlafen.
Wenn es Träume gäbe, die wir mit ihnen erleben könnten, dann könnten wir mit ihnen schlafen.[63]

Wohl eine der schmerzlichsten Erfahrungen, die wir mit Seelenpartnern machen können, ist das sogenannte *Ewige Dreieck*. Viele Geschichten und Mythen ranken sich um dieses Erleben, das überall und zu allen Zeiten vorkommt. Kleopatra, Mark-Anton und seine Frau Octavia verkörperten dieses Schauspiel auf der ägyptisch-römischen Bühne. Artus, Guinevere und Lancelot wiederholten das Drama am Hof von Camelot; Charles, Diana und Camilla in moderner Zeit am Hof von St. James. Und viele Menschen führen es in ihrem ganz normalen Leben auf.

Dreiecksbeziehungen können sich aus früheren Leben auf das jetzige übertragen. Wie wir sehen werden, können die Beteiligten im Laufe der zahllosen Neuformierungen des Dreiecks ihr Geschlecht wechseln. Die Geschichte als solche bleibt jedoch unverändert. In unserer ersten Dreiecksgeschichte kommen die drei Beteiligten als Frauen ins jetzige Leben und verstricken sich in komplexe lesbische Beziehungen:

> Suzanne und ich waren seit fast zwei Jahren ein Paar. Nach drei gescheiterten Beziehungen war ich reichlich desillusioniert und fühlte mich emotional ausgelaugt. Daher war mir Suzannes entschlossenes Wesen sehr lieb, und es erschien mir nur natürlich, ihrer saturnischen Führungskraft zu folgen. Sie hatte zu allem und jedem fes-

63 Felix, Julie (amerikanisch-britische Folk-Sängerin), *Graduation Day*

te Vorstellungen. Es ärgerte sie, wenn ich am Frühstückstisch las; sie fand, das seien schlechte Manieren. Wenn wir über etwas reden mussten, dann vereinbarte sie einen Termin mit mir. Sie nahm meine nachlassende Karriere in die Hand – mit großem Erfolg.

Seit mehreren Jahren schon verbringe ich immer im Mai zwei Wochen auf einer Insel und belege einen Yoga-Intensivkurs. Ganz gleich, in welcher Beziehung ich gerade bin, für mich steht fest, dass dies meine Zeit für mich selbst ist, in der ich mich mit anderen Yoga-Übenden austauschen kann, ohne mich aber in Persönliches zu verstricken. Als Suzanne vorschlug, nach zehn Tagen nachzukommen, zögerte ich zunächst, war dann aber einverstanden. In den zehn Tagen vor Suzannes Ankunft lernte ich Lisbet kennen.

Lisbet und ich spürten beide eine starke Verbindung zwischen uns, aber ich wusste, dass ich mit dem Feuer spielte, weil ja Suzanne in ein paar Tagen kommen würde. Lisbet ist stark medial begabt und erkannte, dass wir Seelenpartnerinnen sind. Als Suzanne kam, versuchte ich so zu tun, als sei alles ganz normal, aber das war es natürlich nicht. Ich war mit ihr zusammen und doch war es, als sei ich im Geiste bei Lisbet. Schließlich musste ich gestehen, was los war, und zugeben, dass ich mich sehr zu Lisbet hingezogen fühlte. Ich sagte aber auch, dass es bloß eine gegenseitige Anziehung sei und ich meine Beziehung mit Suzanne fortsetzen wollte. Dabei hatte ich ganz bestimmt nicht mit dem gerechnet, was nun kommen sollte. Suzanne rastete komplett aus und bestrafte mich mit der ganzen Grausamkeit einer „bösen Hexe" aus dem Märchen.

Lisbet war sehr viel eher merkurisch als saturnisch. Ihr sonniges Wesen stand im krassen Gegensatz zu Suzannes Art. Eines Nachts hatte ich einen Traum, der die ganze Sache in einem interessanten Licht erscheinen ließ. Ich glaube, dieser Traum zeigte mir ein früheres Leben. In jenem Leben war ich eine Frau, und sowohl Suzanne als auch Lisbet waren Männer. Ich weiß nicht, wann dieses Leben stattgefunden hat, aber die Umgebung war polynesisch, mit Palmen, mondbeschienenem Meer und allem Drum und Dran.

Ich war ein junges Mädchen in einer „angesehenen Familie", wie man wohl bei uns sagen würde. Suzanne war ein junger Mann, dessen Eltern mit meinen befreundet waren. Es wurde eine Hochzeit vereinbart, und ich heiratete Suzanne (in ihrer männlichen Gestalt). Er war ein ehrgeiziger junger Mann mit sehr strengen Vorstellungen davon, was akzeptabel war und was nicht. Lisbet war ein junger Mann, mit dem ich aufgewachsen war. Als Kinder waren wir zusammen geschwommen, auf Bäume geklettert und hatten geheime Orte gehabt, an denen wir spielen und unsere Fantasiewelt erschaffen konnten. Er war der Sohn eines Fischers und kam als Ehemann nicht in Frage. Nach meiner Hochzeit mit Suzanne wurde ich depressiv und einsam. Schließlich traf ich mich heimlich wieder mit dem alten Freund aus Kindertagen (Lisbet). Wir schwammen im Mondlicht und wurden ein Liebespaar. Nach einiger Zeit fand mein Mann (Suzanne) heraus, dass ich ihm untreu war. Er schlug mich, beschimpfte mich auf übelste Weise und verbot mir, Lisbet je wiederzusehen.

In diesem Leben versuchte ich mehrere Monate lang vergeblich, mich mit Suzanne zu versöhnen, und beschloss dann, mich von ihr zu trennen. Kurz danach wurden Lisbet und ich ein Paar. Inzwischen sind wir zwar nicht mehr zusammen, aber für mich ist Lisbet immer noch meine Seelenpartnerin, mein/e Bruder-Schwester in alle Ewigkeit. Wir werden sehen!

Tatsächlich flammte ihre Beziehung in den kommenden Jahren noch mehrmals wieder auf, obwohl beide auch Beziehungen mit anderen Menschen hatten. Der Dreiecksaspekt wurde nie aufgelöst.

Es kamen so viele Menschen mit einer solchen Dreiecksgeschichte zu mir, dass ich den Eindruck gewann, hier werde über alle Zeiten hinweg etwas sehr Wichtiges ausagiert. In einer Meditation fragte ich, wo alles seinen Anfang genommen habe:

Dreiecksbeziehungen lagen in der Luft. Man sagte mir, dass das Ereignis, das ich sehen sollte, der Anfang vieler „ewiger Dreiecksbeziehungen“ werden sollte. Offensichtlich spielte es sich auf einem weit von der Erde entfernten Planeten ab. Es war ein karger Ort mit seltsamen, unirdischen Farben: Schieferblau und Grau, fahler Sandstein und gelber Ocker – wie die ägyptische Wüste in der Dämmerung.

Die Wesen waren menschenähnlich, aber nicht so fest. Sie schwebten ätherisch in der Luft oder gingen leichtfüßig auf dem Boden. Die Vermehrung erfolgte durch Teilung. Ein Wesen teilte sich also einfach in zwei (fast so wie bei Platons Seelenpartnern). Bei heiligen Anlässen konnten auch zwei Wesen zusammenkommen, um einen Körper für die Inkarnation einer ganz besonderen Seele zu erschaffen. So entstand ein „heiliges Wesen". Mit anderen Worten, die sexuelle Vereinigung war eine heilige Handlung und einem bestimmten Zweck vorbehalten. Vermehrung gehörte zum ganz normalen Alltag, der allerdings ganz und gar nicht erdähnlich war.

Es gab eine Art Katastrophe. Was passiert war, ließ sich nicht genau sagen. Viele kamen ums Leben. Es sah aus wie die Zerstörung nach einer Atomexplosion, alles lag in Schutt und Asche. Von da an teilten sich die Wesen nicht mehr in zwei, sondern sehr häufig in drei. So entstanden ein „Paar" und ein „Außenseiter", der oder die nun ewig den Platz suchte, an den sie hingehörte. Die Paare zogen sich ganz natürlich an und schlossen den Außenseiter oder die Außenseiterin aus. Die Außenseiter versuchten, untereinander Beziehungen einzugehen, kehrten aber immer wieder zu ihrem Ursprungsdreieck zurück, weil sie sich nur dort wirklich zu Hause fühlten. So entstanden die „ewigen Dreiecksbeziehungen". Ich erfuhr, dass viele Seelen dies auf der Erde ausagieren. Dabei nehmen die drei beteiligten Seelen in dem Versuch, die Spaltung zu heilen, immer wieder verschiedene Rollen und Geschlechter an.

Ich nahm an, diese Vision sei eher allegorisch als real gemeint. Doch inzwischen haben mir mehrere andere von derselben Vision erzählt; und sie sind der Meinung, dass sich das auf einem weit von der Erde entfernten Planeten tatsächlich so abgespielt hat. Für mich ist das noch nicht entschieden (denn obwohl seither über ein Jahrzehnt vergangen ist, habe ich noch keinerlei Bestätigung weder für die eine noch für die andere Deutung erhalten). Ich finde allerdings, dass sie hilft, sich ein Bild davon zu machen, warum anscheinend so viele Menschen in ewigen Dreiecksbeziehungen verstrickt sind. Soweit ich sagen kann, werden nicht immer die ursprünglichen drei Teile eines Wesens zueinander hingezogen. Einer der drei Beteiligten in einer Dreiecksgeschichte kann auch ein „Außenseiter“ auf der Suche nach dem Platz sein, an den er hingehört. In diesen Fällen bildet sich das Dreieck wahrscheinlich nur in einem einzigen Leben. Die Folgen können sich allerdings auf weitere Leben übertragen. Wer der Dritte ist, hat Einfluss darauf, wie die Geschichte ausgeht – je nachdem, ob die bestehende Partnerschaft eine zwischen Seelenpartnern ist oder nicht. Recht häufig tritt in Dreiecksbeziehungen die Konstellation auf, dass zwei Menschen heiraten und dann ein Seelenpartner von einem der beiden oder der dritte Teil des ursprünglichen Wesens den Schauplatz betritt.

Dieses Phänomen ist ganz und gar nicht neu, und auch eine ganze Reihe spirituell verbundener Partner befanden sich in dieser Lage. Nicht wenige haben mich aufgesucht. In jedem Fall war es, als ob ein uralter Kontakt erneuert würde und sich ein altes Muster meldete, um endlich gelöst zu werden. Oft wirkte es wie Schicksal. Die Beziehung wurde durch eine dritte Person auseinandergerissen. Oft handelte diese oder dieser Dritte als Katalysator, der die Beziehung zerbrach und dann weiterzog. Dabei hinterließ er oder sie Schmerz und eine tiefe Krise, aber auch die Möglichkeit zu Veränderung und Wachstum. Manchmal verlässt einer der Partner den anderen mit der neuen Beziehung und löst dadurch beim anderen tiefes Leid aus. Jede Dreierbeziehung löste das Dilemma auf ihre Art, aber für viele war es eine Initiation in eine neue Lebensweise. Meine Vision trug nicht eben viel zur Klärung individueller Fälle bei, doch ich sollte noch mehr über solche Dreiecke erfahren.

Die Astrologin Pat Gillingham erhielt damals gechannelte astrologische Lehren über „Triadenseelen“, wie ihre Quelle sie nannte.

Diese Quelle sagte ihr, es gebe viele Dreiergruppen (Triadenseelen), die vor sehr langer Zeit erschaffen worden seien. Solche Dreiergruppen würden über alle Zeiten hinweg stets zueinander hingezogen, und in unserer Zeit seien viele auf der Erde inkarniert, weil sie ganz bestimmte Aufgaben hätten. Die Beziehungen, die ich untersucht hatte, spielten sich anscheinend zwischen solchen Triaden ab. David Icke schrieb über Dreiecke an erdenergetisch wichtigen Orten:

Eine Spitze des Dreiecks zieht positive Energien an, eine andere negative. Die dritte Spitze harmonisiert die beiden. Auch bei den spirituellen und den körperlichen Energien spielt sie eine ähnlich harmonisierende Rolle.

Bei körperlichen Beziehungen kann es geschehen, dass die oder der Dritte die Harmonie zwischen den anderen beiden verbessert. Doch das ist nicht immer der Fall. Manchmal bedeutet diese Anpassung auch einen Bruch. Ein Seelenpartner tritt eine Zeit lang in die Beziehung, spielt seine Rolle und geht dann wieder. In anderen Fällen zerbricht die ursprüngliche Partnerschaft vollständig, oder die „zusätzliche Person" wird in gewisser Weise in die Beziehung aufgenommen. In manchen Fällen leben die Beteiligten dann zum Beispiel als zwei Paare in zwei verschiedenen Wohnungen, in anderen leben sie zu dritt zusammen. Für manche Menschen gab es diese Dreiecksbeziehungen schon immer. Ich erinnere mich, von einer Frau gelesen zu haben, die mit eineiigen Zwillingen zusammenlebte. Sie konnte sich einfach nicht zwischen ihnen entscheiden und liebte beide gleichermaßen. Die Zwillinge wiederum liebten die Frau und empfanden keinerlei Eifersucht. Sie lebten freundschaftlich zusammen und hatten ein gemeinsames Schlafzimmer.

Pat Gillinghams Quelle sagte ihr außerdem, dass die Triaden durch die Planeten Neptun (Liebe), Uranus (Wille) und Pluto (Macht) symbolisiert werden. Wir tragen alle diese „Planetengötter" in uns, und sie führen ihre archetypischen Dramen auf, manchmal mit unserer bewusst erteilten Zustimmung und manchmal ohne sie. Pats Quelle zufolge sind die Seelen jeweils auf einen der drei Planeten eingestimmt und agieren einen archetypischen Kampf zwischen Liebe, Wille und Macht aus, der gelöst werden muss. Eine ähnliche Vorstellung existiert in der esoterischen Astrologie, in der jede Seele einem bestimmten Strahl zugeordnet wird, über den wiederum ein bestimmter Planet herrscht. Einzelne Strahlen interagieren und sind in Harmonie miteinander.

Aus dem symbolischen Bild, das mir gezeigt worden war, ließ sich schließen, dass sowohl Dualseelen als auch ewige Dreiecke heute für Beziehungen relevant sind und viele Menschen sich in der einen oder anderen Rolle wiederfinden. Ich erfuhr, dass die

Zwillingseelen auf die androgynen Wesen der frühen Kulturen in Atlantis und Lemuria zurückgehen, die sich bei den Katastrophen auf diesen Kontinenten „geteilt" haben. Ob dieses letztere Bild nun symbolisch zu verstehen ist oder nicht, scheint nicht weiter von Bedeutung. Es ist eine Metapher für eine geistige Wahrheit. Wir suchen alle emsig im Äußeren nach etwas, was letztendlich als Teil unseres inneren Wesens erkannt werden muss, der abgespalten oder nach außen projiziert wurde und dadurch für uns unerreichbar blieb. Wir können unsere Dualseele oder die drei Teile unserer Dreiergruppe nur durch Integration unserer eigenen inneren Energien finden. Unsere Dualseele tritt leichter in unser Leben, wenn wir diese innere Arbeit geleistet haben.

Das „verlorene Wochenende"

Lerne, was du lernen musst.

YOKO ONO ZUGESCHRIEBEN

Als John Lennon und Yoko Ono sich trennten, war es wohl paradoxerweise sie, die ihn fortschickte, „damit er lernt, was er lernen muss".[64] Das führte zu seinem achtzehn Monate dauernden „verlorenen Wochenende" mit ihrer Sekretärin Mary Pang. Danach schrieb und sang John wieder als Solo-Künstler. Er hatte seine kreative Kraft wiedergewonnen. Doch als seine Frau rief, kehrte er zu ihr, seiner „anderen Hälfte", zurück. „Mutter (Yoko) hat mir erlaubt, nach Hause zu kommen", soll er Mary Pang gesagt haben.

John kehrte in die symbiotische Mutter-Kind-Beziehung zurück, die ihm zur Gewohnheit geworden war. Vielleicht hatten in dieser Zeit weder John noch Yoko gelernt, unabhängig voneinander zu leben. Nach ihrer Wiedervereinigung wurden sie sogar noch symbiotischer. John blieb fünf Jahre lang zu Hause und kümmerte sich um ihren gemeinsamen Sohn Sean, den Yoko empfangen hatte, nachdem sie wieder zusammengekommen waren. Wer weiß, was sie im Stadium zwischen den Leben geplant hatten?

64 Seaman, Frederick, *The Last Days of John Lennon*, 1991, Goldman, Albert, *John Lennon – Ein Leben*, München 1989.

Ein Erlebnis einer meiner Klientinnen, bald nach John Lennons Tod, ließ vermuten, dass das Paar auch im Stadium zwischen den Leben noch zusammen war, also nach Johns Tod, aber noch während Yokos Inkarnation. Meine Klientin war kein Beatles-Fan, hatte von John Lennons Tod kaum Notiz genommen und offensichtlich keinerlei Grund, sich mit ihm irgendwie verbunden zu fühlen. Doch in einem Zeichenkurs hatte sie sein Gesicht von einem Foto abgezeichnet und fühlte sich sehr stark zu ihm hingezogen. Sie träumte unablässig von ihm und hatte intensive sexuelle Erlebnisse, die sich absolut real und höchst körperlich anfühlten. Ein Wirklichkeit gewordener Traummann. Im Hintergrund stand schattenhaft Yokos Gestalt. Sie ermutigte ihn bei seinen Spielchen, schilderte mir meine Klientin später, und beteiligte sich zuweilen auch selbst daran. Geist und Körper dieser Frau wurden von John heimgesucht, und sie war sich absolut sicher, dass sie in mehreren früheren Leben mit ihm zusammen gewesen war. Solche Erlebnisse kommen gar nicht so selten vor (siehe Kapitel 13).

Uralte Frauengeschichten

Der Herr sei Richter zwischen dir und mir.

1. Mose 16, 5

Vom archetypischen Kampf zwischen den verschiedenen Facetten des ewigen Dreiecks wird schon seit Anbeginn der Geschichte berichtet. In einer ausgesprochen karmischen Erzählung des Alten Testaments, deren Auswirkungen bis heute zu spüren sind, wurde dem Urvater Abraham eine Vision eingegeben:

Nach diesen Geschichten begab sich's, dass zu Abram das Wort des Herrn kam in einer Offenbarung: Fürchte dich nicht, Abram! Ich bin dein Schild und dein sehr großer Lohn.

1. Mose 15, 1

Abraham glaubte nicht, dass er großen Lohn verdient habe. Er war kinderlos und hatte daher nach damaligem jüdischen Gesetz keinerlei Status in der Gesellschaft – obwohl er das Oberhaupt einer großen und wohlhabenden Gemeinde war. Gott sagte ihm, seine Nachfahren würden so zahlreich wie die Sterne am Himmel, was er allerdings kaum glauben konnte. Abrahams Frau Sarah war unfruchtbar. Deshalb gab sie Abraham ihre ägyptische Magd Hagar zur Zweitfrau, damit sie ihm Kinder gebäre. Als Hagar schwanger wurde und Sarah daraufhin demütigte, wurde die Geschichte höchst verzwickt. Sarah sagte zu Abraham:

> Das Unrecht, das mir geschieht, komme über dich! Ich habe meine Magd dir in die Arme gegeben; nun sie aber sieht, dass sie schwanger geworden ist, bin ich gering geachtet in ihren Augen.
>
> 1. Mose 16, 5

Abraham sagt ihr: „Siehe, deine Magd ist unter deiner Gewalt; tu mit ihr, wie dir‘s gefällt.“ Sarah misshandelt Hagar daraufhin – und diese flieht. Ein Engel findet Hagar und sagt ihr, sie solle zu Sarah zurückkehren und sich unterwerfen. Zugleich verspricht er ihr, ihre Nachkommen würden so zahlreich sein, dass sie nicht mehr zu zählen wären. Ihr Kind, so sagt er weiter, soll sie Ismael nennen und: „Seine Hand wider jedermann und jedermanns Hand wider ihn, und er wird wohnen all seinen Brüdern zum Trotz.“ Wie es scheint, konnte Hagar ihrem Schicksal nicht entgehen, ebenso wenig wie ihr Kind – oder war es Vorsehung? (Ahnen-Karma wird über Generationen hinweg weitergegeben.) Sie musste sich dem Karma stellen, dass sie beim Mann einer anderen Frau gelegen hatte, auch wenn diese Frau das selbst angeregt hatte. Ihr Sohn Ismael war zwar in der jüdischen Gesellschaft ein Ausgestoßener, aber er wurde der Urvater der Muslime, die sich natürlich dem Willen Gottes unterwerfen.

Schließlich gebar auch Sarah trotz ihres fortgeschrittenen Alters einen Sohn: Isaak, den Vater vieler Kinder und Urvater des jüdischen Volkes. Doch das war nicht der Anfang der karmischen Geschichte. Etliche Jahre zuvor waren Abraham und Sarah während einer Hungersnot nach Ägypten gereist. Weil Abraham glaubte, dass die Ägypter ihn töten und Sarah rauben würden, wenn er sagte, dass sie seine Frau sei – denn sie war sehr schön – behauptete er, sie sei seine Schwester. Offensichtlich nahm der Pharao sie zur Frau – wahrscheinlich eher zur Konkubine, denn die Pharaonen heirateten keine Ausländerinnen. Zur Vergeltung „plagte der Herr den Pharao und sein Haus mit großen Plagen um Sarahs, Abrams Frau, willen". (1. Mose 12, 17) Irritiert fragte der Pharao den Abraham, warum er ihn belogen habe, und verwies ihn des Landes. Aus karmischer Sicht ist es nicht weiter überraschend, dass die Juden später in ägyptische Gefangenschaft gerieten, auch wenn es in Wirklichkeit wohl eher eine Auswanderungswelle aus wirtschaftlichen Gründen war. Wenn man dem 1. Buch Mose glauben darf, dann war das nicht das einzige Mal, dass Abraham, um seine eigene Haut zu retten, vorgab, seine Frau Sarah sei seine Schwester, und zuließ, dass ein anderer Mann sie nahm. Andererseits könnte der Bericht in 1. Mose 20, 2-18 eine Wiederholung derselben Geschichte sein, wobei die Einzelheiten beim mündlichen Weitererzählen verändert wurden.

Die Geschichte endet auch nicht mit der Geburt der beiden Söhne. Wir können den scheinbar endlosen Konflikt zwischen den Juden (den Nachkommen von Sarahs Sohn) und den Muslimen (den Nachkommen von Hagars Sohn) bis zu diesem ersten ewigen Dreieck zurückverfolgen. Die Geschichte wiederholt sich über die Zeitalter hinweg, weil die Archetypen und das kollektive Karma immer noch fortwirken. Was im Kollektiven, bei den Vielen, geschieht, geschieht auch im Persönlichen, bei den Einzelnen. Ewige Dreiecke treten zu allen Zeiten immer wieder auf.

Der Dichter und seine Dame

Das Dreieck dreht sich bis zum Ende.

William Butler Yeats

Eine andere Version des ewigen Dreiecks tritt dann ein, wenn jemand jemanden liebt, der jemand anderen liebt. Der Dichter William Butler Yeats litt weit über zwanzig Jahre unter einer unerwiderten Liebe. In einer hoch komplexen Beziehung zog sich eine

Dreiecksgeschichte durch sein Leben und „raubte seine Jugend". Doch das war so schlecht nicht. Es war seine schöpferische Muse, die ihm Anregung zu seinen größten Werken gab und sein Leben prägte. Die astrologischen Bezüge zwischen ihm und seiner großen Liebe sind stark und ergeben ein perfektes Abbild des Dilemmas zwischen zwei Menschen, die nicht miteinander, aber auch nicht ohneeinander leben können, sowie der mystischen Verschmelzung, zu der ihre Seelen schließlich fanden.

Maud Gonne, das Objekt seiner Zuneigung, weigerte sich standhaft, ihn zu heiraten, blieb aber seine gute Freundin und Kollegin in der Magie.[65] Er war sicher, dass sie seine Seelenpartnerin war. Beide erinnerten sich an gemeinsame frühere Leben. Maud träumte, dass sie als Bruder und Schwester in die Sklaverei verkauft wurden. Damals waren sie einander der einzige Trost. Ihr ganzes Leben lang wandte sich Maud in schweren Zeiten stets an Yeats.

Als er Maud zum ersten Mal begegnete, hielt Yeats sie für „eine Göttin". In seinen Memoiren schreibt er, dass er nie eine Frau von solcher Schönheit gesehen habe. Sie löste in ihm „einen überwältigenden Tumult" aus. Mehrere Male machte er ihr einen Heiratsantrag, aber sie lehnte immer ab. Fast zehn Jahre später vollzogen sie eine Seelenheirat. Beide hatten in derselben Nacht einen Traum. Yeats träumte, dass sie ihn zum ersten Mal küsste. Maud träumte von einem „Großen Geist", der sie zu einem Pulk zahlloser Geister führte, unter denen sich auch Yeats befand. Der Große Geist legte Yeats' Hand in Mauds und sagte, nun seien sie verheiratet. Als Maud Yeats diesen Traum erzählte, sagte sie, sie könne im realen Leben nie seine Frau werden, weil es einen anderen gebe. Doch die Kommentatoren glauben, dass Yeats zu dieser Zeit wohl hätte Erfolg haben können, wenn er sein Ziel nur konsequent weiterverfolgt hätte, denn Maud war damals von ihrem französischen Seelenpartner getrennt. Aber anscheinend war es ihm lieber, dass seine Frau unerreichbar war (was angesichts der

---

65 Siehe Greer, Mary K., *Women of the Golden Dawn*, Park Street Press 1995; Jeffares A. Norman, *W. B. Yeats, Man and Poet*, Kyle Kathie, 1996 und *W.B. Yeats, A Vision*, Arena 1990; Yeats, William Butler. *Memoirs*, MacMillan 1972 und *Autobiographie* (keine Verlagsangaben); Ellman, Richard, *Yeats – the Man and the Masks*, Penguin, 1979.

astrologischen Synastrie, also dem Partnerbild ihrer Horoskope, kaum überrascht).

Ein paar Tage später begaben sich beide in eine gemeinsame stille Meditation. Maud sah sich als „große Steinstatue, durch die Flammen drangen". Yeats wurde eine „Flamme, die in einer großen steinernen Minerva aufstieg und durch ihre Augen hinaussah". Beide deuteten dies als Bestätigung dafür, dass sie eine spirituelle und mentale Hochzeit vollzogen hatten. Aber wieder weigerte sich Maud, ihn „in Fleisch und Blut" zu heiraten, weil sie, so sagte sie, sich vor Körperkontakt ekle.

Im Jahr 1908, fast zehn Jahre nach ihrer ersten spirituellen Verbindung, erforschten beide die Sexualmagie auf der Astralebene (außerkörperlicher tantrischer Sex) und hatten dabei erneut ein gemeinsames Erlebnis, in dem sie „ihr Versprechen erneuerten". Dies geschah nach Mauds Trennung von ihrem Mann, den sie geheiratet hatte, weil sie – so Yeats – ihr heiliges Versprechen vergessen hatte. Es war ein Erlebnis, das weit über das Körperliche hinausging, und offensichtlich befanden sich die beiden damals auch nicht in gegenseitiger Nähe. Ihre zweite „mystische Hochzeit" erstreckte sich über einen Zeitraum von mehreren Tagen. Yeats erschuf bewusst eine rote und eine grüne Kugel, ein Symbol sich verbindender Sexualität. Er erlebte „eine große Vereinigung" mit Maud. Am selben Abend schrieb Maud ihm von einem Erlebnis, das sie soeben gehabt hatte. Sie hatte die Gestalt eines Nachtfalters angenommen, reiste mit ihrem Körper auf die Astralebene und konzentrierte sich auf Yeats. Er erschien als große Schlange, und sie reisten gemeinsam irgendwohin in den Weltraum. Sie sah ihm in die Augen, und sie küssten sich. Sie verschmolzen miteinander, bis sie ein einziges Wesen wurden – eine vollständige, totale Vereinigung. Als er dies las, stellte sich Yeats sofort vor, er sei eine große Schlange, die mit Maud eins wird. Zur gleichen Zeit spürte Maud, dass er zu ihr kam, und wieder wurden sie in Ekstase eins.

Nach diesem Erleben schrieb Yeats an Maud: „Ich glaube, heute könnte ich zulassen, dass du einen anderen heiratest, … denn ich weiß, unsere spirituelle Vereinigung wird über dieses Leben hinaus bestehen, selbst wenn wir einander in dieser Welt nie wiedersehen."

Als Richard Ellman, einer der Biographen von Yeats, nach dessen Tod seine Frau befragte – die Yeats gegen Ende seiner langen Verbindung zu Maud geheiratet hatte – war diese unerschütterlich der Meinung, dass ihr Mann und Maud Gonne 1908 ein Liebespar gewesen waren. Offen bleibt jedoch die Frage, ob es eine körperliche oder eine spirituelle Beziehung war. Ihre magische Arbeit hatten sie getrennt voneinander ausgeübt, aber Richard Ellman fand Belege für einen gemeinsamen Aufenthalt in Frankreich in jenem Jahr und Briefe von Maud, in denen sie ihm mitteilt, dass sie so nicht weitermachen kann. Allerdings sagt sie nicht, womit genau; es könnte also sowohl die astrale Arbeit als auch eine körperliche Beziehung gemeint sein. Da sowohl Uranus als auch Neptun in den Aspekten zwischen ihren Horoskopen eine starke Rolle spielen, war Sexualmagie ein natürliches Ventil für die magnetische Anziehung zwischen ihnen. Uranus brauchte keine Angst vor Verbindlichkeit zu haben, und Neptun musste nicht befürchten, dass ihn irgendetwas davon abhalten könnte, sich völlig im anderen zu verlieren – eine Zeit lang. Die Erfahrungen während ihrer magischen Arbeit waren bei weitem intensiver als alles, was sie erlebten, wenn sie in der Realität der körperlichen Existenz verankert waren.

Maud war Hohepriesterin des *Ordens des Golden Dawn* und mit einem Meter achtzig Größe und kupferrotem Haar eine beeindruckende Erscheinung. Die Tochter eines Offiziers der englischen Armee wurde irische Patriotin, die gegen das britische Empire kämpfte und sich für die irische Selbstverwaltung einsetzte. Als aristokratische Revolutionärin predigte sie ihre Botschaft mit großer Leidenschaftlichkeit und rief die Menschen zuweilen sogar zu Gewalt auf. Und das in den 1890er Jahren, als die meisten Frauen lediglich in Haus und Heim zu wirken hatten. Sie war aber auch eine der Vorreiterinnen der neuen Amnestie-Bewegung und hatte tiefes Interesse an Spiritualität.

Maud hatte dreizehn Jahre lang eine unerlaubte Beziehung mit dem französischen Politiker Lucien Millevoye, mit dem sie auch ein illegitimes Kind hatte, ihren Sohn Georges. In Mauds Augen war

Millevoye ihr Seelenpartner. Als sie sich zum ersten Mal sahen, war Maud sicher, dass sie sich bereits früher schon begegnet waren. Sie schlossen einen Pakt. Er sollte ihr helfen, Irland zu befreien, dafür half sie ihm, Elsaß-Lothringen zu gewinnen. Manche Kommentatoren sind der Meinung, dass Maud, die in ihrer Autobiographie berichtet, sie habe einen Pakt mit dem Teufel geschlossen und ihm gegen die Freiheit eines selbstbestimmten Lebens ihre Seele verschrieben, in diesen Pakt mit aufgenommen habe, dass er (der Teufel) ihr auch Lucien Millevoye geben müsse. Mit Sicherheit glaubte Maud, dass ihre Seele verloren war und ein Großteil der Tragik in ihrem Leben auf diesen Pakt zurückzuführen sei – ihr Vater starb zehn Tage nachdem der Pakt geschlossen worden war.

Das Kind von Maud und Lucien starb jung. Besessen von dem Wunsch nach Kontakt zum Geist ihres Kindes, besuchte sie eine Séance mit Yeats. Die Seherin, Moina Mathers, beschrieb eine traurige Dame in Grau mit dunklen Augen, die mit Maud verbunden sei. Als Kind hatte Maud diese „graue Dame“ oft gesehen. Ein paar Tage vor der Séance hatten Yeats und Maud ein magisches Ritual vollzogen, bei dem die graue Dame erschienen war. Sie sagte, sie sei Mauds *Ka* aus einem früheren Leben. Das *Ka* ist ein Persönlichkeitsaspekt, der den Tod überlebt und erdgebunden bleiben kann. Es ist eine Art „ätherisches Doppel“, das dafür sorgt, dass die Seele oder spirituelle Essenz in der Inkarnation bleibt. Außerdem beherbergt er die Persönlichkeit. Nach ägyptischem Denken lebte es nach dem Tod des physischen Körpers selbstständig auf der Astralebene weiter. Im *Ka* nahmen das unerfüllte Verlangen oder die ungelebten Impulse, die die Seele wieder in die Inkarnation hineinziehen, Gestalt an. Aber das *Ka* konnte sein Eigenleben auch fortsetzen, wenn andere Teile der Seele reinkarniert waren.

Mauds *Ka* erzählte ihre Geschichte. Offensichtlich war sie eine ägyptische Priesterin gewesen, die sich von ihrem Geliebten, der ebenfalls Priester war, beeinflussen ließ und aus Profitgier falsche Orakel gab – was strikt gegen die Regeln verstieß. Infolgedessen war der *Ka* „ein halblebendiger Schatten“ geblieben. Yeats war in jenem Leben ein Freund dieser Priesterin gewesen und hatte ihr zur Flucht verholfen. Schließich war sie in der Wüste gestorben, aber ihr *Ka* blieb von ihrer Seele abgespalten. Jetzt wollte die Priesterin wieder mit Maud vereint sein.

Moina Mathers spürte, dass die „graue Dame" einen negativen Einfluss auf Maud ausübte, die ihre Trauer fast an den Rand des Wahnsinns gebracht hatte und die sich Vorwürfe machte, sie sei eine „schlechte Mutter" und habe ihr Kind vernachlässigt, weil sie es in Frankreich gelassen hatte, um die illegitime Geburt geheimzuhalten. Maud sagte, als die graue Dame am Ende ihres Kinderbettes erschienen sei, habe sie gestanden, ein Kind getötet zu haben und sei voll tiefer Reue gewesen. Moina Mathers bestätigte das aus ihrer Sicht. Maud trat schon am folgenden Tag dem *Golden Dawn* bei, damit sie lernen konnte, solchen Wesen zu befehlen und sie unter Kontrolle zu halten. Vielleicht wäre es besser gewesen, eine Seelenrückholung zu machen und diese abgespaltene Schattenseite wieder in Mauds Selbst zu integrieren oder diesen Geist zu befreien, aber offensichtlich kam dies weder Maud noch ihren spirituellen Beratern in den Sinn. Daher machte das *Ka* Maud ihr ganzes Leben lang Schwierigkeiten.

Maud war fest entschlossen, dafür zu sorgen, dass die Seele ihres toten Kindes reinkarnierte. Der *Orden des Golden Dawn* war von der Reinkarnation überzeugt und hatte Rituale für die Wiedergeburt, „um eine Seele herbeizurufen".[66] Schließlich überredete Maud ihren ahnungslosen Geliebten Millevoye, mit ihr zusammen am Vorabend von Allerheiligen das Grab des Kindes zu besuchen. In dieser Zeit wird der Schleier zwischen den Welten dünner. Seelen können hinüber und herüber. Sie liebten sich in der Vorhalle der Einsegnungskapelle, und Maud wurde wieder schwanger. Sie zweifelte nicht daran, dass sie dieselbe Seele unter dem Herzen trug. Ihr Kind war ein Mädchen. Einige Zeit danach zerbrach die Beziehung. Schließlich heiratete Maud einen anderen Mann. Als diese Ehe zerbrach, vollzogen Yeats und Maud ihre zweite mystische Hochzeit.

Yeats blieb sein ganzes Leben lang Mauds guter Freund, auch wenn er durch ihre Ehe frei wurde, selbst zu heiraten. Doch auf der Seelenebene blieben die beiden aneinander gebunden. Yeats meinte Maud, wenn er Sätze wie die folgenden schrieb:

66 Persönliche Information von Christine Hartley aus dem Jahr 1978.

Andere wurden, da du nimmer gehalten
Den tief geschworenen Schwur, mir zur Freundin.[67]
oder
Das Dreieck dreht sich bis zum Ende.[68]

Dreiecksbeziehungen entstehen oft, wenn jemand im selben Leben zwei früheren Seelenpartnern oder Mitgliedern seiner Seelenfamilie begegnet. Die Erkenntnis, dass es sich um eine Verbindung auf der Seelenebene handelt, hilft zwar, doch nur sehr wenige Menschen sind von Anfang an so bewusst. Sehr oft ist jemand glücklich verheiratet – und dann tritt Seelenpartner Nummer zwei ins Leben. Ich kenne aber auch Menschen, die wegen eines Seelenpartners aus ihrer (oft unbefriedigenden) Ehe ausgebrochen sind, nur um festzustellen, dass fast im selben Moment ein zweiter Seelenpartner auftauchte. Eine Frau fragte: „Wie ist es nur möglich, dass ich gleichzeitig zwei Männer aus ganzem Herzen und von ganzer Seele lieben kann? Aber so ist es!" In ihrem Fall bestand die Lektion darin, Seelenpartner Nummer eins loszulassen – der seine Frau und seine Familie nicht verlassen konnte – und alle ihre Illusionen und Träume, die sich um ihn rankten, aufzugeben und sich auf eine Beziehung mit Seelenpartner Nummer zwei einzulassen, der frei war. Als sie das tat, fand sie endlich das Glück, das ihr bisher im Leben stets zu entgleiten schien.

(Meine Liebe zu dir) hat mich gerettet … vor Sterilität, Impotenz, Verzweiflung. Sie lässt mich in der täglichen Anspannung unter fast unerträglichen Lasten und Sorgen Visionen sehen und Träume träumen.

Herbert Henry Asquith an Venetia Stanley.

67 Yeats, William Butler, *Die Gedichte.* Neu übersetzt von Marcel Beyer, Mirko Bonné, Gerhard Falkner, Norbert Hummelt, Christa Schuenke, Frankfurt 2005. Aus dem Zyklus *Die wilden Schwäne auf Coole*, Deutsch von Christa Schuenke.

68 Die Zeile „Das Dreieck dreht sich bis zum Ende" (The triangle plays out to the end) ist keinem Gedicht entnommen; die Quelle war nicht ausfindig zu machen. (Anm. d. Ü.)

11
Seelenpartner in Serie

Manchmal begegnen wir mehr als einem Seelenpartner.
Es hängt immer davon ab, wozu wir hierhergekommen sind.

JUDY HALL

Eines schönen Frühsommertages klingelte mein Telefon. „Ist dort Miss Judy Hall?“, klang es im gedehnten Tonfall einer amerikanischen Südstaatenschönheit. Fast hätte ich glauben mögen, Scarlett O'Hara sei am anderen Ende der Leitung. Daher werde ich sie Scarlett nennen. Scarlett war es übrigens auch, die sagte, sie glaube, unser Seelenpartner sei hier, um uns die härteste Lektion zu lehren.

In jenem ersten Telefongespräch erzählte mir Scarlett fröhlich, sie sei ihrem Seelenpartner begegnet, aber er liege im Sterben. Ein weiterer Seelenpartner war bereits gestorben. Ob sie mich wohl schnellstens besuchen könnte? Als ich sie im Laufe der Jahre besser kennenlernte, verriet Scarlett mir, dass dies in Wirklichkeit bereits der dritte Seelenpartner war. Der zweite war ebenfalls gestorben. „Ich glaube, ich stecke in einem Muster fest“, sagte sie fast philosophisch, „aber ich würde dieses Muster gerne ändern.“

In Scarletts Geschichte geht es um Seelenpartner in Serie und außerdem um vieles andere. Aus Gründen der Klarheit, will ich versuchen, sie nicht in der Reihenfolge zu erzählen, in der ich sie nach und nach erfahren habe, sondern so, wie sich die Ereignisse in Scarletts Leben tatsächlich zugetragen haben. Viele Erkenntnisse gewann sie jedoch erst rückblickend, und wie wir sehen werden, windet sich die Geschichte bis zum Ende um mehrere Seelenverbindungen herum. Sie ist komplex und verworren.

Als sie achtzehn Jahre alt war, verließ Scarlett ihr verschlafenes Städtchen im Süden der Vereinigten Staaten, wo die Damen noch weiße Handschuhe trugen und am Nachmittag auf frisch gewaschenen weißen Laken ein Nickerchen hielten. Das Leben in der großen Stadt war eine gehörige Überraschung, und ihre Arbeit bei einer großen Versicherungsgesellschaft öffnete ihr die Augen. Am dritten Tag ging die Tür auf, und vor ihr stand – in ihren Worten – der tollste aller tollen Männer. Ein Blick, und schon hatte sie alle klassischen Symptome: Wildes Herzklopfen, aufflammendes Wurzel-Chakra und die Hochzeitsglocken klangen. „Komm und wohne bei mir", sagte er. Als gut erzogene junge Dame wartete sie eine Woche, bis sie zusagte. Sie wusste, er war ihr Seelenpartner, ihre eine, einzige, wahre Liebe. Aber es sollte ein schmerzhaftes Erwachen für sie geben. Unwissentlich hegte sie tief in ihrem Inneren die Einstellung „Liebe tut weh".

Clark war ein drogensüchtiger Weiberheld, der nicht bereit war, nach der Begegnung mit seiner Seelenpartnerin sein Verhalten zu ändern. Häufig kam Scarlett von der Arbeit nach Hause und fand zahllose weitere Süchtige oder „besondere Freundinnen" in der Wohnung vor, mit denen er den Nachmittag im Bett verbracht hatte. Viele Male verließ sie ihn, und ebenso viele Male kehrte sie wieder zu ihm zurück. Sie konnte sich einfach nicht von ihm lösen. Sie „wusste, dass wir zusammengehören", und er bestärkte sie ständig in dieser Ansicht, indem er ihr sagte, wie sehr er sie liebte – und brauchte. Sie erkannte sein Potenzial und sah, was in ihm steckte – „die Perle in seinem Herzen" – aber sie konnte auch seine Situation realistisch einschätzen. Scarlett war zwar ganz Südstaatenfrau, aber deswegen keinesfalls schwach und hilflos. In Windeseile war sie eine Karriereleiter hinaufgeklettert, auf der es ziemlich rücksichtslos zuging, und stand nun ihre Frau unter lauter wesentlich älteren und besser qualifizierten Männern. Aber in Clarks Händen war sie wie Wachs. Für Clark hingegen ging es auf der Spirale der Sucht schnell abwärts.

Eines Tages verließ sie ihn schließlich „endgültig". Sie erkannte, dass sie nichts für ihren Seelenpartner tun konnte. Um ihrer selbst willen musste sie heraus aus der Beziehung. Zwei Tage später starb Clark an einer versehentlich eingenommenen Überdosis. Scarlett setzte sich ins Flugzeug nach England – ein Muster, das sie noch mehrmals wiederholen sollte. Sie konnte nicht zur Beerdigung gehen, denn sie hatte panische Angst vor dem Tod.

Fünf Jahre danach lernte sie Seelenpartner Nummer zwei kennen. Er war das lebendige Abbild von Rhett Butler. Umwerfend attraktiv, charmant und mit einem Hauch Gefährlichkeit – der ideale Kavalier für eine Südstaaten-Schönheit. Als sie zum ersten Mal miteinander ausgingen, besuchten sie einen Kostümball. Natürlich gingen sie als Rhett und Scarlett. Auch ein Filmproduzent war da. Er drehte gerade einen Film, der im alten Süden spielte. „Waren das etwa Komparsen? Sie verkörperten ihre Rolle perfekt. Sie bewegte sich in ihrem Kleid, als sei sie darin geboren worden." Noch bevor ich dies wusste, hatte ich ihr bei einer medialen Sitzung einmal gesagt, sie habe zur Zeit der Konföderation in den amerikanischen Südstaaten gelebt. Ihre große Liebe war im Krieg verschollen – seine Leiche wurde nie gefunden, und sie trauerte ihr ganzes restliches Leben lang um ihn. Sie gelobte, „ewig" auf ihn zu warten.

„Aber ja", sagte sie ungerührt. „Hier ist er", und zog ein Foto hervor, das bei dem Kostümball aufgenommen worden war. Um die Verbindung zu klären, führte ich Scarlett in ihr Leben mit Rhett zurück, und sie veränderte ihr Gelöbnis. Aus „ewig" wurde „nur in diesem Leben". Durch solche rückwirkenden Anpassungen kann die Vergangenheit geheilt werden, das jetzige Leben kann sich verändern, und es muss nichts mehr ins nächste Leben mit hinübergenommen werden. Wenn und sobald sie sich wiederbegegnen, können sie von vorne anfangen und sind nicht mehr an das alte Versprechen gebunden.

In den darauffolgenden fünf Jahren gestaltete Scarlett die Beziehung ein wenig anders als bei Seelenpartner Nummer eins. Rhett lebte noch zu Hause bei seinen wohlhabenden Eltern und verspürte keinerlei Wunsch auszuziehen. Sie wiederum genoss ihre Junggesellinnenwohnung. Aber sie sahen einander fast täglich, und auch ihre Familien verstanden sich sehr gut – bis heute. Alle gingen davon aus, dass Scarlett und Rhett eines Tages heiraten würden. Das einzige Wölkchen am Horizont bestand darin, dass Rhett ständig leicht übel war. Alle hielten das für Hypochondrie, bis eines Tages seine Mutter anrief und Scarlett mitteilte, Rhett liege im Krankenhaus, er habe Leberkrebs im letzten Stadium. Wenn Scarlett ihn sehen wolle, dann solle sie schnell kommen. Scarlett hasste Krankenhäuser. Sie kam ihn ein einziges Mal besuchen, konnte es aber nicht aushalten und flog wieder nach England. Gerade noch rechtzeitig zur Beerdigung kam sie zurück.

An dieser Stelle müssen wir etwas abschweifen. Rhett war adoptiert worden. Seine Adoptiveltern hatten jahrelang auf ein Kind gewartet, und als es geboren wurde, war seine Mutter bereits Ende dreißig. Sie hatte sich immer nach diesem Kind gesehnt und war nie schwankend geworden in ihrem Glauben, dass es eines Tages zu ihr käme. Als strenggläubige Baptistin „kannte sie seine Seele". Ihr Sohn war ein hübsches Kind, aber schon bald zeigte sich, dass er nicht gesund war. Im Alter von fünf Jahren starb er an Leberversagen. Vierzig Jahre später sagte mir seine Mutter, dass sie immer noch nicht trauern konnte, so benommen sei sie. Damals hatte sich ein Teil von ihr einfach verschlossen und war nie wieder aufgegangen. Er war ihr innig geliebtes Kind, und er war fort.

Sie konnte keine Kinder mehr bekommen, daher adoptierten sie ein kleines Kind – Rhett. Es war geradezu unheimlich, als sie mir die Fotos zeigte. Die beiden Jungen sahen einander so ähnlich, dass selbst sie sie kaum auseinanderhalten konnte. Sie hätten eineiige Zwillinge sein können. „Ich war sicher, dass mein Kind wieder zu mir gekommen war", sagte mir diese tiefreligiöse Frau. Daher war dieser zweite Verlust beinahe mehr, als sie ertragen konnte. Es ist vollkommen klar, dass sie dieses Erlebnis ins nächste Leben mitnehmen wird; dieses Seelendrama wird die beiden wieder zusammenführen.

Die Geschichte nahm eine weitere seltsame Wendung, als ich sie Jahre später besuchte und in Rhetts Zimmer untergebracht war. Es war wie ein Altarraum für ihren toten Sohn hergerichtet, überall standen Fotos von ihm in silbernen Rahmen, und auf allen sah er hervorragend aus. „Oh ja", sagte Scarlett, als ich eine Bemerkung darüber machte, „er ließ sich ständig fotografieren; er war geradezu besessen davon. Er wollte unbedingt bewundert werden. Er schickte seine Fotos an Zeitschriften. Er wollte unbedingt ein Star werden."

In jener Nacht konnte ich nicht schlafen und sah daher sehr spät noch fern. Plötzlich war Rhett auf dem Bildschirm. Ich schaute von dem Fernsehbild zu dem Foto darüber. Es gab keinen Zweifel. Das war derselbe Mensch. Der Mann im Film war in den 1930er Jahren ein umschwärmter Schauspieler in den Nachmittagsvorstellungen der Varietés. Er starb, als seine Karriere gerade in Schwung gekommen war. Starkes Trinken hatte eine Lebererkrankung ausgelöst. Solche Krankheiten können karmisch auf den (oder die) nächsten Körper übertragen werden, in dem (oder denen) dieselbe Seele Wohnung nimmt. Hier bestand sowohl eine Verbindung zu dem verstorbenen kleinen Kind als auch zu dem jungen Mann, der ihm folgte. Ich rief Scarlett, sie solle kommen und sich das ansehen. Auch sie war der Meinung, dass dies ein weiterer Aspekt ihres Seelenpartners war.

Um wieder zur eigentlichen Geschichte zurückzukehren: Scarlett beschloss, dass sie nun erst einmal eine Zeit lang auf Seelenpartner verzichten konnte. Sie zog nach England und heiratete einen alten Seelenfreund. „Eindeutig kein Seelenpartner, aber jemand, mit dem ich auch in früheren Leben schon zusammen war. Das weiß ich sicher." Sie fühlte sich geborgen, „als habe er versprochen, sich um mich zu kümmern" – was sich bei einer späteren Rückführung und durch die spontanen Erinnerungen ihres Mannes an frühere Leben bestätigte.

Inzwischen hatte Scarletts Schwester ein Kind bekommen. „Schon auf den ersten Blick erkannte ich, dass hier Clark (Seelenpartner Nummer eins) wiedergekommen war", erzählte Scarlett. Obwohl sie auf der anderen Seite der Welt lebte, entwickelte sie eine enge Beziehung zu dem Kind. Sie war eine wichtige Bezugsperson für ihn, und wenn er Kummer oder Schwierigkeiten hatte, wandte er sich an sie; ihr galt seine „ganz besondere Liebe", wie er sagte. In der Familie war allgemein akzeptiert, dass diese beiden etwas verband, was über die Distanz hinwegreichte. Sie waren Seelengefährten.

Ein paar Jahre vergingen. Oberflächlich betrachtet, waren Scarlett und ihr Mann glücklich. Aber dann beschlichen Scarlett bohrende Zweifel. Etwas fehlte. Erfüllten sie einfach nur das alte Versprechen, dass er sich um sie kümmern wollte? Sie spürte, dass sie eine Aufgabe hatte, die sie nicht erfüllte. Sollte sie mit einem Seelenpartner zusammen sein? Sie besuchte einen jener Workshops zum Thema „Finde deinen Seelenpartner", die damals in den USA so beliebt waren. Fünf Wochen später rief eine alte Freundin an: „Ein Freund von mir kommt nach England; und ich möchte, dass du ihn kennenlernst. Ich weiß einfach, dass ihr früher schon einmal zusammen wart."

Als Scarlett die Tür öffnete, wusste sie, dass sie schon einmal zusammen waren. Vor ihr stand Seelenpartner Nummer drei. Ashley war, in ihren Worten, „hinreißend, ein toller Kerl, genau wie Tom Selleck." Es gab nur ein einziges Problem. Bei ihrem dritten Treffen sagte er ihr, er habe nur noch wenige Wochen zu leben. Auch er hatte Krebs. Später gestand er ihr, dass er schwul war und Aids hatte. Das war also eindeutig keine sexuelle Verbindung, auch wenn sie sich sexuell stark zueinander hingezogen fühlten. Mithin mussten sie sich aus einem anderen Grund begegnet sein, dachte sie. Das war der Moment, als sie mich anrief.

Damals wusste ich noch sehr wenig über die beiden, und so arbeite ich auch am liebsten. Sie sagte mir, er sei ihr Selenpartner und habe Krebs. Außerdem wusste ich, dass sie schon einmal mit einem Seelenpartner zusammen gewesen war, der gestorben war. Das war alles. Über ihre Begegnung mit Ashley sagte sie:

> Es war wie im Märchen. Wie damals, als ich meinem ersten Seelenpartner begegnet bin, fühlten wir uns sofort zueinander hingezogen und wussten beide, dass wir uns von früher kannten. Gleich beim ersten Treffen sprachen wir über Reinkarnation. Beim dritten sagte er, er glaube, wir sollten bestimmte Dinge voneinander lernen und hätten nicht viel Zeit. Wir sind einander so nahe, dass er mich gebeten hat, bei ihm zu sein, wenn er stirbt. Wie kann das Schicksal nur so gemein sein?

Beim Vergleich ihrer Horoskope wurde klar, dass es sich tatsächlich um eine Verbindung zwischen Seelenpartnern handelt, wenngleich um eine äußerst schwierige.

Im Grunde entwickelten sie sich in entgegengesetzte Richtungen. Für Scarlett würde das eindeutig keine lebenslange Beziehung werden, dennoch war es ein wichtiger Kontakt. Ganz offensichtlich waren wichtige karmische Lektionen zu lernen und Aufgaben zu erfüllen. Ihr letzter Kontakt war symbiotisch und manipulativ gewesen, und man konnte eine sehr starke mütterliche Energie spüren. Sie musste unbedingt „loslassen und es Gott überlassen", statt selbst dafür zu sorgen, dass alles so lief, wie sie es wollte.

In ihrem Horoskop – und damit auch in sich – hatte Scarlett ein „emotionales schwarzes Loch", das nicht glauben wollte, dass es je genug Liebe gäbe, und deshalb manipulierte und taktierte, um zu bekommen, was es so dringend brauchte. Aus diesem Grund hatte sie sich bei ihrem Mann auch mit dem Zweitbesten zufriedengegeben. Dieser Hunger nach Liebe ist nie durch menschliche Liebe zu stillen, sie muss aus dem göttlichen Teil unserer selbst kommen. Scarlett musste lernen, Liebe zu geben und darauf zu vertrauen, dass sie zurückkommt, ohne dies zu kontrollieren.

Außerdem gab es in ihrem Horoskop einen Indikator für die Haltung „Liebe tut weh". Es war ein enormer Test im Loslassen, wenn sie einfach geschehen ließ, was geschehen musste. Dies alles war in ihrem Horoskop mit einer Herausforderung zum Thema bedingungslose Liebe verbunden, die sich normalerweise in einem idealisierten und vergötterten Geliebten manifestiert. Er wird auf ein Podest gehoben und muss Übermenschliches leisten. Sobald sich dann die natürlichen menschlichen Schwächen und Fehler zeigen, setzt eine völlige Desillusionierung ein. Wer diesen Aspekt hat, sieht sehr häufig „die Perle im Herzen des Menschen", also das, was er sein könnte, statt das, was er jetzt ist. Es wird ein idealisiertes Bild aufgebaut, und man macht sich Illusionen. In dieser Beziehung wurde ihr nun die Chance geboten, jemanden genau so zu lieben und zu akzeptieren, wie er war; Illusionen waren nicht mehr möglich. Die Planetenenergien besagten, dass sie nun die Gelegenheit hatte, sich aus einem Muster zu lösen, bei dem sie in einer idealen Beziehung verschmolz, und sich stattdessen auf eine „höhere Beziehungsebene" zu begeben. Dies würde ihr helfen, sich selbstlos weiterzuentwickeln, und sie aus alten manipulativen Mustern befreien. Außerdem könnte sie dadurch Ashley in dem unterstützen, was er zu tun hatte.

Als ein besonderes Thema zeigte sich bei ihm das Bedürfnis, den Menschen in seinem Umfeld zu zeigen, dass der Tod schöpferisch sein kann und nicht das Ende ist – wie seine Familie so lange geglaubt hatte. Seinem Wesen nach ein überschwänglicher, feuriger Löwe, wirkte er doch eher passiv und erschien als ein Mensch, der sich ständig zurücknahm. Er musste zu seiner ureigenen Kraft finden. Er hatte das Muster entwickelt, sich anderen stets zu beugen, weil er als nett gelten wollte. Mit anderen Worten, er wollte es allen recht machen. In einer Rückführung entdeckte er ein Muster, wonach er sich stets von anderen hatte vorschreiben lassen, was er zu glauben hatte, besonders von seinem Vater, mit dem er in mehreren anderen Leben zusammen war. Er musste sein Leben wieder selbst in die Hand nehmen.

Als ich Scarletts und Ashleys gemeinsame Leben betrachtete, erschien mir jenes zur Pionierzeit, als die Wagenzüge quer durch Amerika nach Westen rollten, am aussagekräftigsten. Ich sah sie als Mutter und Kind, der Vater war gestorben. Er war ein kränkliches Kind, aber seine extrem willensstarke Mutter erhielt ihn am Leben – wie es schien durch reine Willenskraft, unterstützt durch ein paar ausgesprochen übelschmeckende Kräuter. Am Ende bettelte er darum, sterben zu dürfen. Als Ashley sich bei einer Rückführung in jenes Leben begab, wimmerte er: „Bitte, Mama, lass mich gehen, lass mich gehen. Ich möchte sterben." Sie hingegen versprach ihm wiederholt, sie werde immer für ihn da sein, sie werde für ihn stark sein – ein Versprechen, das einzuhalten Scarlett sich in diesem Leben berufen fühlte.

In diesem Leben stand der Indikator für Scarletts karmische Aufgabe in ihrem Geburtshoroskop im eigensinnigen, aufdringlichen Widder. Folgerichtig erzählte sie, als sie zum ersten Mal von dem Krebs gehört habe, habe sie gespürt, dass sie Ashley zwingen wollte zu leben. Sie lief von Pontius zu Pilatus, um für ihn Termine mit allen zu vereinbaren, die ihr einfielen. Sie hatte mich unter anderem auch deshalb angerufen, weil mein damaliger Partner ganzheitlicher Arzt war. Er arbeitete mit Krebspatienten und setzte chinesische Kräuter ein, die absolut scheußlich schmecken können. Sobald sie das Muster erkannt hatte, konnte sie daran arbeiten, es loszulassen und Ashley zuzugestehen, dass er selbst die Verantwortung für sich trägt. Sie musste ihre positive Widder-Energie darauf verwenden, sich selbst zu stärken, damit sie ihn unterstützen konnte, statt ihm alles abzunehmen.

Scarlett beschloss, ihren Mann zu verlassen und dem an ihrem Seelenpartner orientierten Lebensplan zu folgen. Schließlich hatte sie Ashley versprochen, bei ihm zu sein, wenn er sie brauchte, und sie glaubte, sie könne viel aus ihrer Beziehung lernen, ganz egal wie lange sie dauerte. Außerdem fand sie, dass sie unwissentlich ihr Versprechen gegenüber Rhett gebrochen hatte, und dies daher in gewisser Weise auch eine Wiedergutmachung dafür wäre. Sie entließ ihren Mann aus dem Versprechen, das er ihr gegeben hatte, und die Ehe endete einvernehmlich und in Freundschaft, denn es war ihr sehr wichtig, dass kein Karma aus dieser Beziehung in die Zukunft übertragen wurde.

Ashley und Scarlett kehrten in die Vereinigten Staaten zurück, und Ashley unterzog sich einer Behandlung, die sein Leben um drei weitere Jahre verlängerte. Ein Gutteil dieser Behandlung war experimentell oder zumindest unkonventionell. Aber er sagte, er habe nichts zu verlieren, und vielleicht könne es in Zukunft ja jemandem helfen. In dieser Zeit war er immer wieder im Krankenhaus. Scarlett, die bisher eine so starke Abneigung gegen Krankenhäuser gehabt hatte, dass sie nicht einmal über deren Schwelle treten konnte, blieb bei ihm und pflegte ihn. Jetzt konnte sie natürlich und liebevoll mit all den Körperfunktionen umgehen, vor denen sie sich früher so geekelt hatte. Sie lernte, ihm Injektionen zu geben, Unterlagen zu wechseln und andere intime Aufgaben zu übernehmen. Seine Ärzte boten ihm Medikamente an, damit die beiden hätten Sex haben können, aber beide spürten, dass das nicht Sinn und Zweck ihrer Beziehung war. Sie sagte: „Wir waren uns so nahe, wie wir das nur irgend sein konnten, wir brauchten keinen Sex."

Als Jungfrau gehört es zu ihren Lebensaufgaben, zu dienen und Krankheit in all ihren Manifestationen zu erkunden. Sie tat, was sie konnte, um ihn in allen Entscheidungen, die er im Hinblick auf sein Leben traf, zu unterstützen. Sie arbeiteten sehr vieles zwischen sich auf. Alles, was gesagt werden musste, wurde auch gesagt. Sie gingen miteinander durch alle emotionalen Höhen und Tiefen. Sie teilten jedes erdenkliche Gefühl. Beide hatten den Eindruck, dass alles Karma bereinigt wurde.

Schließlich wurde er sehr schwach, wollte aber nicht wieder ins Krankenhaus, daher pflegte ihn Scarlett zu Hause. Eines Tages ergriff er ihre Hand und sagte: „Ich bin so müde. Kann ich gehen?"

„Du weißt, ich bin nicht der Mensch, der dir das beantworten kann", erwiderte sie. „Aber ich werde immer bei dir sein, egal wie du dich entscheidest." Etwas später verabschiedeten sie sich voneinander, und er fiel ins Koma. Sie hielt seine Hand, und er glitt friedlich hinüber. Sie sagte, er sah strahlend aus, als sei er so glücklich, dass er nun auf die andere Seite gehen konnte. Dieses Mal legte sie den toten Körper so hin, wie er es sich gewünscht hatte, und sorgte dafür, dass die Beerdigung eher eine Feier seines Lebens statt ein Betrauern der Vergangenheit war. Sie sagte: „Das war der letzte Dienst, den ich ihm erweisen konnte, und ich habe es gern getan." Ein weiter Weg, für jemanden, der schon einmal verreist war, weil er den Tod nicht hatte ertragen können. Die Geschenke, die sie aus dieser Beziehung erhalten hat, sind offensichtlich: Sie hat die Kunst des bedingungslosen, mitfühlenden Liebens erlernt und sich ihren tiefsten Ängsten im Zusammenhang mit dem Tod gestellt.

Als ich das letzte Mal von Scarlett hörte, war gerade Seelenpartner Nummer vier in ihr Leben getreten. Aber sie war sich sicher, dass diese Beziehung anders verlaufen würde. Sie würde halten. Oder, wie Scarlett O'Hara sagen würde:

Morgen ist auch noch ein Tag.

12
Warum wir stets dem Verwandten anhängen

Die Männer endlich, welche ein Stück von einem Mann sind, die gehen dem Männlichen nach, … (weil der Mensch) immer dem ihm Verwandten anhängt.

PLATON, *SYMPOSION*

Wenn von Seelenpartnern oder Dualseelen die Rede ist, dann geht man gemeinhin davon aus, dass es sich dabei um ein Phänomen zwischen Mann und Frau handelt – dass die Ursprungsseele in einen männlichen und einen weiblichen Teil gespalten wurde. Aber so beschreibt Platon es nicht. Wie wir bereits gesehen haben, betont er nachdrücklich, dass es am Anfang Wesen gab, die ganz männlich waren und daher bei der Spaltung in zwei männliche Hälften geteilt wurden. Ähnlich wurden auch aus einer rein weiblichen Seele zwei weibliche Teile. Lediglich die „mann-weiblichen" Hermaphroditen teilten sich in eine männliche und eine weibliche Hälfte. Über diese Seelen schreibt Platon fast beleidigend:

> So viele nun unter den Männern ein Schnittstück von jener gemischten Gattung sind, welche damals mann-weiblich hieß, die richten ihre Liebe auf die Weiber, und die meisten Ehebrecher sind von dieser Art, und ebenso wiederum die Weiber, welche mannsüchtig und zum Ehebruch geneigt sind.

Für Platon ist das Ideal der Mann, der seine andere männliche Hälfte sucht. Er schreibt:

> … und es sind dies gerade die trefflichsten von den Knaben und Jünglingen, weil sie die mannhaftesten von Natur sind. Manche nen-

> nen sie freilich schamlos, aber mit Unrecht; denn nicht aus Schamlosigkeit tun sie dies, sondern aus mutigem, kühnem und mannhaftem Geistestriebe, mit welchem sie dem ihnen Ähnlichen in Liebe entgegenkommen. … Wenn nun dabei einmal der liebende Teil, der Knabenliebhaber sowie alle anderen, auf seine wirkliche andere Hälfte trifft, dann werden sie von wunderbarer Freundschaft, Vertraulichkeit und Liebe ergriffen und wollen, um es kurz zu sagen, auch keinen Augenblick voneinander lassen. …
>
> Denn dies kann doch wohl nicht die Gemeinschaft des Liebesgenusses sein, um dessentwillen der eine mit dem andern so eifrig zusammen zu sein wünscht; sondern nach etwas anderem trachtet offenbar die Seele von beiden, was sie nicht zu sagen vermag, sondern nur ahnend zu empfinden und in Rätseln anzudeuten.[69]

Man könnte Platon nun vorwerfen, er sei voreingenommen durch das griechische Ideal seiner Zeit, aber dennoch trifft er eine wichtige Aussage: Es gibt nicht den geringsten Grund, warum Seelenpartner oder Dualseelen unterschiedlichen Geschlechts sein sollten. Aus Rückführungen in frühere Leben wissen wir eindeutig, dass wir nicht nur verschiedene Rollen einnehmen, sondern auch männlich oder weiblich werden, je nachdem was zur jeweiligen Rolle passt. Wenn wir also darauf bestehen, bis in alle Ewigkeit mit unserem Seelenpartner zusammen zu sein, dann werden wir feststellen, dass hin und wieder auch gleichgeschlechtliche Beziehungen vorkommen. Bei der Erforschung unserer Vergangenheit stellen wir vielleicht sogar fest, dass dies stets der Weg war, den unsere Seele sich gewählt hat. Wahrscheinlich werden wir auch feststellen, dass wir – genau wie bei heterosexuellen Paaren – mit unserem Seelenpartner oder unserer Dualseele inkarniert sind, um dadurch jemanden zu unterstüzten (oder von jemandem unterstützt zu werden), den wir auf einer tiefen Seelenebene lieben. Andererseits ist es auch möglich, dass uns vollkommen egal ist, welches Geschlecht unser Partner hat. Wichtig könnte vielmehr sein, dass wir lernen, uns auf eine intime, enge Beziehung einzulassen.

Ich habe sowohl für schwule als auch für lesbische Beziehungen

69 Alle Zitate aus: Platon, *Symposion* (www.e-text.org).

eine beträchtliche Anzahl von Rückführungen und astrologische Forschungen durchgeführt: Und ich muss sagen – eine allgemeingültige Antwort gibt es nicht. Platons Theorie, dass es ursprünglich drei Geschlechter gab und sich dies fortsetzte, könnte wohl zutreffen. Man sollte Sexualität wohl eher als Kontinuum und nicht als eine Entscheidung zwischen Entweder und Oder betrachten. Die Menschen neigen zur Mitte, zum Heterosexuellen, oder zur einen oder anderen Seite, haben aber immer die Möglichkeit, sich frei innerhalb des gesamten Spektrums zu bewegen, also auch Homo- oder Bisexualität auszuprobieren.

In den Rückführungen, insbesondere in solchen in die Planungsphase zwischen den Leben, haben sich verschiedene Konstellationen gezeigt, je nachdem welche Lektionen gelernt werden sollen. Für manche sind gleichgeschlechtliche Beziehungen eine gute Wahl – und darunter sind oft Menschen, die HIV-positiv werden und später Aids bekommen. Diese Beziehungen können die liebevollsten Seelenpartner- oder Dualseelen-Beziehungen sein, die wir heute erleben. Seelen, die eine gleichgeschlechtliche Orientierung wählen, möchten (eventuell wiederholt) Beziehungen erleben, die nicht der konventionellen Verbindung zwischen Mann und Frau entsprechen und eine andere Seite in ihnen zum Vorschein bringen. Manchmal entwickeln sie dadurch ihre weibliche oder männliche Seite, damit sie diese in ihr gesamtes Wesen integrieren können. Ein anderes Mal wollen sie vielleicht die Aggressivität gleichgeschlechtlicher Beziehungen unter Männern erfahren und diese Energie neu kanalisieren oder einen neuen Kanal für die nährende Seite der Vereinigung mit dem Weiblichen finden. Andere planen nur wenig; für sie sind gleichgeschlechtliche Beziehungen ein sich wiederholendes Muster. Außer in Griechenland galt Homosexualität auch in vielen anderen Kulturen als ideales Verhalten, geradeso wie sie andernorts als abartig unter Strafe gestellt wurde.

In anderen Fällen beschließt zum Beispiel jemand, der viele Leben lang weiblich war, jetzt Erfahrungen mit einem Leben in einem männlichen Körper zu sammeln – sehr häufig, um aus einer festgefahrenen Situation mit einem Seelenpartner herauszukommen. Erst einmal inkarniert, ist diese Entscheidung wieder vergessen, und der betreffende Mensch wird erneut zum selben Seelenpartner hingezogen. Dieser hat vielleicht sein früheres Geschlecht behalten. Ebenso ist es möglich, dass die Geschlechtsveränderung im Inneren nicht nachvollzogen werden kann. So war es bei einer meiner Klientinnen. Sie sah sich als schwulen jungen Mann. Ihre scheinbar konventionellen Beziehungen zu älteren Männern beruhten eher auf ihrer inneren Wahrnehmung als auf ihrem äußeren Geschlecht. In Rückführungen stellte sich heraus, dass sie oft ein schwuler Mann gewesen war. Obwohl also der Seelenpartner, den sie suchte, jetzt einen Körper haben würde, der zu ihrem weiblichen Körper passte, wusste sie, dass sie sich innerlich doch wieder in einer homosexuellen Beziehung befände, ganz wie sie es zuvor als beglückend erlebt hatte. Sie hatte also zwar ihr Geschlecht, nicht aber die Art ihrer Beziehungen geändert.

Seelen können sich auch für die homosexuelle Orientierung entscheiden, um Zurückweisung, Isolation und Erniedrigung zu erfahren. Mit anderen Worten, sie werden der entfremdete Außenseiter (oder die entfremdete Außenseiterin), der bzw. die von der Vereinigung mit dem Seelenpartner ausgeschlossen wird. Das muss nicht unbedingt ein masochistischer Akt sein (obwohl es Fälle gibt, in denen Seelen glauben, dass sie bestraft werden müssen und diese Strafe so vollzogen wird), sondern eine Möglichkeit, Mitgefühl mit anderen in der gleichen Situation zu entwickeln oder auf sich selbst zurückgeworfen zu werden, um Selbstachtung und Selbstliebe im eigenen Inneren zu finden. Aus irdischer Sicht lässt sich unmöglich beurteilen, warum sich Menschen eine solche Inkarnation aussuchen, aber im Stadium zwischen den Leben erscheinen die Gründe immer schlüssig, und das Leben spiegelt die entsprechenden Entscheidungen treffend wider.

Es geschehen noch Zeichen und Wunder

Was immer Sie tun wollen – vertrauen Sie Ihrer Leidenschaft; sie wird Ihre Kreativität wecken, Sie in Verbindung mit Ihrer göttlichen Bestimmung bleiben lassen und Ihnen helfen, sich lebendig zu fühlen.

DAVID LAWSON[70]

1994 schlug mir meine damalige Literaturagentin ein Treffen mit zwei weiteren Autoren vor, die sie betreute: Justin Carson und David Lawson. Ich habe an anderer Stelle bereits über ihre außergewöhnliche Beziehung und darüber, wie sie einander kennengelernt haben, geschrieben. Hier möchte ich zeigen, inwiefern Justins Übergang in die nächste Welt uns allen Hoffnung geben kann. Außerdem möchte ich die Idee des durch- und miteinander Lernens erforschen, worüber David bereits mit sehr beredten Worten geschrieben hat. Einige Jahre vor Justins Tod hatte ein medial begabter Freund David gegenüber vermutet, dass sie wohl eine karmisch außergewöhnlich kluge Entscheidung getroffen hätten, damit sie Justins Krankheit gemeinsam erleben konnten. David erklärte:

> Weil wir uns dafür entschieden hatten, diesen Prozess gemeinsam durchzustehen, erlebten wir beide die alchemistische Verwandlung von Karma durch Krankheit und die spirituelle Entwicklung, die mit der Rolle des Pflegenden einhergehen kann. Wir erlebten diese zwei Rollen also beide gleichzeitig und lernten daraus.

Durch ihre starke Verbindung als Seelenpartner – möglicherweise sogar als Dualseelen – sowie ihre tiefe emotionale Empathie erlebten beide die Auswirkungen dessen, was jeder für sich erfuhr. David, ein feinfühliger Fisch, spürte also die subtilen energetischen Auswirkungen von Justins Krankheit in seinem eigenen Körper.

> Manchmal konnte ich sogar spüren, wie die Energie seiner Medikamente durch meine Adern rann.

70 Lawson, David, *Das Ägyptische Orakel*, Linz 1999.

Nach Justins Tod erkannte David, wie weise die Erkenntnis ihres Freundes gewesen war:

> Karmisch konnten David und ich ungeheuer viel in einem kurzen Zeitraum erreichen. Heute frage ich mich, ob ich in diesem Leben überhaupt noch eine schwere Krankheit in meinem Körper manifestieren muss. Ich habe das Gefühl, ich habe diesen Prozess bereits durchgemacht und bin mit einem neuen Gefühl der Ganzheit daraus hervorgegangen, selbst mitten in meinem Verlust. Fast wie durch Osmose wurden Justins beste Eigenschaften in meine Psyche aufgenommen und haben dadurch ähnliche Aspekte in mir verbessert.

Wie David Aspekte seiner eigenen Persönlichkeit, die zuvor durch Justin verkörpert waren, für sich annehmen und damit zugleich das Versprechen erfüllen konnte, das sie sich mit ihrer Beziehung gegeben hatte, das war typisch für einen Fisch. Durch seinen Tod hatte Justin nicht nur David, sondern allen, die ihn kannten, ein großes Geschenk gemacht.

Justin lebte sieben Jahre lang mit Aids. Dabei lebte er vor, was er predigte, und setzte ihre Philosophie vom gemeinsamen Heilwerden sehr effektiv um. Aber da er sich mit einer besonders unangenehmen Manifestation des HI-Virus auseinanderzusetzen hatte, entschied er sich gegen die Behandlung mit Giften. Er machte sich auf in sein nächstes „erschreckend großes Abenteuer", wie er es nannte, als er mich anrief, um mir seine neueste Diagnose mitzuteilen. Ich fühle mich außergewöhnlich privilegiert, dass ich einen Teil dieses Abenteuers mit ihm teilen durfte. In einer persönlichen Notiz in einem Buch von David schrieb Justin:

> Nicht jeder wird wieder gesund, aber wir können alle lernen, mit Ehre, Würde und Mut zu leben, egal, was die Zukunft bringt. Zwar geht es bei der Selbstheilung in erster Linie darum, das Leben zu verlängern und zu feiern, doch für manche kann der Prozess des Sterbens die größtmögliche Heilung bringen.

Als Justin zum Sterben aus dem Krankenhaus nach Hause kam,

pflegte David ihn mit meiner Unterstützung. Es war ein großes Privileg, am Übergang dieses außergewöhnlichen Menschen teilzuhaben.

Justin ging dem Tod gelöst und friedlich entgegen. Bis zuletzt blieb er so liebevoll, höflich und charmant, wie er immer gewesen war. Ja, die Atmosphäre in seinem Zimmer erfüllte sich mit einer stetig wachsenden heiteren Gelassenheit, bis sie kurz nach seinem Tod ganz außergewöhnlich wurde, erfüllt von einem starken Duft und einem tiefen Gefühl der Ruhe und des inneren Friedens. David und ich hatten unsere Tage damit verbracht, den Notwendigkeiten gerecht zu werden, die sich ergeben, wenn jemand durch eine Krankheit im letzten Stadium ans Bett gefesselt ist, und Heiltechniken anzuwenden, um ihm den Übergang zu erleichtern. Justin verabschiedete sich von allen Freunden und seiner Familie. Dabei fand er für alle genau die richtigen Worte und half ihnen, mit der Vorstellung, dass er nun ging, zurechtzukommen. Mit David plante er den Dankgottesdienst für sein Leben in allen Einzelheiten. Er wollte, dass er ein Fest und so fröhlich wie möglich würde. Sein Körper wurde immer langsamer und schließlich sogar nahezu unbeweglich. Nur seine Augen behielten ihren Glanz und ihre große Lebensfreude. Justin genoss jeden Augenblick und alle die Dinge, an denen er früher Freude gehabt hatte: Sein Lieblingseis, feinsten Single Malt Whiskey und eine letzte Tasse des besten Kaffees, den wir nur kochen konnten. Er verabschiedete sich vom irdischen Leben auf die beste und positivste Weise, die er kannte.

In den Nächten jedoch verließen Justin und ich unseren Körper und begannen das große Abenteuer. Für ihn war es eine Zeit der Freiheit, in der die Einschränkungen, die ihm sein gelähmter Körper auferlegte, von ihm abfielen. Jetzt zeigten sich sein Sinn für Humor und seine knisternde Lebendigkeit am deutlichsten. Eines Nachts stellte ich zu meiner Überraschung fest, dass wir uns über das Haus erhoben und von einem vorüberfliegenden Engel ein Stück mitnehmen ließen – dieser Engel war zwölf Meilen (knapp zwanzig Kilometer) groß. Das war vielleicht ein Erlebnis! Als wir uns am nächsten Morgen über unseren Ausflug unterhielten, sagte ich ihm, dass das für mich eine richtige Überraschung gewesen sei, denn mit Engeln hätte ich eigentlich nichts am Hut. „Aber die haben was mit dir am Hut", versicherte er mir mit einem breiten Grinsen. Justin war für mich ein wahrer Seelengefährte.

Vor seinem Tod hatte Justin an einem Buch gearbeitet: *Freundschaft schließen mit Gott*. Darin schrieb er:

> Bei der Reinkarnation geht es nicht um „frühere Leben"; sie ist eher die Fortführung der Essenz und nicht die Fortführung des menschlichen Seins.

Darüber hatten wir zuvor ausführlich diskutiert; denn immer wieder habe ich erlebt, dass die Auswirkungen früherer Leben auf das jetzige übertragen werden. Daher glaube ich, dass dieselbe Essenz immer wiedergeboren wird. Allerdings werden dabei verschiedene Anpassungen vorgenommen, manches wird weggelassen, anderes hinzugefügt, je nachdem was zuvor geschehen ist. Justin sah das allerdings etwas anders, denn er schaute – wie es für ihn typisch war – eher in die Zukunft als in die Vergangenheit.

Justins Essenz strahlt weiterhin genauso hell, wie sie es tat, bevor er die Erde verließ; und seine Mitteilungen von der anderen Seite sind noch ganz genauso lebendig und humorvoll. Als David und ich seinen Tod offiziell bei den Behörden meldeten, konnte ich sehen, wie er fröhlich in sich hineinkichernd neben uns her hüpfte. Angesichts einer so deutlich spürbaren Präsenz war es ganz schön schwer, traurig zu sein. Noch schwieriger wurde es, als wir herausfanden, weshalb er so kicherte. Er hatte David und mir unabhängig voneinander gesagt, er werde uns ein Zeichen schicken, dass es ihm gut gehe. Dieses Zeichen sollte „42" sein, die Antwort auf das Leben, das Universum und einfach alles aus einem seiner Lieblingsbücher *Per Anhalter durch die Galaxis*. Als wir ins Büro der Standesbeamtin kamen, waren wir beide total perplex. Auf ihrem Computerbildschirm stand eine große 42.

„Was ist das?", brachte ein völlig verdatterter David heraus.

„Die nächste Nummer im Register", lautete die Antwort. Justin wurde also als Todesfall Nummer 42 registriert. Und so geht das Leben weiter.

13
Pakte, Versprechen und Seelenverträge

Nicht endender Verzicht
Kann Stein aus Herzen machen.

William Butler Yeats[71]

Eine der häufigsten Ursachen für Beziehungsschwierigkeiten liegt in Schwüren und Versprechen, die aus der Vergangenheit übernommen werden. Unser Seelenpartner ist womöglich da, um uns zu helfen, uns aus diesen Schwüren zu lösen und zu neuen Ufern aufzubrechen. Die Pakte und Versprechen, die wir miteinander in früheren Leben oder im Stadium zwischen den Leben geschlossen haben, können unsere Gegenwart stark beeinflussen. Vor noch gar nicht allzu langer Zeit (und in einigen Fällen selbst heute noch) blieben Ehepaare oft nur deshalb beieinander, weil es keine Alternative gab, doch das Herz war – um mit Yeats zu sprechen – zu Stein geworden. Die Liebe, wenn sie denn überhaupt je vorhanden war, hatte sich in Hass oder Gleichgültigkeit verwandelt. Nun war das Paar in einer „In Ewigkeit, amen"-Konstellation gefangen.

Ein Seelenpaar kann jedoch auch durch einen Schwur in eine Falle geraten, den nur einer der beiden leistet, ja sogar durch reines Wunschdenken eines Beteiligten. Dann sind wir womöglich beteiligt an einem Schwur wie etwa „Ich werde ihn (oder sie) schon spüren lassen, was Leiden heißt" oder „Ich könnte ihn (sie) so glücklich machen, wenn nur …". Vielleicht haben wir aber auch von einem anderen verlangt: „Du musst für mich da sein." Wenn dem so ist, dann müssen wir unseren Partner freigeben. Mögli-

71 Yeats, William Butler, *Die Gedichte*, Neu übersetzt von Marcel Beyer, Mirko Bonné, Gerhard Falkner, Norbert Hummelt, Christa Schuenke, Frankfurt 2005. Das Zitat stammt aus dem Gedicht *Ostern 1916* aus dem Zyklus *Michael Robartes und die Tänzerin*, deutsch von Mirko Bonné.

cherweise haben wir auch im Stadium zwischen den Leben einen Seelenvertrag geschlossen, der uns bindet, aber inzwischen gar nicht mehr einhaltbar ist und auch nicht mehr angemessen wäre. Auch alte persönliche Gelübde können einen Menschen binden, etwa das der sexuellen Enthaltsamkeit oder der Armut. In einer Beziehung im jetzigen Leben kann das zu Schwierigkeiten führen. Sogar was wir nicht selbst geschworen haben, was aber uns geschworen wurde, muss mittlerweile vielleicht gelöst oder neu formuliert werden. Solche Versprechen wirken übrigens ebenso stark, wenn sie zu einem früheren Zeitpunkt im jetzigen Leben gegeben wurden – man muss nicht an Reinkarnation glauben, um von den Auswirkungen alter Versprechen betroffen zu sein.

Egal, ob Sie jemandem schwören „ich werde dich immer lieben", „immer für dich da sein", „dich nie verlassen" oder sich selbst geloben „das zahle ich ihm/ihr heim", „das werde ich nie vergessen", „ich werde ihn/sie nie loslassen", alles zehrt gleichermaßen an Ihren Kräften. Wenn eine Seele versprochen hat, immer für jemanden da zu sein, sich immer um jemanden zu kümmern oder jemanden nie zu verlassen, dann kann dadurch Beziehungskarma entstehen, selbst wenn die beiden Beteiligten im früheren Leben nicht Partner waren. Erklärungen wie „du bist der/die Einzige für mich" gelten über viele Leben hinweg. Das Versprechen bindet die beiden Seelen über den Tod hinaus.

Eine Frau fand ihren Lebenspartner im Alter von achtunddreißig Jahren. Im dem Moment, in dem sie ihn sah, „wusste" sie, dass sie „füreinander bestimmt" waren. Dennoch war ihr Weg bis zu einer verbindlichen Beziehung nicht einfach. Bisher war sie durch die Fürsorge für ihre alkoholkranke Schwester und die Unterstützung ihrer großen Familie immer von Beziehungen abgehalten worden. Jetzt wünschte sich die Frau ein Kind, machte sich aber Sorgen um ihre Schwester, weil sie „für sie da sein wollte". In einer Rückführung erlebte sie, dass sie ihrer damals kränkelnden Schwester tatsächlich versprochen hatte, immer für sie da zu sein. Dabei hatte sie sich nicht vorgestellt, dass dieses Versprechen mehrere Leben lang gelten sollte. Jetzt formulierte sie ihren Schwur neu, begrenzte ihn auf „nur ein Leben" und bat um Hilfe für ihre

Schwester, damit diese sich spirituell selbstständig weiterentwickeln konnte. Fast augenblicklich begab sich ihre Schwester in Behandlung. Diese verlief erfolgreich, und meine Klientin wurde schwanger.

Es gibt auch Schwüre anderer Art. Worte wie „eines Tages wird er wissen, wie das ist“, „ich komme schon noch zu meiner Rache an dir“ oder „das verzeihe ich dir nie“ sind starke Ketten, die Seelen wieder zueinander führen. In diesen Fällen stellt sich meist heraus, dass das Eheversprechen „in guten wie in schlechten Tagen“ vor allem für Letztere gilt. Auch Versprechen führen uns wieder mit den betreffenden Menschen zusammen: „Ich werde mich immer um dich kümmern“, „ich werde dich ewig lieben“, „ruf mich einfach immer, wenn du etwas brauchst“ können uns viele Leben lang zu Leibeigenen machen. Wir müssen die Vergangenheit revidieren, um uns selbst und den anderen zu befreien.

In Ewigkeit, amen?

Es ist so wider alle Natur für Mann und Frau, im Ehestand zu leben, dass wir feststellen werden, dass alle Gründe, die sie haben mögen, in dieser Verbindung zu bleiben, und alle Schranken, die die zivilisierte Gesellschaft ihnen auferlegt, um eine Trennung zu verhindern, kaum ausreichen, sie zusammenzuhalten.

Samuel Johnson

Die Erklärungen, die wir in der Ehe abgeben, haben uns fest im Griff, insbesondere deshalb, weil die Ehe in den meisten Religionen als heiliger Bund gilt. „Bis der Tod euch scheidet“ ist das eine, „ewig“ jedoch ist etwas ganz anderes. Eine solche Erklärung bindet beide Parteien und mag in einer neuen Inkarnation nicht einhaltbar sein, denn vielleicht hält diese nicht einmal eine ganze Inkarnation lang. Paare entwickeln und verändern sich und müssen womöglich zu neuen Ufern aufbrechen. Wenn nicht, verdummen sie. Doch wenn ein Schwur nicht widerrufen wird, kann er ein Paar wieder in die Inkarnation bringen. Wenn Sie je von jemandemn gefordert haben, er oder sie müsse für Sie da sein, dann müssen Sie diesen Menschen wieder aus seiner Verpflichtung entlassen, denn so etwas reicht bereits, damit Verstrickungen oder Sackgassen entstehen.

Die Macht solcher Gelöbnisse ist außerordentlich groß. Dennoch wirken sie nicht immer so, wie die Seele es sich gedacht hat. Sie müssen allerdings auch nicht unbedingt negativ sein, sondern können unerwartete Kreativität ins Leben bringen. Die kanadische Autorin Jewelle St. James ist fest davon überzeugt, dass John Lennon und sie in einem früheren Leben Seelenpartner waren, er aber gestorben sei, bevor sie heiraten konnten. Sie schrieb ein Buch über ihre Erfahrungen.[72] Darin sagt sie:

> Meine Seele wusste immer schon, dass John Baron und John Lennon ein und dieselbe Seele waren, aber die moderne zweifelnde Zynikerin wollte lieber auf die Bestätigung durch ein untrügliches Zeichen warten. Als ich meine früheren und mein jetziges Leben als Skript eines einzigen riesigen Schauspiels erkannte, lag das Muster plötzlich klar auf der Hand. Ich erkannte, dass unsere Beziehungen über die Jahrhunderte hinweg jenen russischen Holzpuppen ähneln: Eine passt perfekt in die andere und immer so weiter.

Sie ist sich sicher, dass der Kontakt zu John Lennon nach dessen Tod sie dazu brachte, ihre Lebensaufgabe zu erfüllen, nämlich ein Buch darüber zu schreiben, wie frühere Leben und Verhaltensmuster zusammenhängen. In dem Bericht über ihre Geschichte greift sie auch das Versprechen auf, das sie wieder „zusammengeführt“ hat:

> „Katherine“, sagte er. Dabei fasste er ihre Hand und lächelte schwach. „Ich verspreche dir, ich werde immer bei dir sein. Denke immer daran, dass wir beide ein Teil vom anderen sind … denke daran … es steht in den Sternen.“ Katherine blieb lange bei ihm sitzen und bewachte seinen Schlaf. … Als sie aufwachte, sah sie, dass sie nie wieder sein Lächeln sehen, seine Berührung spüren oder in seine himmelblauen Augen schauen würde. John (Baron) war gegangen.“

72 St. James, Jewelle, *All You Need is Love*, Saint James Publishing, 2004.

Als Jewelle das Buch geschrieben hatte, glaubte sie, nun könne sie wieder nach vorne schauen:

> Ich war es leid, in einem anderen Jahrhundert zu leben. Ich wollte mein Leben im neuen Jahrhundert führen. Ich wollte nach vorne schauen und nicht zurück.

Aber diese Freiheit konnte sie nur erhalten, wenn sie John aus seinem Versprechen entließ. Als ich Jewelle in einer E-Mail danach fragte, erwiderte sie zunächst, dass John Baron sie in diesem Leben angeleitet habe, ihr neuestes Buch fertigzustellen.[73] Darin ging es um ihr Leben zur Zeit des Holocaust. Die Erinnerung daran hatte sich intensiviert, nachdem John Jewelle ein Gedicht über die Todeslager der Nazis übermittelt hatte. Bald danach erhielt ich eine zweite E-Mail, in der sie sagte, sie habe noch nie über die Tragweite solcher Versprechen nachgedacht und vermute daher, sie habe John nie daraus entlassen. Vor kurzem schrieb sie in einer weiteren E-Mail:

> Etwa vor einem Jahr hatte ich beschlossen, John loszulassen. Kurz danach erhielt ich eine Nachricht von einer medial begabten Freundin in England. Das Seltsame ist, dass meine Freundin gar nicht wusste, dass ich ihn loslassen wollte. Sie gab einfach nur seine Botschaft an mich weiter. Ich habe sie immer noch an meinem Computer stecken:
>
> „Meine Katherine, ich nehme dich auf eine Reise mit. Bitte halte mich bei der Hand, verlasse mich noch nicht, ich habe noch viel zu sagen. Wir haben es doch gut gemacht, nicht wahr?"
>
> Ein paar Monate später begann ich mit der Arbeit an dem Holocaust-Buch – und hätte er mich nicht „bei der Hand gehalten", wäre es nie geschrieben worden.

Jewelle sagte, ihr sei gar nicht klar gewesen, dass John Barons letzte Worte an Katherine ein Gelöbnis waren. Aber dieses Gelöbnis hat zu bemerkenswerten Büchern geführt, die sehr detailliert zeigen,

73 Jwelle, St. James, *Jude: My Reincarnation from Auschwitz*, Saint James Publishing 2006.

wie Karma und frühere Leben funktionieren, und es scheint so, als seien weder John noch Jewelle bereit, die produktive Verbindung zu lösen.

Am Neujahrstag 2008 mailte sie mir:

> Inzwischen ist mir klar, dass John und ich jetzt das Leben führen, das wir damals hätten haben sollen. Man könnte sagen, dass ich dieses Leben vergeude, aber ich bin zutiefst davon überzeugt, ... dass meine spirituelle Suche ohne seine spirituelle Führung bereits vor Jahrzehnten zum Erliegen gekommen wäre. Das gibt mir die Kraft zum Durchhalten und überrascht mich oft.

Spirituelle Scheidung

Was Gott zusammengefügt hat, das soll der Mensch nicht scheiden. Gott kümmert sich schon selbst darum.

George Bernard Shaw

Wenn ich den Menschen so zuhöre, dann habe ich manchmal den Eindruck, dass Gott sich immer dann, wenn angeblich eine Ehe von ihm gesegnet wurde, in Wirklichkeit einen Tag frei genommen hat. Shaws bissige Bemerkung lässt sich auf zwei Arten deuten, und nur allzu oft müssen wir feststellen, dass der Keim zu einer Ehe, die im Himmel beschlossen schien, in Wirklichkeit in der Hölle gelegt war. Es dauerte wohl nur ein wenig, bis er fruchtete und zu einem Dämon heranwuchs.

Was also können Sie tun, wenn Sie sich in einer unmöglichen Lage befinden? Dann gibt es das sogenannte *Karma der Gnade*, das besagt, wenn Sie alles getan haben, was Sie konnten, dann dürfen Sie gehen, ohne sich dadurch neues Karma aufzuladen. Sie brauchen auch nicht immer und immer wieder für ein und denselben Fehler zu bezahlen:

Es ist keineswegs notwendig, ein Leben lang Buße für eine einzige karmische Schuld zu leisten.

Pauline Stone

Natürlich müssen Sie sicher sein, dass Sie wirklich getan haben, was Sie konnten, und nicht einfach nur davonlaufen – und dass Ihr Partner oder Ex-Seelenpartner wirklich nicht bereit ist, in diesem Leben mit Ihnen zu arbeiten. Außerdem dürfen Sie keinen unauflöslichen Seelenvertrag geschlossen und dann vergessen haben. Aber wenn Sie alles getan haben, was Sie konnten, dann sind eine spirituelle Scheidung oder die Auflösung eines unangebrachten Seelenvertrages möglich. Vieleicht lag es ja auch gar nicht in der Absicht Ihrer Seele, im jetzigen Leben mit diesem Menschen zusammen zu sein. In diesem Fall muss die Scheidung für ein früheres Leben gelten. Diese Technik ist auch dann hilfreich, wenn Sie glauben oder wissen, dass Sie früher einmal eine mystische Hochzeit vollzogen haben und nun nicht mehr daran gebunden sein möchten. Wenn mit Ihrem Seelenpartner nichts glatt läuft, dann ist das ein deutlicher Hinweis darauf, dass eine spirituelle Scheidung angezeigt ist.

Übung: Die spirituelle Scheidung

[Machen Sie zunächst die Entspannungsübung in der Einführung auf Seite 22.]

Wenn Sie entspannt sind, dann stellen Sie sich vor, dass Sie einen Tempel, eine Kirche oder einen anderen heiligen Ort betreten. (Lassen Sie einfach zu, dass das Bild vor Ihrem geistigen Auge entsteht und überlegen Sie nicht, wie es dort aussehen sollte.) Wenn Sie eine Frau sind, dann achten Sie auf Ihre Kleidung. Sind sie eine Braut oder eine Witwe? Beides kann passend sein.

Sie sind hier, um sich mit Ihrem Seelenpartner (oder Ihrem Ehepartner) zu treffen. Sie sind vor einen Priester (oder eine Priesterin) getreten, um die Auflösung Ihrer Verbindung segnen zu lassen. Wenn Sie einen Ring oder ein anderes Symbol tragen, dann nehmen Sie es ab und übergeben Sie es dem Priester.

Schauen Sie Ihren Partner an und widerrufen Sie das Gelöbnis, das Sie geleistet haben. Lassen Sie dabei, wenn nötig, Ihren Tränen freien Lauf. Wo Heilung und Vergebung erforderlich sind, tauschen Sie diese jetzt zwischen sich aus. Sagen Sie, dass Sie für alles, was geschehen ist, bedingungslos vergeben und um Vergebung bitten, ohne jemandem irgendwelche Schuld zuzuweisen.

Sprechen Sie sehr deutlich: „Ich trenne mich von dir. Ich gebe dich fei. Ich werde wieder ganz." Dann segnet der Priester oder die Priesterin die Auflösung Ihrer Verbindung und lässt die göttlichen Energien über Sie beide strömen, was weitere Heilung und Vergebung schenkt. Verabschieden Sie sich anschließend von Ihrem Seelen- oder Ehepartner. Wünschen Sie ihm oder ihr für die Zukunft alles Gute und nehmen Sie seinen oder ihren Segen und guten Wünsche für Sie an. Wenn es angebracht ist, dann vergeben Sie sich selbst für alle Fehler, die Sie Ihrer Meinung nach gemacht haben.

Spüren Sie, dass Sie von Liebe umhüllt sind.

Drehen Sie sich um und gehen Sie aus dem Tempel hinaus. Akzeptieren Sie die Glückwünsche derer, die Sie draußen erwarten. Freuen Sie sich über Ihre Trennung. Dies ist der Augenblick, in dem Ihre Seele wieder Ihnen gehört.

Wenn Sie so weit sind, dass Sie zum Ende kommen möchten, dann umgeben Sie sich mit einer schützenden Lichtblase. Fühlen Sie sich darin ganz und geheilt. Kehren Sie dann langsam mit Ihrer Aufmerksamkeit in Ihr Zimmer zurück und öffnen Sie die Augen. Spüren Sie Ihre Füße auf dem Boden und Ihre Verbindung zur Erde. Eine erdende Schnur führt von Ihnen bis tief in die Erde hinein und hält Sie sicher in der Inkarnation fest. Stehen Sie auf und verrichten Sie körperliche Arbeit oder trinken Sie etwas Warmes, um sich zu erden.

Hinweis: Wenn Sie an der Auflösung eines Seelenvertrages arbeiten, dann passen Sie die Übung entsprechend an. Stellen Sie sich dazu vor, wie Ihr Seelenvertrag zerrissen und Sie beide dadurch frei werden.

Wenn Sie kein visueller Mensch sind: Ziehen Sie Ihren Ehering vom Finger und suchen Sie eine passende Möglichkeit, ihn zu entsorgen. Nehmen Sie ein Hochzeitsfoto oder ein Bild mit zwei Menschen darauf und schneiden Sie die beiden auseinander. Sprechen Sie dabei: „Ich trenne mich von dir. Ich gebe dich frei. Ich werde wieder ganz." Lassen Sie Vergebung in beide Richtungen strömen, so dass Sie vergeben und Ihnen vergeben wird. Spüren Sie, dass Sie in Liebe eingehüllt sind.

Sie könnten auch ein Edelsteinherz als Symbol Ihrer Verbindung nehmen und es in zwei Hälften spalten oder es mit einem Hammer zerschlagen (wickeln Sie es vorher ein, damit die Splitter Sie nicht verletzen). Werfen Sie dann die Stücke ins nächstgelegene Gewässer, und sprechen Sie dabei: „Ich vergebe dir und erbitte auch Vergebung für mich. Gehe hin in Frieden."

Nehmen Sie ein neues Edelsteinherz und widmen Sie es Ihrem Ganzsein und Ihrer Heilung.

Die mystische Hochzeit

Die Freuden der Ehe sind der Himmel auf Erden
Das Paradies des Lebens, große Fürstin, die Ruhe der Seele
Saiten der Eintracht, irdische Unsterblichkeit
Ewigkeit der Freuden.

John Ford[74]

Einige der stärksten Seelenbande wurden in den antiken Tempeln und in okkulten und esoterischen Orden geschaffen. Die mystische Hochzeit sollte „auf ewig" geschlossen werden. Bis heute ist ein ägyptischer Papyrus erhalten, auf dem die einzelnen Schritte zur mystischen Hochzeit verzeichnet sind. Leider – oder glücklicherweise, wie immer man es sehen will – fehlen die letzten. Eine mystische Hochzeit war eine sorgfältig vollzogene Vereinigung auf der physischen, emotionalen, mentalen und spirituellen Ebene. Das Paar entwickelte seine übersinnlichen Fähigkeiten gemeinsam; die Telepathie war ebenso als Verstandestatsache akzeptiert wie außerkörperliche Erfahrungen. Das dauerte Jahre. Beide Beteiligten mussten so weit sein, einer konnte nicht ohne den anderen weitermachen. Waren die Seelen erst einmal auf all diesen Ebenen miteinander verbunden, sollten sie in Ewigkeit zusammen bleiben.

74 Englischer Dramatiker (ca. 1586 – nach 1639), aus seinem Schauspiel *The Broken Heart*, Akt II Szene 2.

Sie hatten spirituelle Aufgaben. Aufgaben, die mit dem Tod nicht beendet wären, sondern in künftige Leben übernommen wurden.

Solche Kontakte schaffen eine sehr starke Verbindung und sind oft der Grund dafür, warum sich Seelenpartner „wiedererkennen“ oder Dualseelen erneut zusammenfinden. Die Beteiligten wurden in Telepathie und Seelenkontakten ausgebildet. Daher wird immer zumindest einer der Partner in einer mystischen Ehe wissen, was die „andere Hälfte“ im jetzigen Leben macht, auch wenn sie weit voneinander entfernt sind. Wie sich eine mystische Hochzeit im aktuellen Leben auswirkt, können wir bei William Butler Yeats und Maud Gonne sehen (siehe Kapitel 10). Ihre mystische Hochzeit könnte allerdings die Wiederholung einer bereits früher vollzogenen sein. Manche Partner haben sogar gemeinsame Erlebnisse, obwohl sie sich im jetzigen Leben noch nicht begegnet sind. Sie sagen dann Dinge wie „Wir sind uns schon lange in unseren Träumen begegnet, bevor wir uns tatsächlich kennengelernt haben“ oder „Seit wir uns kennen, hat es keinen Augenblick mehr gegeben, in dem ich nicht genau wusste, was er denkt und empfindet, selbst wenn ich gerade auf der anderen Seite der Welt war“ und „Ich hasste das Gefühl, dass er jeden meiner Gedanken kannte und sie sogar steuern konnte, um bei mir ein bestimmtes Verhalten zu erreichen.“

Es kann zwar romantisch und wunderbar sein, „zu fühlen wie er fühlt und zu denken, was er denkt“, aber es kann auch der individuellen Entwicklung im Wege stehen und sich zusehends übergriffig anfühlen. Nach einiger Zeit finden die meisten Menschen, dass der andere zu tief in sie eindringt und möchten dem Grenzen setzen. Womöglich sind sie sich im jetzigen Leben genau zu diesem Zweck begegnet. Wenn die Partnerschaft zu symbiotisch ist, dann kann die Trennung zwingend erforderlich werden. Wie Platon bereits sagte: Wenn zwei Menschen völlig ineinander verschlungen sind, ist oft der Tod die Folge.

Noch verwirrender wird die ganze Sache, weil man im Laufe mehrerer Leben durchaus mehrere mystische Ehen eingehen kann. Sogar eine arrangierte Heirat kann in Kulturen, in denen das üblich ist, eine mystische Hochzeit sein und die Menschen durch die dabei vollzogenen Rituale dauerhaft aneinander binden. In diesen Fällen kann eine spirituelle Scheidung (siehe oben) notwendig werden. Sie können sich auch noch einmal vor Augen führen, wie Sie das Gelöbnis sprechen, doch dieses Mal unter dem Vorbehalt „nur für dieses Leben“ oder „solange es angebracht ist“.

Eine andere, positivere und das seelische Wachstum in diesem Leben fördernde Art der mystischen Hochzeit ist die Vermählung des inneren Mannes mit der inneren Frau. Man kann das als die Vereinigung der verschiedenen Teile seiner selbst verstehen, die in anderen Leben jeweils männlich oder weiblich waren, als Vereinigung der Anima und des Animus in uns oder als Zusammenfügen der beiden Hälften, die nach Platon vor so langer Zeit getrennt wurden. Eine solche mystische Hochzeit vereinigt alle unsere männlichen und weiblichen Energien und lässt uns innerlich ganz werden. Ihr Vollzug kann ein Schritt in unserer spirituellen Evolution sein. Das bedeutet, dass wir unseren perfekten Partner nicht mehr im Äußeren suchen müssen. Wir finden und integrieren alle diese Eigenschaften in uns selbst.

Als ein Schritt auf dem Weg kann uns durchaus ein perfekter Partner begegnen – unser Seelenpartner oder unsere Dualseele – der uns den ungesehenen und unerkannten Teil unserer Seele spiegelt. In einem gewissen Stadium aber müssen wir so weit kommen, dass wir diesen Teil auch in uns selbst entdecken. In diesem Augenblick muss unser Seelenpartner gehen oder unsere Zwillingsflamme so lange in den Hintergrund treten, bis die innere Vereinigung stattfinden kann. Normalerweise und in den meisten Fällen allerdings begegnet man seiner Zwillingsflamme erst, nachdem die innere Integration abgeschlossen ist. Dann gehen wir nicht mehr als einseitiger Mensch in eine Beziehung, der einen anderen zu seiner Vervollständigung braucht – seine „andere Hälfte“ sucht – sondern als ein vollständiger Mensch, der in der Beziehung etwas zu bieten hat – das einzigartige Selbst unseres wahren Wesens. Die Integration der inneren mystischen Hochzeit kann durch einfaches Visualisieren vorangetrieben werden.

Übung: Die innere Hochzeit

Setzen oder legen Sie sich bequem hin und schließen Sie die Augen. Atmen Sie zehn Mal langsam und tief durch. Lassen Sie beim Ausatmen alle Spannung los, die Sie eventuell verspüren; und nehmen Sie beim Einatmen ein Gefühl der Ruhe und Entspannung in sich auf. Lassen Sie ganz bewusst alle Alltagssorgen und -belastungen los, und lassen Sie zu, dass Sie ganz ruhig werden.

Atmen Sie nun sanft und gleichmäßig weiter. Lassen Sie zu, dass Ihre Augenlider schwer werden und sanft aufliegen. Lassen Sie dann mit jedem Atemzug eine Welle der Entspannung durch Ihren Körper strömen. Gehen Sie mit Ihrer Aufmerksamkeit tief nach innen und lassen Sie die Außenwelt einfach davongleiten.

Wenn Sie so weit sind, dann stellen Sie sich vor, dass Sie im Eingangsbereich eines weitläufigen Tempels stehen. Vor sich sehen Sie die riesigen Wände mit ihren hohen, reich verzierten Toren. Es sind die Tore zu einem Innenhof. Langsam öffnen sie sich. Ein Tempelwächter winkt Sie herein.

Der Wächter führt Sie zu einer Kammer im Innenhof. In dieser Kammer ist ein Bad für Sie bereitet worden. Dienerinnen baden Sie, trocknen Sie ab, parfümieren Sie und legen Ihnen für Ihre Hochzeit neue Kleider an.

Wenn Sie bereit sind, führt der Wächter Sie zur Opferkammer. Dort können Sie ein Opfer für eine gelingende Hochzeit darbringen. Auf dem Altar vor Ihnen liegt die Opfergabe, die am besten zu Ihnen passt, und Sie können sie jeder beliebigen Gottheit oder Ihrer eigenen Seele weihen. Erbringen Sie das Opfer mit Ehrfurcht und wenden Sie sich dann zum Gehen.

Jetzt führt der Wächter Sie ins Brautgemach, wo Sie bei dieser inneren Hochzeit Ihren Partner erwarten. Speisen werden zubereitet, Getränke warten auf Sie. Und hinter zarten, durchschimmernden Vorhängen wartet Ihr Ehebett. Dann zieht sich der Wächter zurück, und Ihr Partner kommt zu Ihnen. Es wird ein vollkommenes Verschmelzen, eine Hochzeit auf allen Ebenen sein. Lassen Sie Ihren inneren Partner in Ihr Herz hinein und vollkommen mit Ihnen eins werden. Verbringen Sie so viel Zeit, wie Sie möchten, mit Ihrem inneren Partner.

Jetzt ist es an der Zeit, das Brautgemach wieder zu verlassen. Der Tempelwächter kommt und führt Sie und Ihren inneren Partner zu den Toren, die Sie wieder in die Außenwelt führen. Gehen Sie mit dem Wächter durch den Innenhof. Wenn Sie durch die Tore hinaustreten, dann seien Sie gewiss, dass Sie in Ihrem Inneren ganz sind. Sie haben Ihre männlichen und weiblichen Energien integriert. Sie brauchen jetzt die Energie, die Ihnen fehlt, nicht mehr außen zu suchen, sie ist in Ihnen.

Wenn Sie vor dem Tempel stehen, dann malen Sie sich aus, dass Sie von einer Kugel aus weißem Licht umgeben und geschützt sind. Kehren Sie dann mit Ihrer Aufmerksamkeit langsam wieder zu Ihrem physischen Körper zurück. Lassen Sie sich Zeit.

Atmen Sie ein wenig tiefer durch und bewegen Sie Hände und Füße.

Kehren Sie mit Ihrer Aufmerksamkeit nach und nach in Ihr Zimmer zurück, und stehen Sie langsam auf. Stehen Sie mit den Füßen auf dem Boden und stellen Sie sich eine Erdungsschnur vor, die von Ihren Füßen bis tief in die Erde hineinreicht und Sie in der Inkarnation festhält. Gehen Sie dann umher, um wieder vollständig wach zu werden und in Ihrem Alltag anzukommen.

Wenn Sie kein visueller Mensch sind: Gestalten Sie eine entsprechende Umgebung bei sich zu Hause. Verwenden Sie dazu Kerzen, Duftöle und andere passende Requisiten. Gehen Sie durch die Wohnungstür und dann in Ihr Badezimmer, baden Sie und ziehen Sie frische Kleidung an. Gehen Sie in ein Zimmer, in dem Sie bereits einen Altar mit einer Opfergabe vorbereitet haben. Bringen Sie das Opfer dar und begeben Sie sich dann in Ihr Schlafzimmer. Breiten Sie dort die Arme aus, damit Ihr Partner in Ihre Umarmung kommen kann. Gehen Sie danach ins Bett und überlassen Sie alles Weitere Ihrer Fantasie.

Hinweis: Wenn Sie feststellen, dass der innere Partner, der Ihnen erscheint, jemand ist, den Sie in Ihrem normalen Leben kennen, dann überprüfen Sie sehr sorgfältig, ob das wirklich Ihr innerer Partner ist. Projektionen, Wunschdenken oder der starke Wunsch eines anderen Menschen kann beeinflussen, was bzw. wen Sie sehen. Vollziehen Sie die innere Hochzeit nur dann, wenn Sie sich absolut sicher sind. Wenn Sie die mystische Hochzeit mit jemandem vollziehen, der jetzt in Ihrem Leben eine Rolle spielt, dann sagen Sie unbedingt: „Solange es angebracht ist.“ Diese Hochzeit kann eine mächtige Kraft sein, die Sie beide auf allen Ebenen zusammenführt und deshalb genau das, was Ihre Beziehung braucht – oder gerade nicht.

Religiöse Gelübde

Der geistige Zölibat .... unterscheidet sich zwar vom physischen, ... ist aber tiefgreifender und wirkmächtiger. Dabei hält man Frauen geistig und emotional auf Distanz. Frauen können so als Ehefrau, Jungfrau oder Mutter erhöht oder als Versucherin, Spielzeug und Hure erniedrigt (und genossen) werden.[75]

Religiöse Gelübde bereiten Menschen, die in einem früheren oder im jetzigen Leben Erfahrungen in einem Kloster oder einem Orden gesammelt haben, verständlicherweise Schwierigkeiten. Sie gelobten Armut, Keuschheit und Gehorsam – auf ewig. Und dann wundern sie sich, warum sie immer arm sind, sexuelle Schwierigkeiten haben, ständig darauf warten, dass ihnen jemand sagt, was sie tun sollen, oder aber sich ohnmächtig und der Gnade anderer ausgeliefert fühlen. Wenn ihnen ein Seelenpartner begegnet, dann legen sie ihm oder ihr bereitwillig ihr Leben zu Füßen und stellen dann fest, dass sie lernen müssen, es selbst in die Hand zu nehmen.

Man muss nicht unbedingt in ein früheres Leben zurückgehen, um Beispiele dafür zu finden, dennoch sind solche Erfahrungen im jetzigen Leben meist ein Echo aus einem früheren. Ich habe mehrmals erlebt, dass Menschen sich im jetzigen Leben wieder zu einem Kloster hingezogen fühlten oder so lebten, als befänden sie sich in einem.

In einem Fall hatte eine Frau das Gefühl, dass sie einfach Nonne

75 Bianchi, Eugene, „Psychic celibacy and the quest for mutuality“ in Bianchi, E. C. und Ruether, R. R. (Hrsg.), *From Machismo to Mutuality*, Paulist Press 1975.

werden musste. Sie trat in den Orden ein und legte ihre Gelübde ab. Für sie war Christus ihr geliebter Seelenpartner. Sie brauchte zwanzig Jahre, bis sie erkannte, dass sie die falsche Entscheidung getroffen hatte. Im selben Moment, in dem sie das Kloster verließ, entdeckte sie den Mann, der ihr Ehepartner werden sollte – ihre Dualseele. Es sollte noch mehrere Jahre dauern, bis sie heirateten, obwohl sie immer wussten, dass es „so sein sollte". Selbst danach brachte die Sexualität sie sehr durcheinander, bis sie ihr Keuschheitsgelübde ausdrücklich widerrief. Bis dahin hatte sie unterschwellig immer das Gefühl, etwas Falsches zu tun, und wäre am liebsten fortgelaufen, zurück in die heilige Abgeschiedenheit ihres geliebten Klosters. Sie wusste, dass sie ein Gelübde abgelegt hatte. Aber stellen Sie sich erst einmal vor, um wie viel stärker die Wirkung eines solchen Gelübdes ist, wenn es ein ganzes oder vielleicht sogar mehrere Leben lang eingehalten und dann auf der bewussten Ebene vergessen wird. Tief im Inneren vergisst die Seele nicht. Der Mensch hält sich zurück, kann sich nicht auf eine Beziehung einlassen, weil es sich irgendwo tief im Innersten „falsch" anfühlt. Wenn ein Seelenpartner oder eine Dualseelen dies versteht und Geduld hat, kann dieses Gelübde überwunden werden. Sehr häufig aber hakt sich eine solche Erfahrung in die größte Angst des Partners ein – Ablehnung, fehlende Liebe, Betrug, Verlassenwerden und so weiter – und ein altes Muster wird reaktiviert. Wenn die beiden Menschen dann nicht bewusst an der Heilung der Vergangenheit arbeiten, gerät selbst die beste Seelenpartnerschaft in die Krise.

Bei einer ähnlichen Geschichte suchte mich ein junger Mönch auf. Mit vierzehn Jahren war er zum Katholizismus übergetreten. Dann begann er sein Noviziat. Einer der Gründe für seinen Eintritt ins Kloster war, dass er seine Sexualität hinter sich lassen wollte – er fühlte sich sehr stark zu homosexuellen Beziehungen hingezogen, empfand dies aber als moralisch verwerflich. Gleich in der ersten Nacht im Kloster wurde er von einem seiner Mönchsbrüder brutal vergewaltigt. Beim Eintritt ins volle Mönchtum musste er kein Keuschheitsgelübde mehr ablegen, sondern einfach seinen Glauben bekennen. Es galt jedoch die Auffassung, dass der Zölibat zu seiner neuen Lebensweise dazugehörte.[76] Dessen ungeachtet, war die Vergewaltigung der Beginn einer siebenjährigen sexuellen Beziehung voller gewalttätiger Wut und Dominanz. Aber, so sagte er, er hatte seinen Seelenpartner gefunden. Er war hin und her gerissen zwischen dem Wunsch, seiner Sexualität in dieser sadomasochistischen Beziehung Ausdruck zu verleihen, und dem Drang, seinen Seelenpartner zu verleugnen.

Schließlich griff die Klosterleitung ein. Er wurde wieder in die Welt geschickt, „um sich zu finden". In der ganz normalen Alltagswelt war er jedoch völlig orientierungslos. Für ihn war mit seinem Seelenpartner ein Teil seiner selbst im Kloster geblieben. Außerdem war es ihm unmöglich, sich auf eine neue Beziehung einzulassen, weil er immer noch an das Ideal des Zölibats gebunden war, den er im Kloster nicht hatte einhalten können. Infolgedessen führte er ein sehr einsames Leben. Es gelang ihm nicht, das Geschenk eines selbstständigen Lebens zu entdecken, sich aus der Vergangenheit zu befreien und seine Sexualität anzunehmen, ganz gleich, in welcher Form sie sich zeigte.

Gelübde und Seelenverträge neu formulieren

Gelübde und Versprechen können neu formuliert werden, egal ob sie in diesem oder einem früheren Leben gegeben worden sind. Nicht immer braucht man dazu zu wissen, wie das Versprechen exakt lautete. Wenn erforderlich, wird Ihr Unterbewusstsein Ihnen das während des Neuformulierens mitteilen – wenn Sie das zulassen. Sie können jedes Versprechen oder Gelübde allein mit der Kraft Ihrer Intention neu formulieren oder aushandeln. Derselbe Prozess gilt auch für Seelenverträge. Ein Seelenvertrag ist eine Vereinbarung, die Sie mit einer anderen Seele in einem anderen Leben oder im Stadium zwischen den Leben geschlossen haben. Nicht immer sind Ihnen diese Verträge auch im jetzigen Leben dienlich,

76 Nach der benediktinischen Regel werden Ortsbeständigkeit, tägliche Umkehr und Gehorsam gelobt, worin Ehelosigkeit, Armut und Gehorsam als eingeschlossen gelten. (Anm. d. Ü.)

denn sie können Sie an die Vergangenheit binden und verhindern, dass Sie mit jemandem zusammen sein können, mit dem Sie eine stärkere Verbindung und größere Ziele teilen, die Ihrem und seinem höheren Wohl dienen. Da wir alle den freien Willen haben und sich Menschen und Situationen in der Inkarnation verändern, da außerdem Ihre Persönlichkeit und das, was Sie zu geben haben, zum Tragen kommt, kann es unmöglich werden, einen Seelenvertrag zu erfüllen. Dennoch behindert er Sie. Glücklicherweise kann er gebrochen oder angepasst werden.

Übung: Versprechen und Verträge auflösen
Die schnelle Methode

Wenn Sie entspannt und so weit sind, sprechen Sie Folgendes mit fester und klarer Stimme laut aus: „Hiermit widerrufe ich alle Gelöbnisse, Gelübde, Versprechen, Pakte, Vereinbarungen und Seelenverträge, die ich in diesem oder einem anderen Leben oder im Stadium dazwischen eingegangen bin, insofern sie nicht mehr angebracht sind und mir nicht mehr dienen. Ich vergebe mir und gebe mich frei. Ich gebe auch alle Menschen frei, die ich je zu einem Gelübde, Vertrag oder Versprechen angehalten habe oder die mir gegenüber etwas Derartiges freiwillig oder unfreiwillig geleistet haben, und bitte sie um Vergebung.“ Klatschen Sie laut in die Hände, um damit die Auflösung der Versprechen anzuzeigen. Stampfen Sie mit den Füßen fest auf den Boden und gehen Sie befreit von Ihrer Vergangenheit ein paar Schritte vorwärts.

Ein Versprechen neu aushandeln
Die genauere Methode

Entspannen Sie sich. Stellen Sie sich nun vor, dass Sie wieder an dem Zeitpunkt sind, zu dem Sie ein Gelübde, ein Versprechen oder einen Seelenvertrag geleistet bzw. abgeschlossen haben. (Wenn Sie nicht sicher sind, wann das war, dann bitten Sie darum, dass es Ihnen gezeigt wird.) Lassen Sie die Szene noch einmal genau so, wie sie sich damals abgespielt hat, vor Ihrem inneren Auge entstehen, aber betei-

ligen Sie sich nicht daran – sehen Sie sie wie auf einem Bildschirm. Beobachten Sie, aber greifen Sie nicht ein, nehmen Sie nicht daran teil. Achten Sie darauf, wer zugegen ist und was Sie sagen. Wenn Sie jemanden nicht kennen, dann fragen Sie, wer dieser Mensch in Ihrem jetzigen Leben ist.

Schauen Sie sich Ihr Gelübde, Ihr Versprechen oder Ihren Vertrag genau an. Ist es bzw. er noch angebracht? Möchten Sie es bzw. ihn weiter einhalten? Muss er oder es neu formuliert oder widerrufen werden? Stammt er oder es aus einem früheren Leben und wurde versehentlich in die Gegenwart übernommen? Haben Sie jemand anderem ein Gelübde abgenommen, das diese Person immer noch an Sie bindet? Wenn es passt, dann bitten Sie, dass ein Berater kommt und mit Ihnen darüber spricht. Haben Sie einem Seelenpartner oder einer Dualseele ein Versprechen gegeben, dann bitten Sie diese Person außerhalb der Szene zu sich, damit sie sich an dem Gespräch beteiligen kann. Prüfen Sie, ob das Versprechen aufrechterhalten werden muss. Prüfen Sie außerdem, ob Sie einem Seelenpartner oder einer Zwillingsflamme zwischen den Leben ein Versprechen gegeben bzw. mit ihm oder ihr einen Vertrag geschlossen haben. Stellen Sie sich dann sich selbst in jener Szene vor und formulieren Sie neu. Sprechen Sie klar und fest: „Das gilt nur für dieses Leben." Kann ein Seelenvertrag nicht mehr eingehalten werden, dann begründen Sie, warum er nicht mehr angebracht ist. Oder sagen Sie deutlich: „Ich kann das nicht tun", wenn das, was der Vertrag von Ihnen verlangt, Ihre Seele unangemessen bindet. Muss das Versprechen auch für dieses Leben gelten, wurde es in diesem Leben oder für dieses Leben gegeben, dann nennen Sie die Bedingungen, unter denen es einhaltbar wird, oder sagen Sie nachdrücklich, dass es aufgehoben wird. Wenn der Vertrag auch weiterhin gelten muss, dann machen Sie deutlich, dass das Versprechen nicht mehr gilt, wenn sich Ihr Seelenpartner bzw. der andere Mensch nicht an die neuen Vereinbarungen hält oder die Umstände sich ändern.

Wenn Sie sicher sind, dass die Szene neu gestaltet oder das Versprechen bzw. der Vertrag zu Ihrer Zufriedenheit neu ausgehandelt wurde, dann lassen Sie los. Kehren Sie mit Ihrer Aufmerksamkeit wieder in die Gegenwart zurück. Atmen Sie tief durch und nehmen

Sie Ihren Körper wieder wahr. Stellen Sie sich vor, dass Sie von einer schützenden Lichtblase umgeben sind. Diese Blase können Sie auch während des Visualisierens einsetzen, etwa wenn Sie das Bedürfnis haben, Ihre Energie bei sich zu behalten oder bei der Neuformulierung zusätzliche Kraft brauchen. Wenn Sie bereit sind, dann öffnen Sie die Augen, stehen Sie auf und gehen Sie umher.

Wenn Sie kein visueller Mensch sind: Sprechen Sie laut und deutlich aus, dass Sie jetzt aus allen Gelöbnissen, Versprechen und Verträgen, die Sie in diesem oder einem anderen Leben geleistet bzw. geschlossen haben, entlassen sind, und nennen Sie diejenigen beim Namen, die Sie kennen. Wenn Sie ein bestimmtes Gelübde widerrufen möchten, das Sie genau kennen, dann schreiben Sie es auf ein Blatt Papier, zerreißen und verbrennen Sie es. Sagen Sie dabei, dass es mit dem Verbrennen aufgelöst wird.

Im Anschluss an diese Übung können Sie positive Affirmationen einsetzen. Heften Sie ein Blatt Papier mit den Worten „Ich bin frei von den Gelübden und Versprechen der Vergangenheit.“ an eine beliebige Stelle, an der Sie es häufig sehen, und wiederholen Sie den Satz regelmäßig. Haben Sie das Versprechen einem Seelenpartner oder jemandem gegeben, mit dem Sie gerade eine Beziehung haben, dann ermöglicht ein Gespräch darüber Veränderungen. Außerdem kommen dabei wahrscheinlich verborgene Themen ans Licht, denen Sie nun nachgehen können. Wenn Sie Vergebung in die Übungen und Affirmationen aufnehmen, verstärkt das ihre Wirkung (siehe Kapitel 15).

14
Seelenpartner – die positive Erfahrung

Wird sie mein Leben völlig verändern?
O sag mir die Wahrheit über die Liebe.

W. H. Auden

Bei einem Kongress zum Thema Reinkarnation, im Jahr 1995, erwähnte ich beiläufig, ich schriebe gerade an einem Dualseelen-Gegenmittel-Buch, wie ich es scherzhaft nannte. Danach kam ein älterer Herr zu mir und fragte: „Glauben Sie nicht an Dualseelen?“

„Doch natürlich“, erwiderte ich. „Aber ich glaube auch, dass sie das genaue Gegenteil dessen sein können, was alle zu suchen glauben.“ Er erzählte mir, er habe vor zwölf Jahren seine Seelenpartnerin, die heute seine Frau sei, kennengelernt. Sie habe ihn in schweren Zeiten der Depressionen und Zweifel unterstützt. „Aber“, fuhr er fort, „es vergeht kein Tag, an dem unsere Liebe nicht größer wird.“ Er deutete auf sein Herz und meinte: „Hier drin weiß ich, dass ich meine Seelenpartnerin gefunden habe, und sie macht mein Leben lebenswert.“ Es ist allerdings sehr gut möglich, dass er mit seiner Zwillingsflamme zusammen war (siehe Kapitel 17). Hin und wieder kreuzen auch solche Geschichten meinen Weg – gerade oft genug, um mich daran zu erinnern, meine zynische Haltung zu korrigieren, die mich überkommt, wenn ich mich durch meine Post wühle.

Als mich mitten an der Arbeit zu *Seelenpartner: Das Geheimnis karmischer Verbindungen*[77] allmählich das Gefühl beschlich, ich müsse das, was ich bereits geschrieben hatte, dringend durch einige positive, lebensbejahende Erfahrungen mit Seelenpartnern

77 Astrodata 1997.

ergänzen, traf ich zufällig eine alte Freundin wieder. Sie sah strahlend schön aus und sagte, sie habe einen Mann kennengelernt:

> Weißt du noch, wie du mir gesagt hast, dass es einige Zeit dauern würde und ich auf den Richtigen warten sollte, denn er sei da und würde unerwartet in mein Leben treten? (Sie hatte mich vor etwa zwei Jahren aufgesucht.) Danach bin ich zu Mother Meera nach Deutschland gereist. Plötzlich kam ein Mann auf mich zu und sagte, er würde mich zum Bahnhof in der nächsten Stadt mitnehmen. Ein Freund hatte ihm erzählt, dass ich ein Taxi rufen wollte. Auf der Fahrt in die Stadt unterhielten wir uns so gut, als wären wir alte Freunde, und als ich ausstieg, tauschten wir Telefonnummern aus. Beiläufig sagte ich: „Ruf mich doch an, wenn du mal in der Stadt bist; vielleicht können wir ja etwas trinken gehen." Da er Amerikaner und Pilot war, war das zwar möglich, aber nicht unbedingt wahrscheinlich. Zwei Tage später rief er an und fragte: „Wie wär's, wenn wir jetzt etwas trinken gingen?"
>
> „Oh, heißt das, dass du in London bist?", fragte ich.
>
> „Nein", sagte er, „ich komme nur vorbei um, mit dir auszugehen."
>
> Seither hat sich die Beziehung gut entwickelt. Er war ein paar Mal bei mir, und ich war bei ihm in den Staaten. Über Weihnachten bin ich wieder dort. Wir spüren beide, dass wir voneinander lernen können. Unser Glaube bewegt sich in etwa in dieselbe Richtung, und obwohl wir beide selbstständige Menschen sind und unser eigenes Leben führen, passen wir gut zusammen. Ich habe noch nie so viel für einen Mann empfunden und mich noch nie von einem Mann so geliebt gefühlt. Ich bin ganz sicher, dass ich meinem Seelenpartner begegnet bin und das eine positive Erfahrung wird.

Das war ein enormer Wendepunkt in ihrem Leben. Vor ein paar Jahren war ihre Ehe nach beinahe dreißig Jahren, in denen sie ihren Mann und seine Karriere ergeben unterstützt hatte, sehr unschön zu Ende gegangen. Danach fühlte sie sich wie „eine Unperson". Sie hatte sich wieder aufgerappelt, eine neue Ausbildung gemacht und war gerade dabei, einen Platz im Leben zu finden, an dem sie anderen dienen und zugleich selbst Erfüllung finden konnte. Seit dem Ende ihrer Ehe hatte sie schwere persönliche Tragödien durchmachen müssen. Sie hat – auf unterschiedliche Art – zwei Seelenpartner verloren. Ein geliebtes Enkelkind war gestorben und ihr innig geliebter Sohn musste mit einer anscheinend nicht behandelbaren seelischen Erkrankung in die Psychiatrie eingeliefert werden.

Im Hinblick auf diesen Sohn hatte sie mit großen Schuldgefühlen zu kämpfen. Er war ihr Seelengefährte gewesen, mit dem sie durch tiefes gegenseitiges Verständnis verbunden war. Er hatte eine schwierige Beziehung zu seinem Vater, der sich nicht weiter für ihn interessierte. Um dies wettzumachen, schenkte sie ihm sehr viel Zeit und Energie. Bei ihren Versuchen, die bestmögliche Behandlung für ihn zu finden, hatte sie den Ärzten sehr zugesetzt und sich so eingehend in die Krankheit vertieft, dass sie selbst fast zur Expertin geworden war. Bevor sie ihren amerikanischen Seelenpartner kennenlernte, hatte sie intensiv daran gearbeitet, ihren Sohn loszulassen, damit er so sein konnte, wie er sein musste. Deshalb war sie zu Mother Meera gereist. Sie hatte die feste Absicht, ihren Sohn in die Hände der *Großen Mutter* zu geben. Das, so fand sie, hatte ihrer Beziehung gut getan, sie waren „jetzt nicht mehr so symbiotisch". Dies schuf Raum für einen weiteren Seelenpartner, der nun in ihr Leben treten, mit dem sie eine vollwertige Beziehung haben und zuversichtlich in die Zukunft schauen konnte.

Doch wie bei so vielen Fallgeschichten in *Seelenpartner: Das Geheimnis karmischer Verbindungen* war auch der amerikanische Pilot nicht *der* Seelenpartner für sie. Als ihr Herz geheilt war, spürte sie, dass in ihrer Beziehung etwas fehlte. Wie sich herausstellte, war sie nur die Generalprobe vor der Premiere. Ein paar Monate später lernte sie „einen liebenswürdigen Mann" kennen, der sie, ihren Sohn und ihre spirituelle Arbeit enorm unterstützte. Inzwischen sind sie seit mehreren Jahren glücklich verheiratet.

Existenzielle Themen

Man kann das Leben erst dann voll ausschöpfen, wenn man sich den existenziellen Themen gestellt hat: Tod, Freiheit, Isolation und Sinnlosigkeit.

NACH IRVIN D. YALOM

Wenn wir also unsere Haltung zur Liebe und zum Lieben ändern, können wir auch das verändern, was wir als Seelenpartner anziehen, und sind vielleicht sogar bereit für eine Beziehung zu unserer Dualseele – oder zumindest für einen Probelauf. Auch jetzt können unsere Beziehungen mit Seelenpartnern noch schwierig sein, aber sie sind anders. Sehr wahrscheinlich haben wir unserem Seelenpartner jetzt etwas zu bieten, nämlich die Chance, dass er bzw. sie innerlich wachsen kann. Eine meiner Klientinnen hatte hart daran gearbeitet, sich selbst zu akzeptieren und ihre Art zu lieben zu verändern. Nun fand sie, dass es an der Zeit war, einen Seelenpartner zu finden. Rückblickend könnte man heute – zehn Jahre später – sagen, dass man wohl eher von einer Zwillingsflamme hätte sprechen sollen, aber damals war uns das beiden nicht klar. Wie sie selbst sagte, hatte sie ein gutes, reiches und erfüllendes Leben, aber sie wünschte sich einen Partner. Nach reiflicher Überlegung gab sie eine Anzeige auf. Ihre Anzeige war ungewöhnlich. Statt zu schreiben, was sie suchte, zählte sie auf, was sie zu bieten hatte. Ihr Argument war, dass dies jemanden anziehen würde, der genau die Eigenschaften suchte, die sie geben konnte. Und wirklich, sie lernte einen Mann kennen, mit dem sie Vieles gemeinsam hatte. Sie verstanden sich ausgesprochen gut.

Es gab nur ein Problem: Er hatte bisher noch nie eine langjährige verbindliche Beziehung gehabt. Für gewöhnlich hatte er immer mehrere Frauen „am Start, um auf der sicheren Seite zu sein". Weil er sich im Innersten für nicht liebenswert hielt, erwartete er, dass er in einer Beziehung ohnehin nur verletzt würde. Deshalb tat er sein Möglichstes, um seine Partnerinnen zu vertreiben. Dann konnte er sagen: „Siehste, ich hab's ja gewusst." Meine Klientin kannte dieses Spiel nur zu gut. Sie sagte, sie habe es selbst jahrelang gespielt. Als er also versuchte, sie von sich wegzustoßen, erwiderte sie: „Ich bleibe da. Es ist egal, was du tust. Ich liebe dich und bin immer für dich da."

Allmählich entwickelte er Vertrauen zu ihr. Schließlich bat er sie, mit ihm auf Probe nach Australien (seine Heimat) zu gehen. Er wollte sehen, wie das wäre. Sie war einverstanden, für sechs Monate zu ihm zu kommen, aber nicht um zu sehen, wie das für ihn wäre, sondern ob sie sich dort ein eigenes Leben aufbauen und deshalb in einer Beziehung mit ihm leben könnte. Sie schrieb mir aus Australien:

> Ich habe es überhaupt nicht eilig, eine bestimmte Lebensweise formell abzusegnen – ich frage mich, ob ich das überhaupt je wieder will. Ich genieße diese innere Reise einfach ganz unglaublich. Sie schenkt mir Reichtümer und Freuden, die ich bisher nur erahnen konnte. Ich kann nur sagen, dass es sich sehr stimmig anfühlt, mit Peter hier zu sein. Die Zukunft wird schon ihren Lauf nehmen, denn wir entwickeln sie, indem wir voll und ganz in der Gegenwart leben.

Als ich sie 1996 um Erlaubnis zum Abdruck ihrer Geschichte bat, schrieb sie:

> Wir erteilen sie Ihnen beide von Herzen gerne. Auf meinem Weg lerne ich sehr viel über mich selbst. Weil ich mein Herz so weit geöffnet habe, macht sich das verletzliche Kind oft bemerkbar. Auch sein verletzliches Kind ist oft angesprochen, als rührten wir durch unsere Offenheit füreinander an einige unserer tiefsten Verletzungen. Wichtig ist, dass wir dann beide verstehen können, was gerade passiert, und damit die Projektionen zurücknehmen. Das ist manchmal verdammt harte Arbeit, aber es macht das Leben auch sehr viel schöner. Für uns ist es, als seien wir aufgrund der Lektionen zusammengeführt worden, die wir beide lernen mussten. Die anderen Frauen in seinem Leben sind komplett verschwunden. Peter ist sehr entschieden in seiner Verbindlichkeit und blüht in seinem neuen Status förmlich auf. Er sagt, jetzt fühle er sich erfüllt, als sei er nach Hause gekommen, und er habe überhaupt kein Verlangen nach etwas oder jemand anderem.

Nach Jahren energisch verteidigter Unabhängigkeit wieder zu lernen, mit jemandem zusammenzuleben, ist interessant – ein Euphemismus für lohnend, herausfordernd, freudvoll, erschreckend und hoffnungsvoll. Das gilt für uns beide, denn wir lernen, miteinander zu reden, uns anzupassen, uns zugleich aufeinander zu verlassen und selbstständig zu sein, zu verstehen und verstanden zu werden. Wünschen Sie uns alles Gute auf unserer weiteren Reise, als Paar und als Individuen.

Der Schlüssel zur Lösung des Dualseelen-Rätsels liegt also anscheinend darin, über unsere Erwartungen und Forderungen hinauszuwachsen, unsere Träume loszulassen und einfach jeden Tag so zu nehmen, wie er kommt. Anzunehmen, was immer eine Beziehung zu bieten hat, wie immer sie sich auch darstellt, und zugleich unsere innere Aufrichtigkeit zu bewahren. Jane, deren Geschichte in Kapitel 1 erzählt wird, nennt das „in der Gnade leben". Das ist das Geschenk, das unser Seelenpartner anzubieten hat. Ob wir es annehmen oder nicht, liegt an uns.

Aber auf meine Klientin warteten noch weitere Lektionen. Ein paar Jahre später rief sie mich an. Sie war wieder in England, Peter war tot. Sie hatte ihn gepflegt, sie hatten einander alles gesagt, was zu sagen war, sie hatte seinen Sarg getragen und sogar seinen Gedenkgottesdient geleitet. Jetzt war sie in ihr Heimatland zurückgekehrt, um noch einmal von vorne anzufangen, „weiser und bereiter für eine Beziehung denn je".

Die Geschenke in dem, was ist, anerkennen

„Und was ist, wenn man eine Beziehung hat, die ganz in Ordnung ist, in der eigentlich alles stimmt, die eben nur nicht sehr aufregend ist, in der der Zauber fehlt und man vielleicht auch gar nicht mehr so recht weiß, wo man miteinander hin will? Was dann?" Das werde ich so oft gefragt, dass ich mich auf die Suche nach einer Antwort gemacht habe. Muss eine solche Beziehung still ertragen oder sollte sie aufgegeben werden? Oder gibt es noch eine dritte Möglichkeit? Da ich gerade an einem Buch arbeitete, in dem es um den

Faktor der Anziehung gehen sollte, und zuvor eines geschrieben hatte, in dem es ein Tagebuch der Segnungen gab, wollte ich noch einmal über diese Frage nachdenken. Wenn wir uns für Selbstliebe und Selbstakzeptanz entschieden haben und entschlossen sind, uns in unserem Alltag wohl zu fühlen, wenn wir dankbar sein können für das, was ist, wenn wir die Segnungen in unserer Beziehung sehen und unsere Energie auf das Positive verwenden können, dann steht dem nichts im Wege, eine Beziehung, die „in Ordnung" ist, auf eine neue Ebene der Nähe und Vertrautheit zu heben – auf eine Ebene, die dem wesentlich näher kommt, was die meisten Menschen unter Seelenpartnern verstehen und vielleicht sogar bis an Zwillingsflammen heranreicht. Wenn wir uns als Mitschöpfer unseres Lebens verstehen, dann können wir innerhalb der Beziehung, die wir haben, diejenige erschaffen, nach der wir uns sehnen.

Leichter gesagt als getan, mögen Sie erwidern. Das stimmt. Aber ist es nicht einen Versuch wert?

Eine solche Beziehung wird in mehreren Schritten erschaffen. Der erste ist Vergeben und Vergessen. Wie es war, muss nicht dasselbe sein, wie es ist. Reiten Sie also als Erstes nicht immer auf der Vergangenheit herum, sondern lassen Sie sie los. Zweitens, hegen Sie keine Erwartungen, dann werden Sie auch nicht enttäuscht – oder bekommen ständig Bestätigung dafür, wie schlimm alles ist. Wir bekommen, was wir erwarten. Hören Sie deshalb auf, immer das Schlimmste zu erwarten, sondern fangen Sie an, sich auf das Beste zu konzentrieren.

Gehen Sie die Beziehung mit offenem Herzen an. Hören Sie auf zu hoffen und fangen Sie an zu akzeptieren. Lernen Sie, auf das zu hören, was ist, statt immer nur zu denken „jetzt geht das schon wieder los", in eine völlige Abwehrhaltung zu gehen und bereits eine Antwort parat zu haben, bevor Ihr Partner überhaupt seinen Satz beendet hat. Glauben Sie nicht, bereits zu wissen, was er oder sie sagen wird, und urteilen Sie nicht. Hören Sie so zu, als hörten Sie es zum ersten Mal – und antworten Sie entsprechend. Urteilsfreies Zuhören mit offenem Herzen kann Wunder wirken. Wenn das, was Sie hören, bedeutet, dass Sie sich ein paar Fehler und Schwächen vergeben müssen (wer, ich?), dann wiederholen Sie für sich im Stillen Tag und Nacht das Mantra: „Es tut mir leid. Ich liebe dich. Bitte verzeih mir." In diesem Stadium bitten Sie nicht Ihren Partner um Vergebung – auch wenn es vielleicht noch so weit kommt. Jetzt arbeiten Sie nur daran, sich selbst zu vergeben.

Seien Sie außerdem dankbar für alles, was in Ihrer Beziehung gut ist. Schreiben Sie alles auf, wofür Sie dankbar sein können, alle Segnungen in Ihrem Leben. (Am besten in einem besonderen *Tagebuch der Segnungen.*)

Schreiben Sie zum Schluss alle positiven Dinge auf, die Sie an Ihrem Partner bewundern und schätzen, selbst das Geringste. Suchen Sie die besten Eigenschaften und die unscheinbarsten Dinge und schreiben Sie sie auf. Lassen Sie jegliches „ja, aber" oder „wenn doch nur" weg. Es gibt reichlich Beweise dafür, dass Menschen darauf reagieren, wenn wir positiv über sie denken. Es gibt sogar noch mehr Beweise dafür, dass sie positiv auf Lob und Dankbarkeit reagieren, also teilen Sie Ihre Gedanken Ihrem Partner mit. „Häufig und in kleinen Dosen" lautet das Rezept – und es kann Wunder wirken.

15
Die Wunden heilen

Doch wenn ihr liebt und Wünsche haben müsst, dann wünscht euch dies:

...

Verwundet zu werden von eurem eigenen Verständnis der Liebe;
Und bereitwillig und freudig zu bluten.
Im Morgengrauen mit einem Lerchenherzen aufzuwachen und für einen neuen Tag des Liebens Dank zu sagen.

KHALIL GIBRAN, DER PROPHET[78]

Viele Menschen glauben, dass sie mit der Weigerung loszulassen ihre unsterbliche Liebe beweisen. Ich kannte eine Frau, die vierundfünfzig Jahre lang verheiratet war, obwohl sie ihren Mann in den letzten dreißig Jahren ihrer Ehe nie mehr zu Gesicht bekam. Sie hatten im Krieg geheiratet, wahrscheinlich war es Liebe auf den ersten Blick – zumindest auf ihrer Seite. Sie glaubte bestimmt, sie habe ihren Seelenpartner gefunden. Sie hatte ihr Versprechen für die Ewigkeit gegeben. Er hingegen erwartete, er könne jederzeit sterben. Er gab sein Versprechen leichthin, weil er glaubte, es wäre ohnehin bald alles vorbei. Aber das sollte sich als Falle erweisen. In den darauffolgenden vierundfünfzig Jahren (er starb mit achtundachtzig) lebte er, als sei ein plötzlicher Tod die einzige Lösung, als könne nur er ihm diese schreckliche Last der Liebe abnehmen. In den ersten zwanzig Jahren hielt sie sich zwar wahrscheinlich für glücklich, aber für ihn gab es keinen Tag, an dem er sich nicht gewünscht hätte, er könnte entkommen. Er hatte viele andere Frauen. Sie drohte sich umzubringen, sollte er sie verlassen. Schließlich verließ er sie doch wegen einer anderen Frau, mit der er dann vier-

78 Frankfurt 2002.

unddreißig Jahre lang zusammen lebte. Aber er blieb mit seiner Frau verheiratet. Es war eine klassische ewige Dreiecksbeziehung.

Vierunddreißig Jahre lang saß sie zu Hause und wartete darauf, dass er wiederkäme. Sie konnte nicht loslassen. Sie war wie scheintot. Ihr Leben stand still. Sie sah sich als hilfloses Opfer. Er erlebte sie als allmächtige, vampirische, kontrollierende Kraft, die sein Leben beherrschte, auch wenn er ihr in all den Jahren nie wieder begegnet war. Sie duldete keine Scheidung. Nur der Tod, so sagte sie, könne ihre Verbindung lösen. Nur der Tod, so glaubte er, könne ihn befreien. Aus Gründen, die er nur selber kannte, war er nicht bereit, sich von ihr scheiden zu lassen. Die Frau, mit der er zusammenlebte, wartete darauf, dass seine Frau stürbe, damit sie ihren Seelenpartner heiraten konnte. Bei dieser Frau war bereits vor ihrer ersten Begegnung, vor annähernd vierzig Jahren, unheilbarer Krebs festgestellt worden, aber sie klammerte sich beharrlich ans Leben, damit sie den Mann heiraten konnte, den sie liebte. Schließlich starben alle drei innerhalb von sechs Monaten. Doch der Tod war für sie keine Befreiung. Nach ihrem Tod suchte ihre Tochter (aus der Ehe des Mannes) mich auf und berichtete mir, was in der Zwischenzeit seit *Seelenpartner: Das Geheimnis karmischer Verbindungen* geschehen war:

> Meine Mutter starb im Krankenhaus. Ihr Sterben zog sich über mehrere Tage hin, und ich wusste, dass sie auf meinen Vater wartete. Im Todeskampf sagte sie mehrmals: „Ich will nicht, dass diese Frau mein Haus bekommt.“ Damit gab sie zum ersten Mal zu, dass mein Vater mit jemand anderem zusammenlebte. Bisher hatte sie jedes Mal, wenn ich versuchte, mit ihr darüber zu sprechen, beharrlich behauptet, er käme bald nach Hause.
>
> Während sie so im Sterben lag, sich aber dem Tod widersetzte, um auf ihn zu warten, sagte ich ihr immer wieder, er würde nicht kommen. Das Beste, was sie jetzt tun könne, sei loszulassen und auf der anderen Seite auf ihn zu warten. Nach ihrem Tod stand sie ganz verloren neben dem Bett, daher sagte ich ihr: „Gehe ins Licht und warte dort auf ihn.“ Widerwillig tat sie das schließlich.
>
> Ich hatte meinen Vater viele Jahre nicht gesehen. Nach etwa drei

Monaten rief er mich an und erkundigte sich, „ob etwas passiert sei". Ich sagte, meine Mutter sei gestorben, vielleicht meine er ja das. Außerdem erzählte ich ihm von ihrer Bemerkung, dass sie nicht wolle, dass die andere Frau ihr Haus bekäme. „Das wird nun auch nicht mehr geschehen", sagte er bekümmert und schlug ein Treffen vor, um die ganze Sache zu besprechen.

Er erzählte mir, dass seine Seelenpartnerin ebenfalls gestorben sei. Beim Vergleich der Daten stellte er fest, dass sie – bis zum letzten Augenblick gegen ihren erbitterten Widerstand – am selben Tag und um dieselbe Uhrzeit ins Krankenhaus gebracht worden war, als meine Mutter starb. Sie starb in dem Moment, als meine Mutter verbrannt wurde. Dabei hatte sie zu keinem Zeitpunkt geahnt, dass sie nun endlich frei war, meinen Vater zu heiraten. Hätten die beiden es gewusst, hätte er sie selbstverständlich noch auf dem Sterbebett geheiratet. Dieses zeitliche Zusammenspiel verblüffte mich zutiefst. Ich wusste, dass sie in einer seltsamen Dreiecksbeziehung miteinander verbunden waren, aber das war zu viel. Mein Vater sagte, er habe noch sehr viel ungelebtes Leben nachzuholen, aber auch er starb innerhalb weniger Monate.

Von einem Medium, einer Nachbarin meiner Schwägerin, habe ich gehört, dass die drei in einem „tödlichen Kampf" feststecken. Sie machen meiner Schwägerin, die ebenfalls medial begabt ist und ihre Sticheleien sehr bewusst mitbekommt, das Leben schwer.

Bitte unternehmen Sie etwas!

Ich sprach mit allen dreien, musste sie dazu aber in ein Pentagramm bannen. Jede der beiden Frauen bestand unnachgiebig darauf, er „gehöre" ihr. Keine war bereit loszulassen. Auch er war in der Sache nicht besonders hilfreich. Sein einziger Wunsch war, beiden zu entkommen. Er wollte überhaupt nicht mit sich reden lassen.

Ich rief Seelenführer, Helfer und höhere Wesen, alle, die ihnen möglicherweise bei der Beendigung dieses seit Jahrhunderten andauernden Kampfes helfen konnten. Ich sagte allen dreien, dass sie erst dann freikommen könnten, wenn er gelöst sei. Jeden Tag rückte ich das Pentagramm ein wenig höher auf der Schwingungsskala, in der Hoffnung, dass einer von ihnen endlich etwas Einsicht gewänne und losließe. Das musste ich allerdings den höheren Wesen überlassen, die den Vorgang überwachten. Bis heute gibt es keinerlei Anzeichen für einen Fortschritt, dabei hat das alles bereits vor Jahren begonnen. Beide Frauen halten immer noch unerbittlich an ihrem Mann fest, und die Wunden bleiben offen.

Wie soll es für sie weitergehen? Was soll man in einer solchen Situation tun? Es gibt bestimmte Schritte, durch die wir unsere Wunden in Beziehungen heilen und das Muster verändern können, so dass es nicht in die Zukunft übertragen werden muss. Wir können solche Muster so überarbeiten, dass unsere Beziehungen positive Erfahrungen werden, die das Leben schöner machen. Ganz gleich, ob wir bereits in einer Beziehung mit unserem Seelenpartner leben, uns das wünschen, eine solche Beziehung hinter uns haben oder eine Dualseele finden wollen, wir müssen stets an unseren Partnerschaftsthemen arbeiten. Einfach ausgedrückt, geht es dabei um fünf Dinge:

- ♥ Akzeptanz
- ♥ Vergebung
- ♥ Loslassen
- ♥ Nach vorne schauen
- ♥ Leben und Lieben in der Gnade

Der Glaube an Karma macht Trennungen ein wenig leichter und hilft uns auch zu verstehen, warum wir die eine oder andere weniger wünschenswerte Erfahrung machen müssen. Er kann uns auch dabei helfen, für eine glücklichere Zukunft zu sorgen – immerhin bestimmt das, was wir jetzt in Gang bringen, den weiteren Verlauf unseres Lebens (oder unserer Leben). Wie wir bereits gesehen haben, schenkt uns auch die Erkenntnis, warum unsere Seele uns in die jeweilige Beziehung geführt hat, heilsame Einsichten. Das Gleiche passiert, wenn wir uns in die Lage des anderen versetzen und die Dinge aus seiner Perspektive sehen. Sehr oft haben wir feste Vorstellungen, was wir uns von einem Seelenpartner wünschen: Vollkommene Liebe, die gleichen Erwartungen, bestimmte Verhaltensmaßstäbe, völliges Verständnis, Treue und so weiter. Die Liste variiert von Mensch zu Mensch nur wenig. Nur selten schauen wir uns an, was wir selbst zu bieten haben. Ebenso wenig werfen wir einen Blick auf das Gepäck, das wir in die Beziehung mitbringen – unsere Erwartungen an die Liebe, unsere eingefleischten Reaktionen, unsere früheren Erfahrungen. Wo Vorstellungen und Gepäck voneinander abweichen, entsteht unser Schmerz. Sehr oft wollen wir daraufhin den anderen verändern, wo wir doch in Wirklichkeit nur uns selber verändern können.

Mit unseren Illusionen müssen wir anfangen. Ist das, was wir suchen, zu perfekt, zu unerreichbar? Legen wir unmögliche Maßstäbe an? Ist das, was wir suchen, wirklich Liebe oder eher eine klammernde, parasitäre, symbiotische Abhängigkeit, an der wir beide ersticken würden? Sind wir etwa nur in die Idee des Verliebtseins verliebt? All das müssen wir uns wahrscheinlich gründlich ansehen. Sind wir in unseren Augen vollkommen und übersehen wir dabei unsere eigenen allzu menschlichen Unzulänglichkeiten und Schwächen? Oder sehen wir umgekehrt nur unsere Fehler (oder die unseres Partners) und erkennen unsere Vollkommenheit nicht? Sehen wir unseren Partner als Gott, unsere Partnerin als Göttin an? Müssen wir die Augen für ihr wahres Wesen öffnen? Müssen wir desillusioniert werden? Das ist ein schmerzlicher, aber höchst notwendiger Prozess, wenn wir den Tatsachen ins Auge sehen wollen. Vielleicht weisen wir unserem Partner oder unserer Partnerin eine heroische, idealisierte Rolle zu, die einfach nicht erfüllbar ist. Wir projizieren unsere Erwartungen an uns selbst auf andere; wir stülpen ihnen über, was wir für uns selbst nicht annehmen wollen. Diese Projektion müssen wir zurücknehmen. Wir müssen uns und unseren Partner so sehen, wie wir beide wirklich sind. Und wir müssen auch annehmen können, dass wir – wenn dem so ist – in einer guten und erfüllten Beziehung mit einem Menschen leben, der nicht unser Seelenpartner ist, ohne dabei etwas zu verpassen.

Vielleicht müssen wir ein altes Muster der Abhängigkeit und Passivität durchbrechen sowie unsere Kraft und Individualität wiedergewinnen, um zu erkennen, dass wir unsere Zukunft tatsächlich selbst gestalten. Wir müssen auch erkennen, wo wir andere dominieren und kontrollieren, wo wir Macht über den anderen haben wollen, wo wir manipulieren. Wenn wir nur eine Seite sehen, können wir nie heil werden. Wir müssen liebevoll annehmen – uns selbst und unseren Partner.

Wenn wir unseren Partner einfach so sein lassen, wie er ist, das Schlimmste akzeptieren und ebenso das Beste erkennen, dann hat er einen Raum, in dem er aufblühen kann. Wenn wir akzeptieren, was ist, statt uns mehr oder Besseres zu wünschen, dann werden wir womöglich feststellen, dass wir alles haben, was wir brauchen. Wenn wir immer nur verurteilen, welche Hoffnung gibt es dann? Ebenso müssen wir aus Fehlern lernen, statt sie zu verdammen. Auf diese Weise entwickeln wir uns weiter.

Wenn wir das Karma loslassen, aus dem ewigen Karussell aussteigen, dann verändert sich alles. Wenn wir nicht mehr Vergeltung suchen, nicht zurückschlagen, uns bewusst dafür entscheiden, nicht zu reagieren, sondern zu vergeben (ohne dadurch zum Opfer oder Märtyrer zu werden), können wir das Muster verwandeln. Wenn wir unsere stärksten Emotionen loslassen – Trauer, Wut, Zwang – schaffen wir Freiraum für die Liebe.

Wenn wir diejenigen loslassen, die wir am meisten lieben, dann ermöglichen wir ihnen zu fliegen, zu sein und zu wachsen. Wir lassen ihnen Raum zum Wiederkommen. Wenn wir zu sehr festhalten, würgen und ersticken wir sie. Wenn wir loslassen, lieben wir wirklich.

Wenn wir verletzt wurden, trauern oder wütend sind, dann ist Vergebung unser bestes Instrument. Sie befreit uns beide. Wenn wir an diesen Gefühlen festhalten, hat keiner etwas davon. Sie sind todbringend statt lebensbejahend. Vergebung hingegen, besonders für uns selbst, eröffnet neue Möglichkeiten. In dem Freiraum, der dann entsteht, kann es sehr gut sein, dass wir finden, was wir gesucht haben. Und wenn nicht, dann können wir auch damit gut leben. Im Zustand der Bedürftigkeit können wir auch nur Bedürftigkeit anziehen. Wenn wir uns unvollständig fühlen, können wir auch nur jemanden anziehen, der nicht völlig zu uns passt. Aus einer Position der Vollständigkeit heraus können wir eine echte Beziehung eingehen.

Verschenken Sie Ihr Herz?

Was von der Seele blieb, so frag ich, wenn das Küssen enden musst'?

ROBERT BROWNING, *A TOCCATA ON GALUPPI'S*

Das Verschenken des Herzens ist vielleicht das häufigste Thema, das sich in Beziehungen zwischen Seelenpartnern stellt. Viele Menschen verschenken ihr Herz unbedacht – man muss sich nur einmal ein paar Popsongs anhören, um zu merken, wie verbreitet das ist:

> Right from the start, I gave you my heart …
> (Gleich am Anfang habe ich dir mein Herz geschenkt.)
>
> I gave you my heart, but you wanted my soul …
> (Ich gab dir mein Herz, aber du wolltest meine Seele.)
>
> That kiss you stole held my heart and soul …
> (In dem Kuss, den du mir gestohlen hast, waren mein Herz und meine Seele.)

Aber nur wenigen ist klar, welch verheerende Folgen es haben kann, wenn man sein Herz jemand anderem anvertraut – oder es sich von einem bedürftigen oder manipulativen Menschen „stehlen" lässt. Wenn man sein Herz einem anderen schenkt, es an eine Erinnerung kettet, an „gebrochenem Herzen" leidet oder „hartherzig" ist, dann hat das fast immer mit altem und neuem Herzeleid zu tun und führt mit Sicherheit zu dysfunktionalen Beziehungen, wenn es nicht geheilt wird.

Wir leben in einer Kultur, in der die Liebe mit dem Verschenken von Herz und Seele gleichgesetzt wird, mit der Übergabe eines Teils unserer selbst zu treuen Händen an jemand anderen. In der Jugend und auch noch später im Leben verschenken wir unser Herz leichtfertig, und wenn wir uns dann trennen, vergessen wir, es zurückzufordern. Das ist allerdings nicht erst seit dem 20. Jahrhundert so. Schon im 16. Jahrhundert spricht der englische Dichter Sir Philip Sidney von „ihr, wo mein Herz sicher verwahrt ich finde". Alte ägyptische Papyri sprechen vom „Herrn meines Herzes". Seit jeher wird das Herz gleichgesetzt mit der Liebe. Wenn uns ein Geliebter oder eine Geliebte verlässt oder wir ihn bzw. sie verlassen, wie oft denken wir dann daran zu sagen: „Entschuldige bitte, kann ich mein Herz wiederhaben, bevor sich unsere Wege trennen? Und übrigens, ich entlasse uns aus allen Versprechen ewiger Liebe, die wir einander gegeben haben."

Wenn wir diese Neigung, jemandem unser Herz zu schenken, in frühere Leben zurückverfolgen, wie viele Teile unserer selbst haben wir dann zurückgelassen? Und wer hat sie jetzt? Übungen zum Zurückholen des Herzens führen oft zu überraschenden Ergebnissen. Mit dem Wechsel unserer Rollen und einem veränderten Umgang miteinander werden die „Hüter unseres Herzens" zu Freunden, Feinden, Eltern und sogar Kindern. Kein Wunder verschwimmen die Grenzen des Begriffs Seelenpartner. Um für die wahre Liebe frei zu werden, müssen wir uns diese Bruchstücke unseres Herzes wiederholen. Wir müssen uns in die Vergangenheit begeben und sie zurückfordern.

Anzeichen dafür, dass das Herz verschenkt, gestohlen oder gebrochen wurde:

Keine Leidenschaft für das Leben	abwehrend	fühlt sich an allem schuld	naiv
Kein Feuer und kein Elan	aufopfernd	verschreckt	zynisch
Nimmt, aber gibt nicht	abwesend	verbittert	ängstlich
Das Leben ist grau in grau	ausgebrannt	entfremdet	gierig
Definiert sich nach Rollen	dissoziiert	getrennt	urteilt rasch
Unzugänglich für eine Beziehung	egoistisch	bedürftig	kalt
Kreislaufprobleme	unverbindlich	Süchte	zerstückelt

Promiskuitiv	gefühllos	masochistisch	Sodbrennen
Hohlwangig	Angina	Impotenz	Arterienverkalkung
Ausdruckslose Augen	grausam	panische Angst vor Verbindlichkeit	geistig abwesend

(nach Chuck Spezzano, mit Ergänzungen von Judy Hall)

Ein gebrochenes Herz kann auch der Grund sein, warum man sich gern über eine Rolle definiert, etwa als Mutter, Vater, Ehefrau, Ehemann, Kümmerer oder Einzelgänger. Die Folge eines verletzten Herzens ist, dass man seinen Schwung und seine Leidenschaft im Leben verliert. Eine verzweifelte Seele mit leidendem Herzen kann durchaus bedürftig und gierig zugleich sein, dabei aber verbittert oder zynisch werden und stets rasch mit einem Urteil bei der Hand sein. Ganz sicher wird es ihr an Liebe mangeln.

Das Herz in der Schachtel

Wie komplex und vielschichtig es sein kann, wenn man sein Herz verschenkt, zeigt Anitas Erfahrung:

> Ich hatte schon eine Zeit lang daran gearbeitet, mich aus der Kontrolle eines sehr mächtigen Mannes zu befreien. Er leitete das Unternehmen, in dem ich arbeitete. Ich betrachtete ihn als Freund und hatte mich ursprünglich einmal sehr zu ihm hingezogen gefühlt. Ein paar Jahre lang glaubte ich sogar, ich sei in ihn verliebt. Insgeheim hegte ich romantische Träume, er könnte mein Liebhaber oder sogar mein Mann werden.
>
> Bei Rückführungen in frühere Leben erfuhr ich sehr bald, dass meine Gefühle nicht in dieses Leben gehörten, sondern als Überbleibsel aus einem früheren Leben stammten, in dem wir Liebende waren, er mich aber nach einiger Zeit abgewiesen hatte. Ich war unverheiratet geblieben und starb unter traumatischen Umständen. In jenem Leben wollte er mich nicht mehr als Geliebte, wurde aber sehr eifersüchtig, sobald ich mich mit anderen Männern einließ, und

schlug mich in seiner eifersüchtigen Raserei. In meinem jetzigen Leben konnte ich ab dem Moment, in dem ich ihm begegnet war, keine Beziehung mehr eingehen. Ich lernte Männer kennen, zu denen ich mich hingezogen fühlte, aber nie wurde etwas daraus. Heute habe ich das Gefühl, dass er in jenem anderen Leben meine Gefühle irgendwie mit einem Schleier überzogen hat, damit ich niemand anderen mehr anschauen würde, und bei unserem jetzigen Kontakt hat dies wieder eingesetzt.

Schließlich wusste ich, dass ich den Mut finden musste, ihm von dem früheren Leben zu erzählen, die Gefühle anzusprechen, die ich für ihn hatte, und die Sache für mich zu klären. Ich hatte große Angst, aber brachte es tatsächlich fertig, ihm alles zu sagen. Nach etwa einer Woche ließ meine Verliebtheit allmählich nach. Jetzt war ich mir sicher, dass ich ihn los war und einen Partner finden konnte.

Doch ich musste feststellen, dass die Sache immer noch festgefahren war. Ich versuchte, auf jede erdenkliche Art damit zu arbeiten, konnte das Problem aber einfach nicht lösen. Dann schlugen Sie vor, ich sollte „mir mein Herz wiederholen". Eine Freundin führte mich durch die Meditation. Ich sah den Mann und spürte seine beiden Aspekte – den früheren und den heutigen. Er trug mein Herz in einer Schachtel. Ich fragte ihn, warum er es behalten wollte, und er sagte „Macht". Ich bat um Hilfe von oben. Schließlich übergab er mir das Herz, schrumpfte zusammen und verschwand. Ich sandte ihm Liebe, behielt aber mein Herz. Er sagte: „Werde glücklich. Gott segne dich."

Bevor ich die Meditation beendete, fragte ich, ob ich noch etwas tun müsse. Da sah ich, wie der Mann mit gespielter Wut sagte: „Hau ab. Du bist fertig!" Ich fühlte mich wunderbar frei und hatte mich aus der Situation gelöst.

Dennoch stand meinen Beziehungen immer noch etwas im Wege. Ein paar Monate später machte ich noch einmal eine Rückführung in dieses Leben. Wieder sprach ich mit dem fraglichen Mann. Die Therapeutin fragte: „Was hat er noch, was Ihnen gehört?" Sie wies mich an, seine Taschen zu durchsuchen. Das tat ich und fand dabei einen Ring. Ich nahm ihn an mich und gab ihm ebenfalls einen Ring zurück. Dann sah ich, was passiert war. Wir hatten Ringe ausgetauscht, die uns für immer verbinden sollten. Ich sah die Szene vor mir, den Tag, als es geschah. Es war im 18. Jahrhundert. Ich war sehr jung, und wir waren zusammen im Garten. Die Atmosphäre war sehr kokett, aber mit einem finsteren Unterton. Ich sagte: „Ich gebe dir mein Herz für immer." Er erwiderte: „Ah, aber ich möchte deine Seele." Zu meinem Schrecken musste ich mitansehen, wie ich zu ihm sagte: „Ich gebe dir meine Seele." Dabei tauschten wir die Ringe aus. Für mich war es reine Verspieltheit und ein Ausdruck der Liebe, aber für ihn war es todernst – er wollte mich vollständig unter Kontrolle haben. Ich hatte ihm das ahnungslos gestattet. Jetzt veränderte ich die Szene und sah, wie ich zu ihm sagte: „Ich gebe dir mein Herz, solange es angebracht ist." Er fragte: „Gibst du mir auch deine Seele?" Ich erwiderte: „Nein! Ich werde dir nie meine Seele geben", und baute mich mit verschränkten Armen vor ihm auf. Er nickte und erkannte meine Kraft an. Er war auf einen gleichwertigen Gegner getroffen.

Ich wollte Ihnen das mitteilen, weil ich staune, wie vielschichtig so ein Bemühen um Befreiung sein kann. Wenn man glaubt, man habe etwas geklärt, aber in irgendeinem Lebensbereich immer noch Probleme hat, dann sollte man noch einmal genauer hinschauen. Interessant war auch, dass dieses Beziehungsproblem erst gelöst wurde, als ich dem Mann in diesem Leben wiederbegegnete. Es war, als wäre der Schleier wieder da, und als könnte ich keinen anderen mehr sehen. Doch als ich loslassen konnte und ihn nicht mehr als möglichen Geliebten betrachtete, konnte ich bedingungslose Liebe für mich selbst empfinden. Das war völlig anders als zu der Zeit, als er mich noch im Griff hatte. Jetzt weiß ich, dass ich mir mein Herz und meine Seele zurückgeholt habe.

Das Herz zurückholen

Die folgende Übung können Sie mit jemandem machen, mit dem Sie in diesem Leben eng verbunden waren und bei dem Sie das Gefühl haben, Sie könnten ihm Ihr Herz gegeben haben (was etwas ganz anderes ist, als sich auf der Herzensebene auszutauschen oder für einen anderen Menschen zu öffnen). Sie können auch darum bitten, dass Ihnen Verbindungen in anderen Leben gezeigt werden. Sie brauchen nicht zu wissen, wer die Personen im Einzelnen sind, aber Sie müssen zuhören, was sie erzählen, und Sie müssen alte Versprechen neu formulieren.

Visualisierung: Zurückholen des Herzens

Entspannen Sie sich und gehen Sie dann mit Ihrer Aufmerksamkeit zu Ihrem Herzen. Spüren Sie sein Schlagen und hören Sie seine Geräusche. Wenn Sie dem Rhythmus Ihres Herzens lauschen und seine pulsierende Energie spüren, dann lassen Sie sich dabei noch ein wenig tiefer in die Entspannung sinken. Lassen Sie sich von Ihrem Herzen langsam in eine andere Zeit und einen anderen Raum führen.

Jetzt stehen Sie im Tempel Ihres inneren Herzens. Seine Farbe und Größe sind einzigartig und nur bei Ihnen so. Erkunden Sie diesen Tempel; achten Sie darauf, ob irgendwo Schäden sind. Begegnen Sie jemandem? Wenn ja, dann denken Sie nachher daran, mit ihm oder ihr zu arbeiten. Achten Sie darauf, ob von Ihrem Herzen nerven- oder sehnenartige „Fäden" ausgehen, die Sie in eine bestimmte Richtung ziehen. Wenn ja, dann durchtrennen Sie sie mit einer goldenen Schere und heilen und versiegeln Sie die Schnittstellen mit goldenem Licht.

Vielleicht wissen Sie bereits, wer Ihr Herz festhält. Falls dem so ist, dann stellen Sie sich jetzt vor, dass dieser Mensch vor Ihnen steht. Wenn Sie noch nicht erkannt haben, wer Ihr Herz hat, dann bitten Sie darum, dass diese Person Ihnen jetzt gezeigt wird. (Wenn es mehr als eine ist, dann arbeiten Sie immer nur mit einer auf einmal.)

Nun sehen Sie, dass dieser Mensch einen Teil Ihres Herzens hat. Dieser kann als Symbol tatsächlich zu sehen sein. Wenn dem so ist, dann betrachten Sie dessen Farbe, Umrisse und Form. Vielleicht gibt Ihnen Ihr Gegenüber Ihr Herz ja bereitwillig zurück, vielleicht möchte er es aber behalten. Wenn dem so ist, dann fragen Sie nach dem Grund dafür. Womöglich hat er (oder sie) das Gefühl, er (sie) müsse sich um Sie kümmern oder Sie haben ihm (ihr) etwas versprochen oder Ihr Herz zu treuen Händen übergeben. Wenn nötig, dann danken Sie Ihrem Gegenüber und geben Sie sich und/oder den anderen frei, je nachdem was die Situation erfordert. Sagen Sie mit fester Stimme, dass es nun an der Zeit ist, dass Sie Ihr Herz zurückfordern und Ihrem Gegenüber und sich selbst vergeben.

Atmen Sie jetzt tief durch und bündeln Sie Ihre Konzentration. Strecken Sie klar und entschieden die Hand aus und nehmen Sie das Herz an sich. Sprechen Sie laut: „Ich nehme mir alles wieder, was mir gehört, und gebe dir bereitwillig alles zurück, was dir gehört." (Es kann sein, dass Sie Ihr Herz reinigen müssen, bevor Sie es an sich nehmen, weil die Energie des anderen Menschen noch an ihm haftet. Stellen Sie sich in diesem Fall vor, dass es durch eine Wolke aus rosa Licht zu Ihnen zurückkommt.) Nehmen Sie Ihr Herz liebevoll wieder in Empfang und legen Sie es in sich wieder an Ort und Stelle. (Als Symbol seiner Rückkehr können Sie einen Rosenquarz oder Rhodochrosit auf Ihr Herz legen.)

Wenn es irgendwelche Probleme gibt, dann bitten Sie einen Seelenführer, einen Helfer, Ihr höheres Selbst oder ein Engelwesen um Hilfe.

Fordern Sie nun weitere Teile Ihres Herzens zurück, bis niemand mehr übrig ist, der einen Teil Ihres Herzens hat, und Ihr Herz somit wieder ganz ist. Prüfen Sie auch nach, ob Sie nicht selbst unabsichtlich ein Stück vom Herz eines anderen Menschen haben. Wenn dem so ist, dann geben Sie es bereitwillig frei, lassen Sie es zu seinem Besitzer oder seiner Besitzerin zurückkehren und bitten Sie um Vergebung dafür, dass Sie es an sich genommen haben. Schauen Sie sich dann noch einmal im inneren Tempel Ihres Herzens um. Wahrscheinlich werden Sie feststellen, dass er jetzt sehr viel besser aussieht. Es könnte sein, dass die symbolischen Stücke Ihres Herzens die Wände zieren. Wenn weitere Reparaturen nötig sind, dann führen Sie diese jetzt mit goldenem Licht aus oder legen Sie einen Bergkristall auf Ihr Herz.

Nehmen Sie sich ein paar Augenblicke Zeit, schenken Sie dem anderen Menschen Vergebung und nehmen Sie, wenn erforderlich, seine Vergebung an und legen Sie sie in Ihr Herz. Öffnen Sie sich der göttlichen Liebe und füllen Sie Ihr Herz aus dieser Quelle.

Gehen Sie nun aus diesem inneren Tempel heraus, aber machen

Sie sich bewusst, dass er sich in Ihrem Herzen befindet, das jetzt wieder ganz und geheilt ist. Nehmen Sie Ihre Atmung und Ihren Herzschlag wieder wahr. Kehren Sie mit Ihrer Aufmerksamkeit allmählich wieder in Ihr Zimmer zurück. Leiten Sie Ihre Aufmerksamkeit in die Füße und erden Sie sich gründlich. Stellen Sie sich eine Lichtblase um sich herum vor, die Ihre Energien versiegelt, damit Sie geborgen und rundum darin eingehüllt sind. Wenn Sie bereit sind, dann öffnen Sie die Augen. Gönnen Sie sich noch einen Moment des Nachspürens, stehen Sie dann auf und gehen Sie im Zimmer umher.

Wenn Sie kein visueller Mensch sind: Legen Sie Ihre Finger an den Puls an Ihrem Handgelenk. Spüren Sie, wie Ihr Herzschlag durch Ihren ganzen Körper pulsiert, und lauschen Sie auf Ihr Herz. (Wenn Sie sich die Finger in die Ohren stecken, können Sie es deutlich hören.) Nehmen Sie ein Herz aus Rosenquarz in die linke Hand. Sprechen Sie laut: „Ich rufe alle Teile meines Herzens zu mir zurück, die ich weggegeben habe oder die mir gestohlen wurden, ganz gleich wie unabsichtlich oder liebevoll dies geschehen ist. Ich fordere mein Herz jetzt zurück. Legen Sie den Rosenquarz auf Ihr Herz, und spüren Sie, wie rosa Licht und bedingungslose Liebe in Ihr Herz strömen, die zurückkehrenden Teile reinigen und helfen, sie zu integrieren. Bewahren Sie das Edelsteinherz an einem sicheren Ort auf.

Vergebung

… Vergeben Schwärzres noch, als Nacht und Tod
… dies … ist ein Sein
Gut, groß und freudig, frei und schön und rein!

PERCY BYSSHE SHELLY, *DER ENTFESSELTE PROMETHEUS*[79]

Schuldgefühle und Groll zehren enorm an unseren Kräften. Beide treten in Beziehungen zwischen „Seelenpartnern" häufig auf. Im Allgemeinen wissen wir, wenn jemand anders an solchen Gefühlen

79 4. Akt, Schlussworte des Demogorgon, *Percy Bysshe Shelleys Poetische Werke in einem Bande*, Verlag von Wilhelm Engelmann 1844.

festhält, aber wenn es uns selbst so geht, erkennen wir das weniger klar. Wenn Sie schon einmal Sätze gesagt haben wie „Das ist alles meine/deine Schuld" oder „das verzeihe ich mir/dir nie", dann ist das ein klarer Hinweis darauf, dass Sie an solchen Gefühlen noch festhalten, selbst wenn Sie auf der bewussten Ebene vergessen haben, worum es dabei ging. Egal, ob Sie der passive oder aktive Teil waren, es ist sehr befreiend, sich diese Momente noch einmal vor Augen zu führen und bewusst zu vergeben und loszulassen. Wenn Sie etwas entdecken, was Sie gerne wiedergutmachen würden, dann können Sie sich vielleicht bei dem oder der Geschädigten entschuldigen, einen Brief schreiben, Blumen schicken oder einer dritten Person einen Dienst erweisen, den Sie dem Objekt Ihrer Schuldgefühle widmen.

Nur allzu oft jedoch hat man die Betroffenen aus den Augen verloren – oder möchte nicht auf sie zugehen. In diesen Fällen kann es dennoch befreiend sein, der Person einen Brief mit der Bitte um Entschuldigung oder der Versicherung, dass man ihr verziehen hat, zu schreiben. Stellen Sie dabei über ein Foto oder ein gedankliches Bild eine Verbindung zu ihr her. Sobald Sie Ihren Gefühlen Ausdruck gegeben haben, können Sie den Brief entweder zerreißen oder verbrennen und vom Kosmos an den richtigen Ort tragen lassen. Sie können Schuldgefühle auch loslassen, indem Sie eine Kerze anzünden und sich dann vorstellen, wie Ihre ganze Schuld sich in den Flammen auflöst. Danach können Sie Blütenessenzen einnehmen; denn sie eignen sich ausgezeichnet für die Heilung von Gefühlen.

Auch eine einfache Visualisierungs-Übung wird Ihnen helfen, Vergebung zu schenken und anzunehmen. Wenn Sie Vergebung schenken, dann schreiben Sie einen Brief, in dem Sie dem anderen Ihre Liebe und Vergebung aussprechen, oder sprechen Sie sie mündlich aus.

Übung: Vergebung schenken und empfangen

Schreiben Sie einen Brief, in dem Sie alle Gründe dafür anführen, warum Sie Vergebung suchen – entweder an sich selbst oder an einen anderen Menschen – und entschuldigen Sie sich, wo es angebracht ist.

Begeben Sie sich in eine bequeme, entspannte Haltung. Schließen Sie die Augen, atmen Sie leicht und konzentrieren Sie sich auf den Bereich etwas über der Mitte zwischen Ihren Augenbrauen.

Wenn Sie so weit sind, dann stellen Sie sich den Menschen vor, von dem Sie sich Vergebung wünschen oder dem Sie vergeben wollen. (Wenn Ihnen das schwerfällt, dann verwenden Sie ein Foto.)

Sobald Ihnen ein klares Bild dieses Menschen vor Augen steht, stellen Sie sich entweder vor, dass Sie ihm Ihren Brief vorlesen und er ihn liebevoll und freundlich aufnimmt, oder dass er Ihnen seinen Brief vorliest und Sie sich ihm in liebevoller Vergebung öffnen.

Wenn die Briefe vorgelesen sind, dann bitten Sie Ihr Gegenüber, Ihnen zu verzeihen, und spüren Sie dann, wie Ihnen seine Vergebung zuströmt und in Ihr Herz fließt. Lassen Sie zugleich dem anderen Ihre Vergebung zufließen. Lassen Sie die Vergebung als ein warmes Gefühl durch Ihren ganzen Körper strömen, bis sie sich in Ihrem Herzen niederlässt.

Danken Sie zum Abschluss dem oder der Betreffenden, wünschen Sie ihm oder ihr alles Gute und schließen Sie mit einer Geste, die Ihnen passend erscheint. Umarmen Sie die Person oder ergreifen Sie einfach ihre Hand. Schauen Sie dann zu, wie sie vor Ihrem inneren Auge immer mehr verblasst, und lassen Sie sie in Liebe gehen. Spüren Sie, um wie viel leichter Ihnen jetzt zumute ist, da Sie losgelassen und Vergebung empfangen und geschenkt haben.

Wenn Sie bereit sind, atmen Sie ein wenig tiefer durch und kehren Sie mit Ihrer Aufmerksamkeit wieder in Ihre Umgebung zurück. Öffnen Sie dann langsam die Augen und stampfen Sie mit den Füßen auf, um wieder voll und ganz im Hier und Jetzt anzukommen.

Wenn Sie kein visueller Mensch sind: Schreiben Sie Ihren Brief wie oben angegeben, und lesen Sie ihn laut vor. Nehmen Sie nun einen Rosenquarz in die eine und das Foto des Menschen, dem Sie vergeben oder den Sie um Vergebung bitten möchten, in die andere Hand (oder schreiben Sie seinen Namen auf ein Blatt Papier). Sprechen Sie laut: „Ich schenke und empfange Vergebung." Legen Sie den

Edelstein auf das Foto. Vergegenwärtigen Sie sich klar Ihre Absicht, dass nun Vergebung stattfindet. Legen Sie dann den Edelstein auf Ihr Herz und nehmen Sie seine liebevolle rosa Schwingung in sich auf.

Unspezifische Vergebung

Wenn Sie entspannt und offen sind, dann stellen Sie sich ein strahlend weißes Licht vor. Es steht vor Ihnen und wird immer größer, bis es Sie schließlich vollständig einhüllt. Dieses Licht ist voller Liebe und Vergebung für alles und jeden. Spüren Sie, wie es sich mit einem warmen Gefühl in Ihrem ganzen Körper verteilt und Ihr Herz mit bedingungsloser liebevoller Energie erfüllt. Verweilen Sie in seiner tiefen Ruhe, bis Sie das Gefühl haben, dass Ihnen vollkommen vergeben ist. Spüren Sie, um wie viel leichter Ihnen jetzt zumute ist, da Sie Vergebung empfangen haben.

Wenn Sie so weit sind, dann atmen Sie ein wenig tiefer durch, kehren Sie mit Ihrer Aufmerksamkeit wieder in Ihre Umgebung zurück und öffnen Sie die Augen, sobald Ihnen danach ist. (Wenn Sie während dieser Übung einen Rosenquarz an Ihr Herz halten, verstärkt sich die Wirkung merklich.)

Wenn Sie kein visueller Mensch sind, lassen Sie sich vom Licht einer Kerze helfen.

Die Verbindung kappen

Eine heilige Verbindung darf gelöst werden, wenn die billige und heitere Rede, um derentwillen sie eingegangen wurde, einer Melancholie und unbeugsamem Schweigen gewichen ist.

JOHN MILTON

Wie wir gesehen haben, sind unsere aus der Vergangenheit rührenden Schwierigkeiten oft scheinbar unentwirrbar mit Menschen verbunden, mit denen wir uns verstrickt haben und Verbindungen eingegangen sind, die uns nicht immer gut tun, insbesondere auf feinstofflichen, unbewussten Ebenen. Das gilt ganz besonders für

Seelenpartner- oder Liebesbeziehungen, kann aber auch für jede andere Beziehung gelten. Um diese Verbindungen zu kappen, verwende ich seit über fünfunddreißig Jahren eine Methode, in der es darum geht, all die Erwartungen und Wünsche loszulassen, die unsere Kontakte zu anderen Menschen an Bedingungen knüpfen und sowohl uns selbst als auch sie daran hindern, sich als eigenständige Menschen zu entwickeln. Dieses Kappen hat stets positive, wohltuende Ergebnisse erbracht.

Man kann es mit jedem Menschen machen, ungeachtet dessen, ob er noch lebt oder nicht. Deshalb eignet es sich ideal, um Menschen aus anderen und aus diesem Leben freizugeben, zum Beispiel Eltern, Ex-Männer oder Geliebte. Es ist gut, wenn Sie diese Übung hin und wieder auch mit einem Partner machen, mit dem Sie in einer liebevollen Beziehung leben; denn das sorgt für Klarheit und ein gutes Miteinander. Die Australischen Blütenessenzen *Stuart Desert Pea* und *Sunshine Wattle* helfen dabei, die Vergangenheit loszulassen; die Bachblüten *Walnut* und *Honeysuckle* helfen beim Kappen der Verbindung. Mit der Einnahme können Sie bereits vor der Zeremonie beginnen und sie bis einige Tage danach fortsetzen. Sollen Familienmuster durchbrochen werden, ist die australische Essenz *Boab* unverzichtbar.

Bei dieser Arbeit geht es darum, die entstandene emotionale Bindung zu trennen. Sie befreit beide Parteien dazu, wieder sie selbst zu sein und ihren Platz im Leben einzunehmen. Sie durchtrennt nicht die Liebe, entfernt aber alle Erwartungen, alles Wenn und Aber, Karma und so weiter, die sich an das anheften können, was fälschlich als Liebe daherkommt. Bei allzu vielen Menschen ist mit der „Liebe" zu ihren Kindern oder ihrem Partner ein subtiles Gefühl der Annahme oder Ablehnung verbunden, je nachdem ob der andere den Erwartungen oder Maßstäben entspricht oder nicht. Solche Liebe ist leider allzu oft ein Kontrollinstrument.

Paradoxerweise wird das Band der Liebe durch Loslassen noch stärker, und die Beziehung verbessert sich, wenn der oder die andere als eigenständiger Mensch wahrgenommen wird. Die Arbeit mit der bildhaften Vorstellung ist auch sehr hilfreich, wenn es um Eltern oder Großeltern geht, die Sie sehr geliebt haben, die aber bereits gegangen sind; denn diese Menschen können immer noch großen Einfluss auf Sie haben, etwa weil Sie zum Beispiel versuchen, die Hoffnungen zu erfüllen, die sie in Sie gesetzt haben.

Da die Visualisierung Sie von der Vergangenheit und insbesondere von Menschen befreit, die Sie unmerklich am Fortschreiten gehindert haben, kann es sinnvoll sein, Verbindungen „blanko" zu kappen. Dabei ziehen Sie den Kreis und bitten dann darum, dass derjenige darin erscheinen möge, von dem Sie sich am dringendsten lösen müssen.

Diese Arbeit hat eine starke Wirkung und sollte nur dann gemacht werden, wenn Sie wirklich das Gefühl haben, dass es richtig ist. Es gab Kritik, dies sei ein Eingriff in die Autonomie und die Rechte des anderen Menschen. Eine Wiese, die Sie visualisieren, steht für Ihren eigenen inneren Raum. Bei dieser Übung laden Sie einen anderen Menschen ein, sich in diesem inneren Raum zu manifestieren. Er ist dann auf Ihre Einladung hin da, und nicht, weil er ein Recht darauf hat, wenngleich er wahrscheinlich auch ohne Ihre Einladung einen Teil dieses Raumes besetzt, was wiederum Ihre Autonomie stört. Durch die Kreise ziehen Sie eine klare Grenze um den Raum, den Sie beide während dieser Arbeit einnehmen können. Achten Sie darauf, dass die Kreise sich nicht überschneiden und der andere nicht in Ihren Kreis tritt. Nach Abschluss der Arbeit geben Sie ihn frei und entlassen ihn wieder in seinen eigenen Raum. Mit anderen Worten, er verlässt Ihren inneren Raum und begibt sich wieder in seinen eigenen. So werden Sie beide frei, Ihren je eigenen Raum zu bewohnen.

Dank eines neueren Erlebnisses einer langjährigen Klientin bin ich mir nun noch bewusster geworden, wie subtil und langanhaltend diese Verbindungen sein und auf wie vielen verschiedenen Ebenen sie wirken können. Es sind äußerst feine Schwingungsebenen. Meine Klientin arbeitete mit einem unechten Seelenpartner für die Heilung der Erde. Das band sie auf einer hohen Schwingungsebene aneinander. Da die gemeinsame Arbeit weiterging, war es problematisch, die Verbindung zu kappen – bis ihr schließlich klar wurde, dass schon allein die Vorstellung von einer weiteren Zusammenarbeit eine Illusion war. Zwar hatte ich mit meiner Klientin mehrere meiner üblichen Methoden angewandt, aber keine hatte vollständig funktioniert. Weder sie noch ich hatten erkannt, wie weit nach oben ihre Verbindung auf der Schwingungsskala – und in den höheren Chakras – gelangt war. Sie glaubte, dass sie einander begegnet waren, um diese Arbeit zu leisten. Doch dieser Zweck war untergraben worden, weil er versuchte, daraus Kapital zu schlagen. Er veröffentlichte ein Buch von ihr, machte sich im privaten Kreis allerdings über dessen Inhalt lustig. Sie stand also vor einem riesigen Dilemma. Sollte sie die ihrem Empfinden nach höchst notwendige Erdheilarbeit fortsetzen, was bedeutete, dass ihre Energien auch weiterhin mit den seinen in Verbindung stünden? Oder sollte sie sich komplett von ihm trennen? Zunächst neigte sie zu folgender Lösung: Sie wollte die Rechte an dem Buch zurückfordern, die Erdheilarbeit ihrem und seinem Höheren Selbst übergeben (jenem Teil also, der nicht ganz inkarniert ist) und dann darum bitten, dass ihr hier befindliches Ich davon befreit würde; denn dieses versuchte ja immer noch, mit den Nachwirkungen einer Beziehung fertig zu werden, die rasch ausgesprochen missbräuchlich und vampirisch geworden war.

Doch nach einem Jahr musste sie die Verbindung voll und ganz auch in allen höheren Chakras und zwischen seinem und ihrem Höheren Selbst kappen, denn es zeigte sich, dass dieser Mann durch die angebliche Erdheilung immer noch ihre Energie aussaugte. Das war eine enorme Lernaufgabe! Wir entdeckten, dass sie schon durch den bloßen Gedanken an ihn und seine Entschädigungsforderungen einen energetischen Kanal zwischen ihnen beiden öffnete. Darüber hinaus merkte sie, dass sie nicht nur ihre Verbindung auf sehr hohen Ebenen kappen, sondern auch eine Übung machen musste, in der sie nicht nur Vergebung schenkte, sondern auch erbat, und zwar für jegliches tatsächliche oder empfundene Unrecht, das sie ihm angetan hatte. In etwas abgewandelter Form gilt dies für viele Menschen. Durch diese Arbeit mit meiner Klientin konnte ich mich davon überzeugen, dass ein solcher Kanal danach geschlossen bleibt. Sie ist ein ausgezeichneter Test dafür, ob das Kappen der Verbindung geklappt hat, und sie unterstreicht den Wert der Vergebung in diesem Prozess.

In der Meditation zum Kappen der Verbindung ist von einer Wiese die Rede, aber manchen Menschen fällt es leichter, sich den Meeresstrand, ein Seeufer oder einen anderen ruhigen Ort vorzustellen. Es ist wichtig, dass Sie Ihre eigenen Bilder nutzen und sich nicht an die halten, die ich Ihnen vorschlage. Passen Sie deshalb erforderlichenfalls den Wortlaut entsprechend an. In den Bildern, die vor Ihrem inneren Auge entstehen, können sich die Verbindungen auf vielerlei Weise zeigen, als Netze, Haken, Nabelschnüre und so weiter – und an vielen Stellen. Es ist ganz normal, wenn Sie durch ein sexuelles Band mit Ihrem Vater, Bruder oder Ihrer Mutter verbunden sind, ganz gleich, welches Geschlecht Sie haben. Über diese Bilder drückt Ihr Unterbewusstsein auf symbolische Weise eine emotionale psychische Wahrheit aus, und als solche sollte sie akzeptiert werden. Zu dieser Arbeit gehört es auch, dass diese Verbindungen entfernt und die Stellen, an denen sie ansetzten, bei beiden geheilt und mit Licht versiegelt werden. Im zweiten Teil der Arbeit werden diese Verbindungen vernichtet. Meiner Meinung nach geschieht das am effektivsten in einem großen Feuer, weil die Symbolik wichtig ist. Wenn das Feuer brennt, verwandelt es die Verbindung in Energie, mit der Sie sich wieder aufladen können. Man kann die Verbindungen auch mit Wasser auflösen oder abwaschen. Eine Methode, die ich normalerweise nicht empfehle, besteht darin, die Verbindungen zu beerdigen, da Sie das symbolisch nicht von ihnen befreit und sie möglicherweise keimen und neu wachsen können. Davon abgesehen, habe ich in jahrelanger Erfahrung gelernt, dass man nie dogmatisch sein sollte, denn hin und wieder kann eine solche Verbindung durch Tod und Wiedergeburt verwandelt werden, wozu die Beerdigung nun einmal dazu gehört.

Übung: Visualisierung zum Kappen der Verbindung

Nehmen Sie sich die Zeit, sich zu entspannen und anzukommen und atmen Sie dabei sanft. Heben und senken Sie die Augenlider langsam zehn Mal und halten Sie sie dann geschlossen. Richten Sie Ihren Blick nun mit geschlossenen Augen auf die Stelle etwas über der Mitte zwischen Ihren Augenbrauen, weil so leichter Bilder entstehen. Stellen Sie sich dann vor, dass Sie an einem warmen sonnigen Tag über eine Wiese gehen. Spüren Sie das Gras unter Ihren Füßen und die kühle Erde darunter. Ihr Gesicht umspielt eine leichte Brise, die Sie angenehm erfrischt.

Sehen Sie sich in Ruhe auf Ihrer Wiese um, und suchen Sie sich dann eine Stelle, an der Sie diese Arbeit tun wollen.

Ziehen Sie auf der Wiese einen Kreis um sich. Er sollte einen Radius von etwa Armeslänge haben und ganz um Sie herumreichen. Sie können Farbe, Kreide, Licht oder alles benutzen, was Ihnen gerade einfällt. Dieser Kreis bezeichnet Ihren Raum. (Wenn Sie ein Lichtband benutzen, dann können Sie es bei Bedarf auch nach oben ziehen.)

Ziehen Sie nun dicht vor sich einen weiteren, genauso großen Kreis. Er sollte den Ihren allerdings nicht berühren. Stellen Sie sich nun die Person, mit der Sie die Verbindung durchtrennen wollen, in dem anderen Kreis vor. (Wenn es Ihnen schwerfällt, die Person klar zu sehen, dann können Sie sich auch ein Foto von ihr in dem Kreis vorstellen.) Lassen Sie nicht zu, dass die Kreise sich überschneiden, und stecken Sie sie notfalls mit Pflöcken fest.

Erklären Sie der Person, warum Sie die Übung machen. Sagen Sie ihr, dass Sie alle bedingungslose Liebe, die es zwischen Ihnen gibt, nicht durchtrennen werden, dass Sie aber von alten emotionalen Konditionierungen und Banden, die sich in der Vergangenheit gebildet haben, sowie von allen Erwartungen aus der Gegenwart, frei werden möchten.

Beobachten Sie nun, wie sich die Verbindungen symbolisch manifestieren. Nehmen Sie sich dann viel Zeit, um sie zu entfernen. Tun Sie das zuerst bei sich selbst, und heilen und versiegeln Sie dann die Stellen, an denen sie waren, mit Licht. Entfernen Sie sie dann bei Ihrem Gegenüber. Achten Sie darauf, dass Sie wirklich alle Verbindungen kappen, besonders auch die am Rücken, die Sie leicht übersehen können, und diejenigen, die weit draußen in Ihren feinstofflichen Ätherkörpern ansetzen. Legen Sie die Verbindungen außerhalb Ihres Kreises auf einen Haufen. Wenn Sie Schwierigkeiten mit Verbindungen auf hohen Schwingungsebenen haben, dann bit-

ten Sie ihr Höheres Selbst, diese an Ihrer Stelle zu lösen. Übergeben Sie ihm die Aufgabe und warten Sie, bis der Prozess vollkommen abgeschlossen ist.

Wenn Sie sicher sind, dass Sie alle Verbindungen gelöst und alle Stellen, an denen sie saßen, versiegelt haben, dann lassen Sie bedingungslose Liebe, Vergebung und Akzeptanz (wenn möglich) zwischen sich und Ihrem Gegenüber fließen. Lassen Sie danach den anderen Menschen wieder dahin gehen, wo er hingehört.

Sammeln Sie alle Verbindungen auf, und vernichten Sie sie. Sie können ein großes Feuer machen, in das Sie sie hineinwerfen, oder sich einen schnell fließenden Fluss vorstellen, in den Sie sie versenken. Achten Sie darauf, dass Sie alle Verbindungen vernichten.

Wenn Sie ein Feuer machen, dann treten Sie näher heran und spüren Sie, wie die verwandelte Energie Sie wärmt, reinigt, heilt, mit neuer Kraft versieht und alle leeren Stellen füllt, die durch das Entfernen der Verbindungen entstanden sind. Damit kommt Ihre eigene schöpferische Lebenskraft in ihrer befreiten und gereinigten Form zu Ihnen zurück. Nehmen Sie so viel von dieser Energie in sich auf, wie Sie brauchen. Wenn Sie können, dann gehen Sie ins Feuer und werden Sie wie der Phönix in den Flammen neu geboren.

Wenn Sie sich einen Fluss vorstellen, dann können Sie ins Wasser gehen oder sich durch die Sonnenwärme reinigen, heilen und mit neuer Kraft aufladen. Hüllen Sie sich anschließend in eine Lichtblase, um sich zu schützen.

Wiederholen Sie das Durchtrennen der Verbindungen mit einem weiteren Menschen, wenn Sie möchten. Wenn Sie alle Verbindungen gelöst haben, die Sie lösen wollten, dann kommen Sie mit Ihrer Aufmerksamkeit langsam in Ihr Zimmer zurück und lassen Sie sich sehr viel Zeit, um sich wieder einzugewöhnen. Atmen Sie tiefer, und werden Sie sich Ihrer selbst wieder voll bewusst. Stellen Sie die Füße fest auf den Boden. Nehmen Sie ein heißes Getränk zu sich, um wieder voll und ganz in Ihrem Körper und in der Gegenwart anzukommen.

Wenn Sie kein visueller Mensch sind: Legen Sie zwei Fotos (oder schreiben Sie den Namen des Menschen, mit dem Sie die Verbin-

dung lösen wollen, auf ein Blatt Papier) in zwei Kreise, die sich nicht berühren. Sie können dafür zum Beispiel zwei große flache Teller benutzen. Verbinden Sie die beiden Fotos mit bunten Fäden oder einem Netz (ideal sind z.B. Zitronennetze) oder was immer Ihre Fantasie Ihnen eingibt. Entfernen Sie die Fäden sorgfältig von Ihrem Bild und von dem der anderen Person. Verbrennen Sie sie. Legen Sie einen Rosenquarz auf jedes Foto, und lassen Sie die Stellen, an denen die Verbindungen waren, von seiner heilenden Energie versiegeln. Ziehen Sie dann den Kreis der anderen Person weit von Ihrem weg, auf jeden Fall in ein anderes Zimmer, am besten ganz aus Ihren Räumen heraus. Wenn Sie ein Blatt Papier mit dem Namen der Person verwendet haben, können Sie es verbrennen.

16

Warum manche Menschen womöglich nie ihren wahren Partner finden

Die Wahrheit wartet auf Augen, die Sehnsucht nicht umwölkt.

THE MIRROR CARDS[80]

Um das Leben erträglich zu machen, um der Einsamkeit zu entfliehen, um ein großes Loch zu füllen, um sich als vollständiger Mensch zu fühlen, um Kinder zu haben – all das sind Gründe, die meine Klientinnen und Klienten anführen, wenn sie mich fragen, wie sie ihren Seelenpartner finden können. Solche Gründe sind durch und durch egoistisch; sie sollen das kleine Selbst glücklich machen und nicht den anderen oder das höhere Selbst. Dies ist keine gute Basis für eine Beziehung. Seltener, aber positiver eingestellt sind diejenigen, die fragen, wie sie jemanden finden, mit dem sie innerlich wachsen und sich weiterentwickeln können. Hin und wieder sagt sogar jemand: „Ich finde, ich habe einem Partner (einer Partnerin) viel zu bieten." Gemeinsam ist allen diesen Menschen, dass sie jemanden suchen, mit dem sie ihr Leben verbringen und ein vollständiger Mensch werden können. Zugleich bekomme ich mindestens genauso viele, wenn nicht sogar noch mehr Briefe von Menschen, die verheiratet sind und einen Ausweg suchen, weil die Ehe ihre Erwartungen nicht erfüllt. In ihrem Buch über den amerikanischen Seher Edgar Cayce schreibt Gina Cerminera:

> Die Franzosen haben einen treffenden Sinnspruch über Ehe und Ehelosigkeit geprägt: „Die Ehe gleicht einer belagerten Festung, jene, die außerhalb sind, wünschen hineinzukommen, jene, die sich da-

80 Charley, Geoff, *The Mirror Cards*, Edison Sadd Editions.

rin befinden, wünschen herauszukommen." … Die Ehe hat vielen Menschen so viele seelische Konflikte geschaffen, dass es beinahe überraschend ist, dass andere Menschen den Ehestand weiterhin als begehrenswert betrachten und weiterhin die bedrohlichen Möglichkeiten der Ehe ignorieren und nur ihre Verheißungen der Glückseligkeit sehen. Denn die Unverheirateten haben im Allgemeinen das Gefühl, um etwas Kostbares betrogen worden zu sein und entbehren zu müssen.[81]

Nach den Briefen zu urteilen, die ich erhalte, ist dieses Gefühl der Enttäuschung und des Entsagens im höchsten Maße konkret. Zwar kann das Single-Dasein sehr wohl eine positive Entscheidung sein, wodurch die Seele Unabhängigkeit, Selbstwertgefühl und andere solche Eigenschaften lernt, aber das wird kaum so gesehen. Nachdem ich mich nun schon seit über fünfunddreißig Jahren mit diesem Thema beschäftige, will mir scheinen, dass manche Menschen einfach nicht für die Ehe geschaffen sind. Sie haben dies vielleicht sogar auf der Seelenebene so entschieden, aber hier, in der physischen Welt, fällt es ihnen schwer, damit zurechtzukommen. Vergleichsweise wenige Menschen sind glücklich mit ihrem Leben als Single – und wer glücklich ist, muss wohl kaum eine karmische Astrologin konsultieren, um den Grund dafür herauszufinden. Die meisten Seelen, für die ihr Single-Leben ein Thema ist, finden entweder keinen Partner oder stellen fest, dass sie zwar jemanden finden, aber die Ehe dann nicht von Dauer sein darf. Regelmäßig bekomme ich Briefe von Männern und Frauen, deren Partner kurz nach der Hochzeit verstorben sind oder sich sehr schnell wieder aus der Beziehung verabschiedet und sie allein gelassen haben.

Früher wandten sich solche Menschen oft der Kirche oder familiären Verpflichtungen zu. Männer konnten in den Krieg ziehen oder sich eine Beschäftigung in der Einsamkeit suchen, aber den Frauen boten sich nur begrenzt Auswege. Heute ist Sex natürlich leichter zu finden. Männer und Frauen engagieren sich beruflich, Frauen können auch ohne einen Partner Kinder bekommen, und

81 Cerminara, Gina, Cayce, Edgar: *Erregende Zeugnisse von Karma und Wiedergeburt*, Darmstadt 2005

Männer können welche adoptieren. Dennoch suchen mich regelmäßig Männer und Frauen auf, die zwar mit ihrem Leben voll und ganz zufrieden sind, aber dennoch das Gefühl haben, dass sie etwas verpassen. Mindestens ebenso viele Menschen kommen zu mir, die mit jemandem, der nicht ihr Seelenpartner ist, eine wunderbare Ehe führen, sich aber dennoch fragen, ob es für sie nicht noch mehr geben könnte.

In manchen Horoskopen gibt es astrologische Hinweise auf eine „Blockade" – zum Beispiel ein altes Versprechen, eine tiefsitzende Überzeugung oder ein ungelöstes Thema rund um Sexualität, Geschlechtlichkeit und Nähe. Aber es gibt auch Fälle, in denen die Astrologie nichts anzeigt. Dann kann es helfen, in die vorgeburtliche Phase zurückzugehen und einen Blick auf den Lebensplan der Seele für die jetzige Inkarnation zu werfen sowie die karmischen Gründe dafür zu untersuchen, warum diese Menschen keinen Partner anziehen. Dies erfordert allerdings eine erfahrene Führerin oder Expertin für weit zurückliegende Erinnerungen.[82]

Edgar Cayce gab viele Readings[83] zu dieser Frage. So sagte er zum Beispiel einem frustrierten älteren Fräulein, dass sie vor etlichen Leben verheiratet war und zwei Kinder hatte. Ihr Mann war „in der Gesellschaft in Ungnade gefallen", und sie beging Selbstmord während eines Schubs postnataler Depression. Cayces Angaben zufolge konnte sie jetzt keinen Partner finden, weil sie ihrem Mann und ihren Kindern damals die Liebe vorenthalten hatte, die sie gebraucht hätten. Da sie weder ihre Verpflichtungen gegenüber der Familie geachtet noch die Familienbande geschätzt hatte, musste sie in ihrem jetzigen Leben ohne diese auskommen, damit sie durch deren Fehlen ihren Wert zu schätzen lernte. Meiner Erfahrung nach treten solche extremen Maßnahmen erst nach mehreren Leben ein, denn Karma ist keine Strafe, sondern ein Ausgleich. Normalerweise wird es in Zusammenarbeit mit der Seele nach sorgfältiger Planung im Stadium zwischen den Leben

---

82 Näheres über meine karmischen Beratungen erfahren Sie unter www.judyhall.co.uk (nur auf Englisch, d. Ü.)

83 Readings – Lesungen – nannte Cayce die Auskünfte, die er in Trance auf die Fragen seiner Klientinnen und Klienten erhielt. Der Begriff wurde in den Übersetzungen seiner Werke so ins Deutsche übernommen. (Anm. d. Ü.)

übernommen. Gelegentlich kann es aber auch ein Weckruf sein, der einer Seele auferlegt wird, die tief von einem negativen Muster durchdrungen ist.

In einem anderen Reading sagte Cayce einer Frau, die eine rein körperliche Liebesaffäre gehabt, aber seelisch überhaupt nicht zu ihrem Partner gepasst hatte und seither alleine war, dass auch sie Selbstmord begangen und ein Kind verlassen habe und deshalb in ihrem jetzigen Leben keines bekommen könne. In jenem früheren Leben sei sie stolz, hochmütig, eigensinnig und arrogant gewesen und lieber gestorben, als sich erniedrigen zu lassen. Auch in ihrem jetzigen Leben zeigte sie wieder genau dieselben Eigenschaften, verbunden mit einer Unabhängigkeit und einem brüskierenden Verhalten, das mögliche Partner verprellte. Sie neigte zu Anfällen schwärzester Depression, in denen sie an Selbstmord dachte. Nach dem Reading dachte sie nie wieder daran, sich umzubringen. (Der Freitod muss keine negative karmische Entscheidung sein, wenngleich Cayce sie anscheinend meist so empfand.) Cayce sagte ihr auch, sie könne erwarten, zu einem wesentlich späteren Zeitpunkt im Leben noch zu heiraten, wenn sie sich bis dahin allen Menschen, mit denen sie in Berührung käme, so hilfreich als möglich zeigen würde. Auf diese Weise würde sie sich „der Ehe würdig erweisen" (Cayces Formulierung), was der karmische Zweck ihrer jetzigen Inkarnation sei. Bei ihr war nicht der Selbstmord der Grund dafür, dass sie nun alleinstehend war, sondern vielmehr die aus dem früheren Leben übernommenen Eigenschaften, die zu diesem Selbstmord geführt hatten.

Viele suchen in einem Partner oder einer Partnerin jemanden, mit dem sie sich als vollständiger Mensch fühlen können, der gewissermaßen ihre Lücken füllt. Die Karma-Lehre besagt jedoch, dass sie danach streben sollten, die fehlenden Eigenschaften in sich selbst zu entwickeln. Wenn sie also Liebe suchen, dann sollten sie bei jeder sich bietenden Gelegenheit Liebe geben – was allerdings nicht heißt, dass sie wahllos Sex haben sollten, vielmehr sollten sie bedingungslose, mitfühlende Liebe und ein offenes Herz zeigen, wann und wo immer möglich, selbst in kleinsten Dingen.

Das Fehlen eines Partners gilt oft als negativer Zustand, kann aber durchaus positiv sein. Das Leben als Single kann zum Plan der Seele für diese Inkarnation gehören. Sie lernen so vielleicht den Unterschied zwischen Alleinsein und Einsamkeit. Einsamkeit führt oft in die Abhängigkeit und baut Hindernisse auf. Sie verschließt einen für Trost oder Erkenntnisse aus der geistigen Welt und sucht Antworten immer im Äußeren. Alleinsein hingegen kann Stärke und Unabhängigkeit schenken, die Fähigkeit, mit sich selbst glücklich zu sein, sich selbst zu lieben und zu schätzen. Sie kann die Gelegenheit bieten, durch Meditation zu spirituellen Erkenntnissen zu gelangen und die Möglichkeit eröffnen, sein inneres Selbst näher kennenzulernen. Normalerweise begegnet uns genau das, was wir erwarten. Wenn Sie sich auf einer tiefen Ebene als nicht liebenswert, unwert, ungenügend oder minderwertig empfinden, egal aus welchem Grund, dann ziehen Sie auch genau das an. Deshalb ist es eine der wirksamsten Methoden, den richtigen Partner zu finden, wenn Sie sich selbst lieben lernen – nicht auf egoistische, egozentrische Weise, sondern so, dass Sie erkennen und schätzen, wer und was Sie in der Fülle Ihres ganzen Seins wirklich sind und damit Ihre Erwartungen zu etwas Positivem und Lebensbejahendem verändern (siehe Kapitel 17).

Zu hohe Ansprüche können bei der Suche nach einem Partner eine Falle sein. Wenn Sie schon einmal eine perfekte Beziehung erlebt haben, dann kann alles andere nur enttäuschen. Wenn es früher nicht perfekt war, dann könnte Ihre Seele beim Tod oder im Stadium zwischen den Leben beschlossen haben, dass es dann eben dieses Mal perfekt sein muss. Viele Menschen gehen mit der Erwartung – oder der Forderung – in eine Beziehung, dass alles von Anfang an stimmen muss. Wenn es das täte, dann gäbe es wahrscheinlich keine Möglichkeit, sich gemeinsam weiterzuentwickeln und zu wachsen, und Sie erreichten einen lähmenden Stillstand, es sei denn, Sie wären in einer Beziehung mit Ihrer Dualseele. Wenn Sie sich aber andererseits immer mit weniger zufriedengegeben haben und deshalb in der Liebe enttäuscht wurden, dann wird sich diese Erwartung wahrscheinlich erneut manifestierten, es sei denn, Sie programmieren sie um.

Wenn eine Seele in einem anderen Leben ein Keuschheitsgelübde abgelegt und es nicht widerrufen hat, dann bleibt eine „Aura der Unberührbarkeit“ um diesen Menschen. Er zeigt dann feinste Anzeichen von Widerwillen und Ablehnung. Diese werden von einem potenziellen Partner unterschwellig wahrgenommen, und er zieht sich zuück. Enttäuschungen und Verletzungen in der Liebe sowie der Entschluss, „das riskiere ich nie wieder“, können denselben Effekt haben. Es ist, als würden sowohl die Aura als auch die Gefühle eingefroren. Mögliche Partner lesen intuitiv die Signale, die die Aura aussendet, und halten sich fern. Es entsteht ein tiefer Konflikt: Auf der bewussten Ebene möchte der Mensch Liebe empfangen, unbewusst warnt ihn aber eine leise Stimme: „Denke an deinen Entschluss. Der war sehr vernünftig. Du wirst ja doch wieder nur verletzt.“ Sobald Sie diese Stimme erkennen, womöglich sogar herausfinden, woher sie kommt, und sie zum Verstummen bringen oder ihr neue Worte eingeben, wird eine neue Einstellung möglich.

Warum es unangebracht sein kann zu heiraten

Die Zeiten ändern sich für den, der heiratet; keine Wiesen gibt es mehr am Wegesrand, wo man arglos verweilen könnte, sondern der Weg führt lang und gerade und staubig bis ins Grab.

Robert Louis Stevenson

Edgar Cayce gab sehr viele Readings zu Beziehungen, und einige galten speziell dem Karma, das mit einer künftigen Beziehung verbunden war. Auf die Frage eines Paares, ob die Ehe das Beste für ihre gegenseitige Entwicklung sei, antwortete er, das könne wohl so sein, aber es gebe andere mögliche Partner, mit denen ihrem Wachstum besser gedient sei, insbesondere da sie ein Kama hätten, mit dem als Mann und Frau besonders schwierig umzugehen sei.

In jenem Fall war Cayce eindeutig der Meinung, dass das Paar nicht heiraten solle, auch wenn er es nicht offen aussprach. Auf eine ähnliche Frage von einem anderen Paar erwiderte er jedoch scharf „Nein!“, ohne weitere Gründe anzugeben. In wieder anderen Readings überließ er die Entscheidung dem Paar selbst – was auch jedem Astrologen oder Lebensberater anzuraten ist, ganz gleich wie intuitiv und spirituell er arbeitet. Sie können die Faktoren so darlegen, wie Sie sie verstehen, und dann die Entscheidung Ihrer Klientin oder Ihrem Klienten überlassen. Alles andere führt zu karmischen Verstrickungen mit Ihren Klienten. Auf die Frage eines Paares, ob sie heiraten sollten oder ob es andere gäbe, mit denen sie glücklicher würden, gab Cayce zurück, dass er ihnen ohne weiteres fünfundzwanzig oder dreißig Namen nennen könne. Doch die Ehe, so fuhr er fort, sei das, was man daraus mache. Ergänzend fügte er allerdings noch hinzu, dass das Paar in der Tat ein Thema habe, an dem die beiden früher oder später arbeiten müssten. Die Entscheidung lag also bei ihnen.

In ihren Anmerkungen dazu sowie zu der Tatsache, dass eine Ehe in bestimmten Fällen nicht ratsam ist, betont Gina Cerminara, dass es für diese Seelen trotz gemeinsamen Karmas wahrscheinlich andere Lektionen gibt, die wichtiger sind als das, was sie miteinander lernen könnten. In meiner Arbeit fand ich das oft bestätigt. Möglich ist auch, dass es für das Paar Lektionen gibt, die sie besser einzeln als zu zweit lernen können. Es kommt allerdings auch vor, dass ein Paar für eine spätere Beziehung „probt", in der sich beide den tieferen Themen stellen müssen, und zwar mit dem Menschen, mit dem diese in einem anderen Leben entstanden sind. Es kann sein, dass zum Beispiel eine Seele die Erfahrung des Alleinseins braucht. Weiter führt Gina Cerminara aus, dass manche Paare nicht heiraten sollten, weil eine der beiden Seelen „spirituell insolvent" ist. Mit anderen Worten, er oder sie hat noch nicht die innere Stärke entwickelt, die notwendig ist, um sich den karmischen Schwierigkeiten zu stellen und sie abzuarbeiten. Außerdem gibt es Fälle, in denen, wie sie meint, die Ehe „eine zu harte Sanktion für das Vergehen wäre oder die Strafe nicht zum Verbrechen passt". Das will heißen: Es mag zwar ein gewisses Karma bei einem Paar, das sich zueinander hingezogen fühlt, vorhanden sein, aber das ist kein ausreichender Grund dafür, sich in etwas zu verwickeln, was aus anderen Überlegungen heraus ein schwerer Weg werden könnte. Karma ist natürlich ein fortlaufender Prozess, und was jetzt in Gang gebracht wird, dem wird man sich in der Zukunft stellen müssen.

Manche Menschen haben immer noch mit den Folgen unkluger Entscheidungen in früheren Leben zu kämpfen und nehmen sich zum Ziel, in Beziehungen unterscheiden zu lernen. In diesen Fällen ist es klug, die Ehe aufzuschieben, bis die Themen gewissermaßen geknackt sind. Sonst könnte das Paar in einem weiteren Leben erneut aneinander gebunden sein und immer wieder dasselbe durchkauen müssen.

Sexualität und Geschlechtlichkeit sind Themen, die sich hinter der Unfähigkeit, einen Ehe- oder Lebenspartner zu finden, oder hinter dem Scheitern einer Ehe verbergen können. Manche Seelen leiden unter einem unbewussten Widerstand gegen einen Geschlechterwechsel, der in dieser Inkarnation stattgefunden hat. Ausgesprochen männliche Frauen zum Beispiel oder sehr weibliche Männer weigern sich vielleicht, sich auf eine neue Erfahrung einzulassen, und finden deshalb keinen passenden Partner, weil sie unbewusst in der falschen Richtung suchen. Das kann allen Menschen hin und wieder passieren, nicht nur denjenigen, die ihr Geschlecht eben erst gewechselt haben. Wie wir gesehen haben, kann die inkarnierte Seele eine gleichgeschlechtliche Beziehung geplant haben, um bestimmte Eigenschaften zu entwickeln, die nur so zu erlangen sind, wird jedoch dann möglicherweise vom Sittenkodex der Gesellschaft in eine konventionelle Ehe gedrängt. Wie viele Männer und Frauen mit gleichgeschlechtlichen Neigungen schmerzlich erkennen mussten, ist eine Ehe mit dem anderen Geschlecht kein „Heilmittel". Wenn überhaupt, dann verstärkt sie die Sehnsucht eher noch. Bis die Seele sich auf die ihr angemessenen Weise an das neue Geschlecht gewöhnt hat, kann es konstruktiver sein, allein zu bleiben.

Wieder andere arbeiten vielleicht nach dem Kontinuitätsprinzip oder strampeln sich im karmischen Hamsterrad ab. Viele glauben, sie werden den perfekten Partner auf den ersten Blick erkennen und lehnen jeden ab, der diesem idealisierten Bild nicht entspricht. Normalerweise merken sie dabei noch nicht einmal, dass eine solche Vorauswahl stattgefunden hat oder sie einen Partner aus einem früheren statt einen für dieses Leben suchen. Wenn ein solcher Mensch einen passenden Partner findet, dann heiratet er ihn genau aus diesem Grund. Dabei macht er sich vor, alles würde perfekt, was aber selten der Fall ist. In anderen Beispielen solcher Kontinuität können überholte Botschaften über die Liebe beibehalten worden sein und sich auf die Möglichkeiten auswirken, einen Partner zu finden. Bis solche Botschaften verändert worden sind, ist es unter Umständen besser, keine Beziehung einzugehen. Andererseits hat eine Seele in einem früheren Leben vielleicht eine Entscheidung getroffen oder einen Standpunkt eingenommen, die sie nun von Leben zu Leben als Einstellungskarma mit sich führt. So könnte sich eine Frau in einem anderen Leben entschlossen haben, der Liebe zu widerstehen oder sich für Jesus reinzuhalten. Oder ein Mann hat sich womöglich aus tiefstem Herzen gewünscht, alleinstehend und ungebunden zu bleiben. Solche Entscheidungen übertragen sich und müssen modifiziert werden. Möglicherweise ist es für die Seele aber besser, die Konsequenzen aus diesen früheren Entscheidungen zu tragen, bis die Erfahrung vollständig abgeschlossen und die Seele zum nächsten Schritt bereit ist.

Dessen ungeachtet, gibt es Menschen, für die die bewusste Entscheidung, allein zu bleiben, positiv sein kann. Ich kannte einen Mann, der in diesem Leben trotz seines gegenteiligen Entschlusses bereits in jungen Jahren Mönch geworden war. Er glaubte, er sei dazu nicht berufen und fand dann doch heraus, dass genau darin seine Fähigkeiten lagen. Als ehemaliger Lehrer wurde er nun Seelsorger. Als er etwa Mitte vierzig war, verliebte er sich. Total, Hals über Kopf und himmelhochjauchzend. Dennoch beschloss er, nicht zu heiraten. Nach reiflicher Überlegung war er zu dem Schluss gekommen, dass er durch seine geistliche und seelsorgerische Arbeit viel mehr Menschen helfen konnte, als er an persönlicher Erfüllung durch die Ehe gewinnen würde. Er lebte in einer kleinen Brüdergemeinde und fühlte sich durch ihr gemeinsames geistliches Leben getragen. Beim Blick in frühere Leben sah er, dass er bereits Beziehungen und Kinder gehabt hatte. Darauf folgte ein Leben, in dem er zwar verheiratet war, sich aber enorm stark zu Einsamkeit und geistlicher Arbeit hingezogen fühlte. Diesen Konflikt konnte er erst am Ende jenes Lebens nach dem Tod seiner

Frau lösen. Als es Zeit war für seine jetzige Inkarnation, fühlte seine Seele sich bereit, auf eine neue Art etwas von sich zu geben und mit anderen zu teilen. Für ihn war sein Single-Dasein eine positive Bestätigung seiner selbst.

Sobald wir unser Single-Dasein als in sich vollständig und nicht mehr als Mangel begreifen, können wir unsere Beziehung zum großen Ganzen wesentlich deutlicher spüren. Das gibt uns die Chance, Stärken zu entdecken und Eigenschaften zu entwickeln, die uns in einer Ehe gar nicht zugänglich gewesen wären.

17
Zwillingsflammen

Die Liebe eines anderen Menschen verdient man sich nicht. Man hat sie, weil man ist und sie sich natürlich daraus ergibt.[84]

Wenn Sie möchten, dass Ihre Seele von ihren karmischen Verkrustungen, eingefleischten Haltungen und uralten Schulden freigescheuert wird, wenn Sie sich tiefe seelische Lektionen und eine beschleunigte emotionale Entwicklung wünschen, dann kann ein Seelenpartner das Richtige für Sie sein. Doch inzwischen fragen Sie sich wohl auch: Gibt es eine Alternative zu einem Seelenpartner? Was, wenn Sie bereit wären, aus dem Hamsterrad der Beziehungen auszusteigen und auf neue Art zu lieben? Jemanden zu suchen, der alle positiven Eigenschaften des heiß ersehnten Seelenpartners, aber keinen seiner Nachteile hat? Einen wahren Seelenpartner, den ich mittlerweile als Zwillingsflamme bezeichne – einen Herzensgefährten bzw. eine Herzensgefährtin. Was eine Zwillingsflamme ist, wird aus der folgenden E-Mail einer Freundin deutlich, die seit über zwanzig Jahren verheiratet ist. Ich hatte sie gebeten, mir zu schreiben, was ihre Beziehung ihrer Meinung nach so besonders macht. Sie und ihr Mann stechen als ein Paar heraus, das ganz ohne süßliche Gefühlsduselei miteinander glücklich ist.

> Wir sind sehr unterschiedlich und einander zugleich sehr ähnlich. Das klingt seltsam, aber in unseren Fall trifft es zu. Ich glaube, deshalb geht es so gut. Wir greifen nicht in das Leben des anderen ein, haben aber auch großes Verständnis füreinander. Wir können in einem Raum voller Leute sein, jeder in einer anderen Ecke, aber wir brauchen nur einmal kurz hinüberzuschauen und wissen, wie es dem anderen geht. Wir unterstützen einander ohne äußere Stützen.

84 Viederman, Milton, *Passionate Attachments.*

Für mich klang das ganz und gar nicht seltsam, und mir gefiel ihre Formulierung vom „Unterstützen ohne Stützen".

Herzensgefährten

Was sich in den nächsten Monaten entwickelte, war eine unvergessliche, märchenhafte Romanze – über große Entfernungen hinweg, mit endlosen Synchronizitäten und jeder Menge Telepathie. … Es war klar, dass wir damit eine Verbindung zwischen Zwillingsflammen wieder aufgenommen hatten. Wir waren einander so tief und so stark in Liebe verbunden, dass wir uns nichts mehr wünschten, als von nun an gemeinsam durch dieses – und alle künftigen – Leben zu gehen.[85]

In einer Beziehung zwischen Zwillingsflammen kommen zwei Seelen zusammen, die sich gegenseitig unterstützen, bedingungslos lieben und akzeptieren. Sie sind tief miteinander verbunden, haben aber kein Karma mehr abzutragen, keine unerledigten Aufgaben zu erfüllen und keine versteckten Themen zu klären. Es sind zwei Individuen, die sich zusammenfinden, um eine dritte Wesenheit entstehen zu lassen – eine Beziehung. Sie vervollständigen einander nicht, sie ergänzen sich. Sie fordern nicht, sie lassen bereitwillig teilhaben. Sie respektieren und achten einander in ihrer Ganzheit und Einzigartigkeit und versuchen nicht, einander zu ändern, auch wenn sie sich vielleicht gegenseitig zum Wachstum verhelfen. Die Beziehung funktioniert und muss nicht erst zum Funktionieren gebracht werden. Das alles bedeutet aber nicht, dass eine solche Beziehung die personifizierte Vollkommenheit ist, denn die Beteiligten sind natürlich immer noch Menschen mit allen dazu gehörenden Fehlern und Schwächen. Doch die Hindernisse werden eher umschifft und angenommen, statt dass sie zum Streit führen. Die beiden Menschen gehen nebeneinander her und passen sich dabei bereitwillig und liebevoll den Umständen und persönlichen Eigenheiten des anderen an, ohne sich ausgenutzt zu fühlen. Sie achten sich gegenseitig. Die Beziehung kann übrigens alles andere als konventionell sein. Dualseelen ist es nicht unbedingt beschie-

85 Gunn, Celia, *A Twist in Coyote's Tale*, Archive Publishing, 2006.

den, zusammen zu leben; ganz sicher nicht für alle Zeit. Zuweilen ist sogar ein Partner inkarniert und der andere nicht.

Die Idee der Zwillingsflammen wird durch eine buddhistische Analogie begreifbar, anhand derer Justin Carson in *Seelenpartner: Das Geheimnis karmischer Verbindungen* die Reinkarnation veranschaulicht:

> Wenn Sie eine Kerze anzünden und dann mit dieser eine zweite, und mit dieser zweiten eine dritte und immer so weiter, bis Sie hundert Kerzen angezündet haben, dann ist es immer noch dieselbe Flamme, oder? Ihre Essenz und ihre Natur sind wohl dieselbe, die einzelnen Flammen aber, besonders wenn sie nebeneinander stehen, sind deutlich voneinander unterscheidbar.

Zwillingsflammen sind wie zwei dieser Kerzenflammen, die Seite an Seite brennen. Aus derselben Essenz und dennoch verschieden, sind sie wahrscheinlich seit vielen Leben zusammen und reichen fast unweigerlich weit in der Zeit zurück – wenn es so etwas wie Zeit überhaupt gibt, denn meiner Erfahrung nach ist das eine sehr dehnbare Vorstellung. Wahrscheinlich mussten auch sie früher karmische Lektionen abarbeiten, aber jetzt sind sie darüber hinausgewachsen und befinden sich im Stadium der Vision, wie Chuck Spezzano es nennt (siehe Kapitel 4). Sie kommen aus reiner Liebe zusammen, aus keinem anderen Grund. Sie geben einander Raum und Unterstützung. Sie lassen den anderen so sein, wie er ist, damit er oder sie noch mehr sie selbst werden können. Mit nichts wird hinter dem Berg gehalten. Es herrschen völlige Offenheit, Nähe und Vertrauen zwischen ihnen, und sie entwickeln sich jeder in seinem Tempo – wie die Geschichte zwischen Celia und Anthony zeigt.

> **Celia:** Dadurch, dass wir einander gefunden haben und zusammen sind, haben Anthony und ich das Gefühl, „nach Hause" gekommen zu sein. Durch unsere Verbindung fühlen wir uns befreit, und wir haben den tiefen Brunnen der bedingungslosen Liebe entdeckt, wie man sie wohl am besten bezeichnet, der in uns allen sprudelt, wenn

wir ihm nur die Chance dazu geben. Wie haben beide das Gefühl, dass wie „den Einen“ bzw. „die Eine“ gefunden haben.

Wir sind beide in unserem Leben vielen Seelenpartnern begegnet – ich glaube, dass dies eine ältere, nicht aus diesem Leben stammende Vereinbarung ist. Als Seelenpartner haben wir einander etwas zu geben und brechen danach – meistens – zu neuen Ufern auf. Diese besondere Verbindung wird in unserer Gesellschaft zumeist nicht erkannt. Deshalb wird tiefe Verbundenheit, die Seelenpartner empfinden und die man häufig zuerst im Sakral-Chakra spürt, sexuell ausgedrückt, statt sie auf die spirituelle Ebene des Stirn-Chakras zu heben. Dann wundern wir uns, warum die Beziehung irgendwann zerbricht …

Bei Zwillingsflammen ist die Verbindungsebene eine andere – ich empfinde sie als höher, was nicht heißen soll, dass sie deshalb besser oder schlechter wäre. Oft ist sie telepathischer Natur. Bevor Anthony und ich als Paar zusammenkamen, haben wir monatelang zwischen hier und Kanada nur korrespondiert und telefoniert. Dabei erlebten wir eine Reihe außergewöhnlicher telepathischer Kontakte. In *A Twist in Coyote's Tale* erzähle ich zum Beispiel, wie wir beide ungefähr zur selben Zeit fragten, in welcher Form wir denn zusammen sein würden, und mir die Wolke daraufhin die Karte von Großbritannien zeigte.

Als wir dann zusammen in Großbritannien waren, hatte ich in den ersten Monaten oft das absolut außergewöhnliche Gefühl, mit Anthony zu „verschmelzen“, auch wenn wir bloß beieinander saßen und uns unterhielten. So etwas hatte ich bisher noch nie erlebt. Es war, als verbände ich mich mit dem Rest meiner selbst, den ich bisher noch nicht einmal vermisst hatte, oder als verlöre ich mich in ihm, und es war soooooo herrlich. … Vielleicht eine Energieverbindung, die zwei energetisch kompatible Seelen erleben und miteinander eingehen können?

Es ist eine fröhliche und freudige Verbindung, die mir ein stärkeres Bewusstsein für mein Höheres Selbst schenkt. Ich finde, zusammen sind wir ein Kanal (wobei ich mir aus dem, was man unter „Channeling“ versteht, absolut nichts mache), eine Leitung oder ein Zugang zur höheren Schöpferischen Intelligenz. Nicht um gemeinsame Kinder zu haben, das liegt hinter uns, sondern um etwas zu manifestieren, was im Einklang mit unserer göttlichen Aufgabe oder in unserem Fall mit dem Grund steht, weshalb wir auf die Erde gekommen sind, nämlich der Heiligkeit von Mutter Erde.

Ein anderes Beispiel (es gab so viele!) ereignete sich, als wir 1994, wir waren gerade erst seit ein paar Monaten zusammen, einmal in den Downs, dem Hügelland hinter unserem gemieteten Cottage in Upper Woodford bei Salisbury, spazieren gingen und die Stare beobachteten, die sich in der Abenddämmerung zu ihrem erstaunlichen Schwarmflug versammelten. Sie wissen schon, wenn sie sich zu einer riesigen Masse zusammenfinden und in stillem Einvernehmen wie ein großes Ganzes plötzliche Wendungen vollziehen oder durch die Luft dahingleiten. Während wir ihnen so zuschauten und nur das Schwirren ihrer Flügel hörten, zogen sie sich zu einer dichten Wolke zusammen und formten dann genau vor uns das eleganteste und akkurateste Herz, das man sich denken kann. Es stand mehrere Sekunden lang am Himmel, dann flogen sie davon und ließen sich auf ihre Schlafplätze nieder. Wir waren sprachlos.

Zwar fühle ich mich mit Anthony vollkommen verbunden und bin damit sehr glücklich, aber ich bin mir auch mehr denn je meiner Individualität bewusst. Es gibt absolut keinen Konflikt zwischen unserem Einssein und unserem individuellen Bewusstsein. Ich glaube, das liegt daran, dass wir in unserem Einssein gegenseitig unser Ich stärken und so Höheres Selbst (Geist) und Niederes Selbst (Ich) vereint und im Gleichgewicht sind.

Aber davor, bevor wir überhaupt zusammenkamen, haben wir beide bewusst daran gearbeitet, mit uns selbst eins zu werden. Wir haben beide sehr viel innere Arbeit geleistet, um unseren inneren Mann und unsere innere Frau zu stärken und miteinander ins Gleichgewicht zu bringen und um eine Art Fundament zu schaffen, damit dieses Einssein überhaupt möglich würde, glaube ich.

Ich weiß auch, dass eine Beziehung zwischen Zwillingsflammen nicht sexuell sein muss. Ich kenne Bruder und Schwester, die diese Ebene der Verbundenheit erreicht haben.

Letztendlich geht es darum, ein Kanal für die Höhere Intelligenz zu werden, für den Geist, der kein Geschlecht kennt; das männliche und das weibliche Prinzip ergänzen einander. Ich glaube, dass Anthony und ich, diese beiden Energien, sich vereinigen, um Eine Energie zu erschaffen – die Heilige Hochzeit.

Ich glaube auch, dass immer mehr Menschen verstehen, wie diese Energien fließen. Ich bete, wünsche und hoffe, dass sie das tun, denn für mich gibt es keine bessere Daseinsform.

Anthony und Celia lernten sich 1990 auf dem Jakobsweg kennen, sechs Monate bevor Anthonys erste Frau ihn verließ. Damals hatten sie nicht das Gefühl, Zwillingsflammen zu sein, auch wenn sie „einander wiedererkannten". Wie Celia in ihrem außergewöhnlichen Buch erzählt, kamen sie 1993 zusammen, nachdem sie sich eine Zeit lang Briefe geschrieben hatten, denn Celia lebte am anderen Ende von Kanada. Damals hatte Anthony mich um eine Deutung ihrer Horoskope gebeten, und ich erinnere mich, dass ich ihm sagte, dies würde wohl die erstaunlichste Beziehung aller Zeiten – oder die größte Illusion, das könne man unmöglich sagen. Dies kann ein Hinweis auf eine Beziehung zwischen Zwillingsflammen sein; es geht über die konventionellen astrologischen Indikatoren für Seelenpartner hinaus, kann aber bestimmte Komponenten dafür enthalten. Den Rest erledigt die Zeit.

Celia: Schon während unseres ursprünglichen Briefwechsels und in all den Jahren seither erleben wir, dass sich unsere ersten Erfahrungen des Einsseins, der Synchronizität und der Telepathie auf – wie wir finden – erstaunliche Weise erhalten, vertieft und erweitert haben. Ein Beispiel, das mir beim Schreiben wieder in den Sinn kommt, ereignete sich im Jahr 2004. Meine Mutter hatte meine Schwester und mich auf eine zweiwöchige Karibik-Kreuzfahrt eingeladen. Erstens stellte ich (wie er) fest, dass von ihm getrennt zu sein (zum ersten Mal seit elf Jahren) mich fast körperlich krank machte. Ich habe ihn so sehr (aber nicht pathologisch) vermisst, dass es sich anfühlte, als hätte ich ein Loch in meiner Seite oder als fehle ein Teil von mir. Außerdem machte ich mir damals Sorgen um seine Gesundheit und darüber, dass er immer noch widerwillig im Bereich des Medizinrechts arbeitete, damit wir unsere Hypothek abbezahlen konnten usw. Nach ein paar Tagen tiefen Nachsinnens in aller Stille kam ich zu dem Schluss, dass wir unser Haus verkaufen sollten. Ich hatte mich eben felsenfest dazu entschlossen und wollte mit ihm darüber sprechen, sobald ich wieder zu Hause wäre, da sagte eine Stimme in meinem Kopf: „Triff nicht solche Entscheidungen; du kennst noch nicht die ganze Geschichte." Das war ein ziemlicher Schock, denn ich war ganz zufrieden mit meinem Entschluss, und jetzt fühlte es sich fast an, als säße da noch etwas anderes in meinem Kopf. Das war ich weder gewohnt noch gefiel es mir.

Als ich wieder zu Hause war und ihm den ganzen Vorfall erzählte, sagte er mir, dass er wegen dieser Arbeit im Medizinrecht eine Sinnkrise gehabt habe und es damit einfach nicht mehr aushalte. (Ich glaube, er hat dich deshalb sogar einmal angerufen und nach den astrologischen Aspekten gefragt.) Er hatte sich mit dem I Ging hingesetzt und nach angemessener Vorbereitung das Orakel befragt, ob wir das Haus verkaufen sollten. Zur Antwort erhielt er ein unzweideutiges „Nein".

Als wir nachforschten, wann die beiden Ereignisse genau stattgefunden hatten, stellen wir fest, dass sie synchron verlaufen waren.

Anthony hatte mich tatsächlich angerufen. Wir sind mit nur wenigen Monaten Abstand voneinander geboren und seit vielen Jahren Freunde. Dabei haben wir die Erfahrung gemacht, dass unser Leben häufig parallel verläuft. Als er mich wegen seiner beruflichen und gesundheitlichen Krise anrief, ging bei mir gerade eine Beziehung zu Ende, und unser beider Horoskop zeigte, dass große Veränderungen anstanden. Wir schauten uns die Wiederkehr der Mondknoten an – ein Zyklus bei mir, zwei bei Anthony, die in einer Sonnenfinsternis kulminierten. Die Astrologen der Antike hätten dies als höchst symbolisch und „schicksalhaft" gedeutet. Bei mir war es meine Beziehung, die enden musste, und bei ihm eine Karriere, in der er zwar ausgesprochen erfolgreich gewesen war, aber nie wirklich der Mensch hatte sein können, der er wirklich ist. In den darauffolgenden Monaten erlebten wir beide eine intensive Neugeburt. Aber kehren wir zu Celias Geschichte zurück.

Celia: Die acht Wochen, während derer ich in Kanada und USA auf Promotion-Tour für mein Buch war, waren zwar eine interessante und schöne Zeit, aber für mich steht fest, dass ich nie wieder ohne Anthony weggehe. Wieder fühlte ich mich beinahe körperlich schmerzhaft nur als halber Mensch.

Es passiert sogar, wenn wir nachts im Bett liegen und lesen. Er liest gewichtigen akademischen Stoff, wie etwa Platon, ich hingegen meistens irgendeinen Fantasy-Roman. Wenn ich dann zum Beispiel einen Kommentar zu einer knackig formulierten Erkenntnis mache, auf die ich gerade gestoßen bin, dann lacht er und zeigt mir, was er soeben gelesen hat und was genau dasselbe besagt oder dasselbe Thema behandelt. Das passiert uns ständig, aber wir finden es immer noch erstaunlich.

Am wichtigsten ist vielleicht, dass Anthony für mich immer noch jeden Tag aufs Neue ein Wunder ist. Es vergeht kein Tag, an dem ich nicht darüber staune, wer er ist, dass wir zusammen sind und eine so tiefe und immer noch tiefer werdende Verbindung haben. Auch die Liebe, die ich für ihn empfinde, ist Tag für Tag ein Wunder für mich. Es ist, als könnte ich jenen tiefen Brunnen in mir spüren, der ständig sprudelt, wann immer ich an ihn denke. Wir sagen das einander jeden Tag.

Wir haben uns noch nie gestritten. Ich weiß, wenn man den heutigen Beziehungsgurus glaubt, dann klingt das nicht gesund, aber wir streiten einfach nicht. Vielleicht liegt es daran, dass wir uns ständig über alles und jedes austauschen und deshalb von vornherein gar nichts eskalieren kann, oder daran, dass wir beide voll und ganz bereit sind, den Standpunkt des anderen zu hören und dieser uns auch wichtig ist.

Ich glaube, am Ende läuft es darauf hinaus, dass es uns beiden in erster Linie um das Glück und die Erfüllung des anderen geht. Vielleicht ist dies ja einer der wichtigsten Indikatoren für eine Beziehung zwischen Zwillingsflammen.

Celia und Anthony sind ein Paar, das mir die Hoffnung auf künftige bessere Beziehungen schenkt, für mich selbst und für andere. Ich beobachte ihre Beziehung nun schon seit ihrer ersten Begegnung, und es ist eine Freude zuzusehen, wie sie wächst und sich entwickelt – und es ist auch eine Freude, Celias inspirierendes Buch zu lesen. In Teilen klingt ihre Geschichte jedoch bemerkenswert ähnlich wie die Berichte über Beziehungen zwischen Seelenpartnern, die ebenfalls in diesem Buch stehen und am Ende schlecht ausgingen. Daher fragen Sie jetzt vielleicht: Woran erkennt man den Unterschied? Die Antwort lautet offensichtlich, dass man ihn nicht erkennt – am Anfang. Die Beziehung muss sich im Laufe der Zeit bewähren. Aber es gibt Hinweise, nach denen man Ausschau halten und anhand derer man sie definieren kann. Dazu gehören auch die folgenden Ausschlusskriterien:

Hinweise, die gegen eine Zwillingsflammen-Beziehung sprechen

- Ein Partner zögert, sich verbindlich auf die Beziehung, gleich in welcher Form, einzulassen.
- Die Energie zwischen Ihnen hat unangenehme oder disharmonische „Ecken und Kanten".
- Einer der Partner versucht, eine Veränderung zu erzwingen, schikaniert den anderen oder versucht, Kontrolle oder Macht über ihn bzw. sie zu erlangen.
- Ein Partner muss große Teile seiner selbst unterdrücken, um den Erwartungen zu entsprechen.
- Für den Erhalt der Beziehung müssen Bedingungen erfüllt werden.
- Die Beziehung beginnt auf einem Höhepunkt, wird dann aber unweigerlich schlechter oder erfordert ständiges Bemühen.
- Es bestehen Pflicht- oder Schuldgefühle, das Gefühl, es stünde einem etwas zu, man brauche Vergeltung oder Wiedergutmachung oder „müsse" etwas.
- Einer fühlt sich dem anderen weit über- oder unterlegen.
- Einer oder beide gehen bis zur Lebensuntüchtigkeit in der Beziehung auf.
- Körperliche Nähe wird von einem der Partner erzwungen oder eingefordert.
- Ein Partner wird vom anderen benutzt, ist vollkommen von ihm abhängig, und die Beziehung ist auf parasitäre und vampi-

rische Weise symbiotisch (einer laugt also den anderen aus und könnte alleine nicht leben).

- Es liegen Unerledigtes, Karma oder versteckte Themen in der Luft.
- Zwischen den Partnern herrscht Konkurrenz, oder sie neiden sich gegenseitig den Erfolg.
- Ein Partner ist eifersüchtig, verunsichert oder fühlt sich vernachlässigt, wenn der andere seinen Interessen nachgeht.
- Unbegreifliche und irrationale Leidenschaft.[86]
- Kein Realitätssinn und Fantasievorstellungen von dem, was sein könnte.
- Ständige Krankheiten oder körperliche, emotionale und seelische Leiden.

Der Schlüssel ist vielleicht Folgender: Wenn Sie große Teile Ihrer Seele abhacken müssen, um in eine Beziehung zu passen, wenn Sie Ihr wahres Wesen unterdrücken oder Kompromisse eingehen und Anpassungen vornehmen, durch die Sie sich, bewusst oder unbewusst, gezwungenermaßen selbst aus den Augen verlieren, dann sind Sie nicht mit einem Seelenpartner zusammen. Dabei spielt es keine Rolle, wie sehr Sie sich nach einer Zwillingsflammen-Beziehung sehnen oder ob Sie gar dem Wahn verfallen sind, Sie hätten bereits eine. Die Beziehung mit einer Dualseele erlaubt Ihnen (und drängt Sie vielleicht auch, zwingt Sie aber niemals), alles zu sein, was Sie sein können, und zwar in Ihrem Tempo und in Ihrer Zeit.

Hinweise für eine Zwillingsflammen-Beziehung

- Bedingungslose Liebe
- Gegenseitiger Respekt und Anerkennung
- Das Gefühl, einander entgegenzukommen
- Gegenseitige Unterstützung
- Die Partner sind aufeinander bezogen und selbstständig

86 Dieser Punkt ist *Passionate Attachments* entnommen. Milton Viederman spricht nicht über Beziehungen zwischen Zwillingsflammen, aber ich sehe dieses Kriterium als relevant an.

- Gegenseitige Akzeptanz
- Tiefe Seelen- und Herzensverbindung
- Gegenseitige Ergänzung ohne Konkurrenzdenken
- Jeder darf so sein, wie er oder sie ist und kann sich dadurch noch mehr selbst finden.
- Völlige Ehrlichkeit, Nähe und Vertrauen
- Gefühle und Verhalten beruhen auf Gegenseitigkeit
- Jeder übernimmt die Verantwortung für die eigenen Gedanken, Gefühle, das eigene Handeln und Glück.
- Unterschiedliche Bedürfnisse und Ergebnisse sind erwünscht.
- Die Realität des jeweils anderen wird erkannt und akzeptiert.
- Beide empfinden das Gefühl, zu lieben und geliebt zu werden, als erhebend und energetisierend.
- Jeder entwickelt sich in seinem Tempo.
- Positive Symbiose – die Verbindung dient beiden gleichermaßen zum Nutzen und zum Vorteil (aber es könnten auch beide ohne den jeweils anderen überleben).
- Der Zauber und der Sinn für das Wunderbare verblassen nie, sie werden jeden Augenblick wieder neu.
- Das gegenseitige körperliche Erkennen geht über das rein Sexuelle hinaus.
- Anpassungen werden bereitwillig vorgenommen (etwa ein Umzug, das Umsiedeln in ein anderes Land oder die Bereitschaft, jemanden bei sich wohnen zu lassen). Nähe und Vertrauen sind von Anfang an da, weshalb die Anpassungen gemeinsam vorgenommen werden können und man sich in dem Prozess gegenseitig liebevoll unterstützt.

Celia fügt dem noch hinzu, dass es ein Gefühl der Befreiung gibt, das von außergewöhnlicher Nähe herrührt sowie von vollkommenem Vertrauen zueinander und Freude, wenn der andere seinem Traum folgt und sein Glück findet. Außerdem ist ihr wichtig, dass es sanften, ungezwungenen täglichen Körperkontakt gibt, der nicht unbedingt sexuell sein muss, bei dem man sich aber berührt und umarmt. (Ich würde das eine vollständig verkörperte Beziehung nennen.) Eine andere Klientin von mir, die ebenfalls eine solche

Beziehung gehabt hat, sagt, dass sie sie eher in ihrem Sakrum (von lat. sacer = heilig, also dem heiligen Knochen) gespürt hat als im Sakral-Chakra. „Es war, als bilde die Beziehung eine eingebaute Stütze im Kern meines Wesens. Sie war irdisch und geerdet und zugleich zutiefst spirituell."

Das Gefühl für eine Zwillingsflamme bewegt sich fließend durch die Zeit. Eine meiner Klientinnen erzählte, sie habe das Ende einer schwierigen Beziehung erreicht, die Verbindungen gekappt, sich umgedreht und jemanden gefunden, der schon die ganze Zeit da gewesen war. Doch plötzlich war die Beziehung ganz anders. Sie sagte:

> Er ist in jeder Hinsicht mein Zwilling: Tag, Uhrzeit und Aszendent. Unser Glück wird immer größer, stündlich, täglich … Aber ich muss Ihnen etwas sehr Seltsames erzählen: Ich habe ihn bereits vor sehr langer Zeit gekannt, vor Jahrtausenden. Vor vielen Jahren habe ich ein Bild gemalt, lange bevor ich ihm in diesem Leben begegnet bin, und eine der Figuren auf dem Bild war mir besonders verbunden. Langer Rede kurzer Sinn, ich habe meine Dualseele gemalt, wie er damals war, als ich ihn schon einmal kannte.

Seither hat sie weitere Ähnlichkeiten entdeckt. Sie haben ähnliche Male am Körper: Narben, Leberflecke und Grübchen. Sie wuchsen ähnlich auf, aber in entgegengesetzten Erdteilen. Sie hat weitere Einzelheiten des Lebens in Ägypten ausgegraben, das sie gemalt hat, sowie auch ein Leben als Halbbruder und Schwester. Aber ob sie wirklich Dualseelen sind, muss sich erst noch weisen.

Und die Schattenseite der Zwillingsflamme?

Ob ich es weiß, was eigentlich die Liebe, weiß ich nicht;
Doch wenn ich's weiß, dann ja, dann lieb ich ihn;
Sonst glaub ich, dass ich nimmer lieben kann.

Alfred Lord Tennyson[87]

87 Tennyson, Alfred Lord, *Königsidyllen*, Elaine.

Beziehungen zwischen Dualseelen sind auf jeden Fall selten, aber möglich. Doch vielleicht fragen Sie sich, ob sie nicht zu idealistisch und perfekt sind. Tatsächlich haben sie auch noch eine andere Seite, an die ich jedoch erst beim Schreiben dieses Abschnitts gedacht habe. Celia deutet sie an, wenn sie von ihrem Schmerz spricht, sobald sie auch nur vorübergehend von ihrem Anthony getrennt ist. In einem Gespräch mit der britischen Schriftstellerin Moyra Caldecott, die mich mit der Idee der Zwillingsflammen bekannt gemacht hat, erwähnte sie die tiefe Trauer, die sie seit dem Tod ihres Ehemannes, der ihre Zwillingsflamme war, Tag für Tag durchlebte. Am selben Tag mailte mir Sue Minns, sie sei „nicht einmal sicher, warum eine Seele eine irdische Verbindung dieser Art eingehen sollte, wenn nicht, um mit der sengenden Trauer fertig zu werden, wenn einer von beiden stirbt". Als ich das in einem Workshop erwähnte, sagte mir eine Teilnehmerin, dass sie ihre Zwillingsflamme erst erkannt habe, als sie sich nach dreißig Jahren wiederbegegnet seien. Sie kannten sich schon als Kinder. Sie erzählte, sie hätten zwei Jahre erlebt, in denen sie sich aneinander „gewöhnen" und die karmischen Muster lösen mussten, danach seien sie noch zwei weitere Jahre als Zwillingsflammen miteinander glücklich gewesen, dann sei er gestorben. Sie sagte, sie empfinde Trauer, aber diese versenge sie nicht. Die Erinnerung an ihre gemeinsame Zeit erfülle sie mit großer Freude, und er sei auf jeden Fall stets bei ihr, ermutige sie und unterstütze sie. Ihre Verbindung über den Tod hinaus gab ihr den Mut, ihr Leben weiterzuführen, weil sie weiß, dass sie wieder zusammen sein werden.

Eine Geschichte aus *Seelenpartner: Das Geheimnis karmischer Verbindungen* zeigt, dass solche Begegnungen mit jemandem aus einer anderen Zeit einen wachrütteln und das Leben schöner machen können.

Die bereits 39-jährige Elizabeth Barrett, die, sterbenskrank und morphiumsüchtig, seit fünfundzwanzig Jahren völlig zurückgezogen lebte, blühte auf, als der um sechs Jahre jüngere Robert Browning sie umwarb. Ich frage mich, ob diese beiden Zwillingsflammen waren. Nach Elizabeths Tod schrieb Robert, der nie wieder heiratete, folgende Worte in ihre Bibel:

Gewiss bin ich – aus diesem Leben werde ich in ein anderes scheiden, allwo die Dame lebt, die meine Seele in Liebe band.

Jahre nach Elizabeths Tod sagte Browning einer Dame, die ihm Avancen machte: „Mein Herz liegt in Florenz begraben“, wo Elizabeth ihre letzte Ruhe fand.

Elizabeths tyrannischer Vater erlaubte keinem seiner Kinder zu heiraten und ließ auch nicht zu, dass einem von ihnen unter seinem Dach „der Hof gemacht“ würde. Sämtliche Liebesaffären seiner erwachsenen Kinder mussten streng unter Verschluss gehalten werden. Das Werben zwischen Barrett und Browning fand zunächst nur brieflich statt. Elizabeth war damals bereits eine bekannte und geachtete Dichterin, Roberts Stern ging gerade erst auf. Sie erwähnte Browning in einem ihrer Gedichte. Sein Bild hing an der Wand neben ihrem Bett, daher können wir vermuten, dass es bereits eine Anziehung zu ihm gab. Eine ihrer Freundinnen behauptete später felsenfest, Elizabeth sei schon lange vor ihrer ersten Begegnung in ihn verliebt gewesen.

Als Browning ihr schrieb, vorgeblich wegen ihres Gedichts, erklärte er ihr unumwunden seine Liebe. Das war keine Liebe auf den ersten Blick, es war Liebe noch vor der ersten Begegnung. In jenem ersten Brief schreibt er: „Ich liebe dieses Gedicht von ganzem Herzen – und ich liebe auch Sie.“ Selbst wenn man wegen des blumigen viktorianischen Stils Abstriche macht, ist dies eine ziemlich direkte Aussage. Elizabeth antwortete am darauffolgenden Tag: „Ich danke Ihnen, lieber Mr. Browning, vom Grunde meines Herzens.“ Ganz offensichtlich bestand eine starke Verbindung zwischen ihnen. Im Laufe der nächsten zwanzig Monate schrieben sie einander 574 Briefe.

Als sie sich fünf Monate nach Beginn ihres Briefwechsels endlich kennenlernten, fand Elizabeth ihren „Leib gewordenen Idealmann“. Der Besuch wühlte sie auf. Sie konnte nicht schlafen, trotz ihres Morphiums. Er ging ihr nicht mehr aus dem Sinn – ein unbekanntes Gefühl für eine Frau, die ein emotional so abgeschirmtes Leben führte, auch wenn ihr Gefühlstraumata nicht fremd waren, denn als ihr Bruder ertrank, hatte sich ihre Krankheit verschlimmert. Robert hingegen war wesentlich unumwundener. Er war verliebt und bekannte sich dazu in dem Brief, den er unmittelbar nach jenem ersten Besuch schrieb. In einem späteren sollte er sagen: „Mein Herz wird sich immer daran erinnern." Das Herz spielte in ihrer Beziehung eine große Rolle. Die Gedichtzeilen, die sie zum ersten Mal miteinander in Berührung brachten, enthalten eine Anspielung darauf:

> Oder einen von Brownings „Granatäpfeln", der, bis tief in die Mitte aufgeschnitten, ein Herz aufweist im Innersten, dessen Adern vom Blut der Menschheit getränkt sind.
>
> LADY GERALDINE'S COURTSHIP[88]

Innerhalb weniger Monate nach ihrer ersten Begegnung hatte sich Elizabeth von ihrer Bettlägerigkeit bereits so weit erholt, dass sie aufstehen und kleine Spaziergänge machen, ja sogar heimlich heiraten und mit ihrem Mann nach Italien reisen konnte, wo sie während der nächsten siebzehn Jahre lebte und einen Sohn gebar. Für beide war es die erste Liebesbeziehung. Nach ihrem Tod heiratete Robert nicht wieder. Er blieb achtundzwanzig Jahre lang Witwer. Wie Elizabeth sagte: „Wenn Gott es gibt, will ich dich besser lieben nach dem Tod."

Aus dieser Verbindung entstand eine Gedichtsammlung, die *Sonette aus dem Portugiesischen*[89], der auch Elizabeths wohl bekanntestes Gedicht entstammt: „Wie ich dich liebe? Lass mich zählen wie" (das mit der oben zitierten Zeile schließt, d. Ü.). Aber sie enthält auch ein Gedicht, das im ersten Entwurf den Titel „Tod oder Liebe" trug. Diese Entscheidung hatte Elizabeth treffen müssen: Sollte sie unter der Knute ihres tyrannischen Vaters bleiben und unweigerlich zugrunde gehen oder sollte sie ihr bisher ungelebtes Leben beginnen und ihren Seelenpartner – ihre Zwillingsflam-

---

88 Mit diesen Zeilen aus ihrer Ballade „Lady Geraldines Verlöbnis" empfiehlt Barrett kaum verhüllt die Lektüre von Brownings Gedichtband *Bells and Pomegranates* (Glocken und Granatäpfel). Browning liest die Ballade – und so beginnt ihr Briefwechsel und ihre gemeinsame Geschichte. (Anm. d. Ü.)

89 Barrett-Browning, Elizabeth, *Liebesgedichte,* ins Deutsche übertragen von Rainer Maria Rilke, Frankfurt 2006.

me? – heiraten und die Liebe erleben? Sie traf ihre Entscheidung: „Nicht Tod, sondern Liebe.“[90]

Sie fanden zu einer reifen Liebe, die vom anderen nichts erwartete und nichts verlangte und vielleicht ihre Basis darin hatte, dass sie Zwillingsflammen waren. Oder wie sie sagte: „Wenn du mich lieben musst, so soll es nur der Liebe wegen sein.“ Wie so viele Seelenpartner vor und nach ihnen, kannten sie einander von Anfang an von Grund auf. Aus ihren Briefen wird deutlich, dass sie einander ihre Gedanken und Gefühle ohne Worte mitteilen konnten, wenngleich Worte natürlich ihre Liebe begründeten. Für sie aber war am wichtigsten, was hinter den Gedanken lag. Sie teilten „Herzensintuitionen“. Es gab keine Schranken zwischen ihnen. Elizabeth drückte es so aus: „Ich bin in ihm und höre ihn atmen.“ Robert sagte: „(Wir) kennen einander von Anbeginn der Zeit und bis in die Ewigkeit, darauf traue ich.“ Dennoch blieben sie zugleich Individuen mit eigenem Denken. Sie verloren sich nicht völlig im anderen, sondern akzeptierten einander voll und ganz. Ein alter Freund sagte ihnen: „Wenn man für eine vollkommen passende Verbindung zwei Menschen von entgegengesetzten Enden der Erde wählen sollte, so könnte es keine größere Übereinstimmung geben als zwischen euch beiden.“

Doch selbst in dieser glückseligsten aller Ehen wehte ein düsterer Wind. Es gab Streit, insbesondere über Elizabeths Eintreten für den Spiritismus, den Robert ablehnte. Elizabeth neigte zu schwärzesten Depressionen und Schüben ihrer körperlichen Erkrankung. Beides hatte zwar nach ihrer Hochzeit stark nachgelassen, quälte sie aber immer noch. Der Verlust wichtiger Menschen aus ihrer Familie traf sie schwer, und sie suchte Trost im Kontakt mit ihnen.

Das brachte eine andere Frau ins Bild – nicht für Robert, sondern für Elizabeth. Sie geriet in den Bann von Sophie Eckley, ihrer „Schwester in der Geisterwelt“. Elizabeth wurde von ihrer Seelenschwester idealisiert und vergöttert. Die beiden verband ein gemeinsames Interesse – die Welt der Geister – aber die Freundschaft ging weit darüber hinaus. In ihren Briefen erklären sie sich ihre Liebe,

90 Letzte Zeile aus *I thought once how Theocritus had sung / Und es geschah mir einst, an Theokrit zu denken.*

eine Liebe, die auf Sophies Seite besessen und, wie sich herausstellen sollte, eine Täuschung war. Als ihre falsche Seelenpartnerin endlich entlarvt war, musste Elizabeth sich befreien. Sie schrieb Sophie, dass sie den Kontakt abbreche. Ihre Ehe lebte wieder auf. Aber vielleicht klingt ein Echo von Sophie in Brownings Zeilen wider:

> Wenn zwei Leben sich vereinen, so gibt es eine zarte Narbe.
> Sie sind eins und eins mit einem schattenhaften Dritten,
> Eins neben einem ist zu weit weg.

Waren sie also Zwillingseelen oder Seelenpartner? Das lässt sich wirklich unmöglich sagen. Doch wägt man alles gegeneinander ab, so entsteht der Eindruck einer Beziehung, in der zwei Seelenpartner wegen der Herzensbindung und der Dreiecksbeziehung wohl noch einmal zur Erde kommen und das Unerledigte zwischen sich klären müssen, um dann zu Dualseelen werden zu können. Dasselbe Rätsel stellt sich in der folgenden Geschichte. 1995 konnte ich nicht entscheiden, ob darin von einer Beziehung zwischen Seelenpartnern die Rede ist. Jetzt, da ich weiß, dass viele Dualseelen nicht gemeinsam inkarnieren, frage ich mich, ob es in dieser Erzählung um Dualseelen oder Seelengefährten geht.

Mehr als bloße Illusion?

Oft hieß des Buches Inhalt uns einander
Scheu ansehn und verfärbte unsre Wangen;
Doch nur *ein* Punkt war's, welcher uns bewältigt.
Denn als wir, wie das langersehnte Lächeln
Von *solchem Liebenden* geküsst ward, lasen,
Da küsste, dem vereint ich ewig bleibe,
Am ganzen Leibe zitternd, mir den Mund.

Dante Alighieri[91]

Eine der außergewöhnlichsten Liebesgeschichten, die ich je gehört habe, stammt von einem Mann, der im Vietnam-Krieg gekämpft

91 *Die Göttliche Komödie*, Die Hölle, 5. Gesang

hat. Er beharrte darauf, dass durch die Drogen, die er damals – häufig ohne sein Wissen – genommen hatte, buchstäblich sein Verstand explodiert sei und er sich nun auf einer anderen Bewusstseinsebene befinde. Wie ich später erfuhr, war bei ihm eine Schizophrenie festgestellt und er für einige Zeit in die Psychiatrie eingewiesen worden. Jeder, den er bisher konsultiert hatte, hatte ihm gesagt, er leide unter Wahnvorstellungen, seine Erlebnisse seien irreal und lediglich psychotische Fantasien.

Als ich ihn kennenlernte, war er in England und versuchte, einen Sinn hinter seinen Erlebnissen auszumachen. Seine Geschichte hatte Struktur und war in sich schlüssig, was für mich wiederum vollkommenen Sinn ergab, egal wie andere sie sahen. Sie wies Aspekte auf, die ich bereits von Vielen gehört und teilweise auch selbst erlebt hatte. War das alles eine Illusion? Waren wir alle verrückt? Oder hatte er Anteil an einer universellen Erfahrung? Hatte er wirklich Zugang zu einer anderen Bewusstseinsebene und Einblick in die Zukunft? Tatsächlich sind inzwischen viele seiner Überzeugungen, die damals verrückt und völlig abwegig schienen, Teil unseres allgemeinen Gedankenguts, da sie aber nicht zu seinem Seelenpartner-Erlebnis gehören, werden wir hier nicht näher darauf eingehen.

In mehreren gemeinsamen Sitzungen schälte sich seine Geschichte nach und nach heraus. Eine seiner ersten Fragen lautete, ob ich glaube, dass er eine Seelenpartnerin habe; und wenn ja, ob man einen Seelenpartner haben könne, der nicht in einem physischen Körper stecke. Ich sagte ihm, ich sei von Seelenpartnern überzeugt, aber vielleicht nicht unbedingt auf konventionelle Weise. Ich würde auch glauben, dass wir einen Seelengefährten oder eine Seelengefährtin haben können, der oder die nicht inkarniert, aber immer in unserer Nähe ist. Damals war mir die Idee der Zwillingsflammen noch fremd, deshalb erwähnte ich sie nicht.

Er erzählte mir, er habe seine Seelenpartnerin kurz kennengelernt, dann sei sie gestorben. Da dieser Teil der Geschichte für ihn so verwirrend und schmerzlich war, dass er ihn nicht zusammenhängend erzählen konnte und dabei sehr aufgewühlt reagierte, kam ich erst sehr viel später wieder darauf zurück. Er wollte eine

Rückführung machen, um mehr über frühere Kontakte zu ihr herauszufinden, weil mehrfach entsprechende Bilder vor seinem inneren Auge aufgetaucht waren.

Ich bat ihn, mir zuvor etwas mehr von sich zu erzählen, teilweise deshalb, weil ich mich unbedingt von seinem psychischen Zustand überzeugen wollte, bevor wir die Möglichkeit einer Rückführung in Betracht zogen; denn mit einem Klienten im psychotischen Zustand würde ich auf keinen Fall eine Rückführung machen. Zugleich hatte ich aber auch den Eindruck, dass er in diesem Stadium schlicht jemanden brauchte, der ihm zuhörte. Wenn man jemandem mit einer annehmenden Haltung zuhört, so kann für ihn dadurch vieles klarer werden. Ich erlaubte mir kein Urteil darüber, wie wahr sein Bericht war oder unter welchen Wahnvorstellungen er litt, wenn überhaupt. Für ihn war es eindeutig Realität, und wenn ich mich gemeinsam mit ihm darauf einließ, dann könnten wir es vielleicht beide verstehen.

Schließlich stellte sich heraus, dass seine „Seelenpartnerin" nach ihrem Tod begonnen hatte, ihm zu erscheinen. Zunächst in Träumen, dann „sah" er sie aber immer häufiger in seiner Nähe. Schließlich stellte er fest, dass er seinen physischen Körper verlassen und bei ihr sein konnte. Sie bewohnten eine Welt, die, oberflächlich betrachtet, aus festem Stoff und real war, in der sie sich aber durch reine Willenskraft bewegen konnten und Gedanken und Gefühle deutlich sichtbar waren. Für mich klang das genau wie jenes weniger körperliche Reich, in das wir nach dem Tod hinüberwechseln und in das wir uns hin und wieder begeben können, wenn wir unseren physischen Körper verlassen. Ich hatte diesen Ort oft genug selbst erlebt, viele Menschen dorthin begleitet und Berichte, sowohl aus uralter wie aus moderner Zeit, in ausreichender Zahl gelesen, um dies als ein reales Erlebnis zu akzeptieren.

Er sagte, dass sie gleich von Anfang an sexuelle Erlebnisse miteinander hatten, die sich mit nichts in der physischen Welt vergleichen ließen. Es war eine totale Verschmelzung, eine Vereinigung auf der Seelenebene. Auch dies wird durch viele andere Berichte über derlei Erlebnisse bestätigt. Schließlich vollzogen sie eine Seelenhochzeit. Sie schworen sich ewige Treue. Er betrachtete sich als verheiratet. Der einzige Unterschied zu einer normalen alltäglichen Ehe bestand darin, dass er seinen Körper verlassen musste, um bei seiner Frau zu sein. Seine Frau hatte ihm damals übermittelt, dass sie eine gemeinsame Aufgabe hatten. Sie sollten den Menschen auf der Erde helfen zu erkennen, dass es diese anderen Seinsebenen gebe und der Tod nicht das Ende des Lebens sei. Schon sehr bald würden viele Menschen solche Seelenehen eingehen. Doch als er anfing, mit seiner Familie und seinen Freunden über diese und die anderen, noch skurrileren Botschaften zu sprechen, wurde er in die Psychiatrie eingewiesen.

Jetzt wollte er mehr wissen. Wie viele andere sogenannte „Schizophrene" war er von der Echtheit seiner Erlebnisse überzeugt. Zwar wirkte vieles von dem, was er mir erzählte, skurril, manches könnte man sogar als paranoid bezeichnen, aber es war nichts darunter, was ich nicht auch bereits von anderen, angeblich gesunden Menschen gehört hatte. Ich schlug ihm vor, er solle das alles in Form eines Romans niederschreiben, denn die Welt sei wahrscheinlich noch nicht so weit, es als Tatsache anzunehmen. Er fing auch tatsächlich mit dem Schreiben an, bestand aber hartnäckig darauf, dass zumindest einige Antworten auf seine Fragen wohl in der Vergangenheit zu finden seien.

Ich machte eine Rückführung mit ihm, um seine früheren Verbindungen mit seiner „Frau" zu überprüfen. Anscheinend war er ihr in jedem früheren Leben begegnet, und immer war einer von ihnen gestorben, bevor sich eine wirkliche Beziehung entwickeln konnte. Schließlich schwor er: „Nächstes Mal werden wir eine Beziehung haben, egal wie."

Was er sagte, wirkte, als stamme es von Platon oder aus anderen, noch wesentlich älteren esoterischen Schriften. Ein nicht-körperliches Wesen schwebte glückselig und völlig eins mit sich durch den Kosmos. Es wurde zweigeteilt, und die beiden Teile sausten davon an entgegengesetzte Enden des Universums. Während Äonen suchten sie einander. Als sie einander wiedersahen, war eine Zeit verheerender Kataklysmen eingetreten. Nach einer erneuten Trennung waren sie einander kaum noch begegnet. Dies war der Beginn des Zyklus von Wiederbegegnung und Trennung, Finden und Verlieren, der sich über eine weite Zeitspanne zu erstrecken schien. Tatsächlich entstand der Eindruck, als würden hier zwei Teile derselben Seele miteinander verwoben und verschlungen, nur um wieder getrennt zu werden. Er war recht überzeugt, dass sie im wahrsten Sinne des Wortes seine andere Hälfte war. Wenn sie dann eines Tages ihre Aufgabe erfüllt hätten, würde er die Erde verlassen, und sie würden verschmelzen und wieder eins werden.

Natürlich gibt es psychologische und psychotherapeutische Erklärungen hierfür. Wir könnten seine verlorene Liebe als Sinnbild seiner eigenen weiblichen Energien betrachten, als seine Anima, von der er sich abgetrennt fühlte, insbesondere durch die entmenschlichenden Erfahrungen, die er in Vietnam durchgemacht hatte. Wir könnten sie auch als Externalisierung (Verlagerung nach außen) des enormen Schocks verstehen, den seine Psyche bei diesem Trauma erlitten hatte, bei dem alles Weibliche in ihm abgetötet wurde: Freundlichkeit, Mitgefühl, Empfänglichkeit, Sensibilität, Fürsorglichkeit und Liebe. Also alle Eigenschaften, die er von seiner Seelenpartnerin in jenem kurzen Kontakt empfangen hatte, bevor sie ihm so brutal entrissen worden war. Wir könnten ihre Hochzeit als seine Art verstehen, diesen verlorenen Teil seiner selbst zu re-integrieren. Aus schamanischer Perspektive betrachtet, könnte er von dieser Frau besessen gewesen sein, weil das Trauma, das er durchgemacht hatte, in seinem Energiefeld eine Lücke riss oder ein Vakuum schuf, in das ein anderer Geist hineinschlupfen konnte. Sein Erleben hätte seine Art sein können, diesen Geist in sich zu integrieren. Nachdem ich die ganze Geschichte gehört hatte, hätte es auch seine Buße für eine übergroße Schuld sein können.

Als wir endlich darüber sprechen konnten, wo er seiner Liebe in diesem Leben zum ersten Mal begegnet war, erzählte er mir, sie sei in Vietnam gestorben. Sie hatten einander in einer Stadt in der Nähe seines Stützpunktes kennengelernt und waren kurze Zeit zusammen gewesen. Später griff sein Zug ein Dorf an. Sie eröffneten das Feuer – und plötzlich stand sie da. Sie liefen aufeinander zu, aber sein Freund hielt sie für eine Vietcong, die ihn töten wollte, und erschoss sie. Die Kugeln rissen sie förmlich in zwei Hälften. Danach erlitt er einen völligen Zusammenbruch, aber in dem Wahnsinn in Vietnam nahm anscheinend niemand Notiz davon. Immer öfter suchte er Zuflucht in Drogen und kehrte schließlich als seelisches Wrack in die USA zurück. Zugleich führte er ein erfülltes Leben auf einer anderen Ebene. Ganz bestimmt empfand er seine Seelenehe als echt und erfüllend. Wer bin ich, dass ich bestimmen sollte, was Realität und was Fantasie ist? Heute, da weitere zwölf Jahre Erfahrung mit Seelenpartnern hinter mir liegen und ich mich eingehender mit Dualseelen beschäftigt habe, halte ich es in dieser Frage sogar noch mehr mit Shakespeares *Hamlet* als im Jahr 1995:

> Es gibt mehr Dinge zwischen Himmel und Erde, als Eure Schulweisheit sich träumen lässt.

Zwillingsflammen – weitere Gedanken

Vielleicht können wir noch einmal zur Geschichte von Celia und Anthony zurückkehren, um weitere Erkenntnisse darüber zu gewinnen, was eine Beziehung zwischen Zwillingsflammen ist.

> **Anthony:** Ich habe alles gelesen, was Celia dir schrieb, und bin mit allem einverstanden, was sie gesagt hat. Aber ich würde dem gerne ein paar Gedanken hinzufügen, weil es ein so faszinierendes Thema ist. Celia und ich haben einen Aterunterschied von sechs Jahren. Wir wuchsen beide in Northumberland auf, nur fünfundvierzig Kilometer voneinander entfernt, aber als Kinder sind wir uns nie begegnet. Auch haben sich unsere Wege nie auf geheimnisvolle Weise gekreuzt, wie manche Liebende zuweilen später herausfinden. Etwa so: „Ach ja! Ich war auch bei dem Konzert! Irre, dass du auch da warst. Es muss wohl Schicksal sein, dass wir uns begegnet sind!“ Bei uns gab es so etwas nie – zumindest so weit wir wissen.
>
> Wir haben uns oft gefragt, was wohl geschehen wäre, wenn wir einander früher begegnet wären. Hätte die Chemie gestimmt? Hätten die Zwillingsflammen gezündet? Wir glauben, dass es wahrscheinlich nicht geklappt hätte.

Als wir uns 1990 kennenlernten, steckten wir mitten in großen Veränderungen. Celia war fast vierzig und stand gerade am Anfang ihres langen, dunklen Tunnels mit einem großen Pluto-Transit. Ich war sechsundvierzig und gerade am Ende meines dreijährigen Pluto-Transits mitsamt dem ganzen übrigen holprigen Astrozeugs in der Lebensmitte. Die beiden Menschen, die dann 1993 zusammenkamen, hatten sich seither sehr viel weiterentwickelt. Aber auch 1990 schon empfanden wir beide eine schöne Freundschaft, doch es bestand überhaupt keine sexuelle oder lustbetonte Anziehung zwischen uns. Wie du weißt, hatte ich nie eine Affäre und war nie untreu. Daher glaube ich, dass wir zu einem früheren Zeitpunkt in unserem Leben wohl nicht genug Gemeinsamkeiten gehabt hätten, als dass eine gelingende und dauerhafte Beziehung wahrscheinlich gewesen wäre. Wir waren ganz verschiedene Menschen, die ein sehr unterschiedliches Leben führten. Landschaft und Mystik hatten uns zusammengeführt, aber wir hatten beide erst durch sehr viel harte Arbeit, Analysen, Astrologie, Workshops sowie schwierige und schmerzliche Beziehungsarbeit an diesen Punkt kommen müssen.

Nachdem ich wusste, dass die Beziehung zu der einzigen Freundin, die ich nach dem Ende meiner Ehe je gehabt hatte, vorbei war, war ich neugierig (es war eine geradezu akademische Faszination), wann ich wohl je wieder zu einer Frau „Ich liebe dich" sagen würde. Ich wusste, dass ich so etwas nur dann sagen würde, wenn es mir wirklich ernst damit war, denn Flirts oder oberflächliche Beziehungen hatte ich noch nie (was ich auch nicht bereue). Deshalb befragte ich Anfang 1993 das I Ging (was ich fast nie tue) nach dem Datum, wann ich diese Worte wieder aussprechen würde. Das Datum, das ich erhielt, war der 15 Juli, und das Jahr überraschenderweise 1993! Damals fiel mir niemand ein, der ich so etwas hätte sagen können, und ich war geneigt, die Antwort des I Ging als Unsinn abzutun. Andererseits benutzte ich das I Ging nur sehr sparsam (sechs Mal in zehn Jahren, und nur, wenn ich einen sehr wichtigen Rat brauchte). Außerdem hatte ich die Befragung 1993 sehr ernsthaft, mit einer Meditation, Vorbereitungen, Ausrichtung nach Norden etc. durchgeführt. Deshalb dachte ich, nun gut, ich stelle dem Tarot dieselbe Frage. In einem Buch von Jane Lyle fand ich eine Methode zum

Erfragen von Zeitpunkt und Datum. Vierzehn Tage später befragte ich sehr sorgfältig und ernsthaft das Tarot. Die Antwort kam klar und deutlich: 15. Juli 1993. Ich war völlig verblüfft, dass mir dasselbe Datum angegeben wurde, doch im Laufe der Wochen vergaß ich es wieder.

Celia und ich fingen im März 1993 an, einander zu schreiben. Bis Juni schrieben oder telefonierten wir beinahe täglich, und im Juli spürte ich, dass ich „Ich liebe dich" sagen wollte. Die Orakel hatte ich natürlich längst vergessen. Am 12. Juli rief ich Celia an. Ich wollte ihr meine Gefühle mitteilen und ihr sagen, dass ich sie liebte. Aber sie war nicht zu Hause, und ich hatte keine Ahnung, wo sie war. An den folgenden beiden Tagen rief ich wieder an, aber immer noch erhielt ich keine Antwort.

Dann kam ein Brief, in dem sie mir berichtete, dass sie mit einer Freundin, einem plötzlichen Entschluss folgend, ein paar Tage in die Berge zu indianischen Medizinmännern und -frauen gefahren war. Am 14. rief ich wieder an, aber immer noch war keine Celia zu Hause. Damals gab es noch keine Handys! Endlich rief ich am 15. Juli erneut an, sie war wieder zu Hause, und im Verlauf eines langen Gesprächs sagte ich: „Ich liebe dich." Auch sie sagte „Ich liebe dich" – und den Rest kennst du.

Doch die Genauigkeit des I Ging und des Tarot verblüfften mich, denn plötzlich fielen mir die Orakel wieder ein. Dies ist eine der Synchronizitäten, die ich nun damit in Verbindung bringe, dass wir Zwillingsseelen sind. In keiner früheren Beziehung habe ich eine synchrone Verbundenheit dieser Intensität erlebt.

Celia: Nun, da auch dieses Stückchen unserer Geschichte heraus ist, möchte ich dir meine Seite dieser faszinierenden „Schicksalsgeschichte" erzählen.

In jenem schicksalhaften Juli 1993 hatte ich Anthony geschrieben, ich wäre drei oder vier Tage weg und käme am 11. oder 12. Juli wieder. Doch die Pfeifenträgerin, zu der Nadine mich bringen wollte, damit ich mit ihr eine Pfeife rauchte, war nicht da, und wir mussten einen ganzen Tag auf sie warten. Danach blieben wir noch eine Nacht länger, und da wir in getrennten Autos gekommen waren und die Route am Reservat der Okanagan vorbeiführte, beschloss ich, wenn ich nun schon einmal in der Gegend wäre (na ja, es war ein Umweg von rund 450 Kilometern), dort ein paar Leute zu besuchen, die ich kannte. Daher war ich also noch ein paar Tage länger weg und kam erst am Spätnachmittag des 15. Juli nach Hause. Weil wir damals fast jeden Tag miteinander sprachen, war ich ein wenig unruhig, ob er sich nicht vielleicht Sorgen machte. Fast war es, als könnte ich spüren, wie sein Geist mich suchte.

Als ich ins Haus kam, warteten schon zwei Briefe und ein kleines Päckchen von Anthony auf mich. Voller Freude setzte ich mich hin und öffnete sie. Dabei stellte ich fest, dass ich unkontrollierbar zitterte, als ich seine Briefe las. So etwas war mir vorher noch nie passiert. Ich spürte klar und deutlich, dass etwas in der Luft lag, nichts Unheilvolles, aber dennoch etwas Mächtiges, und ich wusste nicht, was es war. Ich konnte kaum ein Wort lesen, so sehr schüttelte es mich durch. Daher legte ich den Brief ungelesen zur Seite. Schon klingelte das Telefon – und es war er. Wir unterhielten uns kurz. Ich sagte ihm, wo ich gewesen war (ich bin mir sicher, dass meine Stimme gezittert haben muss), und dann sagte er: „Celia, ich liebe dich."

Es war einer jener Momente, die ewig währen, und in meinem Kopf sagte eine Stimme: „Celia, du kannst diese Worte diesem Mann nur dann sagen, wenn du es ernst meint, jetzt und für immer." (Ich weiß nicht, ob du weißt, dass Stiere dafür bekannt sind, dass sie sehr schnell „Ich liebe dich" sagen können.)

Ich sagte also „Ich liebe dich, Anthony" in dem Bewusstsein, dass ich es vollkommen ernst meinte, jetzt und für immer. Es war ein Gefühl, als sei ich soeben vom Trapez gesprungen, ganz ohne Netz und doppelten Boden!

Als mir Anthony später seine Seite der Geschichte erzählte, fand ich es faszinierend, dass Indianischer Geist dafür gesorgt hatte, dass ich nicht zu Hause war, damit sich die Aussagen des I Ging und des Tarot als zutreffend erweisen konnten.

Anthony: Es gab noch eine interessante Synchronizität. Als Celia und ich einander schrieben, benutzten wir beide Briefpapier mit einem persönlichen Logo. Celias Logo war ein Kreis mit einem langen gleicharmigen Kreuz darin, und meines war ein Kreis, aus dem oben eine Kerzenflamme hervortrat. Als wir uns am 28. August 1993 schließlich in Kanada auf dem Flughafen Castlegar zum ersten Mal physisch trafen (was für ein Risiko, sagst du bestimmt, aber wir waren beide zutiefst überzeugt, dass es richtig wäre, und das war es dann ja auch), führte Celia mich sofort zu einer heiligen Höhle über einem wunderschönen Fluss. Sie lag nur etwa zwanzig Minuten vom Flughafen entfernt. Über der Höhle war ein Felsen, der sogenannte Wolfsfelsen, mit uralten rot-ockerfarbenen Felszeichnungen der amerikanischen Ureinwohner. Sie stellten einen Mann und eine Frau dar, die Hand in Hand nebeneinander standen und von deren Kopf Lichtstrahlen ausgingen, wie bei einem Heiligenschein oder der Explosion des Kronen-Chakras. Dicht neben ihnen stand ein Kind oder ein Wesen, das aus ihrer Verbindung hervorgegangen war, ihre Schöpfung. Doch nachdem wir die Fotos hatten entwickeln lassen, stellten wir verblüfft fest, dass sich über ihnen, als Teil der gesamten symbolischen Zeichnung, zwei weitere Symbole befanden: Das eine war ein Kreis mit einem langen, gleicharmigen Kreuz, das andere ein Kreis mit einer Flamme darüber. Unsere Logos, vollständig und akkurat wiedergegeben. Celia benutzte ihr Logo schon vor ihrem ersten Besuch bei der Höhle, und dieser Teil der Felszeichnung war ihr zuvor noch nie aufgefallen. Wir haben die Fotos von den Felszeichnungen immer noch, und ich habe extra noch einmal nachgeschaut, bevor ich dies schrieb. Das war wieder so ein Dualseelen-Erlebnis. Während unserer vielen Telefonanrufe und im Zusammenhang damit gab es zahlreiche wie beiläufig auftretende Synchronizitäten, und das ist bis heute so.

Ich wollte die Geschichte mit den Staren am Himmel aufschreiben, sehe aber, dass Celia das bereits getan hat. Das Verblüffende an diesem Erlebnis war für mich, wie die Staren-Wolke ein paar Sekunden lang in der Herzform stillstand, als wollte sie betonen, dass dieses Symbol real war, während wir in ehrfürchtigem Staunen zusahen. Dann nahm die Wolke ihren geschmeidigen Tanz in der Luft wieder auf und veränderte dabei ständig ihre Form. Sie hielten in keiner anderen Gestalt mehr still, es war also nur das Herz entstanden.

Solche Erlebnisse verstärken die Gewissheit, dass Celia und ich einander tief verbunden sind und machen es uns sehr schwer, uns ein „Entfernen" voneinander auch nur vorzustellen, geschweige denn tatsächlich umzusetzen. Diese Verbundenheit stärkt unser gemeinsames Band kontinuierlich. Unsere Gefühle füreinander zeichnet ein starkes Empfinden von Zeitlosigkeit und Ewigkeit aus, das nie nachgelassen hat.

Als weiteres Merkmal unserer Beziehung möchte ich betonen, dass wir beide für einander sorgen und einander unterstützen wollen. Dies ist für uns die Grundlage unseres Zusammenseins. Meine größte Freude ist es, Celia ihre größte Freude zu bereiten, und in meinem Geben ist bereits der Grund für meinen Lohn und meine Freude gelegt. Zum Glück erhalte ich zugleich auch Celias großartige Liebe und Fürsorge. Ich werde also genährt, während ich nähre. Aber ich bin nicht darauf aus, aus der Beziehung herauszuholen, was ich nur kann, oder egoistisch nur zu nehmen, sei es nun bei der intimen Liebe oder wenn wir in der Küche zusammen sind, sondern ich möchte einzig und allein ihr höchste Freude bereiten und emotionale Unterstützung geben. Diese Haltung, dem anderen Freude zu bereiten, verleiht unserem gemeinsamen Leben dauerhafte Tiefe, sowohl bei der intimen Liebe als auch in unserem Zusammenleben überhaupt, und irgendwie haben Stillstand und Langeweile sich noch nie blicken lassen. Außerdem sind wir beide sehr kreativ und überraschen einander ständig mit den Neuheiten, die wir füreinander zustande bringen können.

Ich glaube, unsere beiderseitige Kreativität inspiriert uns beide, aber das gilt für wesentlich mehr als nur für`s Schlafzimmer! Es ist mehr als nur beiderseitige Kreativität. Es geht auch darum, dass wir uns durch den jeweils anderen befreit fühlen. In so vielen Beziehungen geht es um Kampf und Dominanz. Dieser Kampf ist oft sehr subtil, aber dennoch ein Kampf – der Kampf der Geschlechter. In unserer Zwillingsflammen-Beziehung haben wir beide einander schon oft gesagt, inwiefern die Liebe und Akzeptanz des anderen uns beide frei gemacht hat, unsere eigenen Erfahrungen zu sammeln, unsere Kreativität zu leben oder unseren Interessen nachzugehen. Es gibt keinen Neid oder eifersüchtige Besitzansprüche von Celia an mich oder umgekehrt, vielleicht weil wir uns bis zu einem gewissen, aber zufriedenstellenden Teil als ganz oder vollständig empfinden (kein Mensch ist je völlig oder komplett vollständig!). Dies ist ein Kennzeichen dafür, wie intensiv wir in den Jahren, bevor wir einander endlich begegnet sind, an uns gearbeitet haben. Sich in einer so engen und starken Beziehung so befreit zu fühlen, mag anderen als unmögliches Paradox erscheinen, aber für mich ist es vielleicht das Signifikanteste und Vielsagendste an meinem Leben mit Celia.

Daher finde ich es in höchstem Maße wunderbar, dass Celia meine erste starke Beziehung ist, in der mir meine Partnerin meine Kreativität nicht neidet und sich nicht in einem Machtkampf verfängt, was letzten Endes immer eine wichtige Komponente des Niedergangs meiner früheren Beziehungen war. Celia hat sich von meiner Kreativität, meinen Ideen und ehrgeizigen Plänen nie aus der Ruhe bringen lassen, sondern mich immer begeistert und von ganzem Herzen unterstützt. Sie ist sich natürlich auch ihrer eigenen Kreativität sicher, und ich unterstütze sie nur zu gerne und freue mich, wenn sie kreativ aufblüht. Daher bin ich ganz begeistert von dem, was sie schreibt, und ich weiß, dass auch sie von dem, was ich schreibe, von meinen Ideen usw., begeistert ist. Es gibt keine Konkurrenz, sondern nur Ergänzung und Unterstützung.

Als wir im Jahr 2005 gleichzeitig die Romane überarbeiteten, die wir beide geschrieben hatten, einander redigierten und berieten, hatten wir zwei Monate lang ein Hoch in unserer Kreativität und Inspiration, das sich in einer Art und Weise auf jeden Aspekt unseres persönlichen und gesellschaftlichen Lebens übertrug, wie wir dies zuvor noch nie erlebt haben. Es war ein ganz schöner Schock, nach dreizehn Jahren des Zusammenseins, eine solche neue Ebene der Intensität zu erleben. Und das ist es immer noch!

Andererseits ist es genau dieser ständige „Schock des Neuen", der uns in unserem Zusammensein trägt und nährt. Obwohl wir beim Schreiben unterschiedliche Interessen und Ansätze haben, konnten wir im vergangenen Herbst (höchst effektiv und harmonisch) im Rahmen eines gemeinsamen Auftrags einen 80-seitigen Sonderdruck über den Schutz heiliger Stätten auf der ganzen Welt für die Gaia-Stiftung verfassen. Eine sehr spannende Erfahrung des „Einsseins".

Wir sind sehr glücklich darüber, einfach in einem ständigen faszinierenden co-kreativen Gespräch zu sein, das sich um sehr tiefe Dinge drehen kann. Ein Teil dieses Gesprächs fließt dann in unsere kreative Arbeit des jeweiligen Tages ein. Wie Celia in ihrer Platon-Geschichte erzählt, stolpern wir oft in ganz unterschiedlichen Quellen über dieselben Ideen oder Erkenntnisse. Wir sind beide sehr empfänglich für natürliche Synchronizitäten (Vogelflug, auftauchende Tiere, die Natur im Allgemeinen, zufällige Begegnungen, Autokennzeichen etc.) und betrachten sie Tag für Tag als wichtige Elemente, die das Bewusstseinsnetz, durch das wir letzten Endes unseren Lebensweg gehen, erweitern und bereichern. Wir sprechen oft über die Realität der tiefen Verbundenheit in Zeit und Raum, um die es in unserem Leben miteinander und mit anderen (einschließlich Tieren und Pflanzen) geht. Solche Gedanken sind nicht verrückt oder erschreckend, sondern unglaublich tief und beruhigend, eine Art heiliger spiritueller Fluss.

Wenn wir miteinander ins Kino oder zum Essen gehen, dann haben wir beide das seltsame Gefühl, als sei alles noch neu, als gingen wir erst das dritte oder vierte Mal miteinander aus. Wenn wir ausgehen, hat das für uns immer das Flair des Neuen, des Spannenden und Faszinierenden. Wir wissen beide nie genau, was als Nächstes geschieht. Wir freuen uns an der Gesellschaft des anderen, lachen miteinander, sehen einander in die Augen oder küssen uns auf der Straße, wie es sonst nur Frischverliebte tun. Wenn wir ausgehen, hat das für uns immer etwas von Verliebtsein. Wir haben schon oft darüber gesprochen und staunen immer wieder, aber nach all den gemeinsamen Jahren ist es immer noch da. Für mich gehört das zu den Besonderheiten einer Dualseelen-Beziehung.

Nach meiner schmerzlich durchlittenen Scheidung las ich bergeweise Literatur über das Manifestieren in jedem Lebensbereich, auch was Beziehungen anbelangt. Anhand eines Buches erstellte ich eine Manifestationsliste für meine ideale Partnerin und vollzog dann Rituale und sprach Affirmationen, um die Manifestation mit Energie aufzuladen. Dabei achtete ich sorgfältig darauf, niemanden Bestimmtes im Auge zu haben.

Jede einzelne Eigenschaft (mit Ausnahme einer sehr unbedeutenden!) zeigte sich in Celias Person. Unter den vielen Dingen, um die ich gebeten hatte, war auch, dass das Gefühl des Verliebtseins und das sexuelle Erleben mit dieser Person nicht nachlassen, sondern immer lebendig und neu bleiben sollte, und so war es und ist es noch. Celia hatte, natürlich ohne dass ich es wusste, in Kanada eine ganz ähnliche Liste erstellt und mich manifestiert. Wir pflegten beide die wunderbare Überzeugung, dass „irgendwo auf der Welt, jemand, der genau zu mir passt, gerade jetzt auf mich zukommt“ – bis wir uns in diesem Bewusstsein begegnet sind und wussten, wer dieser jemand war.

Ich glaube, man sollte alle Menschen ermutigen, diese Übung zu machen, kreativ zu visualisieren, dass der ideale Partner bzw. die ideale Partnerin auf sie zukommt. Celia hat mir gerade erst heute Abend erzählt (wieder der Schock des Neuen), dass sie ihre Liste auf ein Blatt Papier geschrieben und dann rituell verbrannt hat. Auf dem Hügel, über eben jener Höhle, an der wir ein paar Monate später die Logos in den Felszeichnungen entdecken sollten, opferte sie sie dem Schöpfergeist. Auf den Gedanken folgt die Form.

Celia war neulich in Kanada, weil sie Großmutter geworden ist und um die Werbetrommel für ihr Buch zu rühren; diese sieben Wochen vor Weihnachten waren die längste Zeit, die wir je getrennt waren, seit wir zusammen sind. Ich habe Celia sehr vermisst, aber nicht so schmerzlich wie damals, als sie auf ihrer Karibik-Kreuzfahrt war. Über Internet und Telefon waren wir regelmäßig im Kontakt, und oft spürte ich anscheinend, was sie gerade erlebte und empfand. Ich hatte das seltsame Gefühl, dass ich in Kanada bei ihr und sie zugleich hier bei mir zu Hause war. Ich glaube, ich hatte mich psychisch auf die lange Trennung eingestellt und war auch entschlossen, mich nicht auf ihre lange Abwesenheit zu konzentrieren. Doch in der letzten Woche vor ihrer Rückkehr wurde es sehr schmerzlich, und während der letzten beiden Tage zählte ich die Stunden. Wir möchten beide nie wieder so lange voneinander getrennt sein.

Ich könnte endlos weitermachen, aber ich höre hier auf!

Es gibt eine Reihe von Büchern, die meiner Meinung nach wichtige Erkenntnisse über das enthalten, was Celia und ich erlebt haben und weiterhin erleben, und die zeigen, dass wir weder Spinner noch einzigartig sind. Das beste ist *Dreams of Love and Fateful Encounters: The Power of Romantic Passion* von Ethel Spector Person (WW Norton & Co., 1988). Ich erinnere mich, dass ich, bevor ich meine Manifestationsliste schrieb, darin den Abschnitt über anhaltende Leidenschaft gelesen habe. (Die Autorin ist Psychoanalytikerin und das Buch ist akademisch, aber auch allgemeinverständlich und voller Beispiele aus der Literatur.) Dabei stellte ich fest, dass man so etwas offensichtlich tatsächlich erleben kann, und beschloss, dass ich genau das wollte. Auch *Nähe und Distanz* von Stephanie Dowrick (Frauenoffensive 1996) hat mir viel gegeben, besonders das Leitmotiv des Buches, allein, aber nicht einsam zu sein und zu lernen, mit sich selbst zu leben und sich zu mögen, bevor man jemanden, der so ist, wie man selbst, in sein Leben lassen kann. So kann Beziehung gutgehen.

Wir glauben beide, dass viele (wenn nicht alle) Menschen eine Zwillingsflammen-Beziehung finden können. Seelenpartner lernt man kennen und lernt viel von ihnen, wie du immer schon gesagt hast. Man bleibt kürzer oder länger mit ihnen zusammen, dann brechen sie auf zu neuen Ufern. Beziehungen zu Zwillingsflammen sind tiefer und andauernder. Wie Celia sagt, müssen sie nicht immer sexuell sein, und es muss nicht um Partnerschaft gehen. Dennoch ist dies das Wahrscheinlichste. Ich glaube, heute gibt es genug Bücher und DVDs darüber, wie man eine solche Partnerschaft manifestiert, aber es gehört (finde ich) auch sehr viel harte Arbeit an sich selbst und eine gute Vorbereitung dazu. Außerdem tritt sie wahrscheinlich eher in der zweiten Lebenshälfte als vor vierzig ein – aber das ist meine persönliche Meinung. Wir haben in den letzten Jahren mindestens vier Freundinnen geholfen, über die Manifestationsliste einen besseren Partner zu finden.

Vor ein paar Jahren habe ich einmal versucht, in einer Art pseudokonfuzianischem Spruch zusammenzufassen, worum es dabei für mich geht. Das Folgende ist dabei entstanden, und ich habe es seither oft weitergegeben:

„Das Leben verändert sich erst dann zum Besseren, wenn du dich selbst so sehr magst, dass du es magst, wenn jemand wie du dich mag."

Ich glaube, dies könnte man auch dahingehend erweitern, dass man sagt: Wenn du dich selbst so sehr liebst, dass du es liebst, dass jemand wie du dich liebt; aber ich bin ebenfalls der Meinung, dass das Mögen sehr wichtig ist.

Anthony: Ich glaube, das Problem liegt für die meisten Menschen beim ersten Teil, nämlich sich selbst zu mögen. Tief im Innersten stecken viele Menschen in einer grundsätzlichen Abneigung gegen sich selbst fest und wollen auch dabei bleiben, denn die Alternative – so wünschenswert und logisch sie auch scheint – erschreckt sie zutiefst. Dann wiederholt man die Endlosschleife seiner schlechten früheren Beziehungen immer und immer wieder, bis man das Band wechselt … Genug des ollen Geschwafels!

Zwillingsflammen?

Gerade als es so aussah, als sollte Celias und Anthonys Geschichte die einzige Beschreibung einer Beziehung zwischen Zwillingsflammen in diesem Buch bleiben, schickten mir Sue und Simon Lilly einen Bericht über ihre Begegnung und ihr gemeinsames Leben. Ich kenne Sue und Simon als Paar nun schon seit vielen Jahren und habe beobachtet, wie sie sowohl im Zusammenleben als auch in ihrer Arbeit mit- und aneinander gewachsen sind. Es hat mich schon immer beeindruckt, wie sehr sie miteinander harmonieren und wie sicher sie sich sind, dass sie einander ergänzen und dabei dennoch beide unverwechselbar sie selbst bleiben, und zwar sowohl im Beruflichen als auch in ihrem Alltag, wobei ständig eine Facette in die andere übergeht, wie aus Sues Schilderung deutlich wird:

Sue: 1987 machte ich gerade eine raue Phase im Leben durch und verwendete viel Mühe auf meine spirituelle Entwicklung. Ich versuchte, meine hellseherischen Fähigkeiten zu verbessern und bat um ein Zeichen oder einen Hinweis auf meine Zukunft, das bzw. der mir Hoffnung schenken könnte. Daraufhin „sah“ ich ein Augenpaar – und das war alles, keine Worte, nur diese Augen.

Ich verstaute die Erinnerung, genau wie du, tief in meinem Hinterkopf in der Kategorie „das hat nicht besonders gut funktioniert, aber wer weiß".

Ein paar Jahre vergingen, und nach dem Ende meiner Ehe arbeitete ich als „Mädchen für alles" bei einem bekannten Unternehmen, das sich mit Farbtherapie befasst. Da ich gerade eine Scheidung überstanden hatte, hatte ich überhaupt nicht vor, mich in nächster Zeit mit irgendjemandem einzulassen. Doch sechs Monate nachdem ich dort angefangen hatte, kam Simon als Aushilfe. Simon war in jeder Hinsicht anders als die Menschen, zu denen ich mich früher hingezogen gefühlt hatte. Er war nicht größer als ich, machte spirituelle Übungen und fand mein Interesse an Astrologie etc. anscheinend tatsächlich faszinierend. Ganz langsam entwickelte sich eine Beziehung. Nach mehreren Wochen erwischte ich ihn dabei, wie er gerade seine Brille putzte. Er schaute mich an – ohne Brille – und ich erschrak nicht wenig, als mich genau die Augen ansahen, die ich zwei Jahre zuvor gesehen hatte.

Ein paar Wochen später vertraten wir das Farbheil-Unternehmen bei einer Heilkunst-Messe in London. Wir bauten gerade den Stand auf, da kam eine Freundin, die auf der Messe mediale Botschaften übermittelte, auf eine Umarmung und einen Schwatz vorbei. Als sie auf uns zukam, brach sie in schallendes Gelächter aus. Nachdem sie sich wieder eingekriegt hatte, gestand sie mir, dass Simon oft zu ihren Veranstaltungen in den englischen Midlands gekommen war und sich hatte beraten lassen. Daher kannte sie uns also beide unabhängig voneinander seit über vier Jahren und war nun zugleich höchst und überhaupt nicht überrascht, uns zusammen zu sehen.

Wir erinnerten uns beide spontan und gleichzeitig an ein früheres Leben, in dem wir zusammen waren, zwei Töchter hatten und Schwäne hielten. Wir arbeiteten beide mit Pflanzen, und ich erinnere mich schmerzlich, dass Simon umkam, ich aber entschlossen war, unsere gemeinsame Arbeit fortzusetzen.

Ich habe einmal jemandem erklärt, wie es war, als ich Simon zum ersten Mal begegnet bin: Es ist, als würde man irgendwo ganz hinten im Schrank einen alten Lieblingspulli wiederfinden und dann erst bemerken, wie bequem und kuschelig er ist und wie sehr man ihn vermisst hat! Als wir Judy zum ersten Mal begegneten, „kannten" wir sie beide sofort. Sie förderte eine weitere Verbindung zwischen uns zutage. Dieses Mal war Simon ein älterer Weiser und ich ein junger Rabauke zu Pferde.

Unsere Zeit bei der Farbtherapiefirma neigte sich dem Ende zu, als andere merkten, dass wir ein Paar geworden waren. Zwei Menschen lassen sich weniger leicht unter der Knute halten als einer, besonders wenn sie miteinander reden und dadurch stark werden. Astrologisch sind wir ziemlich gegensätzlich – ich habe vier Planeten in der Waage, Simon hat vier im Widder (diese Sternzeichen, liegen einander auf dem Tierkreis gegenüber). Wir haben beide den Jupiter in einem Erdzeichen und den Aszendenten in einem Wasserzeichen und sämtliche Planeten mit Ausnahme des Jupiters unterhalb der Horizontlinie. Wir sind also beide eher introvertiert, mit Ausnahme unseres Jupiters – was bereits alles sagt, insbesondere angesichts dessen, wie unsere Arbeit sich durch die Bücher und das Reisen weiterentwickelt hat. Die beiden Jupiter bestimmen auch unseren Schreibstil, und wer unsere Bücher liest, kann ihren Einfluss erkennen. Simon neigt eher zu Langatmigkeit und einem sehr präzisen Sprachgebrauch. Ich mache weniger Worte. Sie sind ebenfalls präzise, aber im Allgemeinen leichter verständlich. Daher überarbeitet Simon das, was ich schreibe, um Ideen breiter auszuführen, und ich pflücke seine Arbeiten in kürzere Sätze.

Nach West County zogen wir 1991. Aus dem Nichts und von nichts, nur mit unserem Wissen und unseren Fähigkeiten, haben wir uns nach und nach die Arbeit aufgebaut, die wir heute tun. Am Anfang räumte ich in einem Café die Tische ab und bot astrologische Beratungen an. Simon erstellte seine charakteristischen Drucke und begann mit der Herstellung seiner Baumessenzen. Auf der Grundlage meiner Arbeit aus dem Jahr 1984 und einer gemeinsamen Arbeit von 1990 schrieben wir an unserem ersten Buch, *Crystal Doorways*.[92]

Wir haben viel voneinander gelernt, wie auch zu hoffen stand, da wir ja Planeten in einander gegenüberliegenden Sternzeichen haben. Natürlich geht es in erster Linie immer darum, den anderen so zu akzeptieren, wie er ist. Ich habe gelernt, etwas widderartiger zu werden und mich auf eine Weise um meine eigenen Interessen

92 Capall Bann Publishing 2001.

zu kümmern, wie das eine klassische Waage sonst nie tun würde. Ich kann nun die „zarteren“ Themen in der Kommunikation und im Verhalten zwischen Männern und Frauen schätzen, geprägt durch Simons Skorpion-Aszendenten, der dafür sorgt, dass wir alles sehr gründlich lernen! Ich habe auch akzeptiert, dass die Art, in der ich meine Kreativität ausdrücke, zwar nicht dieselbe ist, in der Simon der seinen Ausdruck verleiht (Simon hat ein abgeschlossenes Kunststudium), aber dennoch ihren Wert hat. Als ich Simon fragte, ob er sagen könne, was er von mir gelernt habe, schaltete sich sein Skorpion-Aszendent ein, und es kam nichts zutage!

Zeit-Zwillinge

Wenn Sie am selben Tag und im selben Jahr wie jemand anderer geboren sind, dann haben Sie, astrologisch gesprochen, einen natürlichen Gleichklang mit dieser Person, weil sie denselben Drang in sich spüren, obwohl Sie ihn vielleicht nicht unbedingt auf dieselbe Art und Weise ausdrücken. Es ist auch sehr gut möglich, dass bei beiden „Zwillingen“ wichtige Ereignisse zur selben Zeit eintreten. Dass Sie Zeit-Zwillinge sind, bedeutet keineswegs, dass Sie auch Zwillingsflammen sind. Seelenpartner vielleicht, aber nicht Dualseelen. Doch es gibt auch Ausnahmen, wie die Geschichte von David und Adrienne zeigt. Sie kamen nach einem Vortrag zum Thema „Seelenpartner oder Dualseelen“ auf mich zu und fragten mich, ob ich ihre Geschichte haben wollte. Natürlich nahm ich sie an.

Adrienne: Ich wurde in Lancashire geboren und zog 1971 nach Nottingham; etwa zur selben Zeit bekam David, der in Wales geboren war und in Birmingham gelebt hatte, eine Arbeitsstelle in Nottingham, und zwar in einer Stadt, die nur gut anderthalb Kilometer von unserem Haus entfernt ist.

Wir lernten uns bei einem Yoga-Tag kennen, wo David in der Mittagspause auch einen Biorhythmus-Stand betrieb. Er hat eine kleine Firma, die Biorhythmus-Tabellen verkauft. An jenem Tag kaufte ich eine von ihm, und so entdeckten wir, dass wir dasselbe Geburtsdatum haben. Er fragte, ob wir in Verbindung bleiben könnten, um die

Theorie von den Biorhythmen zu überprüfen (ob es uns also tatsächlich auf allen Ebenen gleich ginge – körperlich, emotional und mental). Danach rief er mich in unregelmäßigen Abständen an. Manchmal vergingen Wochen oder Monate dazwischen, und immer war es so, dass wir zur selben Zeit dasselbe erlebten. Das heißt, wir haben gleich viel Energie für unsere Projekte, wir machen gern dasselbe, sind zur gleichen Zeit müde (und wissen, dass wir da toleranter miteinander werden müssen) und so weiter.

Mit der Zeit wurden daraus gelegentliche Treffen auf ein paar Worte und eine Tasse Kaffee. Dabei stellten wir fest, dass wir uns beide in Gesellschaft des anderen sehr wohl fühlten und spürten, dass wir uns wohl schon sehr lange kennen. Im Laufe der nächsten paar Jahre entdeckten wir, dass wir beide im Alter von etwa vier Jahren schwer gestürzt waren, als Teenager unseren Schulabschluss nicht bestanden hatten und wiederholen mussten sowie beide im selben Jahr am selben Ort in Schottland in den Ferien waren.

Wir hatten beide ähnliche Menschen geheiratet, obwohl der eine Stier, der andere Fisch war. Daher hatten wir also beide eine stabile Ehe mit netten Menschen und dennoch das Gefühl, dass uns in der Beziehung etwas fehlte.

David und ich hatten anscheinend die vergleichsweise ungewöhnliche Fähigkeit, unsere Ziele nahezu mühelos zu erreichen. 1987 hatten wir beide ganz stark das Gefühl, dass wir etwas tun mussten, was nur gelingen konnte, wenn wir zusammen wären. Unter großem Bangen aber auch im Vertrauen darauf, dass unser Gefühl uns nicht trog, trennten wir uns von unseren Ehepartnern und zogen gemeinsam mit meiner 13-jährigen Tochter und meinem Hund in ein neues Zuhause.

In seiner früheren Ehe war David eine stark kontrollierende Kraft gewesen (wie er später erkannte), und ich hatte mich in meiner von einem Mann beherrschen lassen, der Angst vor seinem Temperament hatte (Großes Kreuz mit Pluto, Uranus, Mond und Mars) und mich unbewusst unter seiner Knute hielt, aber auf eine sehr fürsorgliche Art und Weise.

Bei David und mir war unsere starker Pluto (Kontrolle, Macht und Dominanz) im Horoskop in der ersten Zeit offensichtlich ein großes

Thema, doch schließlich gelang es uns, das Leben vom Standpunkt unserer gemeinsamen Stärken aus anzugehen, statt miteinander zu kämpfen. Zu erkennen, dass es diese Themen gab, den Raum zu verlassen und an ihnen zu arbeiten, statt sie auf den anderen zu projizieren, war unsere Rettung. Meine Tochter war wütend und aufgewühlt, weil meine erste Ehe zerbrochen war, und drehte durch. Sie entwickelte sich zu einem aufmüpfigen Teenager und hasste David. Was für ein großartiger Test für eine Beziehung!

Sobald wir uns stabilisiert hatten, gründeten wir eine Krebshilfe-Gruppe und boten bei uns zu Hause Vorträge, Workshops, Meditationsabende, Treffen und anderes Spirituelles und Interessantes an. Das bestätigte unser ursprüngliches Gefühl, dass wir füreinander bestimmt waren, um im Licht zu arbeiten. Mit der Zeit wurden meine Tochter Emma und David gute Freunde, ein weiteres Plus, nach allem, was zuvor los gewesen war.

Wir sind nun seit zwanzig Jahren zusammen und freuen uns immer noch am anderen. Unsere Beziehung funktioniert in allen Aspekten gut, wir streiten uns nur selten, aber wenn, dann ist das schnell gelöst, indem wir uns das Problem ansehen, darüber sprechen und immer versuchen, die Verantwortung für unseren Anteil daran zu übernehmen. Wir sind an gemeinsame Transite gewöhnt und versuchen, diese Energie positiv zu nutzen. Wir sind ein tolles Team und arbeiten in allen Dingen wirklich wunderbar zusammen. Wir haben ähnliche Interessen, besonders Musik, deshalb machen wir viel gemeinsam, aber wir gehen auch sehr gerne eigenen Interessen nach.

Wir haben noch mehr kleine Ähnlichkeiten, die uns sehr amüsieren.

Weil wir in diesem Haus nur begrenzt Platz für Schränke haben, sind meine Kleider in einem Schlafzimmer im oberen Stock und Davids unten. Deshalb ziehen wir uns meistens getrennt an, und wenn wir uns dann im Flur begegnen, stellen wir fest, dass wir Kleidung in ähnlichen Farben tragen. Mein Mädchenname lautet Voce, vier Buchstaben, genau wie bei Davids Nachname, Rudd. Unsere vollständigen Namen enthalten beide einen längeren Vornamen, der mit A beginnt (Adrienne und Anthony).

Als David ganztags in Bristol arbeitete, hatte er einen Computer auf dem Schreibtisch, und so konnten wir uns während des Tages immer mal wieder eine E-Mail schicken. Sehr häufig überschnitten sich unsere Mails, da wir uns genau denselben Zeitpunkt ausgesucht hatten, um dem anderen eine Mail zu schreiben.

Wir finden, wir haben eine ganz besondere Beziehung – viele Freunde sagen, sie hätten auch gern so eine Beziehung wie wir. Wir glauben, dass es an unserem gemeinsamen Geburtstag liegt und fühlen uns sehr gesegnet, dass wir zusammengeführt wurden.

Zwillingsflammen im Laufe der Jahre

Victor und Diana sind ein weiteres Paar, deren Beziehung für mich als Außenstehende Elemente von Zwillingsflammen und außerdem einen Reinkarnationsaspekt aufweist. Diana erzählt ihre gemeinsame Geschichte:

Ich wurde in Nordlondon geboren, in Victors Nachbarschaft, und seit wir einander begegnet sind, habe ich das Gefühl, dass ich mir diese Wiedergeburt ausgesucht habe, um ihn wiederzusehen. Das würde auch erklären, warum ich es so sehr hasste, als wir nach Kent umzogen (ich war damals acht Jahre alt) und zutiefst unglücklich war, bis ich mit sechzehn von der Schule abging und eine Ausbildung bei der Lloyds Bank in London begann.

Victor wurde vor dem Krieg geboren, überlebte aber die Angriffe der deutschen Luftwaffe auf die britischen Städte. Er ging zum Air Training Corps, um sich für den Einsatz im Krieg vorzubereiten, und flog bereits mit fünfzehn Jahren Kampfflugzeuge. Er marschierte in der Siegesparade mit, ging dann aufs College und schließlich zur Army, um seinen Wehrdienst abzuleisten. Von da aus verpflichtete er sich bei den Special Forces. In den darauffolgenden Jahren war er als Buchhalter tätig, bis auch er zur Lloyds Bank kam.

Segeln war Victors Leidenschaft, und er kaufte eine Yacht, mit der er nach seiner Pensionierung nach Spanien segeln wollte. Eines Tages im Jahr 1984 jedoch stand er hinterm Ruder, schaute zum Himmel und fragte: „Wie lange muss ich noch allein bleiben?“ In jener

Nacht eilte er in einem „Traum“ durch den Äther zu mir, aber ich lag bereits aufgebahrt. Ich war tot. Er war zu spät gekommen.

Victor erzählte mir von der Angst, die dieser Traum in ihm auslöste. Er dachte, seine Zwillingsflamme, auf die er sein ganzes Leben lang gewartet hatte, sei womöglich tot. Zugleich glaubte er aber, dass es eine Erfahrung aus einem früheren und nicht aus diesem Leben war. Kurz nach diesem „Traum“ begegneten die beiden sich in der Lloyds Bank, und er wusste sofort, dass er sie gefunden hatte. Seiner Schilderung nach stellte sie ein Kollege einander mit den Worten vor: „Hier ist jemand, der in deiner Yacht mitsegeln wird.“ Sein erster Gedanke war: „Nein, dies ist die Frau, mit der ich den Rest meines Lebens verbringen werde.“

Innerhalb von zwei Monaten hatten wir unser Leben so eingerichtet, dass wir zusammen sein konnten. Wir waren neunundzwanzig und fünfundfünfzig Jahre alt.

Wir sind nun seit fünfundzwanzig Jahren zusammen. Wir lieben uns und kümmern uns umeinander. Wenn Probleme auftreten, dann kommen sie meistens von außen, auch wenn es einen Punkt gibt, in dem wir uns uneinig sind. (Aber sie hofft sehr, dass der auch noch gelöst werden kann.)

Ich lernte die beiden bei einem Edelstein-Workshop kennen. Als Victor gebeten wurde, sich vorzustellen und zu sagen, warum er gekommen war, erklärte er einfach nur: „Ich bin hier, um Diana zu unterstützen.“ Doch wir stellten schon bald fest, dass er viel zu bieten hatte, und er nahm an der ganzen Workshop-Reihe teil. Aber seine ursprüngliche Antwort war typisch für die liebevolle, einander unterstützende Energie einer Beziehung unter Dualseelen. Diana interessierte sich für das Thema, und deshalb interessierte er sich auch dafür.

Zu guter Letzt

Es dauerte deutlich länger, als zunächst beabsichtigt, bis dieses Buch erscheinen konnte, zum einen weil sich der Zeitpunkt nicht ganz richtig anfühlte, vor allem aber deshalb, weil ich eine ganz bestimmte Geschichte darin aufnehmen wollte. Ich hatte das Vergnügen, ihre Entwicklung von Anfang an zu beobachten, und sie schien in vielerlei Hinsicht all das zusammenzufassen, was ich sagen wollte und hoffte anbieten zu können. Außerdem zeigt sie, wie wichtig es ist, den richtigen Zeitpunkt abzuwarten.

Paradoxerweise kam die ganze Geschichte überhaupt nur durch die Veröffentlichung eines anderen Buches von mir ins Rollen, *Good Vibrations.*[93] Aber wie Sie sehen werden, wurde diese Veröffentlichung vom Universum dazu genutzt, zwei ganz besondere Menschen zusammenzubringen, die schon seit Jahren durch Bücher aufs engste miteinander verbunden, sich aber bisher noch nie begegnet waren. Das Interview mit den beiden war eines der fröhlichsten, die ich je geführt habe, und ich begann mit der Frage an Stephen, in welchem Zustand er war, bevor er Margaret persönlich kennenlernte:

> **Stephen:** Mit Hilfe einer vereinfachten astrologischen Methode hatte ich erfahren, dass meine perfekte Partnerin ein Steinbock-Affe (im chinesischen Horoskop) wäre. War ich bisher noch nie so jemandem begegnet, lernte ich nun innerhalb von sechs Monaten gleich zwei kennen. Beide Beziehungen waren nicht das Richtige, und ich war völlig durcheinander – ich hatte absolut keine Ahnung, wie es jetzt weitergehen sollte.

Ich bat Margaret zu schildern, wie es bei ihr gewesen war, denn ich wusste recht viel von ihr, unter anderem, dass sie sehr viel Zeit und Energie darauf verwendet hatte, eine Beziehung in Ordnung zu bringen, bevor sie Stephen kennenlernte:

---

93 Nicht auf Deutsch erschienen. (Anm. d. Ü.)

Margaret: Ich war seit vierzehn Jahren verheiratet, und meine Ehe hatte sehr schmerzlich und traumatisch geendet. Nach einiger Zeit des Alleinseins begann ich eine Beziehung mit jemandem, der mich schon bald emotional misshandelte. Ich war es nicht gewohnt, dass man mich anschrie, anbrüllte und beschimpfte, und ich war völlig durcheinander. Ich wusste nicht, wer ich war. Solche Menschen bringen es wirklich fertig, dass man an sich selber zweifelt. Man verliert sein Selbstwertgefühl, sein Selbstvertrauen und geht die ganze Zeit wie auf Eiern. Meine Freundinnen machten sich große Sorgen um mich und rieten mir, ich solle mich trennen. Aber ich hatte das Gefühl, dass es – astrologisch gesprochen – seinen Lauf nehmen musste. Wir hatten uns ja schon einmal getrennt und waren dann wieder zusammengekommen. Ich wusste, dass es dieses Mal endgültig sein musste und das Ende im Mai 2008 käme. In der Zwischenzeit arbeitete ich mich durch ein Buch mit dem Titel *Kreativ Reichtum schaffen: Spiritueller Umgang mit Geld und Fülle*[94] von Sanaya Roman und Duane Parker. Es handelt davon, wie man Fülle in sein Leben bringt, und rät den Leserinnen und Lesern unter anderem, sich auf das zu konzentrieren, was sie möchten, und so zu sprechen, als hätten sie es bereits. Ich joggte damals sehr viel, deshalb sprach ich mir diese Affirmationen beim Laufen vor. Oft weinte ich fast, weil ich so aufgewühlt und so wütend war. Ich sagte zum Beispiel: „Ich habe einen sagenhaften Freund und ein tolles Haus. Ich habe wunderbare Kinder, ich bin wohlhabend und habe alles, was ich mir nur wünschen kann." Und dabei ging es mir so schlecht. Es war wirklich schrecklich. Das Gute an Affirmationen und besonders an diesem Buch ist, dass sich einem die Worte einprägen und man es ganz automatisch macht. Deshalb muss man gar nicht unbedingt daran glauben. Die Autorinnen betonen das sogar ausdrücklich: Man braucht nicht daran zu glauben. Man kann in der denkbar schrecklichsten Lage sein, aber sobald man sich dieser Energie öffnet, lässt man zu, dass sie ins eigene Leben tritt. Wenn wir uns darauf konzentrieren, was wir alles nicht haben und wie elend wir dran sind, dann ziehen wir auch genau das an. Mein Arbeitskollege Barnaby und ich arbeiteten uns also durch dieses Buch.

94 Ullstein 2004.

> Für uns war es ein Spiel, auf das wir uns einließen, weil er keine Beziehung hatte und ich in meiner so heftige Tiefs durchmachte. Ich weiß noch, wie wir eines Tages herumalberten und – Sie kennen doch bestimmt das Spiel „Ich packe meinen Koffer und tue hinein …“. Wir sagten stattdessen: „Wenn ich meinen nächsten Partner/meine nächste Partnerin kennenlerne, dann ist er/sie richtig nett, jemand, mit dem man gerne zusammen ist, …. Auf diese Weise arbeiteten wir an unserer Liste. Von Zeit zu Zeit wiederholten wir das Ganze und schmückten es noch aus. Für uns war es einfach etwas zum Lachen und eine Erweiterung der Übungen aus dem Buch über kreativen Reichtum. In meinem Kopf lief also das Programm ab, dass ich tatsächlich mit jemandem zusammen wäre, der alle Punkte auf meiner erstaunlichen Liste erfüllte.

Und wie fing alles an? Margaret und Stephen kannten sich schon seit über zehn Jahren, denn Margaret verlegt Bücher und Stephen gibt die *Watkins Review* heraus, in der er den Kunden der berühmten Buchhandlung Watkins in London Neuerscheinungen empfiehlt. In diesem Zusammenhang sprachen sie regelmäßig miteinander, aber die Art und Weise, wie sie förmlich zueinander hingedrängt wurden, ohne dass einer von beiden das Geringste unternommen hätte, ist faszinierend. Eines Tages war ich in Margarets Büro, um ein Lektorat zu besprechen (was an sich schon ungewöhnlich ist), als Stephen anrief, um sich mit ihr zu beraten, ob ich einen Autorinnenartikel für die *Review* schreiben sollte. Ich brachte sie dazu, nach seinem Geburtsdatum zu fragen. Wir beobachteten, wie sich das Horoskop auf dem Bildschirm aufbaute, und es war sofort klar, wie unglaublich gut ihre beiden Horoskope zueinander passten. Stephen griff die fröhliche Stimmung auf und witzelte: „Vielleicht sollten wir uns mal treffen!“ Kaum hatte Margaret den Hörer aufgelegt, knisterte es förmlich in dem Raum, während wir in den beiden Horoskopen immer mehr entdeckten. Von diesem Augenblick an war ich mir absolut sicher, dass sie füreinander bestimmt waren, auch wenn sie einander noch nicht persönlich kannten.

Margaret: Das war nun wirklich das Letzte, was ich brauchte. Judys neues Mantra war: „Ihr beide müsst euch treffen." Ich wurde allmählich richtig sauer und sagte: „Das kommt überhaupt nicht in die Tüte! Er wohnt in Southend und arbeitet in London und ich wohne in Bournemouth. Außerdem habe ich ein massives Problem, das ich immer noch loswerden will." Es zeigt sich also, dass man sein Leben wirklich nicht selbst in der Hand hat.

Das erste Gespräch, in dem wir uns miteinander die Horoskope angeschaut hatten, hatte die bisher streng berufliche Beziehung zwischen Stephen und Margaret unmerklich verändert. Einige Zeit später unterhielten sie sich erneut:

Stephen: Ich erinnere mich, dass ich unmittelbar nach dem Ende der zweiten Beziehung zu einer Steinbock-Affe-Frau mit Margaret sprach. Sie fragte mich, wie es mir ginge. Mir war so elend zumute, dass ich mittlerweile über den Punkt hinaus war, wo man noch höflich ist. Deshalb erwiderte ich nur: „Nicht besonders gut." Wir müssen ungefähr anderthalb Stunden telefoniert haben. Es stellte sich heraus, dass auch Margarets Partner Steinbock und sie dabei war, die Beziehung zu beenden. Wir gründeten den Steinbock-Rekonvaleszenten-Club. Es war ziemlich erstaunlich. Wirklich.

Das Paradoxe war: Das war im Juni 2008, und ich erinnere mich, dass ich im Jahr davor an einem grauen, regnerischen Tag in der Buchhandlung gewesen war. Eine ältere Frau sah sich bei den Astrologie-Büchern um. Ich empfahl ihr ein paar Titel, und als ich schon wieder auf dem Weg ins Büro war, sagte sie: „Was Sie brauchen, ist eine Krebs-Frau." Ganz ohne Anlass, einfach so. Weil das so seltsam war, blieb es mir im Gedächtnis. Als Margaret und ich dann zusammenkamen, fiel es mir wieder ein. Es ist eine der Anomalien und seltsamen Begebenheiten, die uns zusammengeführt haben.

Margaret: Am Anfang hast du noch nicht einmal gewusst, dass ich Krebs bin. Das wirklich Interessante an dem Gespräch, in dem ich Stephen fragte, wie es ihm ginge, war aber, dass wir zwar seit zwölf Jahren am Telefon miteinander sprachen, aber noch nie etwas Persönliches beredet hatten. Wir führten richtig gute Gespräche über unendlich viele Dinge und waren wirklich gute Telefonfreunde, erwähnten dabei aber nie etwas Persönliches.

Stephen: Das war damals die Zeit, als ich wirklich nicht mehr wusste, wie es für mich weitergehen sollte. Dieses Gespräch war der Katalysator, der mich in die Lage versetzt hat, mich zu öffnen und dem Raum zu geben, was für mich richtig wäre. Denn jetzt hatte ich es endlich aufgegeben, selbstgesteckten Zielen nachzujagen. Es war fast, als hätte das Leben gesagt: Okay, lass ihn einfach so lange mit dem Kopf gegen die Wand rennen, bis er eines Tages merkt, dass es so nicht funktioniert. In dem Moment, in dem ich es satt hatte, mit dem Kopf gegen die Wand zu rennen, ist es passiert.

Im Juli hatte ich eine Buchpräsentation beim Earthworks-Buchvertrieb in Poole. Es ging um mein neuestes Buch, das bei Margret erschienen war. Wir hatten alle Earthworks-Kunden, jede Menge Freunde und andere Autorinnen und Autoren eingeladen. Es sollte eine Übung im Netzwerken werden. Ich hatte auch Stephen gebeten zu kommen, denn ich fand, er gehörte einfach dazu. Schließlich würde er mein Buch verkaufen und es in der *Watkins Review* besprechen. Aber es steckte noch mehr dahinter – ich wollte ihn und Margaret wirklich zusammen sehen. Margaret war überzeugt, dass er nicht kommen würde, weil es so weit weg von London war. Als er also zunächst sagte, er könne nicht kommen, meinte ich nur zu Margaret: „Er wird da sein." Natürlich war er das. Wie kam es?

Stephen: Ursprünglich wollte ich nicht zu der Buchpräsentation kommen, weil es eine weite Reise ist und ich nicht viel Geld hatte. Aber alle Hindernisse lösten sich in nichts auf, weil das Universum beschlossen hatte, dass es so sein sollte. Ein Freund, der Autor Ian Lawton, der ebenfalls in Southend wohnte, hatte sich von seiner Freundin getrennt und war in eine Wohnung gezogen, die die Vermieterin nun plötzlich selbst nutzen wollte. Gleichsam über Nacht packte er seine Siebensachen und zog aus, und zwar ausgerechnet nach Bournemouth! Er hätte überallhin gehen können, aber nun hatte ich eine Übernachtungsmöglichkeit, wenn ich nach Bournemouth wollte. Jetzt hatte ich nur noch das Problem, dass ich meinen Sohn und meinen Neffen, die bei meiner Ex-Frau in North London waren, zu meiner Schwester nach Leeds bringen musste. Ich schlug Ian vor, er solle zu der Buchpräsentation gehen, um Menschen aus derselben Branche kennenzulernen. Aber plötzlich wurde auch das letzte Hindernis aus dem Weg geräumt, als mein Sohn anrief und mir mitteilte: „Wir fahren mit dem Bus hoch. Du brauchst uns also nicht zu fahren." Jetzt konnte ich Margaret eine E-Mail schreiben: „Jawohl, ich komme zu der Buchpräsentation."

Offensichtlich hatte das Universum beschlossen, die Sache ein wenig schneller voranzutreiben:

Margaret: Damals versuchte ich immer noch, meinen früheren Partner aus meiner Wohnung zu kriegen, obwohl ich ihm bereits vor zwei Monaten gesagt hatte, dass es vorbei sei. Mein 50. Geburtstag rückte heran – paradoxerweise genau am Wochenende vor der Buchvorstellung – und meine Freunde bestanden darauf, dass ich ihn standesgemäß mit einer Party beginge. Aber ich wollte nicht, weil mein Ex sich deswegen so schrecklich aufführte und immer noch in meiner Wohnung war. Das alles ging mir im Kopf herum, als ich wegen einer Bestellung bei Watkins anrief. So etwas mache ich regelmäßig. Ich freute mich sehr, dass Stephen zu der Präsentation kommen würde, war aber auch ein bisschen schüchtern. Als ich anrief, fühlte ich mich wieder wie mit fünfzehn und hoffte, er würde nicht ans Telefon gehen.

Stephen: Das war wieder so ein seltsamer Zufall. Weil sich allmählich eine gewisse Spannung aufbaute, scheute sich Margaret anzurufen. Sie dachte, in der Mittagszeit sei es bestimmt unbedenklich, sie könne dann sicher mit einer meiner Kolleginnen sprechen und bei ihr die Bestellung aufgeben. Aber wie es kommen musste, rief sie genau zu der Zeit an, als ich in der Ladenetage war und für eine Kollegin einsprang – also ging ich ans Telefon …

Margaret: Das konnte ich gar nicht glauben …

Stephen: Sie sprach mit verstellter Stimme und tat so, als wäre sie es gar nicht. Ich sagte: „Margaret, das bist doch du, oder?“ – und sie gab es zu. Wir plauderten ein bisschen und überwanden die Peinlichkeit. Hugh bekam mit, dass ich mit ihr sprach, und kam mit einem Schild an, auf dem stand „Herzlichen Glückwunsch zum Geburtstag, Margaret.“ Daher fragte ich: „Hast du bald Geburtstag?“, und sie piepste: „Ja.“ Ich fragte sie, wann es dann sei, und sie sagte am 19. Ich erwiderte: „Aber da komme ich ja runter.“ Und wieder ertönte ein gepiepstes: „Ja.“ Damals wusste ich noch nicht, dass Margaret fünfzig würde, nur dass sie im Jahr des Hundes geboren war. Deshalb dachte ich, sie wird entweder achtunddreißig oder fünfzig, und wünschte mir insgeheim, sie würde fünfzig. Ich war bereits mit mehreren Frauen Ende dreißig ausgegangen, daher war mir es lieber, sie wäre eher in meinem Alter, dann hätten wir mehr gemeinsam.

Margaret: Er fragte, ob ich eine Party geben würde, und wieder piepste ich „Ja“. Ich kam mir wirklich wieder vor wie mit fünfzehn. Es war schrecklich. … Stephen fragte, ob er kommen könne. Es gelang mir tatsächlich, mich zu beruhigen und ihm das Dilemma mit meinem Ex zu erklären. Er wollte mich nicht unter Druck setzen und sagte, ich solle es ihn einfach wissen lassen, sobald ich mich entschieden hatte, was ich machen wollte.

Das war der Anstoß, den Margaret brauchte. Ihr Ex räumte die Wohnung, wenn auch nur für diese eine Nacht, und die Party konnte stattfinden. Wie eigentlich immer auf Partys, hatten Margaret und Stephen nicht viel Zeit füreinander.

Margaret: Stephen und Ian kamen als letzte, und mittlerweile war ich ganz schön nervös. Ich erinnere mich nur noch an sein strahlendes Lächeln und seine umwerfenden Augen, als er hereinkam. In den wenigen Augenblicken, in denen wir miteinander reden konnten, war es, als hätten wir uns mit einer eigenen Blase umgeben. Er lag genau auf meiner Wellenlänge, was angesichts unserer Telefonate wahrscheinlich kein Wunder ist.

Stephen: Ich glaube, manchmal muss man nur lernen, sich nicht selbst im Weg zu stehen. Wir entwickeln solche fixen Ideen, was wir wollen oder haben sollten, dass wir uns selbst im Wege stehen. Dabei geht es doch nur darum, dass wir lernen, diese Dinge von uns abfallen und das Universum herbeischaffen zu lassen, was uns bestimmt ist. Sehr oft ist das, was wir glauben, verdient zu haben, was wir wollen und erwarten, nicht das, was das Universum für uns vorgesehen hat. Dann kommt es darauf an, offen zu sein und darauf zu vertrauen, dass das Universum weiß, was es bringen muss und was das Richtige ist. Das ist ganz schön schwierig in einer Gesellschaft, in der wir uns angewöhnt haben zu denken, wir könnten jeden Aspekt unseres Lebens kontrollieren.

Margaret: Das Timing des Ganzen war so seltsam, weil ich wusste, dass zwischen John und mir mit dem Ende meines Saturn-Transits im Mai endlich alles abgeschlossen wäre. Es war eine schreckliche Zeit gewesen, nichts als Warten, obwohl ich schon monatelang wusste, dass wir Schluss machen mussten. Es war sehr frustrierend, aber in der Astrologie schaut man sich die Zyklen an und lernt, die Dinge nicht zu überstürzen, und ich glaube, das hilft. Hätte ich ihn bereits im Jahr zuvor hinausgeschmissen, wäre ich nicht in der richtigen Position für das Gespräch über den „Steinbock-Rekonvaleszenten-Club" mit Stephen gewesen.

Der Tag der Buchpräsentation war gekommen. Die Verbindung zwischen Margaret und Stephen war vom ersten Moment ihrer Begegnung an offensichtlich. Obwohl ich ständig im Gespräch mit Leuten war, konnte ich gar nicht anders, als die Spannung in der Luft zu spüren und zu sehen, wie sie geradezu magnetisch zu einander hingezogen wurden und einer immer in der Nähe des anderen blieb.

Margaret: Die Buchpräsentation für *Good Vibrations* war ein komplett magischer Tag. Im Nachhinein haben wir beschlossen, dass an jenem Tag unsere Beziehung begann, weil wir es beide so deutlich gespürt haben.

Stephen: Ian und ich kamen in einem Sportcabrio an, und es war einfach ein wunderschöner Tag. Wir sprachen mit den Leuten von Earthworks und waren etwa eine halbe Stunde da, als ich plötzlich vor Margaret stand. Während der Präsentation hatten wir kaum Zeit, miteinander zu reden, aber gegen Ende saßen wir zusammen und sprachen über die Edelsteine, die Margaret nach und nach angehäuft hatte, mit dem Ziel, ihren Ex endlich aus ihrer Wohnung zu bekommen. Ich erinnere mich, dass ich ganz stark das Gefühl hatte, dass wir eine eigene Einheit innerhalb der größeren Einheit der Präsentation waren, und ich glaube, wir haben uns eine ganze Weile nicht vom Fleck gerührt. Es war ein ganz einzigartiges Gefühl des Zusammenseins.

Margaret: Ich fühlte mich total und vollkommen natürlich, so als hätte ich mich einfach in seinen Arm kuscheln oder ihn auf die Wange küssen können. Ich musste mich sogar richtiggehend zurückhalten und fragte mich: „Was ist denn hier los?" Aber ich hatte das Gefühl, so völlig mit Stephen zusammen zu sein, wie ich das noch in keiner früheren Beziehung gehabt hatte. Uns ist aufgefallen, dass wir diese kleine Blase um uns, unsere eigene Welt, anscheinend überall erzeugen und die Menschen das merken, wenn wir an ihnen vorbeigehen. Als wir vor ein paar Tagen einkaufen waren, fiel mir immer wieder auf, dass die Leute uns anschauten. Wir haben dieses Gefühl, zusammen ein vollständiges Ganzes zu sein, von Anfang an empfunden, und für uns ist das wie eine Belohnung für alles, was wir in früheren Leben durchgemacht haben. Es ist, als wären wir nach einer sehr, sehr langen Zeit, in der wir getrennt sein und andere Aufgaben erfüllen mussten, wieder zusammengekommen. Wir waren auch früher schon viele Male zusammen.

Stephen: Es war so entspannt, so normal, so natürlich. Nach der Buchpräsentation entwickelte sich unsere Beziehung rasch über SMS und Telefon, und im August 2008 kam ich für unser erstes richtiges gemeinsames Wochenende nach Bournemouth. Und der Rest, ist, wie man so schön sagt, Geschichte – ihre, meine, unsere …

Margaret: Das Paradoxeste an der Sache ist, dass ich mittlerweile schon länger nicht mehr Joggen gewesen bin. Letzte Woche ging ich Laufen, und schon fing das Programm in meinem Kopf wieder an. Ich musste nicht einmal daran denken. Ich lief vor mich hin und chantete: „Ich habe einen großartigen Freund, ich habe ein tolles Leben" … und dann wurde mir erst klar ICH HAB'S, ICH HAB'S JA WIRKLICH! Und das war einfach ein umwerfendes Gefühl, denn so lange hatte ich Affirmationen gesprochen in Bezug auf etwas, das ich nicht hatte, und ganz egal, wie elend ich mich dabei gefühlt hatte, es hat funktioniert, es hat den Raum dafür geschaffen.

Stephen und ich zeigen, dass man sich mit allen Kräften gegen etwas stemmen kann, was kommen muss – ich war ja überzeugt gewesen, dass wir nie zusammenkämen, schon allein wegen der räumlichen Entfernung und alledem – und doch nichts dagegen ausrichtet. Wenn man sich auf das konzentriert, was man will, dann zieht man es auch an, da gibt es nicht den leisesten Zweifel, selbst wenn man gar nicht merkt, wie es ins eigene Leben tritt.

Stephen: Ich glaube, wenn es richtig ist oder wenn es sein soll, dann werden alle Hindernisse aus dem Weg geräumt. Ich lebte an der Küste von Essex und pendelte jeden Tag nach London, und Margaret war unten in Bournemouth. Ich konnte mir überhaupt nicht vorstellen, wie das klappen sollte. Zugleich aber muss ich ehrlich sagen, dass ich das auch nicht als Problem angesehen habe, weil ich irgendwie das Bauchgefühl hatte, dass alles sich fügen würde. Ich wusste nicht wie, ich hatte es einfach nur im Gefühl. Und tatsächlich wurde jedes Hindernis – und damals gab es einige – aus dem Weg geräumt. Plötzlich konnte ich meine Wohnung vermieten, nachdem ich sie jahrelang vergeblich hatte verkaufen wollen, und ich konnte vorübergehend bei einem Freund in London wohnen, bevor ich endgültig nach Bournemouth zog.

Margaret: Alles zwischen uns stimmt einfach, es harmoniert, ganz ohne Zwang. Wir sind nun schon einige Zeit zusammen, und bevor Stephen hierher zog, sahen wir uns nur jedes zweite Wochenende. Das kann zu recht intensiven Zeiten führen. Wenn man dann zusammen ist, dann ist man voll und ganz zusammen, und ich kann ehrlich sagen, dass es in der ganzen Zeit nicht eine Sekunde lang auch nur andeutungsweise Irritationen gegeben hat oder wir unglücklich waren – nichts. So etwas habe ich noch nie erlebt.

Stephen: Zwischen uns gab es noch nie ein böses Wort, einen Streit oder irgendwas in der Richtung.

Margaret: Nicht, dass wir das unbedingt vermeiden wollten. Wir sind jetzt lange und eng genug zusammen, dass etwas herausgekommen wäre, aber es gibt einfach nichts. Es ist wie gutes Karma. Wir sind jetzt hier, weil wir hierher gehören. Wir haben nichts mehr, woran wir miteinander arbeiten müssten. Ob man nun in einer schwierigen oder in gar keiner Beziehung ist, man kann richtige Komplexe im Hinblick auf sich selbst bekommen: Ich bin zu dies oder ich bin zu das. So baut man ein Bild von sich auf, das sehr schädlich sein kann.

Stephen: Es untergräbt das ganze Selbstbewusstsein. Ich erinnere mich, dass mir in einer meiner wichtigen Beziehungen einmal vorgeworfen wurde, ich sei anhänglich und bedürftig. Ich war ganz schön schockiert, denn so habe ich mich selbst überhaupt nicht gesehen. Unterschiedliche Menschen bringen unterschiedliche Aspekte in einem zum Vorschein. Für mich liegt der Schlüssel, denke ich, in Folgendem: Wie du dich durch den anderen fühlst, ist ein deutliches Zeichen dafür, ob die Beziehung funktioniert. Ich habe mich zum Beispiel in keiner meiner früheren Beziehungen selbstsicher oder geborgen gefühlt. Ich war nie zufrieden oder glücklich, weil immer irgendetwas nicht gestimmt hat. Jetzt bin ich zum ersten Mal in einer Beziehung, in der ich tatsächlich mit mir im Einklang bin. Ich fühle mich so, wie ich mich fühlen möchte. Ich glaube, man merkt das. Auch wenn man in den anderen Beziehungen gedacht hat, dass man verliebt war, letzten Endes waren sie doch nicht das Richtige. Nicht, weil man nicht genug geliebt oder mit einem selber oder der

Partnerin etwas nicht gestimmt hätte, sondern einfach, weil es mit diesem Menschen nicht stimmte. Ich glaube, es ist wichtig, dass man erkennt, dass es daran liegt, wie die beiden Partner in einer Beziehung zusammenwirken – und ob die Chemie stimmt oder nicht.

Margaret: Wir haben uns beide in anderen Beziehungen große Mühe gegeben, aber es ist, als wenn man mit dem Kopf durch die Wand will. Halb im Ernst, halb im Scherz sagen wir immer, man sollte die Leute nicht zur Beziehungsberatung schicken, damit sie versuchen, es noch hinzukriegen, sondern man sollte ihnen sagen: „Akzeptiert einfach, dass Ihr es nicht hinkriegt, und brecht auf zu neuen Ufern." Ich glaube, man richtet sehr viel Schaden an, wenn man krampfhaft versucht, so zu sein, wie der Partner es sich wünscht. Dann wird man zu jemandem, der man tief im Inneren gar nicht ist – und der Partner ist immer noch nicht zufrieden. Wir haben das beide so erlebt, und ich glaube, heute bin ich gegen Therapie, was paradox ist, weil ich selber ausgebildete Therapeutin bin. Ich glaube, genau wie Stephen sagt, manchmal stimmt es einfach nicht und wird auch nie stimmen, und man reitet sich nur tiefer ins Elend, wenn man sich weiter abmüht – das ist keine Beziehung. Das mag ein wenig böse klingen, aber ich hätte mir nie träumen lassen, dass ich einmal so glücklich sein könnte und so erfüllt, und das auf vielen Ebenen. Das kommt daher, dass wir uns in vielen, vielen Leben gut kennengelernt haben.

Ich möchte das auch allen Menschen sagen, die fragen: „Ist das der oder die Richtige?" Wenn Sie diese Frage stellen müssen, dann lautet die Antwort „Nein". Denn dieses Gefühl sitzt so tief, dass man gar nicht erst auf die Idee kommt, danach zu fragen, man weiß einfach: „Ich bin nach Hause gekommen."

Die Dualseele anziehen

Ihre Dualseele in Ihr Leben zu rufen, ist erheblich erfüllender und günstiger für Ihre spirituelle Entwicklung als die Suche nach einem Seelenpartner. Für die folgende Übung brauchen Sie einen Zwillingsflammen-Bergkristall. Er besteht aus zwei länglichen, vorzugsweise gleich geformten Kristallen nebeneinander. Die Kristalle können der Länge nach zusammengewachsen sein oder derselben Basis entspringen, wobei Kristalle mit derselben Basis die Beziehung fester in der physischen Daseinsebene verankern, wohingegen zwei der Länge nach verbundene Kristalle ohne gemeinsame Basis tendenziell eher eine Zwillingsflammen-Beziehung mit vorwiegend geistiger Übereinstimmung anziehen. Außerdem brauchen Sie vier Teelichthalter aus Rosenquarz sowie Teelichter. Führen Sie das Ritual nach Möglichkeit in der Beziehungsecke Ihrer Wohnung oder Ihres Schlafzimmers durch. Sie liegt in der von der Tür aus gesehen hinteren rechten Ecke. Wenn Sie einen Zeitrahmen festlegen, für den das Ritual gelten soll, so fokussiert dies Ihr Ritual im Jetzt und macht es nicht zu einer in ferner Zukunft existierenden Möglichkeit.

Schreiben Sie, bevor Sie mit dem Ritual beginnen, alle Eigenschaften auf, die Sie bei einer Zwillingsflamme suchen. Formulieren Sie positiv und vermeiden Sie negative Aussagen. Wenn Sie sicher sind, dass Sie alle positiven Eigenschaften haben, dann schreiben Sie sie unter der Überschrift „Meine Dualseele“ auf eine goldene oder rosafarbene Karte.

Das Ritual

Suchen Sie sich eine Zeit aus, in der Sie ungestört sind, und bereiten Sie einen Platz sorgfältig für Ihr Ritual vor. Reinigen Sie den Platz und die Edelsteine gründlich und beziehen Sie auch die Teelichthalter mit ein. Sie können dazu Räucherwerk, eine Kerzenflamme oder ein spezielles Reinigungsspray (erhältlich im Esoterik-Fachgeschäft oder bei Internet-Händlern, die Räucherwerk und Duftessenzen führen) verwenden. Baden Sie und ziehen Sie frische Kleidung an. Legen Sie ein sauberes Tuch auf einen Tisch und stellen Sie die vier Teelichthalter aus Rosenquarz darauf; die Teelichter darin sollen bereits angezündet sein.

Nehmen Sie Ihren Bergkristall in die Hand und laden Sie ihn mit der Absicht auf, Ihre Dualseele anzuziehen. Lesen Sie die Eigenschaften Ihrer Zwillingsflamme laut von der goldenen Karte ab. Legen Sie die Karte unter den Edelstein in die Mitte zwischen den Kerzen. Legen Sie dann Ihre Hand aufs Herz und laden Sie Ihre Dualseele in Ihr Herz ein. Begrüßen Sie die Energie Ihrer Zwillingsflamme, die jetzt auf Sie zukommt. Bitten Sie darum, dass sich Ihre Zwillingsflamme innerhalb eines Monats manifestiert. Pusten Sie dann die Kerzen aus und senden Sie dabei Ihrer Zwillingsflamme bedingungslose Liebe. Lassen Sie den Edelstein an Ort und Stelle liegen.

Visualisierung: Auf Ihre Zwillingsflamme zugehen

Für die Inspiration zu dieser Visualisierungs-Übung, die ebenfalls Ihre Zwillingsflamme anzieht, bin ich Anthony zu Dank verpflichtet.

Machen Sie es sich irgendwo bequem, wo Sie ungestört sind. Schließen Sie die Augen, entspannen Sie sich und stellen Sie sich vor Ihrem inneren Auge vor, sie seien an Ihrem Lieblingsort in der Natur. Achten Sie darauf, dass es ein Ort ist, an dem Sie weit sehen können – einen Weg oder Fluss entlang, auf dem Ihre Dualseele zu Ihnen kommen kann. Gönnen Sie sich ein paar Augenblicke und genießen Sie den Anblick und die Geräusche an dieser schönen Stelle. Lassen Sie dann Ihre Augen zu dem Weg hin gleiten. In weiter Ferne, ganz am Ende des Weges, sehen Sie einen winzigen Punkt. Ein Gefühl froher und gespannter Erwartung überkommt Sie, denn es ist Ihre Dualseele, die näher kommt. Langsam, ganz langsam kommt der Punkt näher und wird dabei immer größer. Das Warten ist qualvoll, Ihr Herz öffnet sich, und Sie haben das Gefühl, Sie könnten die Gestalt fast schon erreichen.

Zunächst ist der Punkt vielleicht unscharf und bewegt sich kaum. Aber mit der Zeit kommt die Gestalt immer näher. Dabei wächst die freudige Erwartung, Sie verspüren eine Spannung in der Luft, eine magnetische Anziehung zwischen Ihrer beider Herz und Seele. Sie wird so stark, dass Sie auf dem Weg zu Ihrer Dualseele hingezogen werden. Mit der Zeit werden Sie ihre Umrisse klar erkennen, und schließlich nimmt sie Sie sogar in den Arm (versuchen Sie, Ihrer Dualseele jetzt noch kein Gesicht zu geben). Wenn dies geschieht, dann bitten Sie darum, dass sich Ihre Zwillingsflamme physisch in der Welt manifestiert, damit Sie beide zusammen sein können.

Wenn Sie kein visueller Mensch sind: Suchen Sie eine geeignete Stelle in der Natur mit einem Weg, den Sie entlanggehen können, und erlauben Sie sich einfach zu glauben, dass Ihre Zwillingsflamme auf Sie zugeht. Spüren Sie die freudige Erregung, die in Ihnen aufkommt, die Freude, die Ihr Herz erfüllt. Strecken Sie die Arme aus und hüllen Sie die liebevolle Gegenwart Ihrer Dualseele darin ein.

Anthony und Celia haben mich daran erinnert, unbedingt zu betonen, wie wichtig es ist, seiner Dualseele in dieser Visualisierungs-Übung nicht zu früh ein Gesicht zu geben. Wenn ein Gesicht auftaucht, insbesondere wenn es jemand ist, den Sie bereits kennen, dann prüfen Sie äußerst sorgfältig, ob dies Wunschdenken oder ein verstecktes Thema ist, ob jemand in Ihren Prozess eingreift – oder ob es eine echte Vision ist. Es ist weitaus besser, wenn das Gesicht schemenhaft bleibt und Sie dann angenehm überrascht sind, wenn Ihre Zwillingsflamme auch körperlich in Ihrem Leben ankommt.

Anthony schlug vor, diese Visualisierung auf die Mondphasen abzustimmen. Bei esoterischen Ritualen wird das traditionell so gemacht, weil der zunehmende Mond die Energie „auflädt“. Beginnen Sie am Anfang eines zunehmenden Mondes, also nach dem Neumond, wenn die Sichel täglich heller und „größer“ wird. Führen Sie die Übung vierzehn Tage lang täglich durch. Unterbrechen Sie dann bei Vollmond zwei Wochen lang bis zum nächsten Neumond. Celia sagt, es dauerte neun Mondzyklen, bis ihre Zwillingsflamme sich manifestierte – aber das Warten hat sich gelohnt! Sie können sich auch tagsüber, in Momenten der Muße, oder abends kurz vor dem Einschlafen noch einmal vor Augen führen, dass Sie auf Ihre Zwillingsflamme zugehen und Ihre Zwillingsflamme auf Sie zukommt. Er oder sie kommt durch den Dunst näher. Mit der Zeit lichtet sich dieser Dunst immer mehr, und schließlich wird die Silhouette zusehends deutlicher erkennbar. Diese Vorbereitungszeit ist sehr wichtig. Tun Sie währenddessen, was Sie nur können, und arbeiten Sie an sich, um sich darauf vorzubereiten, dass diese neue Energie in Ihr Leben tritt. Achten Sie sorgfältig auf alle auftauchenden Hemmnisse oder eine sabotierende innere Stimme. Ich habe festgestellt, dass die *Emotional Freedom Technique* (EFT), bei der alte Programme ausgeklopft werden und ein neues Denken und Fühlen einsetzt, die schnellste Methode ist, daran zu arbeiten. Wie das folgende P.S. von Celia zeigt, haben Sie es nicht so eilig, dass Sie jemanden fälschlicherweise für Ihre Dualseele halten:

Celia: Ich bin fest davon überzeugt, dass die Vorbereitungsarbeiten ein notwendiger Teil des Prozesses sind, seine Zwillingsflamme zu finden, auch wenn man sehr darauf achten muss, welchen Streich einem menschliche Schwächen spielen können. Als ich noch in Kanada lebte, lernte ich Pendeln und dachte mir, jetzt könnte ich ein für alle Mal herausfinden, ob ich die Vorstellung, den Einen zu finden, aufgeben sollte.

Nach angemessener Vorbereitung, doch mit gewissen Vorbehalten hinsichtlich meiner Fähigkeiten im Pendeln, fragte ich die hölzerne Spule am seidenen Faden aus tiefstem Herzen: „Werde ich je den Einen finden, den ich lieben und mit dem ich mein ganzes restliches Leben lang glücklich sein werde?"

„Ja", zeigten die sanft im Uhrzeigersinn schwingenden Kreise.

Freudig überrascht, dachte ich an die nächste Frage: „Kenne ich ihn bereits?"

Zu meinem Erstaunen wieder ein: „Ja."

„Wird das innerhalb der nächsten sechs Monate geschehen?", lautete mein nächster Versuch. Ich hatte diese Fragen nicht vorbereitet, sie fielen mir einfach so ein.

Langsam begann die Spule ihre Drehung entgegen dem Uhrzeigersinn: „Nein."

„Innerhalb des nächsten Jahres?"

„Ja."

Ich war begeistert, wenngleich auch ein wenig skeptisch. Aber die eine negative Antwort verlieh dem ganzen Erlebnis ein gewisses Flair der Authentizität. Ich legte es im Hinterkopf ab.

Ein paar Monate später tauchte plötzlich ein alter Freund, mit dem ich viel gemeinsam hatte, wieder in meinem Leben auf. In dem Jahr, seit wir uns nicht gesehen hatten, war seine langjährige Beziehung zu Ende gegangen. Zwischen uns machte es „Klick", und ich erinnerte mich an die Weisheit des Pendels und dachte mir, dass es (will heißen ich) wahrscheinlich einfach die Zeit nicht richtig erfasst hatte. Ich begann eine Beziehung mit ihm.

FALSCH! Wir sind Seelenpartner, so viel wurde deutlich, aber nach sechs Monaten waren wir wieder getrennt.

Etwa zwei Monate später erhielt ich einen Brief mit Poststempel aus Großbritannien. Er war von Anthony. Der erste, auf den bald eine ganze Flut folgen sollte – in beide Richtungen. Es war etwa zehn Monate, nachdem ich dem Pendel meine brennende Frage gestellt hatte.

Wie ich bereits in der Einführung sagte, würde ich nur zu gerne berichten können, dass ich meiner Dualseele begegnet bin, dass die Rituale und Visualisierungs-Übungen bei mir funktioniert haben. Aber noch ist es nicht so weit. Ich schenke mir noch mehr Liebe, schätze mich, vergebe mir die Vergangenheit und versuche, noch mehr positive, liebevolle Schwingungen in die Welt hinaus zu schicken. Laut meinem Horoskop müsste eine Beziehung zu meiner Zwillingsflamme eindeutig im Bereich des Möglichen liegen – der letzte Teil meines Horoskops, den es noch auszuleben gilt – und ich habe die Absicht, dieses Potenzial zu manifestieren, wenn und sobald der Zeitpunkt dafür gekommen ist. Haben Sie also Geduld, Ihre Dualseele kommt zu Ihnen, wenn das in dieser Inkarnation auf Ihrem Seelenplan steht. Es sei denn, Sie ziehen die herausfordernde, die Seele wundscheuernde, Lektionen erteilende, Karma vernichtende Welt der Seelenpartner vor. Oder keines von beiden. Wie immer Sie sich entscheiden, denken Sie daran:

> Sie können niemanden dazu bringen, sich in Sie zu verlieben, aber Sie können daran arbeiten, sich selbst zu lieben und Liebe und positive Energie auszustrahlen, so dass die Menschen ganz von selbst stärker zu Ihnen hingezogen werden.[95]

95 Allen, Sue, *Spirit Release*, O Books, 2007.

Manuela Oetinger
Beziehungen im Spiegel der Aura
Wie Energiefelder das zwischenmenschliche Zusammenleben beeinflussen
ISBN 978-3-89427-282-1
Paperback, 220 Seiten

Kein Thema beschäftigt den geistig suchenden Menschen mehr als sein Beziehungsleben. Von den ersten Kontakten in ganz jungen Jahren bis zu den Problemen des Alters steht immer die Verbindung mit anderen Menschen im Mittelpunkt. Erstmals wird in dieser einzigartigen Gesamtschau das menschliche Beziehungsleben aus der Perspektive feinstofflicher Zusammenhänge betrachtet. Dabei zeigt sich, wie viele Konflikte durch selbst aufgebaute oder durch von anderen erschaffene Energiefelder verursacht werden. Wer sich diese Zusammenhänge bewusst machen kann, hält einen hervorragenden Schlüssel in der Hand, um sein Beziehungsleben harmonisch und erfolgreich zu gestalten. Ein Meisterschlüssel, um die Beziehungen mit seinen Partnern, Kindern, Freunden und Familienmitgliedern von allen Konflikten zu befreien und so zu einem erfüllten menschlichen Dasein zu finden.

Brenda Davies
Das Herz-Chakra
Beziehungen durch die Kraft der Liebe heilen
Hardcover, 332 Seiten
ISBN 978-3-89427-588-4

Die Verbindung zwischen dem Herzen und der Liebe ist uralt. Schon in der Antike kannte man den „Herzschmerz" oder das „gebrochene Herz", wenn eine Beziehung gescheitert, oder das „Herzklopfen", wenn man frisch verliebt war. Inzwischen hat die moderne Spiritualität viel feinere Beobachtungen hinsichtlich der Bedeutung des Herz-Chakras für das menschliche Zusammenleben gemacht.
Brenda Davies schildert die vielfältigen energetischen Zusammenhänge und Schicksalsfäden, die alle vom Herz-Chakra aus geknüpft werden. Dabei geht es nicht nur um Liebespaare, sondern auch um Familienbande, um Geschwister-Konflikte oder um zerstörerische Bindungsunfähigkeit.
Es gibt zurzeit sicher nicht viele Autoren, die ähnlich tiefschürfend wie Dr. Davies das Thema „menschliche Beziehungen" behandeln können. Sie erhellt die Problematik aber nicht nur durch beeindruckende Fallbeispiele, sondern sie vermittelt zahlreiche konkrete Übungen, um Konflikte zu lösen, Verletzungen zu heilen oder im Alltag abgestumpfte Beziehungen wieder neu zu beleben. Am Ende der Lektüre erkennt man: „Man liebt nur mit dem Herzen gut!"
Ein außergewöhnlich spannendes Buch über das menschliche Zusammenleben, das selbst jenen Lesern noch neue Einsichten schenken wird, die meinen, inzwischen alle „Beziehungs-Ratgeber" verinnerlicht zu haben!